不正義的地理學

二戰後東亞的記憶戰爭與歷史裂痕

顧若鵬 著
Barak Kushner
張毅瑄 譯

THE
GEOGRAPHY
OF INJUSTICE
East Asia's Battle between Memory and History

好評推薦

第二次世界大戰結束，日本戰敗投降已過了八十個年頭，然而東亞主要國家對於日本殖民和戰爭的道歉與賠償問題，仍有諸多爭議。與一般的認知不同，顧若鵬認為戰後東亞之所以未能實現正義，並非只是日本拒絕反省或賠償，而是戰後日本、中國和臺灣的領導人，對戰罪審判本身及其相關歷史記憶的操控與利用，導致對正義的追尋，遺失在戰後紛雜的去帝國、去殖民、樹立政權合法性和重塑國族認同等運動的歷史脈絡中。這是一本以跨國比較與國際關係的宏觀視野來探討東亞戰後審判和歷史正義的精闢之作。

——楊孟軒，密蘇里大學歷史系副教授

在全球民粹主義與民族主義盛行的時代，《不正義的地理學》如一股清流，從多元視角深入剖析東亞戰爭犯罪審判的歷史，凸顯歷史與記憶的複雜性、爭議性與現實性。這是關注歷史正義與和解者的必讀之作。

——常成，香港科技大學人文學部副教授

本書跳脫國別史的框架，從「歷史記憶」的競爭作為出發點，探究日本帝國中心、帝國邊緣，以及中國與韓國對於戰後「正義」的追求，並分析日本帝國瓦解後對於東亞產生的影響與遺緒。臺灣讀者可以透過顧若鵬教授平易近人的文字重新認識戰後東亞史這個令人目眩神迷的萬花筒，並進一步思考形塑當代東亞社會的諸多歷史原因，藉此理解臺灣在東亞，甚至是全球史中獨特的座標位。

——陳冠任，中央研究院近代史研究所助研究員

作者以細緻入微、充滿同理心和驚人的敏銳度，從法律與法律之外，嘗試帶領我們了解第二次世界大戰在東亞留下的創傷。我們逐漸認識到國際正義的其他面向，其中有些更加灰暗（且在道德上更具爭議）。

——李海燕，史丹佛大學漢語與比較文學系教授

本書對日本帝國滅亡後的戰爭法庭進行了全新深入的探索，是理解前帝國與其前殖民地之間關係的必讀讀物，以面對今天重新呼籲反思帝國暴力的情況。

——古賀由紀子，耶魯大學人類學系助理教授

作者對日本、中國以及二戰後東亞的戰爭罪審判有著豐富的了解。這本內容豐富、具挑釁性的書

籍以細緻入微的分析，對這些審判能真正達成的效果持有的平衡懷疑態度，以及對日本和中國資料的深入研究而脫穎而出。作者闡明了為何日本和中國至今仍深陷於有關二戰遺產的爭議中。

——加里・巴斯（Gary J. Bass），《東京的審判》作者

推薦序

追求「正義」的後果

川島真（日本東京大學教養學部國際關係學系教授）

二〇〇七年四月十二日，正在日本訪問的溫家寶總理在日本國會進行演講。溫家寶總理在演講中指出＊：

中國政府和人民歷來堅持向前看，一貫主張以史為鑑、面向未來。強調以史為鑑，不是要延續仇恨，而是為了更好地開闢未來。中日邦交正常化以來，日本政府和日本領導人多次在歷史問題上表明態度，公開承認侵略並對受害國表示深刻反省和道歉。對此，中國政府和人民給予積極評價。我們衷心希望，日方以實際行動體現有關表態和承諾。中日和則兩利，鬥則俱傷。實現兩國人民世代友好，完全符合歷史潮流和兩國人民欲望，也是亞洲和國際社會的殷切期盼。

在此，溫家寶總理明確表示，日本領導人已承認侵略的事實，並向受害國表達了深刻的反省和歉意，以及中國政府和人民對此積極的評價。此演講是中日戰爭和解的高潮之一，對應一九九五年的村山談話和二〇〇五年的小泉談話，明確地表達了反省和道歉，尤其是一九九四年的村山富市總理「的」談話和一九九五年的村山談話都明確地為未來定下了「和解」的方向。[†]然而，不幸的是，二〇〇七年四月的具有里程碑意義的演講，一九九五年八月村山富市首相發表的《村山談話》（清楚地表達了悔意和歉意）都並無法改變日中歷史問題。

中國和日本的歷史問題極為複雜。英國劍橋大學的顧若鵬（Barak Kushner）教授，也就是本書的作者，挑戰了此難題。在研究東亞歷史的西方學者中，顧教授是稀少的存在。這是因為他的中文和日文都說得很好，聽力也很強。事實上，精通兩種語言的西方東亞史學者並不多。除了顧教授之外，有哈佛大學已故教授傅高義（Ezra Vogel）和日本慶應大學的白瑞唐（Thomas Barrett）教授等。可以說，顧教授繼承傅教授的地位，是少數同時了解東亞兩種語言，並能在撰寫歷史時兼顧中日雙方觀點

＊溫家寶〈為了友誼與合作——在日本國會的演講〉，二〇〇七年四月十二日，日本東京，國務院公報，二〇〇七年第十五號。https://www.gov.cn/gongbao/content/2007/content_621226.htm

† 日本總理大臣的談話有兩種，內閣總理大臣談話需要閣議決定，基本上被後續的內閣繼承，但是內閣總理大臣「的」談話不是需要閣議決定，只表示總理本人的意思想法，所以一般不一定被後續內閣繼承。

的學者。尤其是顧教授對臺灣的了解也很深，所以可以討論臺中日三方的觀點。在許多情況下，以英語撰寫的東亞歷史著作，一般來說，在很大程度上依賴於作者的語言能力。如果作者是華人後裔，其研究角度將取決於華人的觀點；如果作者是日本人後裔，其研究角度將取決於日本人的觀點；即使是西方學者，其研究角度也取決於他們的語言能力。這主要體現在他們所引用的參考文獻和歷史史料。看得懂中日兩種語言的顧教授解讀了東亞各國的歷史史料，以可觀的觀點描寫出史料裡頭被隱藏的所謂的「正義」。這樣的研究態度跟各國的「本國史」作法有所不同。一般來說，「本國史」的學者利用本國的史料去生產歷史敘述，而這些論述有時候會跟其國家的「正義」結合起來。

顧若鵬教授長期與東亞各地的人士交往。他與中國、日本和臺灣的學者和一般人有著極為密切的關係。他也曾被邀請協助製作東亞各地之媒體的節目，正如本書開頭所提到的。正因為他有這樣的經驗，他才能寫出令東亞人信服的歷史問題之論述。

這本著作的主題是有關東亞的乙丙級戰犯。與甲級戰犯在東京遠東軍事法庭根據「國際標準」按英美法邏輯受審不同，對於乙丙級戰犯有較多按各自國家的邏輯受審之傾向。這一點在日本軍人酒井隆中將（Takashi Sakai）一案中很明顯。酒井在中國被視為戰犯，但當他被遠東軍事法庭以甲級戰犯傳喚時，中國方面卻以消息延誤為由處刑了酒井，沒有送他去東京。在當時的中華民國基本上意識到按照紐倫堡軍事審判揭露戰犯之必要。但是，強烈意識到「國際標準」的外交部與更擁有強烈的民族

意識，傾向譴責日本軍人的國防部或國軍之間存在著很大的分歧。＊

圍繞這些乙丙級戰犯的問題強烈反映出每個國家和地區的「正義」。這種「正義」正是本書的重點。首先，戰爭是正義與正義的衝突，但即使在戰爭平息之後，每個國家對於過去的立場也會擁有自己的正義。當然，每個國家內部的正義不止一種，每個國家的正義也會發生變化。但基本上，正義往往包含在國家內部。即使正義在國家內部孕育，也不會與其他國家分享。本書從戰犯審判中尋找制定這種正義形成的契機，並描述這種正義如何在戰後的日本、中國和臺灣形成而展開。

在中國，除了戰犯審判外，還有漢奸審判。漢奸審判也對中國國內「正義」的形成產生了重大影響。在中國，直到一九七〇年代，「歷史」都是一個與個人在社會上的地位息息相關的問題。在戰爭期間與日本有聯繫的中國人總是面臨被批評的風險。歷史問題不一定是學術上的、政治上的問題，而是個人的問題。

在戰後日本，雖然有天皇制問題，但是「戰爭責任」仍被廣泛討論。特別是所謂「戰後知識人」集中於討論發動過戰爭的責任和原因，以及日本的侵略所導致的結果。他們有很強烈的罪惡感。至少

＊川島真，〈歴史学から見た戦後補償（從歷史學來看的戰後補償）〉，奥田安弘・川島真他《共同研究・中國戰後補償——歴史・法・裁判》，明石書店，二〇〇〇年。

在一九九〇年代以前，日本社會明顯對於過去有一種悔恨和對受害國及其人民道歉的意識。當然有一些右派人士，但是比如一九八〇年代日本社會中六到七成的人民對中國有好感，中日友好運動也很活躍。對戰爭的罪惡感是對中國的好感之重要基礎。

然而，當時的日本社會對歷史問題的態度有幾個重大的問題；第一，日本社會缺乏「和解」的意識。這是因為「對過去的悔恨與道歉」只傾向於在國內發生，很少有動力與中國、臺灣和南北朝鮮分享這些感受。日本政府也傾向於透過條約和其他方式來達成法律上的「解決」，而缺乏透過與其他國家社會對話來達成「和解」的想法。在冷戰期間，東亞的情況與西歐不同，即使在同一陣營內，人們的往來也受到限制。即使如此，前日本軍人在戰後仍有強烈的悔恨之情，並訪問了與當時跟日本沒有外交關係的中華人民共和國，而建立「中日不再戰紀念碑」的運動。本書批判了輕易將日本與德國的案例相提並論。此乃是一個合理的看法。然而，日本政府與日本社會都缺乏跟有關歷史問題的「國際標準」比較的觀點，不知道如何按照所謂「國際標準」來處理圍繞戰爭與殖民統治的問題。

日本的第二個問題是，政府與社會都相信「過去」的問題是可以「終結」的問題。人們經常問「我們還需要道歉多久？」正如本書所指出的，即使是二〇一五年的安倍聲明也顯示出這樣的傾向。本書也說，圍繞過去的問題沒有終點。加害國家不斷被要求正視過去，而生活在二十一世紀的日本人即使不是直接的犯罪者，但是對現在和將來的「和解」有責任。

本書的主題是「正義與和解」，但另一個主題是「記憶（認識）與事實」的問題。正義與和解、記憶（認識）與事實是深深交織在一起的。事實上，正是歷史的記憶（認識）與正義的形成有著深刻的關係。試圖保持客觀態度的歷史學者有時會淪為這種記憶或與其相關的正義的共犯。對於自己國家的歷史敘述而言，尤其如此。本書展示了這樣的歷史記憶在東亞國家如何形成，在每個國家存在著什麼樣的對自己有利的歷史詮釋，以及為什麼這樣的詮釋是必要的。

除了正義、和解、記憶和事實等主題之外，本書的另一個特點是非常著重「審判」。這或許是本書以「正義」為重點的自然結果。因為本書將「正義」置於討論的核心問題，分析乙丙級戰犯的審判、遠東軍事法庭以及戰後各個國家和地區的審判所做出的「判決」。這些判決，不僅反映了法律上的正義，也反映了相關國家或地區的歷史正義。但需要注意的是，審判中的正義也會發生變化。在日本也是如此，自一九八〇年代起，最高法庭裁定一九七二年的《中日聯合聲明》放棄有關戰爭的國家對國家的賠償，但不包括私人賠償。然而，這種情況在二〇〇〇年代後期發生了變化，最高法庭修改過去的判決，發出新解釋，至此私人賠償也被《中日聯合聲明》所放棄。＊

＊川島真，〈戦後補償問題と歴史学の役割について（戰後補償問題與歷史學的角色）〉，《歴史評論》，六八九号，二〇〇七年八月。

重新詮釋的原因是，《中日聯合聲明》也承襲了《舊金山和約》的框架。《舊金山和約》基本上放棄了國家和私人賠款。二〇一〇年代，中國對國內外進行《舊金山和約》體制無效的宣傳。這種宣傳涉及到臺灣和沖繩的地位問題，但同時也與歷史問題有著深刻的關係。

本書討論這些問題的同時，也向存在「正義」衝突的東亞國家傳達了一個強烈的建議。各國在國內愈是追求「正義」，「和解」就愈遠。而隨著大多數戰爭的當事人逝去，歷史事實的多樣性也隨之消失，較為單純的記憶也被重複產生。正如收集每個國家的國家史放在一起，也不會成為東亞歷史一樣，收集各國正義而並列也不會導致和解。

東亞的讀者如何接受作者的建議，如何面對現在所繼續產生的「正義」，如何走向「和解」？這就是很重要的挑戰。

推薦序

在法與政治之間探索正義的和解

劉傑（日本早稻田大學社會科學總合學術院教授）

劍橋大學東亞歷史教授 Barak Kushner（顧若鵬）長期關注日本帝國、戰後東亞的轉型、戰爭責任與歷史記憶，以及中日關係的歷史演變。二〇二四年問世的本書透過探討日本、中國、臺灣及韓國的歷史記憶和歷史審判，重塑東亞地區在追求政治合法性的過程中，對於加害與被害的歷史的理解，探詢東亞各國錯失歷史和解良機的政治、社會因素，是該教授長期研究歷史正義的重要成果。Barak Kushner 教授的另一部重要著作《從人到鬼，從鬼到人：日本戰犯與中國的審判》（*Men to Devils, Devils to Men: Japanese War Crimes and Chinese Justice*，二〇一五）專注於中國對日戰犯的審判機制，深度分析了中共如何將戰爭犯罪的審判作為合法性建構的工具。兩部著作從不同的角度揭示了東亞各國的歷史和解的障礙與未來實現和解的路徑。

一九四六至一九四八年的「東京審判」本應是戰後正義的象徵和出發點，但是本書提出的核心問題是，同樣以紐倫堡原則為基礎，為何東亞卻無法如同歐洲那樣實現歷史和解？為何對戰犯的審判未能解決歷史創傷，反而加深了中日之間的敵對情緒？作者指出，歷史記憶與政治的關係，以及審判過程中顯現出的過多缺陷，是理解東亞歷史正義困境的關鍵。作者指出，東京審判本身雖旨在追及日本的戰爭責任，實現戰後的正義，但因參與國家之間的政治妥協、證據限制及文化隔閡，審判的「正義性」飽受質疑。這不僅僅因為審判被貼上了「勝者的正義」的標籤，還因為它並沒有涵蓋日本帝國於亞洲各地的複雜暴行，亦未追究戰後活躍在政壇的日本菁英的責任。

同時，伴隨審判產生的法律文件與記憶，在東亞各國發展出不同的歷史詮釋。中華民國與菲律賓注重日軍屠殺與俘虜虐待，英法荷等殖民國家則強調對其公民的傷害。這些資料與證詞不僅構成後來歷史教育與紀念活動的基礎，也在外交談判中成為歷史與正義的政治工具。然而，審判未能充分連結一般人民的戰爭記憶與經歷。對許多日本民眾而言，戰後的審判與媒體敘述無法與其個人經驗對話，造成歷史記憶的疏離。戰後美軍占領當局主導的新聞與廣播雖試圖重建歷史意識，但由於其外來性與官方性質，難以獲得社會共鳴。而日本政府與保守派政治人物常將審判視為外國強加之結果，對審判結果未完全承認或接受，導致歷史責任無法真正內化。譬如，首相中曾根康弘雖坦承對中國的戰爭是侵略，但認為對英美的戰爭是自衛行動。然而，東京審判對這兩個部分並沒有做出明白的區分。

東京審判的對象是從「九一八事變」到太平洋戰爭結束期間的日本對外侵略及其各種暴行。然而對中國人而言，對日本的不信任與敵意可追溯到十九世紀。在中國的歷史研究和歷史教育中，從一八九四年的甲午戰爭到始於一九三七年的中日戰爭，是一條延續不斷的屈辱記憶長鏈。不論是國民黨或共產黨，都自詡為克服清末恥辱的繼承者。然而這兩派革命勢力在結束了同日本的艱難戰爭並取得了民族獨立之後，展開了一場你死我活的內戰，最終造成了在臺灣海峽兩岸相互對峙的局面。這種革命的斷裂與歷史延續的矛盾，又衍生出國族建構過程中歷史記憶與政治正當性的糾葛。

國共兩黨在對待戰後日本的問題上也展現出明顯的差異。國民黨主張「以德報怨」，區分日本軍閥與平民，強調寬恕與穩定社會秩序；而共產黨則利用國民黨對戰犯審判的「不力」進行政治攻擊。審判不僅是法律行為，也是兩黨爭奪民心與合法性的政治戰場。

就中國大陸而言，政治形勢的變化是影響歷史認識與歷史和解的重要因素。中國在一九五六年審判日軍戰犯後，雖表面上透過軍事法庭展現對國際法的重視，爭取政治正當性，但從一九五七年起，中共對法律界持不同立場者進行了殘酷的整肅。上海法學界名流王造時與楊兆龍遭批鬥。司法部長史良隨後表態，指控這些人妄圖引入「美式法治」，而這違反了共產黨的意識形態。中共強調要清除國民黨法律的殘餘勢力，法律應全然服從黨的指導。

與此同時，主持瀋陽審判的賈潛等法官因主張司法獨立、強調程序正義，紛紛遭到開除黨籍或整肅，反映出中共從建構戰後「正義」的法治外貌迅速轉向對法律工作者的打壓。這種行為等於否定自己剛剛建立的戰後審判成果，使「正義」記憶逐漸淡出社會。作者強調，中共雖未提供嚴格法治審判，但強調再教育、利用階級與意識形態標準進行長期改造，仍試圖藉此建立國家正當性。中共對戰犯（包括國共內戰後留在大陸的國民黨官員）的處置並非單純法律行為，而是一場結合階級鬥爭、思想控制與國際宣傳的綜合政治工程。這種重視「懺悔」與思想改造的政策，或許為世界提供了一種非西方的正義實踐範式，但是這個範式使得中國的法治思想直至今日未能在中國落地生根。

作者對一九八〇年代以後的中國的歷史記憶與歷史書寫也做出了清晰的勾畫，出於政治的需要，中共逐步將歷史解釋權納入國家法制管理體系。特別在習近平時期更進一步透過《英雄烈士保護法》等立法，將歷史觀與社會主義核心價值綁定，嚴禁非官方歷史敘述，防止如前蘇聯那樣因「歷史虛無主義」而崩潰。黨的歷史網站、殉難者紀念活動等，成為塑造統一歷史記憶與集體認同的機制。而對於日本在中國使用生化武器的歷史，中國政府出於對中日關係的考量也進行了嚴格的管控。

作者還清晰地描繪出了日本的戰爭認識。著作指出，日本對戰犯的紀念呈現矛盾與分裂。一方面，有如愛知縣「七人烈士之墓」等紀念地，將甲級戰犯視為殉國英靈進行崇拜。這些紀念活動常伴隨著強烈的否定東京審判的語言，強調「勝者的審判」、「報復式正義」等觀點。例如，松井石根發起建設的「興亞觀音」即主張三大理念：慰靈、為南京大屠殺平反、修正東京審判觀點。而在文化層面，如劇作家木下順二的《神與人之間》以寓言方式探討個人與國家之罪，呼籲觀眾反思戰爭責任。然而，主流社會往往將歷史責任擱置於戰犯身上，迴避集體反省。當年關押戰犯的巢鴨監獄已被拆除，但附近建有「六十烈士紀念塔」，紀念所有階級戰犯，碑文中強調烈士們「無私為國，受敵人之審判，吾輩永思其德」，明顯否定東京審判的正當性。至二〇一〇年代，包括安倍晉三在內的保守派政治人物多次公開致敬戰犯，如對高野山奧之院的追悼致詞稱其為「國家基礎」，並主張日本國內法上無戰犯之說，否認南京大屠殺、強調日本受害論，進一步鞏固歷史修正主義論述。

本書透過東京審判以及亞洲各地所舉行的戰爭審判，精確描繪了法律與正義、歷史與政治之間錯綜複雜的關係。為我們呈現了由於東亞各國在歷史進程、政治體制與文化上的差異，使得審判無法充分實現其「創造正義」的功能，反而留下了在歷史和解問題上至今仍深陷苦惱的現實。書中不僅使用大量中日文原始檔案，亦實地訪談歷史見證人，兼具學術的嚴謹性與敘述的生動性，我們可以從字裡行間觀察到作者作為歷史學家的深刻而敏銳的洞察力。

推薦序

戰後追求東亞正義的未竟之路

蕭道中（輔仁大學歷史學系副教授兼系主任）

顧若鵬教授《不正義的地理學》是一部學術嚴謹又充滿人道關懷的歷史大作，它不僅細膩剖析戰後東亞各國如何運用戰犯審判增進政權的合法性、塑造歷史記憶，更特別揭示了「正義」本身在東亞如何成為一個至今仍在演進、不斷造成衝突與必須進行協商的「未完成」狀態。

顧若鵬教授任教於英國劍橋大學，長期於美、臺、中、日等地學習研究，精通多種語言，其跨文化經歷賦予他敏銳視角審視東亞歷史複雜性。他的研究聚焦於戰後國家機器如何建構、影響並形塑了現代東亞分歧的歷史記憶。他不僅致力於傳統史學研究，更結合歷史記憶、法律史與國際外交視角，在比較中日韓臺的戰後處境中，提出跨國史的分析取徑。

顧教授本書的核心概念是戰後東亞「未完成的正義」。他提出競爭正義（Competitive Justice）論點，指出正義並沒有一個單一定義，而是一個漫長、複雜且充滿競爭的歷史與政治過程。戰後東亞各國，特別是中日雙方，皆試圖藉正義之名重塑國族認同、鞏固國際地位，正義遂成為不斷交鋒、演進的歷史場域。

在具體分析層面，本書使用了跨國檔案，討論了相當多戰罪問題的細節，顯現了顧教授嚴謹的治學態度。為解釋中國的反日情緒，他廣泛檢視了近代以來中日間的曲折關係。對於二戰後審判日本戰犯的現場，他的調查也不止於東京大審與南京軍事法庭，更是更廣泛的考察東亞各地的ＢＣ級戰犯審判，與一九五六年中華人民共和國在瀋陽舉行的特別戰犯審判法庭。他將戰犯審判視為一場充滿政治角力與意識形態鬥爭的法律大戲，其本質是各國在「正義」名義下爭奪歷史詮釋權的行動。正如他在書中揭示，戰後東亞對歷史記憶的控制與動員，是國家重建正當性的重要手段。中國透過「勿忘國恥」的國族敘事凝聚集體記憶，日本則藉靖國神社悼念戰犯維繫保守勢力。但本書論述時並不遵從任何單一國家敘事，而是深刻的比對不同地區記憶生產的多重樣貌，並強調記憶的流動性與抵抗性。顧教授透過北疃村老人的證詞與國家話語的對比，提醒讀者：「記得什麼」、「如何記得」、「誰來記得」始終是高度政治化的問題。

書中亦對二戰後臺灣特殊的歷史際遇與近年的轉型正義給予深刻關注。在帝國終結與政權更迭間，臺灣人民經歷了如澀谷事件、二二八事件等「終結性的暴力」，而戰後白色恐怖的記憶甚至逐漸掩蓋了對日本殖民統治的批判。書中特別討論二戰臺籍戰犯的複雜角色：他們可能同時是殖民體制下的受害者與加害者，最終因協助日軍行動而遭盟軍審判。

顧教授另以二〇一五年日韓慰安婦協議為例，說明歷史記憶從未終結，對過去的詮釋永遠在改變。他指出即便日韓雙方於二〇一五年簽署「最終且不可逆」的協議，爭議依舊未解，因真正的和解來自於長期對話與尊重，而非外交表述。他呼籲日本應如德國般，正視歷史負擔，進行「補償」，而非止於「道歉」。

最後，容我提起一段個人的歷史記憶。二〇一八年在顧教授高足陳冠任博士的引介下，我與師友獲邀拜訪顧教授位於劍橋的住所。那晚我們共飲紅酒，討論史學與人生，那頓晚餐正如這本書一般：豐富又令人回味。《不正義的地理學》不迴避歷史矛盾與創傷，而是透過嚴謹的研究與深邃的洞察，讓我們理解戰後至今東亞社會的歷史裂痕為何仍難以融合的狀態，並提供一種可能走向理解與和解的視野。我願推薦所有關心東亞歷史、政治與人道精神的讀者閱讀此書。

導讀

如何閱讀「不正義的地理學」？——一個「後轉型正義」的視角

汪宏倫（中央研究院社會學研究所研究員兼副所長）

十多年前，當「戰爭」議題還沒有進入臺灣的公共討論、臺灣也還沒有被國際媒體形容為「地表最危險的地方」的時候，筆者編了一本《戰爭與社會》的學術論文集，呼籲學界要把「戰爭」與「戰爭遺緒」（legacies of war）帶入研究視野，同時也指出，東亞當今的民族主義與歷史記憶問題，包含臺灣的國族認同與統獨爭議在內，其實都是東亞近現代一連串戰爭所殘留下來的未解決遺緒＊。十多年後，在二戰結束八十週年之際，喜見顧若鵬教授《不正義的地理學》中譯本在臺灣出版，心有戚戚

＊參見汪宏倫，二〇一四，《戰爭與社會：理論、歷史、主體經驗》，共六四八頁，臺北：聯經出版公司。

焉，因為這正是一部以跨國視角深入探討東亞戰爭遺緒的重量級著作。

顧若鵬教授目前執教於英國劍橋大學東亞學系，他的前一部著作《從人到鬼，從鬼到人：日本戰犯與中國的審判》獲得美國歷史學會的費正清獎，奠定其學術地位。本書可以說是前一部作品的擴大與延伸，涵蓋內容更廣、論點也更深入。筆者有幸在本書付梓之前，就得以先睹為快，拜讀本書的英文初稿。當時原稿的書名是：*The Geography of Injustice in Postwar East Asia: Japan and Its Neighbors*。顧名思義，本書的初衷是要以日本為中心，探討戰後東亞「不正義的地理學」。這個標題頗具巧思，而且兩個主要關鍵字「不正義」與「地理學」，均寓有深意。首先，本書處理的中心議題是戰罪審判，按理說是關於「正義」的實現，但書名卻巧妙選用了一個反義字：不正義（injustice）。換句話說，透過這些案例，作者所親眼目睹見證的，不是正義，而是不正義。再者，這個不正義是有「地理學」意涵的，因為它環繞著日本而開展，呈現出既有時間的歷史縱深、又有空間的地理分布的複雜景觀。東亞戰後的不正義散布於不同的地區，無論在日本、中國、臺灣及南北韓，都可見到戰後不正義的遺緒——而且這個地理的區隔與劃分（例如兩岸與朝鮮半島的分隔），背後也隱含許多因為政治權力競逐而導致的不正義。

在這樣的企圖下，本書先從日本戰後的東亞萬象開始談起，接著在第二章帶出本書的主要論旨：要理解東亞戰後局勢與其後的發展，採取「以西方為中心的冷戰視角」是遠遠不足，甚至是相當誤導的。作者一針見血地指出，日本的戰敗雖然給日本本土帶來了和平，但日本帝國曾經占領過的周邊領土，卻反而陷入了混亂與暴力之中。在這樣的背景下，作者帶入了戰罪審判與「競爭性正義」的主題，考察戰後各國的行動者對正義的不同想像與競逐，分析戰犯審判如何影響到戰後重建及歷史記憶。這些深遠的影響，到今日都仍持續可見。順著這個主題，作者在接下來的章節中考察了戰罪審判、戰爭責任的追究、歷史詮釋的爭奪、戰爭紀念與記憶的爭議，從日本及帝國邊陲（臺灣與朝鮮）一路寫到中國（包含中華民國與中華人民共和國），從戰後一路寫到當代，最後則是對試圖操弄歷史與記憶的政治野心提出警告。

在當前東亞記憶政治與地緣秩序劇烈轉變的局勢下，這本書無疑是一部挑戰主流「歷史正義」想像的重要著作。相較於將戰犯審判視為正義伸張、歷史終結的象徵，作者反其道而行，提醒我們：歷史尚在進行，正義並未完成，記憶永遠處於爭奪與重寫之中。透過龐大的檔案與文書，乃至個人訪談與親身經歷，本書考察了東亞在戰後對戰犯審判的各種實踐與記憶，包括中國的瀋陽與撫順法庭、日本對審判結果的集體遺忘、韓國對親日份子的歷史模糊，以及國際社會對於東京審判的分歧回應等。這些案例證明：「正義」的實踐方式與歷史解釋之間並無單一解方，它們往往深深鑲嵌在國族認同、外交政策與文化政治的鬥爭中。

臺灣在本書當中所占篇幅不算多，但作者特地為中譯本寫了一篇「臺灣版序言」，看得出顧教授對臺灣做了不少功課，也給足臺灣讀者面子。在這篇委婉而友善的序言中，作者含蓄點出了臺灣所經歷的歷史弔詭與當前面臨的困局，並以「戰後正義的悖論」稱之。書中第六章提到了臺灣的二二八與韓國的濟州事件，並將之放在「戰後東亞的（不）正義網絡」中來分析，視之為帝國解體與戰後復員時期所產生的混亂與暴力衝突事件。這對近年來熱中追求「轉型正義」的臺灣來說，倒是饒富啟示意義。

過去三十年來，學界刮起了一股「轉型正義」的風潮，把二戰以來的戰犯審判、民主轉型、衝突化解與和平構築，一股腦全部放在「轉型正義」的框架下面來討論。對於這股趨勢，專研戰犯審判的顧教授，顯然有不同意見。他在本書第二章裡面寫道：

> 「轉型正義」是眾所周知的觀念，它的核心就是：在一個統一的領土內，在同一群擁有共通語言、相對來說擁有相同政治觀點或至少是相同未來目標的人群中，以司法手段來結案。然而，當我們用比較宏觀的視角來看東亞地區史，就會發現前述框架並不合用。這片地理空間極其廣大，當中舉行過太多場審判，在無數統治勢力間製造出非常不同的動態變化。

在筆者看來，顧教授對轉型正義的這段評述似乎有點過於含蓄，但對臺灣的讀者來說已經具有足夠的啟發。根據本書所呈現的多視角考察，我們發現，正義是不斷處於競逐的狀態中，即使是號稱恢復「戰後正義」的戰犯審判亦然。作者特別提出警告：「如果我們過度強調國族史（national history，本書譯為「國別史」）以及國族史／國別史與正義的關聯，我們就會自我蒙蔽，看不見整個地區發生的事」＊。這對於許多熱中於「轉型正義」的人來說，無異是深具警示意涵的暮鼓晨鐘。

對當代臺灣讀者而言，這本書提供的不僅是一面他者的鏡子，更是一面自我反思的窗口。過去幾年來，「轉型正義」在臺灣政治語言中被高度制度化與道德化，其背後所預設的是：歷史真相可以釐清、正義可以實現、國族創傷可以藉由「平復不法」得到撫平。然而，顧教授的研究提醒我們，這種法庭式的正義觀，往往掩蓋了歷史本身的開放性與政治性，也容易將歷史敘事轉變為統治語言。

二〇二三年春，顧教授短暫訪問臺灣，以本書初稿為主題在政大發表演講，筆者有幸躬逢其盛。在會後餐敘時，雙方聊起共同關心的戰爭遺緒及「轉型正義」等話題，筆者半開玩笑地說自己正在努力嘗試「拆解轉型正義」（undo transitional justice），因為此前筆者發表了批評轉型正義的論文而引發爭議。顧教授聞言後哈哈大笑，勸筆者別傻了，因為轉型正義已經成為一個盤根錯節的全球建制

＊National history 在這裡的兩義性，值得提出來強調。一方面，「國族史」企圖以歷史來證成國族，一方面，「國別史」則使人把焦點局限在單一國內，卻看不到地區與全球的脈絡。

（deeply entrenched global enterprise），難以撼動。顧教授說的完全沒錯，儘管批評者眾，「轉型正義」已經發展成一個跨越國境的全球事業，既不可能拆解，也難以僅憑少數人之力撼動。在臺灣，歷經民間倡議與民進黨政府的推動，「轉型正義」也已經挾「龐大公務體系與各級教育」之力，深入臺灣社會，成為不可置疑的「政治正確」。在此情形下，要「拆解轉型正義」，猶如一樁「不可能的任務」。既然已經做的無法重來，筆者只能呼籲並期待，臺灣社會能夠向「後轉型正義」的階段邁進，而這本書正是開啟我們「後轉型正義」視角的一個重要助力。

在本書的「臺灣版序言」及第十二章，顧教授都簡略提到了臺灣的「轉型正義」，但並未深入評析。這點無需苛求，畢竟在這本企圖宏大的書裡面，本來就不可能鉅細靡遺、面面俱到*。顧教授本人可能也從未想過，本書的其他章節，對思考臺灣的「轉型正義」，其實具有莫大的啟示。對臺灣讀者來說，本書最可貴的訊息，在於告訴我們，歷史從未抵達終點；無論是要「超克過去」，還是要「共創未來」，臺灣都必須跳脫「國族史」的框架，把自己放在日本帝國解體之後的東亞「不正義的地理學」脈絡中來思考，既不能脫離歷史與地緣政治的脈絡†，也不能以「一刀切」的方式來理解過去發生的種種「不正義」——不幸的是，這兩個面向，都是臺灣過去在推動「轉型正義」時所忽略的。我們需要做的，是不斷地審視過去、盱衡未來，不要妄想「一步到位」，以為透過「轉型正義」或類似的手段，可以一勞永逸地解決過去歷史所遺留下來的艱難問題——包含戰爭與戰爭遺緒。作者批評

「以冷戰思維來理解戰後東亞」，是西方中心的看法；同樣地，以冷戰結束、歷史終結為前提，標榜「普世價值」、「放諸四海皆準」的「轉型正義」，其實也是如此。所謂「正義」，從來不是超越政治的純粹倫理，而是在各方競逐下，透過形形色色的鬥爭與妥協所產生的語言與實踐。審判不是真理的實現，而是權力的展演；國族歷史不是過去的忠實再現，而是各方記憶的修羅場。若將「轉型正義」視為歷史終點的「最後審判」，那我們終將發現，正義的幻影只會招致新的排除、仇恨與對立。

因此，本書帶給臺灣讀者的巨大啟示之一，不是「如何完成正義」，而是「如何理解不義」：我們需要建立一種允許記憶差異、歷史辯論與政治對話持續發生的民主文化空間，而非急於封存歷史爭

＊不過，基於職責，筆者不得不指出本書英文原版裡面一個微小但明顯的錯誤：蔡英文總統成立的不是「真相與和解委員會」（Truth and Reconciliation Committee），而是「促進轉型正義委員會」（Transitional Justice Commission），作者似乎將之與民間發起的「真相與和解促進會」混淆了——所幸這個錯誤在中譯本裡面已經改正。名稱問題在這裡至關重要，並非瑣碎之事。假如蔡政府當初打的旗號是「真相與和解」而不是「轉型正義」，可能後來走的方向會非常不一樣，招致的反彈與批評或許也不會那麼多。參見拙著〈要「超克過去」，不是「轉型正義」——對三篇評論的回應〉，《台灣社會學》第四十九期（二〇二五），頁一七九至二一七。

†儘管本書討論的主要是「不正義的地理學」，但作者的分析也多少觸及了一部分東亞的地緣政治因素。因此，筆者認為我們可以往前推進一步，探討「不正義的地緣政治」（geopolitics of injustice）。事實上，臺灣當前所面臨的國族問題與戰爭風險，正是「不正義的地緣政治」的具體寫照。

議，打造道德高地。這本書的重要貢獻，即在於它為當代東亞與臺灣社會提供一種超越審判語言的新視野：正義不是終點，而是過程；不是答案，而是問題；不是結束，而是開始。這樣的觀點，不僅能協助我們更清醒地理解國族與記憶的鬥爭，也為我們提供一種遠離道德教條、走向開放歷史政治想像的可能性。與其盲目相信一個烏托邦式的全球普世正義，甚至「自以為義」，不如先學會「如何閱讀不正義」。

本書獻給和尚さん和典子，如果沒有你們的真摯情感與溫暖家園，我永遠不會踏上這條研究東亞歷史之路。這一切，以及更多的事，都要感謝你們如此大方好客，以及數十年來對我從不間斷的支持。

不正義的地理學

目次

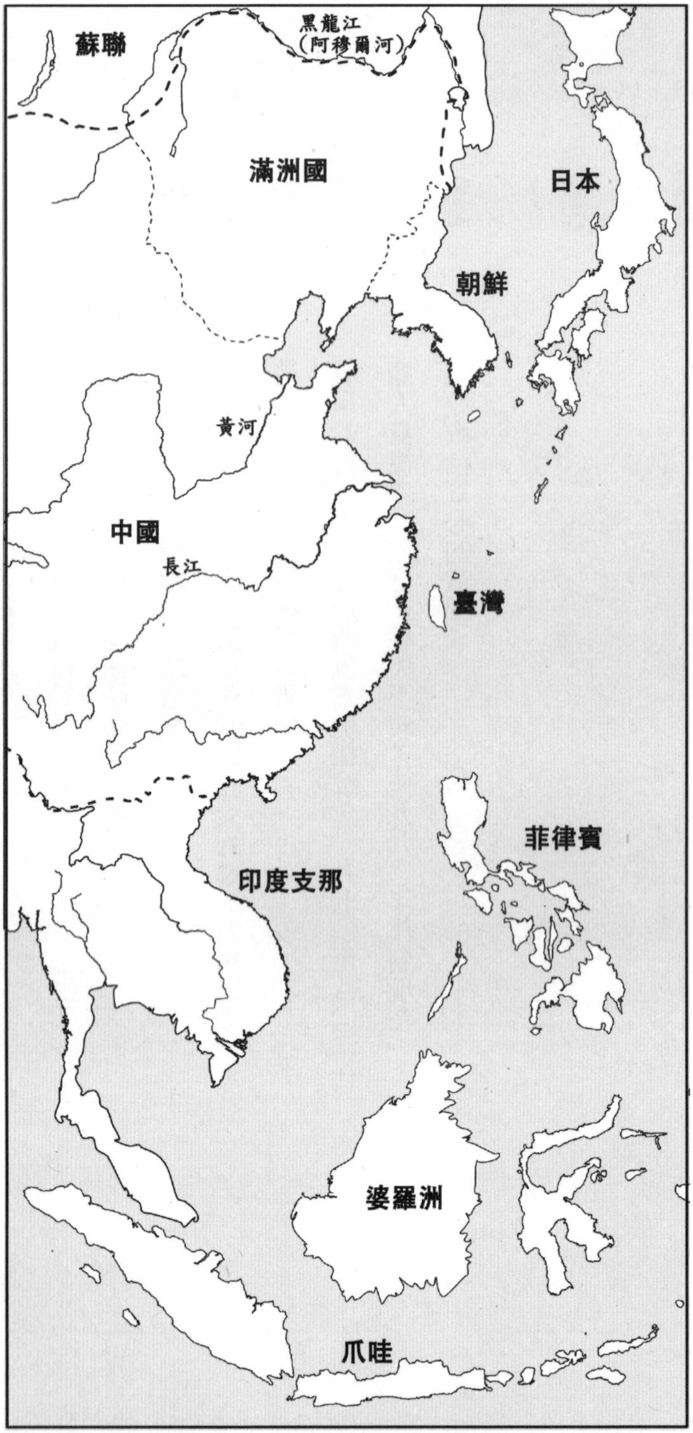

地圖一：東亞與東南亞地圖

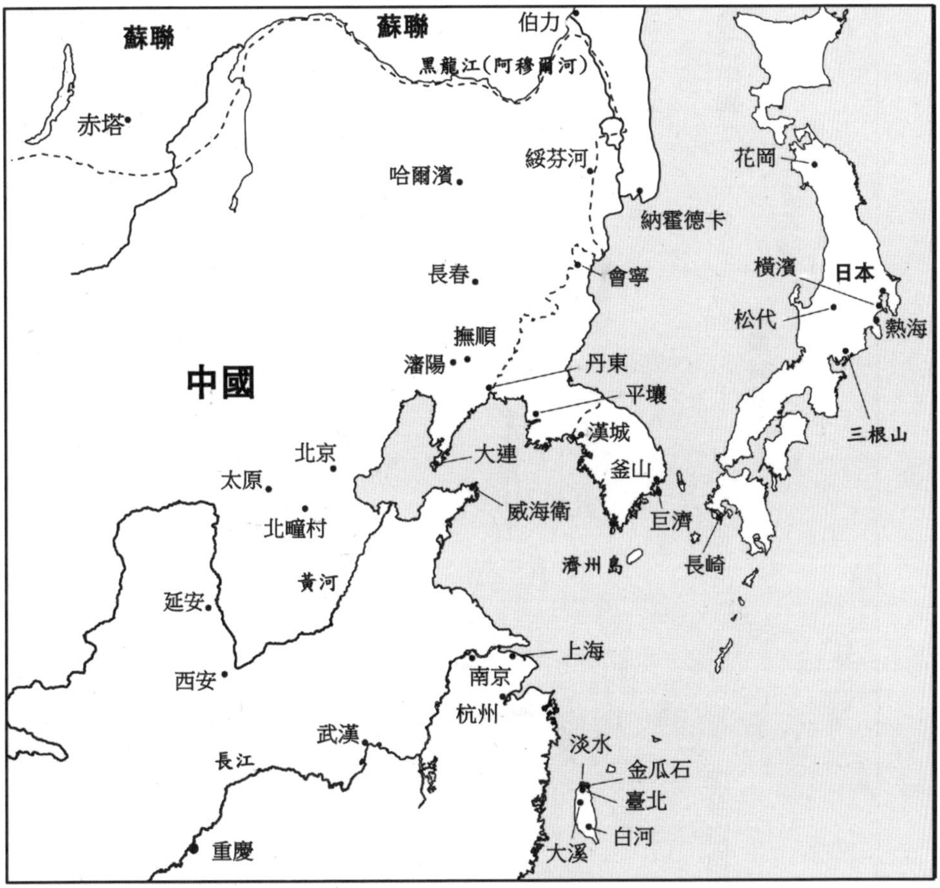
蘇聯
蘇聯
伯力
黑龍江(阿穆爾河)
赤塔
綏芬河
哈爾濱
花岡
納霍德卡
長春
會寧
橫濱
日本
松代
熱海
撫順
瀋陽
丹東
中國
平壤
三根山
漢城
大連
北京
太原
釜山
威海衛
巨濟
北疃村
濟州島
長崎
黃河
延安
上海
南京
西安
杭州
武漢
淡水
長江
金瓜石
臺北
白河
重慶
大溪

地圖二：東北亞地圖

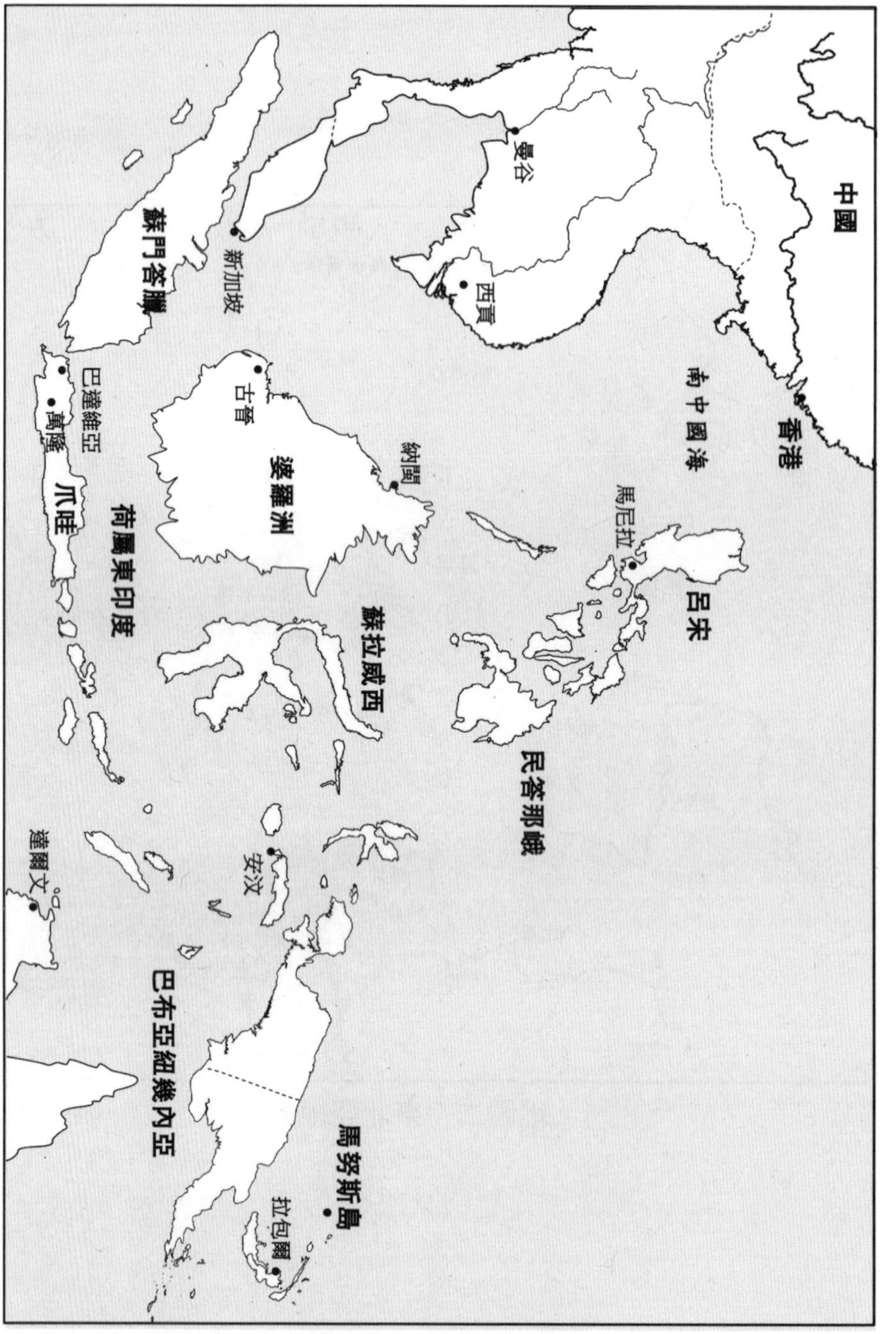
中國
香港
南中國海
曼谷
西貢
新加坡
蘇門答臘
巴達維亞
萬隆
爪哇
荷屬東印度
婆羅洲
古晉
納閩
馬尼拉
呂宋
蘇拉威西
民答那峨
安汶
達爾文
巴布亞紐幾內亞
馬努斯島
拉包爾

地圖三：東南亞地圖

臺灣版序言　臺灣戰後正義的悖論

二〇二五年是第二次世界大戰結束八十周年。然而，對於臺灣這座島嶼上的居民來說，當年那一時刻的意義卻是為另一段歷史，也就是為中國國民黨的統治揭幕。接下來的八十年可再分為兩階段，第一階段將近四十年，期間國民黨（在一九四九年退守臺灣與其他小島）以專制鐵腕統治臺灣，讓它在國際上的名號「自由中國」成為政治笑話。當國軍被中國共產黨打得兵敗如山倒，數百萬中國人因此割捨過去在大陸的人生，逃往這座小島；臺灣前文化部長龍應台所記述的老一輩人撤臺往事，以及楊孟軒的學術研究，都是字字血淚書寫這些人的悲慘故事。1 然後，在這八十年的後半段，中華民國開始轉向民主。國民黨自己把自己從一黨專制中解放；當政權易手，土生土長的「本省人」與家族從大陸移居來的「外省人」都以民選官員身分登上政壇。在臺灣人看來，從日帝國戰敗到今天，這段歷史是走過一條艱難的政治與文化之路。臺灣在一九四五年要被重新收歸中國統治，但當時的中國政權卻幾乎不願花心思去了解臺灣人民，了解這些人在過去半世紀在日本帝國主義統治下經歷的變化。相對於「中國人」，「臺灣人」到底是什麼？這是一個沒有被問出，也不被允許問出的問題。這種疑問會牴觸中國中央政權的基本信條，那就是全然相信「中國人」這個自我認知是深深刻在中華民族的骨子裡，與教育、地理或統治政府都無關，且絕對不會變更。中華民國從一個殖民地邊陲變成戰後國家，稍後又被宣告為「非國家」並喪失聯合國席位，這其中的百轉千迴都已被英語界與臺灣的學術研究者細細講明。正是因為這些事，因為這條通往政治合法性卻又失去政治合法性的崎嶇之路，所以歷史學家林孝庭才將他講述這場轉變的著作巧妙命名為《意外的國度》。[2]

這座島嶼的政治認同也在過去四十年間有所變化，從堅持把「中華民國」的標籤利用到最後（且經常讓西方學生把它跟它的鄰居「中華人民共和國」或「中國大陸」搞混），變成現在以「臺灣」的稱呼比較盛行。接續林孝庭的分析，臺灣大學陳翠蓮教授以她挑動人心的研究檢驗臺灣政治史，暴露出這個幾乎從不曾存在過的「臺灣國」的脆弱源起。[3]想當年，美國政府與軍方領袖認為國民黨既無能且腐敗，因此他們對於要不要讓國民黨取得臺灣島控制權一事的態度非常矛盾。此外，當時國際背景又讓臺灣問題變得更複雜。以英國官方為例，他們不認為臺灣應該立刻歸還中國，因為他們認為臺灣還處於託管狀態，只有在與日方簽訂和約後才能讓臺灣完全地、合法地交由中國統治。英國跟美國一樣，都覺得開羅宣言是一個「意向聲明」，但不是一個移交臺灣的「法律時刻」。陳翠蓮進一步引導讀者去看臺灣獨立運動至今猶未成功的歷史詳情，以及國民黨對此的反應；這件事極高程度塑造了蔣介石與其子蔣經國的政權，直到一九八七年解嚴為止。臺灣知名法律史學家王泰升言簡意賅表示，不管中華民國有多少革命性的政策、多少反攻大陸的計畫，它都無法輕易擺脫這片土地的歷史。王泰升寫道：「臺灣本地人花了將近五十年（一九四五到一九九二年）才從日本人遺留的政治框架裡脫離出來。」[4]

殖民史vs.帝國史

這樣的二元性並不只存在於東亞各個前殖民地。數年前，阿爾及利亞作家達烏德寫下《默爾索案調查》這本小說*，作為他對卡謬的名著《異鄉人》的回應，也揭露出我們是怎樣常被殖民史的「一面之詞」本質所蔽。[5]《異鄉人》寫於一九四二年，卡謬在書中探索存在的無意義。除開法國，大部分在美國或英國受教育的學生在學校八成早晚都會讀到這本書；不幸的是，學校一般將這本書列為文

＊譯注：這本書有繁中譯本，但繁中版的書名（《異鄉人：翻案調查》）與作者人名（答悟得）翻譯方式都太具有詮釋性，放在這裡的脈絡下讀起來會很奇怪（或是增添一些不必要的意涵），所以這邊用的是簡中譯本的翻譯方式。

學名著，但卻將它擺在歷史真空裡交給學生閱讀。除非學生另受指導，否則幾乎不會知道書中故事是如何反映出殖民偏見與帝國歷史。主人翁默爾索是住在阿爾及利亞的法國人（也就是歐陸來的白人移民），阿爾及利亞在一九六二年以前都正式屬於法國。故事情節曲折，只是這位法國主角最後殺了一名阿爾及利亞人，卻未受多少良心譴責。不過，我們對於被殺的阿爾及利亞人所知甚少，他連名字都沒有——他從頭到尾都不是情節裡的重要因素，只被用來象徵主角對人生的疏離。達烏德的反殖民版本是透過這位阿爾及利亞無名死者的弟弟，來檢驗《異鄉人》沒有寫出來的背景殖民故事。達烏德的目的是要探討卡謬故事中隱藏的部分，也就是殖民歷史的部分；他終究給了被害死者一個名字。這位阿爾及利亞作家的著作揭開了「重述帝國歷史」背後的政治問題，但他也表示自己必須使用征服者的語言來講故事。作者達烏德在小說開頭提出抱怨，說那個殺人犯（《異鄉人》主人翁）變得很出名，部分原因就是他能用自己的語言（法語）寫作。法語雖是阿爾及利亞官方語言，但當地主要人口與社會底層人民都說阿拉伯語。所以，達烏德告知我們，他要「代替那位死者來開口，這樣我才能為他續上他未盡的話語」。達烏德還寫道：「我要從殖民者留下的舊屋拆走石頭，一塊一塊拿，蓋我自己的屋，我自己的語言。」在他筆下的後殖民語言地景裡，這個國家「處處散落著再不屬於任何人的字句。你看見它們，在老鋪子的門面，在發黃的書頁、人的臉上，或是被去殖民化所製造的奇怪混合語言*給變了樣」。[6]

兩部文學作品鋪陳出一場殺人案與其背景故事，反映出法國與阿爾及利亞的歷史定位；如果我們從差不多的角度來看，那臺灣歷史也能被視為類似的鬥爭，對象是一個專制政權，它自外而來統治臺灣，用不同的語言（中國普通話相對於臺灣話或日語）將自身歷史版本強加給臺灣人民，並給過去賦予不同重點。臺灣人直到近年都像達烏德一樣，缺乏細說自身歷史認知、細說這些認知怎樣反映自身價值觀與情感的空間。情況正在改變，但如果放在全球史或甚至區域史裡，我們必須承認臺灣史通常被當作一個個別主題，很少被放進近代東亞史成為核心要素。讀者會看到，我雖然努力寫出臺灣在戰後這段正義不彰的故事裡所扮演角色的關鍵部分，但最後我大概還是寫得不夠。或許我可以拿出老生常談的辯護詞，說如果我把更多心力放到臺灣這裡，我這本書會「寫不完」；但可能很多人仍舊覺得這話只是藉口罷了。說到底，這也是為了避免把太多東西放在一起同時講，但臺灣的例子常在這種情況下被遺忘在歷史的漏洞裡（lost in the holes of history），就像吳濁流所寫的那樣。

從等式的兩端來思考歷史，一邊是帝國，另一邊是被殖民者；在這脈絡下，戰後東亞對日本軍人的戰罪審判也必須從多個角度加以審視。這裡我們面對的是比前述文學創作更引人深思的戲劇化情

＊譯注：原文 creole 可以翻譯成「克里奧爾語」，但這個譯名好像比較常用來指稱美國加勒比海一帶的混合語言，所以這邊就意譯為「混合語言」。

節，是一場各方爭奪歷史故事主講權的更大比賽，「追究正義」只是其下的一部分而已。這是敗者的歷史——是達烏德筆下殖民主義的敗者，是日本這個軍事與帝國的敗者，抑或是中國這個慘勝的一方。然而，因為這裡是東亞，所以又包括了夾在勝者與敗者之間第三者的故事——也就是發生在臺灣與朝鮮的事。我以本書提供讀者觀覽中日關係史的前排座位，從長時段看勝利者與敗戰者，以及夾在中間第三者敘事所產生的作用。這故事揭示三個層次的真相，一是帝國造成的影響，二是戰爭結束後軍方與市民社會的互動，最後則呈現帝國宣傳的影響力在勝利或敗戰後未必徹底化為雲煙。

《不正義的地理學》以我在中國河北省北疃村所做的一些訪問開頭，但我其實也能用臺灣霧社事件的悲劇做為開場白，畢竟這兩個地點都發生日本皇軍用化學武器攻擊平民的情況——霧社在一九三〇年秋末，北疃則在一九四二年春。[7]這兩個事件過後，日軍都否認當時有直接使用化學武器。在臺灣，日本皇軍在霧社屠殺日帝國臣民，小規模作戰從一九三〇年十月底延伸到十一月初，期間並以空投的「軍武化毒氣」助威。臺灣原住民在一九三〇年十月二十七日對日本軍人發動攻擊，在一場學校運動會上恣意殺戮，導致一百三十幾名日本人死亡；日本因此展開反擊。臺灣的中心性、日帝國的臺灣臣民，這兩方已經成為帝國的對話者，在日本人未能移民的地方代表日本。依據白根晴治的觀點，臺灣是日本練習帝國行政與統治的場所，開啟日本向東南亞拓展帝國的通道，因此臺灣最終變得對日本很重要。更何況，「臺灣是日本在亞洲太平洋戰爭中奮戰南進的樞紐門戶」。[8]但臺灣還有另一點也同樣值得重視，那就是在二次大戰期間擔任日本帝國境內運輸盟軍戰俘的主要節點。[9]

正如我在本書開頭所述，北疃小村也是像這樣發現自己原來有這種重要性。當日本更進一步擴大與西方同盟國的戰爭，北疃就被視為大華北地理的縮影。日方預定以該地區為防禦材料生產中心，於是日軍高層認為必須平定當地動亂，以保障物資、食物與人力的生產能在對西方的戰爭中有效開展。[10]

臺灣與正義

在戰後東亞的複雜地景裡，以針對日本戰罪追究正義一事而論，臺灣占據一個獨特但常被忽略的地位。二次大戰結束時，這座島嶼既經歷敗戰也經歷勝利，那麼想當然耳，這種矛盾情況會讓當地人與統治者皆無所適從。臺灣人是日本這個昨日帝國的一部分嗎？還是回歸到某種中國政權的掌控下？他們可否同時擁有這兩重身分？放在東亞這個較宏觀的地理區域下，若要理解臺灣在戰後正義課題裡所扮演的角色，則前述問題正是核心。

中國國民黨取得臺灣是開羅宣言的協商結果，並在日本於一九四五年八月投降後立刻付諸實踐，但它隨即面對一個幾乎是不可能的任務：一邊穩定自身內部、打贏大陸的國共內戰、鎮壓臺灣亂事，並同時向日本人追究正義。為了符合國際要求，國民黨必須接下這個多面向的挑戰，但此時的國民黨卻也正逐漸喪失日本戰敗所賦予中華民國的國際威權。冷戰的發展使事情更加扭曲，臺灣被捧成自由民主國家的一員，但臺灣的工業並未因此得到國際幫助強化，臺灣本身也進不了戰後強權殿堂。反過來，中華民國曾經的敵人日本卻成為西方最主要的關注與支持對象。

這條尋求合法性的不懈之路，代表臺灣戰後地位的悲劇性——同盟國在開羅向臺灣居民許諾一種未來，但戰後東亞秩序的現實又加諸他們另一種全然不同的未來。這座島嶼面對著最基本的定義問題，因為它並沒有進行去殖民化的過程。臺灣是在戰後從日本手中被拿走，由一個從未統治過臺灣的國民黨政權來「光復」。這種獨一無二的處境使我們必須發明新詞彙，以便適當描述像臺灣這種前日本殖民地所發生的事情。根基不穩的國民黨政權在此建立法治，然後拋棄法治，在「白色恐怖」的數十年間粗率執行判決、囚禁與死刑。我們選用來區辨國內暴政與國際暴行的語詞，以及我們理解後殖民、再殖民或是其他全新政治控制型態的方式，會顯示出更深刻的問題，也就是我們怎樣創造出自己對過去的敘事。

自從臺灣在一九八七年解嚴後，特別是在實施自由公開選舉、更進一步拆解國民黨治下的專制國家之後，中華民國人民將政治動力投注在發掘中國國民黨治臺前四十年中不為人知的暴行與玩弄法治的行為。出於眾所周知的原因，人民裡的某些部分會更積極去闡明這段國民黨惡政歷史，而比較不想調查更早之前日本殖民與戰爭時期的憾事。對當代臺灣人來說，蔣介石與蔣經國搞出來的白色恐怖更牽動他們的日常生活，也更與他們自身和家人的經歷相關。此處我要再次強調，這不是臺灣人獨有的經驗，許多受過類似苦難的社會也是這樣自問：當他們曾經尊崇的領袖被揭開政治暴君的真面目，他們可還有一條往前的路？知名蘇維埃小說家格羅斯曼將納粹戰罪編年立史，但他的作品卻在蘇聯被禁，直到戈巴契夫的經濟改革時期為止；格羅斯曼曾發出疑問，問我們是否真有可能「既譴責加害者罪行，又同情他們身為人的缺陷」？

今天居住在首都臺北的很多居民並不知道，或者也不會在意，那座殖民時期被日本人所用（然後又被國民黨接管）監禁反政府政治犯的舊臺北監獄。戰後的戰罪審判也在該處舉行——就在臺北市中心。這座監獄因都市發展被拆除，原址蓋起高聳的中華電信辦公大樓，只剩下小小的碑文指出當年監獄圍牆遺跡所在。話說回來，現在關注國民黨濫刑之下在綠島所建的巨大政治犯監獄的民眾還比較多一些。這個歷史記憶的轉變反映出一個較廣泛的模式，呈現臺灣人如何在創傷與正義的多重層次裡掙扎奮鬥。

在戰後正義與和解的複雜性裡，當代臺灣是個獨特的研究案例。臺北與北京之間不尋常的歷史關係，導致臺灣並不是一個國家。然而，它卻以民主方式選舉自己的國家政府，擁有主權武力，印發自己的貨幣；臺灣護照的免簽證國家數量還超過其他不少國家。由於日本帝國當初那樣結束，再加上緊接著中國統治下的政治分裂，使得臺灣在任何國際組織裡都沒有代表。但臺灣的工業，特別是現在的半導體與其他珍稀商品，都證明臺灣在國際政治裡隱隱具備的份量。

本書所檢視的課題之一，是臺灣經驗如何揭露傳統「正義與和解」敘事在戰後東亞的受限所在。[11]這座島嶼的故事告訴我們：這樣一個複雜的時刻，它不可以，也不應該用「敗戰」與「戰後」這種粗糙詞彙給輕易地歸類掉。如果能理解臺灣的獨特處境，我們就能更明白為什麼帝國控制的終結是戰後東亞誕生的必要前提，以及這樣的轉變導致什麼必然的後果。

當我們探索東亞全境的非正義地理*，臺灣的例子就是個提醒，讓我們警覺正義與和解的變量從來就不是勝者與敗者這麼簡單。這其實是一場複雜的，關於認同、主權與歷史記憶的協商，直至今日仍在塑造區域政治。這裡可以用我的經驗舉例說明，我在二〇一八年八月與臺灣著名小說家吳明益談話，當時吳明益是為宣傳新書《單車失竊記》而巡迴各地來到倫敦。[12]這是一本引人入勝的小說，貫通臺灣的殖民時期與現代，且還附有吳明益親手繪製的精美插圖。作者的才華涵蓋太多領域，包含植物學與歷史；我因此開玩笑地問他說，難道他接下來的作品是要寫交響曲嗎！在新書發表會上，我向吳明益提問，問他覺得當代臺灣與中國文學是否有差異？是什麼差異？說到底，他用的是中文寫作，但也要知道臺灣教育直到晚近都在強調傳統的寫作元素，因而導致臺灣與大陸的文字風格和詞彙出現分歧。吳明益的回答是：雖然他小時候在臺灣長大，從沒去過大陸，但他學過很多與中國大陸有關的知識，熟知中國地理，包括他沒有看過且可能永遠不會去看的山川名稱。對比來說，他對自己住的地方，也就是臺灣的歷史，幾乎一無所知。吳明益並不是老一輩的人；直到近年，臺灣人都處於對自己這座島嶼歷史缺乏認知的狀態（地理則還是知道一些），很多人不認為自己是日本殖民主義的後代。這種情況在最近二十五年來有顯著改變，不僅有新的學術研究以臺灣自身過往為對象，將它與中國大陸和日本歷史區分開來，還有新設立的機構，如各種轉型正義組織，來協助平反舊日政治與社會冤屈。

一九八九年夏，身為美國國務院官員與蘭德智庫研究員的福山宣告人類已經抵達歷史終點，意即西方自由主義理想已經消滅所有敵對意識形態。[13]這項宣言預言未來的準確程度並不如福山所料，但至少當年他所謂冷戰結束、自由民主大勝的觀點可是轟動一時。就在福山提出歷史終結論後，才過幾個月，柏林圍牆這座橫亙在人類與世界和平之間、看似堅不可摧的障礙就被推倒。同一年，日本裕仁天皇過世；裕仁是惡棍，是聖人，是被廢黜的神，他在許多方面都象徵著日本戰爭時期的終結。然而，距離柏林數千公里以外，北緯三十八度線的非武裝區仍將朝鮮半島分割為南北。歷史在歐洲似乎抵達終點，但在遠東也是如此嗎？四個國家因冷戰而分裂：德國變成東德與西德，「兩個」中國分別

＊編按：即本書原書名 The Geography of Injustice。

是共產黨統治的大陸與一九四九年撤退到臺灣島的國民黨政權，朝鮮被分成北韓與南韓，越南也成了北越與南越。越南先統一，然後是德國，但直到我們進入二次大戰結束第八十周年，日本帝國主義在東亞遺留的影響仍未完全消解。

在這脈絡下，當中國大陸領導人話中有話地發出統一臺灣的威脅，當人們紛紛猜測川普總統領導下的美國政府會作何反應，臺灣也就又一次被送上國際政治舞臺中央。數年前，英國雜誌《經濟學人》在二〇二一年稍顯誇張地稱臺灣是「地球上最危險的地方」。[14]臺灣人開始更多地探索自身身分，但常必須同時面對外來政治危機、承受無數國際壓力；在這時候，在那些過去被視為禁忌的領域，歷史也開始現出本來面貌。一九八九年，電影導演侯孝賢以電影《悲情城市》震驚四座，這是首批直接探討臺灣殖民過往的商業電影。到現在，臺灣人也以其他藝術型態破開更多禁地，針對臺灣的殖民歷史提出同樣困難的問題。二〇二四年臺灣一部熱門電視劇《聽海湧》重新激起觀眾對臺灣戰時與戰爭剛結束時處境的關注，盡力將臺籍日本兵（主要是警衛，未必擁有軍籍）同時描繪為加害者與日本帝國的受害者。當時年輕臺灣男性身處殖民與受壓迫的重重難關之下，這表示他們經常得從諸多同樣無奈的選項中做出選擇，選擇怎樣面對戰爭，面對自己因經濟壓力而不得不以某種方式參與日本軍事活動。

臺灣電視劇導演孫介珩以《聽海湧》來講述一場發生在東南亞叢林深處的大屠殺，並描寫數名參與其事的臺灣警衛在戰後上法庭受審。電視劇本身雖因坦然呈現令人不堪的往事而獲得諸多讚譽，但也有人認為這部劇扭曲了臺灣歷史、貶低了臺灣人。[15]日本學者內海愛子曾細述朝鮮籍日本兵（包括非戰鬥人員即「軍屬」）的故事，這些人的處境與臺灣人相仿，面對的困難也類似。[16]電視劇的觀眾與本書的臺灣讀者想必都很明白，一個社會要怎樣化解過往恥辱，這問題實在無法簡單回答。但我們確實能夠感覺到，臺灣社會沒有一味將過去歸咎於統治過這裡的帝國強權，而是更往前走，以更有建設性的態度去思考歷史所有面向，包括應予紀念的和應予論辯的部分。臺灣正在這艱困的歷史環境中探索自身歷史意義。

顧若鵬

二〇二五年二月於東京

附筆：我要向臺灣的蔣經國基金會表達謝忱，該基金會提供我鉅額研究經費來為日本戰罪做數位化評估、著手經營新平臺來結合歷史與統計分析。本書英文版出版時計畫尚未完成，因此未能將該基金會列入致謝對象，特此附筆。

序言　一次失敗的節目製作經驗

二〇一九年五月底，在一個酷熱的日子裡，我搞砸了。當時的我身處中國北部一個名不見經傳的小村子，坐在一個矮得不可思議的沙發上，而我要做的只是在鏡頭前向我的訪問對象提出一個簡單問題。那絕對是我這輩子做過最糟的一次訪問。

「你問他，」電視導演這樣說。她催促著我，「問他他妹妹發生什麼事了。」這位導演也身兼翻譯，負責在我聽不懂方言時幫忙。她斜坐在我右邊，鏡頭拍不到的地方，一直催我開口；但我只是看了她一眼，心裡知道完了。我明白，就在這一刻，這場訪問已經以一種意料之外的方式脫離我的掌控。天氣太熱，汗水浸濕我的襯衫，流淌著從我臉上滴落；屋內通風很差，空氣黏膩。我應該要在鏡頭前主導整場訪問，但實際上卻是接近荒腔走板。

前一年冬天，中國上海的主要電視臺之一與我聯絡，問我有沒有興趣主持一部關於二戰後中國舉行戰罪審判的紀錄片影集。[1]討論這個主題的書籍不多，其中有一本就是我的著作，而且影集腳本的某些部分是用我那本書當作模板；既然如此，那我應該順理成章地答應邀約。但我卻有所猶豫，畢竟中華人民共和國在媒體報導的公開性與可信度方面的紀錄並不怎麼好看。簡單說，「第四權」在中國並沒有發揮作用。新聞檢查極其嚴格，沒有任何機構組織或媒介被賦予「向當權者呈現真相」的任務。然而，同時我也覺得，如果能去中國，與這個團隊（由充滿熱情的年輕中國記者組成的高水準團隊，我的擔憂也是他們努力面對的困境）共事，我能見識到中華人民共和國內部是怎樣書寫歷史、怎樣設想歷史。簡而言之，身為一個研究日本的專家，我可以利用這機會踏遍中國各地，拜訪那些一般情況下我接觸不到的地點與人物。我可以看看地方上的中國人怎樣看待中國與日本的歷史關係，並親身感受這些新聞怎樣成形、怎樣報導。

於是，此時此刻我在這裡，荒野中一個塵土飛揚、灰濛濛的小村，表現失常。試問，你要怎樣有技巧地向一名九十出頭的老者詢問他的親人是怎麼死的？這位中國老農的家人死在戰時日本皇軍的某場攻擊行動中，而我向他提出一個又一個問題，試圖追問當時私密的過程細節，卻總得不到想要的回答。當他向我們揭述那一件定義他人生的恐怖往事，我如果還在鏡頭前做出微笑、傾身向前表示我在專注傾聽，這模樣未免也太過虛偽。

我試著開口，但我突然發覺自己做不到。這是我人生中第一次難以用字彙組成一個問題。情緒淹沒了我，這一刻太令人招架不住。我多年來都在研讀日本皇軍士兵所留下的供述，讀他們在中國犯下的恐怖暴行，也讀中國人對這些事件的回憶。我埋首於戰罪審判的文字紀錄中，閱讀日軍的戰場報告與日記，裡面是這些人承認身犯何罪。我原以為自己已經百毒不侵，結果卻發現，比起書面文字，從親身經歷者口中直接聽到發生了什麼事，那是一種完全不一樣的體驗。原來我不管在心理上或甚至是學術上，其實都非常缺乏準備。所以，那時候，我就坐著，一語不發。我唯一能做的就是見證這些事。我相信，當一個人面對衝擊他的理解或令他說不出話的時刻，他應該做的就是坐下來聽，「傾聽」，也就是仔細聽對方說什麼，並提供人與人之間的連結；在我看來，這是一種給予同情並小心拿捏分寸的方式。

攝影團隊與我來到河北省的北疃村，訪問幾名在年輕時經歷過一九四二年慘案的農人。那年五月底，日本皇軍的一個陸軍大隊對這座村莊進行掃蕩，消滅中國共產黨的抗日勢力。村莊下面有密密麻麻、縱橫交錯的黝暗地道，當時還年輕的李慶祥為了躲避日軍而逃進其中一條。日本在一九三八年加劇對華侵略，迫使中國共產黨人和當地人開始挖鑿地道。這些人缺乏武器，但有強烈的抵抗決心，他們在軍事力量與戰爭謀略上遠遠不敵日本皇軍，只好在地底挖隧道來自衛。地道戰成為中共反抗軍的金字招牌，後來有好幾部賣座的中國電影都以這類戰役為題，甚至還翻拍。為了把地底下這股反抗勢力驅趕出來，日軍往隧道裡投擲毒氣罐，留在地道裡的人（大多是婦女和兒童）因此窒息死亡，而逃到地面上的通常在地道口就被圍捕，有些當場被日軍處決。地道裡暗無天日，不僅恐怖，且令人難以呼吸；一個人在這種情況下根本無法確定方向——我現在是在往北邊、往村外走，還是在往東走向另一處戰場？只有當這人大著膽子從隱藏的地道口探頭出來，他才有可能獲得安全。李慶祥帶著一個妹妹一起逃命，但迷宮般的地道裡一片混亂，他們倆都大口喘著粗氣時，而他沒有抓牢他妹妹的手。當他終於回到地面上，妹妹已經不在身旁。[2]是我們要求李慶祥接受訪問，但當他開口說起這場悲劇，我馬上就後悔了。「我跟著我母親，還抱著一個小妹妹……我手裡的妹妹，她八歲了，她說哥哥，我走不了了，你們走吧。實在是太黑了看不見，你說我怎麼顧得著她？所以說，你們問我這個我不願意說啊，我要說了，我這好幾天吃不了東西。」他回憶起當時，眼中溢滿淚水。「我心裡難受，我要掉淚啊。我妹妹說，哥哥你走吧，我走不了了。我一出去，（他哽咽住，無法說完整句話）她就死在那（地道裡）了。」[3]

屋內突然被寂靜籠罩。我應該要問下一個問題，但當坐在我旁邊椅子上的那個人正從心底深處掏出那段屬於他個人的可怕回憶，我應該怎樣繼續訪問下去？我很慌張，為了這段他被我們要求而回憶起，發生在我出生之前的另一個時代的悲劇，我想伸手去握他的手，給他一點安慰。我什麼都不能做，但我卻是應該掌控全局的那個人。我不知要如何反應，因為無話可說。整個氣氛讓人非常難受，一分一秒流逝的時間像是永恆那麼長。幸好，導演在此時介入，讓我沒把情況弄得更加狼狽。但問題在於，這場面不是製作電視節目的好材料。導演之前跟我解釋過，電視節目裡必須有事情在進行，必須有行動、有活動（這點在中國或其他任何地方的電視節目裡都一樣）。如果我們在這時候去拍李慶祥的臉，可以拍出很有震撼力的畫面，拍到他被逼著記起他試圖遺忘的那件事時眼中的淚光；但這種做法實在太廉價。最後，我只能說，那是個讓人非常不好過的一天。

很不幸的，儘管發生在李慶祥身上的悲劇如此使人揪心，質疑的聲音卻依舊存在。不論是日本犯下的戰罪，或是替戰後東亞裁決正義的戰犯審判，這些歷史都有很多爭議。事實與虛構的差異，或事實與「能在法庭上被證明的事實」之間的差異，導致我們直到今天仍有空間可以去詮釋當年那座中國小村莊裡，或說亞洲這整場戰爭裡，究竟發生了什麼事。距離戰爭結束已經超過了七十五年，但各方對於「正義是否真正得到伸張」的問題仍有歧見，這加劇了東亞地區的政治衝突。日方的詮釋質疑北疃村大屠殺、李慶祥浩劫餘生的故事，而這些質疑至少有日軍官兵最早的供述內容作為根據。國民黨從來不曾向日本追究這場慘案。直到一九五六年，也就是北疃村慘案十四年後，中國共產黨才將此案告上他們自己設立的特別法庭，並讓參與其事的日本軍官招認罪行。然而，不幸的是，特別法庭審判成果才過幾個月就從大陸的媒體上消失，隱沒在其後數十年他們內部打擊「反革命」的鬥爭之中，同時其裁決也遭其他各國漠視。這種集體失憶的情況是怎樣出現的？原因又是什麼？我在本書中都會加以解釋。日軍戰罪的很多中國受害者要等到一九九〇年代，更確實地說是等到剛進入二十一世紀的時候，才得以討回公道。

若要理解今日東亞政治區劃，「東亞戰罪審判留給後世的影響」是一個尚未獲得充分探索的切入點。原因在於，這些審判以各種互相競爭的東亞現代史敘事將戰爭與帝國綁在一起。日本當然該為自己做過的事負全責，但有不少個別的人在戰後未受追捕、沒被送上法庭，也有不少人的受難血淚直到數十年後才被紀念，這其中原因值得探究。與普遍的認知相反，戰後東亞之所以未能實現正義，並不只是因為日本人不想道歉而已。以戰罪審判為源頭，各方對於日本這個帝國的定位與意義展開辯論，引出各種分歧的政治與歷史觀點，這才是整個不諧狀況的起因。也正因此，本書中「正義」一詞並沒有一個單一定義——簡單說，就是單一定義並不存在。日本與中國的政治領導人都以各種天南地北的意識形態為由，要求實現一種烏托邦式的正義，但這種目標卻不可能透過法令達成。我敢說，這是因為「正義」在這裡是透過較長期的協商折衝得到實現，所以會變成跟我們對過去所進行的歷史重現糾纏不清（或是因此而變得無效）。[4]

關於正義的不同設想之間當然存在區別，東亞語言文化專家李海燕就對中國的「高級」與「低級」正義做出更充分的闡述。「高級」正義是與國家利益有關的問題，「低級」正義則是因為個別人民受到不公待遇而懲罰加害者。[5]但李海燕的研究方向是從主權國家角度檢驗「正義」這個概念，而我這本書是要探究「追究正義」的歷史遺產，在這地區歷史與政治中扮演何種角色。[6]我的假設是：

當我們設想如何跨國實現正義，這件事就不可能純粹靠法律達成，而要透過公約與實踐來進行。正義是受害方與加害方都同意而達到的結果。也正因此，不管政治家有多麼想宣布歷史結束、正義昭彰，這都是不可能的；歷史沒有結束的一天，歷史永遠在進行，我們對過去的詮釋也永遠在改變。任何「歷史已經抵達終點站，各方已徹底達成共識」的宣告都注定讓人失望、注定以失敗告終。如果各方要真正和解，必須一直進行互動對話。所以說，「和解」與「正義」是兩種不同的過程。在一國國內，正義可以是結論，可以有一個最終聲明，可以在法庭上當庭宣布（但我們不應把這個跟國際歷史解釋混為一談）。出了國界，國際和解沒有終點，其基礎是各方當下與未來的行為。歷史從未停止，我們無法真正讓討論或爭議終結。

為了追蹤各國國內與國際關於正義的對話之路，我在書中會讓日本與中國的相關章節輪流出現，讓那些不是東亞專家，也不曾深入了解其中任一個國家的讀者，能將戰罪審判歷史視為「區域性司法時刻」來檢驗。前面幾章追溯二次大戰結尾這段歷史，同時回顧中國與日本的帝國競爭源起。接下來幾章探討那些形成東亞戰後探求正義之旅的憲政法域和法律行動，以及中日兩國自身怎樣投入這些（經常是彼此對立的）的過程。後面幾章將研究範圍擴大到戰罪審判結束之後，檢驗判決結果如何演變成一種很粗糙的工具，既被用來影響外交政策，也被用來製造出各種「記憶工業」，而更進一步刺激當代東亞社會輿論。

第一章 日本戰敗後的東亞萬象

二次大戰之所以在亞洲爆發，起因是當時日軍在中國北平＊城外暫駐的軍營中有一名年輕士兵失蹤。這人可能只是內急跑去解決，也可能是迷路迷了一陣子，端看每個人相信哪種說法。日軍駐軍地點與中國北方的國軍（國民黨軍隊）非常靠近，情勢高度緊張，而接下來的一系列措置失當與誤解又讓事態急遽惡化。這名失蹤士兵過不久就回營報到，但這個「情事變更」並未上報給指揮體系；這件事，再加上當晚零星響起的槍聲，對日方來說足以構成開戰理由。日軍聲稱中方即將發動攻擊，因此他們必須反擊。[1] 駐紮在中國東北的日本部隊是「關東軍」，他們急切想要強化滿洲國這個傀儡國家，並在日本占領區與南邊的中國軍隊之間製造出緩衝地帶。一九三七年七月七日清晨，日軍以密集

＊編按：即今日北京市，一九三七年七七事變日本占領北平後改名北京，二戰結束後又改回北平，直到一九四九年中華人民共和國定都於此，再次改回北京。

火力攻擊小鎮宛平。宛平鎮雖不起眼，卻擋在盧溝橋這個橫跨寬闊河床通往北平的交通樞紐前面。這場短暫交火引爆中國與日本之間的未宣之戰（中國政府直到一九四一年年底才正式宣布進入對日作戰狀態）。鄭福來今年九十多歲，但當年日軍在盧溝橋與國軍激烈交戰之時，他還只是個小男孩。今日的宛平仍是小鎮，但裡頭熙熙攘攘，到處都是遊客，接待整車整車前來的中國學童，以及其他為了獲得二次世界大戰第一手資料而到處跑，把宛平當成其中一站的訪客。

鄭福來是個很難訪問的對象，因為他有一個固定的模式，多少年來他都在講同一套話給中國小學生聽。也因此，不管我們問他什麼，都很難讓他脫離固有的回應模式。他說，他在盧溝橋附近，河的另一邊長大，他還記得日軍發動攻擊那一天，記得之後日軍在該地區大幅增兵。但他記得更清楚的則是一九四九年解放軍進入宛平，他津津樂道地重述當時情況。中國共產黨宣布「人民當家作主」，鄭福來鏗鏘有力地說，「他們要求士兵不准偷民眾糧食、不准擾民。」鄭福來暗示說，解放軍不會從當地人那裡拿東西，這種紀律讓附近村鎮居民都印象深刻；他還興高采烈地向我們解釋：為什麼？因為相比之下國軍做這種事一點都不手軟。[2]

距盧溝橋不遠處就是戰爭博物館：「中國人民抗日戰爭紀念館」。這是一座龐大建築物，裡面有無數標語提醒訪客「勿忘國恥」，牆面處處掛著這四個大字，像是鄭福來那套單向獨白的視覺呈現，逼人把它刻在腦子裡。當我詢問鄭福來關於那段歷史的問題，他從來不會暫停一下開始回想，或是先思考怎樣回應。他給出的回答已經不是他個人的，而是背誦出來的記憶，且他每講幾分鐘就會插入一段話來讚頌共產黨拯救現代中國。他很少去說戰時實際發生什麼事，也很少說到國民黨（抗日戰爭戰鬥主力）所扮演的角色。聽完鄭福來的話、看完抗日戰爭紀念館，我們會以為中國人對日本人的反感是源自二次大戰；這麼說也沒錯，但事實上「勿忘國恥」的教訓還有更深層的含義。中日衝突早在盧溝橋事變將近五十年前就已開始。

首先，我們得放下西方人所以為的「二次大戰是決定中國人對日態度核心要素」的這種認知；西方人之所以這麼想，是因為西方在二次大戰才首度與日本大規模交戰。相反地，我們必須用另一種觀點審視這段東亞歷史，將它看作是地區性的歷史時刻。這個「歷史的雙重性」裡面始終存在兩大問題，第一是中國在戰後面對日本的態度並非全然只受二次大戰影響，而是受到從晚清一八九〇年代直到二次大戰的這整段經驗的影響。第二，我們不能忽視中國在日本投降後的數十年間怎樣面對這場戰爭，因為這也對兩國關係發揮了引導作用。中日互動牽涉到兩軍交戰，但也包含了戰罪審判，包含在一九四五年戰後滿目瘡痍之中尋求正義。訪談紀錄（比如跟鄭福來的）與個人對戰爭的回憶都是重要資料，有助於我們理解微觀層級裡的個人如何認知過去發生的事；但我們也得知道，這些個人感受通常是更大規模的國家敘事之一部分。諾貝爾文學獎得主亞歷塞維奇在她的著作中談到兩者差異。她說，很奇怪的是，和她其他的研究相比，她對車諾比核災悲劇親歷者的訪談過程是最順利的；儘管這是一場史無前例的罕見浩劫，但由於當事者還沒被「教導」怎樣去講述自身經歷，所以訪問者很容易引導他們說出個人想法。相較之下，「俄國歷史上其他事件、其他時期都已經各自有廣受採用的一套敘事。亞歷塞維奇發現，一個人習慣述說這套敘事之後，他真正的親身經歷與個人記憶反而會被壓下去。」[3]這種現象跟我在中國訪問某些對象的經驗如出一轍。

中國二次大戰這段歷史的沉重份量，就像鄭福來對著我倒背如流的那套話一樣，阻礙我們以更開闊的眼界來看待今日中日關係的發展源流。我們應該從兩國近代最初交惡的時候開始，往後一路看到二次大戰戰後時期。不論在中國境內或國外，中日這場戰爭的歷史記事都是滋養學術研究出版的沃壤，也都為人耳熟能詳。但當戰爭過去之後，它本身在實際上是怎樣被檢視、被想像？這些東西已被封存，取而代之的是關於過去的簡化映像。我們把自己放在這樣的資訊繭房裡，現在我們應該先從裡面出來，突破定製化歷史敘事所規範的界限，以便掌握事情核心。要這麼做，最佳的起點莫過於兩副巨大鏽蝕船錨；它們曾被擺在東京市中心某個公園裡展示。

歷史之錨

除了日本某些專家和少數西方人以外，很少有人聽說過，甚至是注意過清朝的「定遠」與「鎮遠」兩艘戰艦。然而，清王朝受辱於日帝國之手的這段歷史，仍在中國的博物館、電視節目或其他地方被一遍遍活靈活現地演示著。與歷史事實同樣重要的，是這段回憶如何在時間中演變，如何在中國持續被保存下來。中國的「國恥」始於一八四〇年代清朝輸掉鴉片戰爭，以及接下來在一八九〇年代時不時的打敗仗簽條約；事態日益激化，直到中國人民在一九一一年發動革命推翻守舊僵化的滿清政權。革命後建立的「中華民國」繼承這些國恥，又在一九二〇到三〇年代將它們移植給中國國民黨政權。但國仇家恨的傳承並未就此終止。就算是在今天，距離中國共產黨在一九四九年徹底擊敗中國國民黨已經過了數十年，中共政權仍背負著清朝留下的同一套恥辱印記，將它視為自己版本的中國近現代史一部分。

近代中日帝國競爭關鍵時刻可回溯到一八八六年八月，當時清朝火力強大的北洋水師數艘戰艦開進日本西部的長崎港。日本展開明治維新才不過二十年，大家仍在懷疑這個國家是否能成功現代化。滿清艦隊規模龐大，其中包括數艘巨型鐵甲艦，而最引人注目的莫過於「定遠」與「鎮遠」兩艦。定遠號是中國最先進戰艦之一，威力遠超出日本海軍所擁有的任何武裝。[4]一八八六年夏末，北洋水師正在東亞海域巡弋訪問，在長崎港停泊幾天之後，數十名清軍水兵下船前往當地花街「丸山」尋歡作樂，結果與日本警察和民眾爆發衝突，情況嚴重到讓長崎地方官員向滿清駐日使館提出抗議要求賠償。這場騷動後來被稱為「長崎事件」，造成兩名日本人、五名清軍水兵死亡，以及七十四人受傷；[5]它讓清朝海軍「軍紀惡劣」的名聲響遍日本群島，[6]且也成為引發東亞地區展開爭霸競賽的因素之一，刺激中日雙方不斷做出行動，推動日本人建立後來的帝國優勢。

長崎騷亂之後又過八年，到了一八九四、九五年間的中日甲午戰爭，在關鍵性的幾場海戰裡，日本人再度面對這幾艘中國戰艦。甲午戰爭起因是日本意圖宰制朝鮮半島，想更進一步影響朝鮮如何進行改革。長崎事件之後數年內，日本將寶貴的國家資金投注於海軍以增強軍力。此時中日雙方在黃海交戰，全世界都以為規模更大、火力更強的滿清艦隊很快就能擊敗設備較差、人數較少的日帝國海軍。然而，清軍的腐敗與指揮失當讓日本占取良機擊潰對手。這場海戰一開始並未引起廣泛注意，大多數中國人仍認為清軍會取得最後勝利，這也是中國報紙向讀者宣傳的結論。中方媒體用傳統悠久的侮辱性稱號「倭寇」來稱呼日本人，同時卻鮮少報導每場戰役真實結果。[7]

屋漏偏逢連夜雨，滿清水師不僅錯估戰情、誤用戰術，且連運氣都差得不得了。一八九四年十一月十八日，鎮遠號駛出威海衛港時似乎是被己方布置在港內的水雷炸傷，然後觸礁擱淺。[8]為了慶祝黃海海戰這個歷史轉捩點，東京市政府在一八九四年十二月九日舉辦一場空前盛大的勝利慶典。依據日本《讀賣新聞》刊登的節目表，慶典主要活動在當天晚上五點到七點之間，於上野公園不忍池畔舉行。[9]此時甲午戰爭還沒結束，但日本已經在慶祝勝利。慶典高潮是重現滿清戰艦與日本海軍激烈交火場面，巨大的熟石膏船艦模型在湖面上演出一場海戰，並用煙火來模擬砲轟景象。[10]這幅「戰爭奇景」是一場自慶自賀的狂歡式宣傳之一部分，用來刺激日本民意支持帝國軍事擴張。[11]我們很能想像，既然一八八六年的日本遭受滿清艦隊羞辱，那一八九四年的日本愛國分子面對同樣這幾艘戰艦時，必定滿心都是遲來的狂喜。清朝在這場關鍵戰事失利，這是一個預兆，預告它最後垮臺的結局；但日本此時卻在舉辦一場規模空前的勝利慶典。由於人民太踴躍參加，導致慶典實際花費遠超出成本估算，最後開出一張超過一萬四千五百日圓的帳單（金額大約是現在的二百五十萬美元）。[12]以一場在國家首都舉行的勝利慶典來說，這樣的開支非常驚人，尤其是日本政府的國庫幾乎已經快要因戰爭而耗盡。

滿清水師的霸權在數個月後正式告終，同時日本帝國也正式登上世界舞臺。威海衛是中國北方排名第二的重要海港，它在一八九五年二月十二日被日本海軍攻陷，市區也遭占領。日本人俘獲鎮遠號與其他大量艦船做為戰利品，當時滿天飛的國際新聞報導中說，北洋水師艦船都被日帝國海軍擊沉或重創，但其實它們有些是被清軍自己鑿沉，有些受到輕重不等的傷害，而有幾艘在相當程度上還可以使用。[13]日本修復鎮遠號，然後將它編入日本海軍艦隊；它被帶回日本的途中先去長崎舊地重遊，然後抵達橫須賀軍港，受到大批民眾歡呼迎接。[14]日本將這兩副龐大的清朝軍艦船錨做為戰利品在上野公園不忍池畔展示，以象徵日本勝過滿清。[15]此外，東京還蓋起新建築物，裡面有巨大的戰場環景圖，讓市民從各種不同地理角度觀賞那些著名的交戰時刻。這些三百六十度「戰爭體驗」提供了視覺與聽覺的沉浸感受，同時也是宣傳日本勝利的利器。[16]

中日和談結果，清朝必須接受令自己顏面掃地的軍事損失，且被迫割讓臺灣島作為賠償；日本原本還想取得遼東半島，但因法德俄三國的介入而失敗。勝利的滋味與中國交付的大筆賠款讓日本人欣喜若狂，日本報紙刊登廣告售賣幻燈片，上面是「清朝海軍艦艇沉沒」的圖像，讓大眾都知道大清帝國已成日本手下敗將。[17]

日本贏得甲午戰爭之後，兩副船錨一直被擺在上野公園中間一處小小的地脈露頭上面，在後來的年月中逐漸蒙塵。日本帝國主義開始專心致志地從地大物博的中國竊奪其他寶藏。隨著星移斗轉，兩副船錨的來處或許已被遺忘，但它們又在一九四二年再度成為愛國宣傳的養料。那一年，日本海軍與西方同盟國對上，在二次大戰太平洋戰場上擴張勢力。一九四二年五月二十八日，日本《朝日新聞》告知民眾，上野公園船錨展示處前一天所舉辦的「紀念碑揭幕式」是「帝國海軍紀念日」活動的一部分。[18]滿清船錨之所以在戰爭迷霧中被人遺忘，其中一個原因或許是日本在其他類型戰場不斷取得更耀眼的勝利。比方說，一九三九年日軍攻下武漢（中國主要城市之一），日方隨即在日本中部兵庫縣西宮球場裡造出一座龐大的戰場環景模型，「占滿整個棒球場」，來歌頌這次勝利。[19]

時間又過幾年，到了一九四五年，日本帝國勢力已土崩瓦解，中國國民黨政權開始與日美兩國磋商兩副巨型船錨的歸還事宜。理論上，國民黨沒有任何法理依據可以主張對這兩副船錨的所有權，因為它們是日本從清朝政權取得的戰利品。然而，這些艦船卻能呈現國民黨是承繼滿清國恥的「正統」政權；如果能為國家找回顏面，國民黨在中國大眾眼中的形象就會得到極大提升。過程中，國民黨駐日武官鍾漢波少校扮演了關鍵角色。此人是海軍軍官，在二次大戰剛結束那幾年代表中國參與盟軍占領日本的工作。他在回憶錄裡說，中國能以四大戰勝國之一的身分占領日本，實有助於一雪百年恥辱。[20]壓在鍾漢波那一代人心上的是一部國際競爭的長期歷史，其源頭比西方人的二次大戰敘事還要更早。在西方敘事中，日本是在一九三〇年代，更明顯的當然是在一九四一年十二月之後才成為「敵人」；但在鍾漢波這樣的中國人眼裡，中國之所以在戰後渴望壓過日本，其中故事遠在二次大戰之前早已開始，且與十九世紀末日本帝國發展有更緊密的關係，比二次大戰還早了半個多世紀。

中國駐日代表團雖也屬於同盟國軍事占領政權，但卻有名無實，因為當時中國無力派出任何有效兵力來支持己方意見。代表團提出要求，要日本歸還兩副船錨與殘餘砲彈彈頭，因為它們是「一八九五年中日戰爭結束後日本取回之掠奪品之一部分」。「中國代表團認為，此類物品之公開陳列應立予停止，且應將此物品廢置並運回中國。」[21]駐日盟軍總司令部（執行同盟國對日軍事占領的機關，實際上受美國控制）一開始對此不甚在意，聲稱一九三七年之前發生的事不歸他們管；但中國代表團表示這些展品會美化戰爭與軍國主義，違反「占領日本以和平本意教育其人民之目的」。美國似乎是因此而態度軟化。[22]最後，國民黨終於將船錨拿到手，運回這些被日本擄走的戰利品，還反過來舉辦一場歸還遺物的慶典，想要公開洗雪五十年前滿清帝國所受的恥辱。[23]

但中國這一方的歷史敘事到此還沒完結。

又過了數年，中國大陸在一九四九年江山易主，換成中國共產黨掌權。在新政府主持之下，滿清船錨又一次成為國家歷史重要部分；只不過，這一次的故事變成共產黨版本。「鎮遠」的船錨如今陳列在北京的「中國人民革命軍事博物館」，這棟博物館並不尋常，它是中國國務院總理周恩來下令建造象徵新中國的十大建築物之一，於一九五九年十月完工。博物館設計與建造都明確傳達「控制『對過去的重述』與『呈現過去的手段』來建立歷史詮釋一致性」的目的。[24]南京大屠殺紀念館（官方正式名稱是「侵華日軍南京大屠殺遇難同胞紀念館」）裡面也有一幅呈現威遠艦沉沒的圖像*，雖然甲午戰爭與南京大屠殺之間沒有直接關聯，但館方這麼做的目的就是要把一八九四年甲午戰爭設為日帝國侵略暴行的真正起始點，而不是讓參觀者僅僅關注於一九三七年南京大屠殺事件。在中國，主流觀點認為，日本至少從甲午戰爭開始（甚至可能是從一八七〇年代對臺灣發起軍事行動開始†）就有一個在東亞建立軍事霸權與帝國控制的大計畫。中國後來「復活」定遠艦，把它變成山東威海市（舊稱威海衛）中日甲午戰爭博物館群的一部分，於是如今仍有不只一個著名地標在述說這個版本的故事。

一九四九年，國民黨輸掉內戰，撤出中國大陸，但他們並沒有將中日這段歷史記憶也留在大陸，而是繼續與中共爭奪歷史敘事控制權。事實上，分裂的雙方——以北京為首都的中華人民共和國，以及當時以臺北為臨時首都的中華民國（後來稱為臺灣）——都宣稱自己在為中國守護歷史記憶。一九四七年，船錨回歸中國幾個月前‡，曾是日本殖民地的臺灣發生暴動，事情愈演愈烈，變成始於二月二十八日的一場屠殺。我在本書後面會詳細敘述這件事，此處只是要說，這場社會騷動導致幾個月內有數萬名臺灣當地人被殺害，同時也迫使根基未穩的國民黨統治者在臺灣實施戒嚴令，一直到一九八〇年代中期為止（期間戒嚴令的執行時緊時鬆）。諷刺的是，國民黨極力要洗刷清朝犯錯留下的恥辱，同時又以這樣的歷史傳承為基礎，要在臺灣這個曾是日本殖民前哨的地方製造出新的政治認同。

我稱這些戰艦在十九世紀後期與二十世紀中葉扮演的角色為「歷史之錨」，它們呈現中日關係並不是在二次大戰結束時突然出現裂痕。[25]中國大陸統治政權選擇自我定位為「滿清國恥的承繼者」，但這裡面有自相矛盾之處，因為國民黨與共產黨都宣稱他們建立的是甩脫歷史桎梏的革命政權。[26]既然這些政權都還要為歷史尋求正義，還是要求日本歸還當年戰利品，這表示無論在哪個年代，身為中國人看待日本侵略行為時那種長久以來的情緒，在政治上的作用都不容小覷。二次大戰之後，這種一

＊編按：紀念館中展示著一八九五年二月六日威遠艦被日本魚雷擊沉的圖像。
†編按：即牡丹社事件。
‡編按：鐵錨運抵上海是一九四七年五月十八日。

方面宣稱自己革命性地與過去一刀兩斷，同時又在歷史情緒層級上提供連續性的情形，將是我們在本書各章不斷見到的主題。而在這場「洗雪過往恥辱」的奮鬥中，一個很主要的部分與一九四五年後審判日本戰犯有關。

戰罪審判簡史——紐倫堡審判與東京審判的比較

二次大戰剛結束時，面對戰爭期間諸多暴行，西方試圖尋求正義而提出《紐倫堡原則》，如今這些原則已在世上多地成為支配政治領域的基本力量。紐倫堡審判（一九四五到一九四六年）之後，聯合國依照該法庭用以審判納粹戰犯的法律原則與國際法思想體系，協助發展國際刑事法庭，對發生在前南斯拉夫與盧安達的罪行作出裁決。國際法「呈現對強權施以中立制約的努力」，而國際法所衍生出的國際刑法「從二次大戰以來就是這項計畫的核心」。在戰爭剛結束這段時期，最重要的目標就是確保這些新司法工具能做到「罪案課責」，以此「促進一個法治的世界社群」。[27]在歐洲、在東亞，紐倫堡審判都常被評價為一場不世功業——它不只領導德國走上贖罪之路，幫助德國重新取得躋身文明國家之林的資格，還替其他經歷戰禍的國度提供一個重拾國家尊嚴的計畫藍圖。下面這段話呼應我們前面的討論：「紐倫堡審判留下的一個重要原則，就是讓紐倫堡國際軍事法庭參與建構的這個故事，成為德國人面對二次大戰暴行所說出的唯一一個故事。紐倫堡國際軍事法庭造成的影響就是：『真相』出自審判，而審判將罪惡個人化。這個自由主義、個人主義－人道主義的敘事取代集體罪惡，也就是與刺激納粹惡行的狂熱民族主義相伴的集體罪惡。」[28]當然，也有人對這種說法不以為然。一個從戰罪審判系統中誕生的敘事，它會造成的有害影響之一，就是讓這套敘事在將來變得難以改動。紐倫堡審判代表全世界起訴個人與納粹黨的戰罪，但為達目標卻必須付出不菲的執行成本；我們完全不去追究經濟與工業結構，而它們不但讓這種規模的種族滅絕與戰爭暴行不必付出代價就能執行，同時還從中牟利。德國人創造出一個新詞來指稱這類個人，也就是透過官僚系統執行謀殺但自己卻完全不必與受害者面對面的人：「辦公桌殺人犯」。[29]

東京審判的情況也類似，但這裡比較明顯的不是「罪惡個人化」而是「軍方有罪論」。東京審判的判決不像紐倫堡那樣得到一致通過，且明眼人都看得出判決結果裡少了一個重要人物。紐倫堡審判是司法界令人心嚮往之的歷史盛事，但東京審判（一九四六到一九四八年）和東亞、東南亞各處對前日本皇軍官兵舉行的較輕的戰罪審判就從來沒得到過這種讚譽。另外，很重要的是，沒有人有能力給東亞的政治與經濟創傷敷上像紐倫堡審判這麼有效的膏藥，來補救日本帝國造成的傷害。因為大多數日本律師都是主戰派，幾乎沒多少人在戰後被清算。而其中主要的例外是橫田喜三郎，他是在日本法學界發聲倡議執行戰罪審判的人之一。[30]相較於東京審判及其目的，下面這段話言簡意賅呈現紐倫堡審判之於同盟國的意義：「簡言之，紐倫堡檢方打造出的敘事是以『對西方標準與價值的反叛』為主題。這個故事述說德國怎樣偏離『西方之道』而踏上歧途，它能解釋那些無法解釋的東西，而這套解釋就會是德國回歸正道的第一步。」[31]但日本的故事卻不是這麼回事。

要為日本的帝國侵略作出正義裁決，重點不只是歸還戰利品而已。國際壓力在二次大戰期間逐漸高漲，要求追究全新類型的戰罪。與此類似的是，在戰前，「正義」敘事是與爭奪象徵勝利與屈辱的物品有關——如船錨；但到二次大戰剛結束這段時期，歷史詮釋的「下錨處」則變成國際法庭，由它來為正義下定義。

歐洲的戰罪審判並沒有罪行分級，但亞洲的審判卻把戰罪區分為所謂領導層級（甲級）與「較低」層級（乙級與丙級）。加諸日本被告的這三等級（甲、乙、丙級）戰罪指控分別是「破壞和平罪」、「戰爭犯罪」與「違反人道罪」。甲級戰犯是統籌指揮日本「侵略」戰爭的人，但並未親手直接犯下戰罪，而東京審判（官方名稱是「遠東國際軍事法庭」）就是這段歷史中唯一一場甲級戰罪審判。另外還有兩場「準甲級」審判，審判對象分別是日本陸軍中將田村浩與海軍大將豐田副武，但重要性都不及東京審判。[32]

層級較低的戰罪被分為乙丙兩級，乙級戰罪是從第一次世界大戰延續下來的類別，稱為「戰爭犯罪」（如強暴、謀殺、非法監禁、虐待俘虜，諸如此類）。丙級戰罪是一個全新類別「違反人道罪」（實質上指的就是種族滅絕，但嚴格說來「種族滅絕罪」與「違反人道罪」在法律上屬於不同類別）。日帝國武裝部隊經常殘暴行事（如北瞳村的例子），但他們並沒有一個像納粹那樣的種族滅絕政策。因此，大部分軍階較低的日本被告所受指控都是「乙丙級戰罪」這樣一個組合類別。[33]我們可以理解為：甲級戰犯是領導侵略國進行征服的人，乙丙級戰犯是直接與受害個人進行接觸的人。在後面，我們會看到，乙丙級戰犯後來成為中國比較重視的一個類別。

乙丙級戰罪審判涵蓋的地理區域極其廣大，總共進行大約二千三百場訴訟，進行訴訟的法庭地點共約有五十個，分布在亞洲與太平洋各處。從一九四五到一九五一年之間，澳大利亞、（國民黨統治的）中國、法國、荷蘭、菲律賓、英國與美國都各自多次召開法庭。受審的日帝國軍人約有五千七百人左右，最後只有九百多人被處死刑。[34]一九四九年十二月，蘇聯在伯力舉行戰罪審判；這場審判相對而言並不受重視，但因為它是唯一一個以日本細菌武器為審判重點的法庭，所以值得我們注意。[35]中國共產黨不是二次大戰期間同盟國成員，但它也對大約一千名日本囚犯展開調查，在一九五六年將其中「最惡劣」的四十五名罪犯送上法庭，然後對其餘將近九百六十人施以「寬大處理」。就官方紀錄而言，除了蘇聯以外，剩下唯一一個不曾處死任何一名日本囚犯的戰後政府就是中華人民共和國；這項事實會在二十一世紀中共黨媒宣傳中扮演重要角色。只不過，蘇聯與中國多地都設置過非官方的所謂「人民法庭」，而這些紀錄要不是不存在，不然就是埋在檔案館無人知曉的角落裡。它們其實就是做個樣子舉行審判然後草率處決犯人，或是用「法庭」形式來進行的暴民復仇。這類事件據估計有數千起，但既然我們缺乏證據，那麼數字始終只是推測而已。此外，中方（包括國民黨與共產黨）舉行的審判也讓統計結果變得更混亂，因為很多當時可能被視為戰犯的人，例如幫日本人做事的中國人，經常都被稱作叛徒也就是「漢奸」而非「戰犯」。[36]實質上，只有擁有日本國籍的軍人（有時包括臺灣人與朝鮮人）才會在法律上被歸類為戰犯；其他國籍的人通常都是透過當地法律來處理。

歐洲人也有充足動機要設立法庭來裁決日本戰罪，且他們要處理的地理範圍很大。舉例來說，英國想在緬甸重新建立殖民統治權，而荷蘭對荷屬東印度（印尼）、法國對印度支那、英國對香港與新加坡也都是這樣。首先，這些歐洲前殖民者的整體目標是在前殖民地重建殖民統治，以此再度樹立威權並讓經濟復甦，那他們所進行的審判就是與此相應。大英帝國花了大錢來強化遠洋帝國防禦，當時帳單累積甚至「飆升到三十億英鎊上下——超過英國國內生產毛額三分之一」。[37]法國的情況也沒好到哪去。至於那些曾是歐洲帝國殖民地的地區，「日本統治者戰敗」這件事對他們意義不大，「因為解放只是重建法國榮耀的手段，不是目的本身。」[38]再者，對於那些親日的人物，或是與日本合作的臨時政府領導人，這些審判也能發揮作用，讓他們在歷史上留下惡名。部分審判（包括在中國的）舉行地點過去曾是日本占領者權威象徵，或是日本集中營與監獄，這有很重要的意義。第三，這些審判是對國內觀眾進行宣傳的一種方式，告訴他們：這場戰爭是有意義的，歐洲各國或其他同盟強權已經徹底宰制日本，且已經在曾被日本占領的區域重新建立權威。第四，對於日本在帝國時期犯下的惡行，這些審判製造出一種紀錄與記憶，以此遏制日本在軍事上再度崛起的可能性。[39]某些國家，比如戰時大部分地區遭納粹德國占領，且相當程度受其管理的法國，他們還有另一個目標，就是確保自己能在國際上重拾聲譽。它們的手段是在東京審判這個世界性舞臺上爭取一個法官席，以及在印度支那對日本人進行審判。這樣，這類審判能提供官方紀錄，證明法國已經回歸成為同盟國一員，現在應當被視為盟友，這才是最重要的。[40]

戰罪審判的過去與現在

戰後各方爭相控制關於「這場戰爭的意義」的辯論，而在這漩渦之中，日本的投降也不是就甘願任人宰割。最初，日本軍界各種人物試圖在自己受審時影響審判；後來他們又想取得戰罪的審判紀錄，以便調查被指控的罪狀，卻持續遭同盟國阻撓。種種不順利，讓許多日本人和其他人相信戰罪審判不過是「勝利者的正義」，而同盟國在遮掩他們自己的錯誤。當代日本保守派的主流政治信仰始終有一個支柱，那就是他們毫無保留相信日本的所作所為一直都以東亞的最大利益為念。對於那些被東京審判「確認有罪」的人，以及其他戰罪法庭的判決，日本現今的保守團體對這類歷史宣言都加以反駁，以此強化他們前述主張。日本各地林立的無數紀念碑，將戰犯歌頌為「殉國者」，但真正試圖深究戰罪課題的日本人卻少之又少。

相較之下，一黨專政的中國大陸不允許政府或社會中出現對歷史觀點的異議。在中國這裡，並沒有關於中國歷史的各種說法在爭奪輿論戰場。然而，我們應該注意的是，這些歷史為什麼在中國大陸被長久忽視，然後又突然在二次大戰結束七十多年後被拿出來重獲新生。現在的中國政府想把所謂「恰當的歷史理解」教條化，因而重提戰時與戰後的歷史，用來支持這件事。中國共產黨致力於呈現己方在戰後如何慈悲為懷，不以復仇態度對待那些被戰罪法庭「確認有罪」的前皇軍官兵。[41]

什麼是正義？什麼是「正確的歷史」？各方競爭著主張自己擁有正確答案，圍繞軍事法庭中「確認有罪」的戰犯而發出議論；一直到二次大戰餘燼已冷，這樣的角力仍在熱烈進行。那些操弄日本軍事行動歷史的企圖，以及由此引發的激烈爭議，在在顯示日本民眾、官員，以及率先在國際上揭露這些醜陋歷史真相的日本學術界之間缺乏共識。[42]這段歷史在日本某些圈子裡為人熟知，但相關活動在日本之外得到的國際關注卻少得可憐。只有當「日本政府拒不承認」的消息出現，這才是能在國際媒體上獲得聳動頭條待遇，登上報紙第一版的新聞。

執行戰罪審判與控制其影響的困難性

國際刑法並不足以在任何時候都使正義遂行，特別是在面對規模極大或是奠基於國家所支持的暴力情況時。更直接的說法就是：難道我們可以覺得，只要把七個日本領導人物吊死，東亞的二次大戰這筆帳就等於是算完了，是這樣嗎？

談到這類審判，先不論那些充滿啟蒙精神的目標是否能達成，它裡面其實隱藏一連串障礙與陷阱。芬蘭法律教授科斯肯涅米在關於戰罪審判複雜性的哲學研究這方面聲譽卓著，他精準有力指出這些審判本質中的棘手問題：

> 「作秀審判」也就是只將少數政治領袖送上法庭審判，並給予其他人特赦。出於某些原因，這種做法在國家層級是可以被接受，甚至是有利的。但如果刑事司法被拿到國際層級來執行，這些原因就不再成立。當某場審判是由外國檢方在外國法官面前進行起訴，除了虛幻的、自我滿足的所謂「國際社群」之外，此事無法在任何當事社群中確立其道德地位。檢方只要敗訴就會成為醜聞，而法庭的所有判決都會被人覺得太輕，無法讓受害者重拾尊嚴；況且，此事的象徵性絕對是缺乏說服力，不足以合理化它在過去與未來之間劃下的那道粗線。[43]

就在「戰罪審判」這個場合裡，歷史被創造出來，但「反歷史敘事」也同時出現，關鍵就是「法律事實」與「歷史事實」之間的區別。法官必須給予被告發言與辯護的空間，以免被認為是「未審先判」。更重要的是，不論被告說出的話多麼噁心、多麼違背事實，法庭都必須認真看待。但這樣的形式就會造成後續問題。被告的自我辯護在法庭上被記錄下來，於是他們得以藉此提出一套「對抗敘事」，對抗檢方在同一場合所提出的歷史敘事。[44]司法審判與歷史在這個交會點發生衝突。當檢方試圖詮釋法律以定罪被告，辯方想的則是後世名聲與他們自身如何建構歷史。檢方與辯方之爭讓審判現場變成了權力競賽。法官想要以證據為基礎作出歷史性的裁決，至於受害者的律師則需要確保能把法庭變成表現情感的舞臺，在此哀悼那些死難者的記憶。

要吸引國內與國際視聽，涉及的第一個問題就是大眾是否認同戰罪審判的必要性；這在二次大戰結束後，甚至在現在都是未必。[45]就算實施戰罪審判有再多好處，批評者還是指出：被告會在整場審判進行的脈絡下試圖保護自己或自己的歷史觀點。法國律師韋爾熱斯，諢號「惡魔代言人」，曾為阿爾及利亞獨立運動武裝分子（被法國政府列為恐怖分子）辯護。韋爾熱斯認為，真正要打的仗並不是為當事人爭取自由；他寫道，關鍵其實是要繞著「製造歷史裂口」打轉，「與其說辯護的目標是讓被告無罪釋放，不如說是將被告的想法公諸於世、昭告四方。」[46]在韋爾熱斯的策略中，戰罪法庭本質上是爭論歷史的場所，其中的權力競賽就是要控制「『宣傳』這條命脈」來獲得大眾支持（就像英國首相柴契爾夫人面對批評者時所主張的）。

辯方重新建構起歷史敘事後，這類審判國家暴行的大型法庭就可能淪為作秀審判（但嚴格說來還是與一九三〇年代史達林掌權時蘇聯的「作秀審判」不同）。由於法律設下的限制，這些審判都會成為被告操弄歷史敘事、吸引追隨者的場合。科斯肯涅米說，我們如果試圖「藉由法律過程的陳腔濫調」來建立「『神聖不可侵犯的事實』」，這種做法有極大風險。[47]這話是在警告戰罪審判有其受限處，我們在其他地方也能聽到類似的強烈回響。普立茲文學獎得主阮清越就寫到他自己對越戰與美國的相關「正當記憶」的深刻見解。阮清越解釋說，我們面對著一種需求，這需求在法庭之外，在公共場合電影書籍裝載的商品化記憶之外，用一種解脫愛國傾向的方式去思考過去。在他看來，「正當的記憶會記得弱者、被征服者、異類、敵人，以及被遺忘者，以此來反抗這類身分認同政治。正當的記憶會說：把自我記憶道德化並不足以使我們理解過去。」最後，阮清越提醒我們，「正當記憶」的關鍵，是確保我們的歷史構成內容不只有那些會被當權者濫用的記憶。[48]有一種現象被專家稱為「受害者競爭」，意即「某些團體會傾向跟其他團體比較而認為『我們受害最多』，他們會更有動力去確立團體內部受難經驗，而更不願意放下過去苦痛」。[49]另一種類似現象是傾向反對某種歷史故事，也就是反對「被視為『勝利者的正義』、被外人強加的敘事」。[50]我認為，當我將這個課題放在這樣的定位，去呈現戰罪審判如何創造出驅動國族記憶的強力引擎，就能將許多阻擾中日關係的衝突概括起來。我們在後續章節會來檢視此事。

還有一件事也是癥結所在，我們會把愈來愈多問題列入清單，希望這些都能用法律解決。這種想法不只出現在戰罪的審判問題上，還會延伸到更宏觀的政治領域與法律兩者互動。法官、法律、法庭能維護社會秩序，所以理論上戰罪法庭也應該做到這件事，在最佳狀態下應該要達成社會走向和平的過渡。然而，社會過度依賴法律會造成一種情況，也就是英國最高法院前法官岑耀信所說的：我們是被「法律帝國」所統治。社會太依靠法律，而社會在追求自身所認定「正義」的過程中，也太常把法庭當作唯一一個用來做決定與進行調停的地方。岑耀信認為，當我們把法律看成解決問題的萬靈藥，我們就會把大量政治過程丟到一邊不加理會。[51]這問題在中日雙邊關係中更加明顯，中國與日本很少從政治討論或從大眾對話的層級來解決帝國時期罪行問題，只是不斷試圖在法庭上達成目的，不幸的是成功率至今低得可憐。耶魯大學人類學家古賀由起子分析中國提告日本政府與日本企業的無數失敗訴訟案例，得出的結論與岑耀信類似，但她更強調這種案件「宣告法律對歷史暴行遲來的清算無關緊要；因此，原告不是被放在**法律之前**，而是被放在**法律之間**」。[52]其他學者則評價說，東京審判堅持在每一名被告的罪名中加入「破壞和平罪」，而這轉移了歷史焦點，「不去檢視日本執行作戰的**方法作為**，而更重視日本執行作戰的**理由何在**。」[53]

諷刺的是，不論在日本海兩岸，或是在臺灣海峽兩岸（程度較低），都有很多人相信戰罪法庭使用法律的程度**不夠**，所以沒能解決問題。這些人的說法是：我們需要更強大的法庭、更多審判，才能把問題都處理好。那麼，接下來最根本的問題來了：東亞戰罪的問題適合透過司法渠道來解決嗎？帝國的歷史是否能在法庭之外獲得解方？

戰罪審判與所謂「打擊日本尊嚴」

這裡有一個次要問題，它長久以來有所發展，反映出中日之間日益增長的競爭性分歧，那就是戰罪審判留給後世的影響。一九四〇年代後半，國民黨在中國進行的許多審判都很匆忙草率，使用的證據有問題，或是過程中缺乏適切的翻譯；無數日本人在回憶錄中講到這些法庭，而他們一再強調上述情況，說審判過程跟「法律上絕對可靠」的標準差了十萬八千里。後來，在戰後東亞重建的一片混亂中，這些缺陷很多都被遺忘了；但經過二十一世紀中國興起、一九九〇年代日本泡沫經濟破滅，以及臺灣與南韓民主化之後，它們卻又重新浮現在世人眼前。戰罪審判的記憶缺失，加上新一波以審判結果為基礎重新建立政治關係的努力，導致日本與它最接近的地理鄰居之間產生深深裂痕。現在，戰罪的審判歷史已經與中日雙方戰後政治史糾結難分，有時在實際上根本已與國家認同合為一體。

一個結合上述所有課題的最佳例子，就是令人毛骨悚然的「百人斬比賽」。此事大要出自某篇臭名昭著的日本報紙文章，文中詳述兩名日本軍人之間一場駭人聽聞的比賽，比誰能在一九三七年十二月帝國陸軍進軍南京途中砍掉最多中國平民頭顱。這場比賽在戰後中國成為人盡皆知的故事。後續這兩名日本軍人被送上戰罪法庭審判，控方也用日本報紙文章做證據，讓兩人最後被判處死刑。審判與審判結果連結起過去與現在，卻不幸長成一個惡性腫瘤，繼續侵蝕當代政治關係。「百人斬比賽」很可能只是日本為了戰時宣傳而編造的，但它的相關證據與審判紀錄都被一個受國際承認的戰罪審判判決結果給神聖化了，因此中國大陸政府還一直用這個例子來重現日本皇軍殘暴歷史。[54]

反過來，日本保守派也用同一場審判當例子，呈現他們眼中中國人對國際法是如何缺乏理解，以及歷史分析是如何缺乏理性思維。雙方各執一詞，互不相讓，而案件影響仍在延續。二〇〇三年，兩名被處決軍人的家屬控告日本《每日新聞》與相關出版業者，說他們當年的報導構成毀謗。[55]家屬的訴訟最終遭駁回，但「日本的尊嚴遭到不公正對待」的這個概念，卻吸引了政府高層人物注意，導致他們出來鼓吹「捍衛日本國譽」。[56]稻田朋美就是高喊口號的其中一人，她是推動毀謗案訴訟的律師，並就此事寫了一本書，以此在日本最大政黨中嶄露頭角。[57]她在二〇一六年當上防衛大臣，還擔任過其他重要職務。此外，稻田也是日本最強大的政治遊說團體之一「日本會議」的重要成員。「日本會議」是日本主要政黨「自由民主黨」（自民黨）這一方的首要政治壓力團體，持續批判東京審判與其他日本戰罪審判，認為它們扭曲了對正義的真實追求，用負面的歷史筆刷玷汙日本。[58]雖然「日本會議」主張的「戰罪審判有許多缺陷」不能說完全錯誤，但他們卻不去反映日本帝國所作所為，而只想把自己美化成西方或中國的國際性違法行為受害者。

為日本的戰罪尋求正義，或是用沒有犯過的罪來製造不正義，這只是困擾東亞，塑造當前政治地貌的沉重情感包袱當中的一例。戰罪審判留下一道長長陰影，從當時延伸到現今，而我們必須從中日兩邊角度去檢視，才能了解這整個看來無法翻越的巨大結構是怎樣在歲月中建立起來。東亞各國最初那份想要執行正義的激情，很快就讓位給其他考量，而情況就一直維持如此，直到現今。於是，這地區各個政權始終沒有機會與過去的戰爭暴行「和解」，直到今日。就某部分而言，這個背景脈絡解釋了為什麼二十一世紀東亞常對歷史過往發出強烈的情感性譴責，相較之下西歐一般較能以冷靜姿態看待過去。不過，我們也要注意，不要過度美化歐洲的「和解」，而應切記「鐵幕兩邊整體主持正義的紀錄都很糟糕」。[59]

在西方，歐洲各國形式上聯合起來進行重建，避免那些可能導致第三次世界大戰的衝突。與此同時，東亞各國面對同樣壓力，它們從來沒有團結起來，唯一聯合之處只有持續致力痛責日本，以及維護這個情緒催化劑的活性不衰，不管戰爭已經距離一代又一代的人愈來愈遠。理論上東西兩半球是推行同一套國際法，那為什麼東亞卻得不到正義？為什麼追究正義的過程演變，會造成東西方戰後型態的差別如此之大？換句話說，就算紐倫堡審判暴露不少法律與政治問題，但它在法學史上仍有意義，那就是留下一批學者將《紐倫堡原則》傳承給下一代的人。對比之下，我們要問：東京審判在法學史上沒有起任何作用，這是為什麼？[60]我並不是要做出「只有西方求得正義」這樣的規範性陳述，而是要探究：地球兩邊同一方向的司法企圖，是如何被群集的結構與政策推往看似相反的結果。

我的問題是：這場對於國際法的建構與實行顯然意義深遠，它與它的副產品在西方紮根，卻在遠東造成反效果，刺激各國更加離心，而這整件事是如何對二十一世紀產生巨大影響。我們要檢視那些被視為「不正義」的事情發生在哪些位置、怎樣分布，檢視地方與國家官員是在什麼情況下將日本戰罪告上法庭，又是怎樣將戰罪與戰罪審判的故事記憶下來；這樣就能得到一份概略圖，顯示戰後日本帝國怎樣被拆除，然後由此分析人因何認定正義未得伸張。

讓我們先回到北疃村與「法律、正義和歷史」這個課題。中國內陸這個小村莊曾發生一場殘忍暴行，它被尊為不容置疑的歷史事實，但此地居民卻在慘劇發生後數十年間都被迫遺忘這場屠殺；我們應該怎樣看待這種情況？北疃村如今再度記起這場悲劇，並將它當成定義自身存在的唯一特徵。今天，那場殘暴攻擊已經過去了八十年，但村裡牆上仍漆著政治口號，要中國人民記得抗日者的英勇偉蹟。我們在此處理的歷史有兩個層次，第一個層次是東亞「正義不彰」的歷史——也就是中國小老百姓曾有所期盼，但在整個中國大陸重建政治秩序漫長過程中錯過機會的事情；這我在本書中會詳細說明。第二層次是東亞這些審判在歷史上怎樣被記憶、被紀念或是怎樣沒有被記憶紀念。關於這些審判

圖 1.1　二〇一九年北疃村。牆上的標語寫著：「學習北疃抗戰精神　西城鄉在行動」。

的意義與影響，爭論雙方主要是中日兩國，因此本書大部分內容都在探討這兩國歷史。

第二章　正義的形貌：創造國際道德水準新象徵

東亞各國在戰後都試圖控制對於日本戰罪審判的歷史，這證明各國政府清楚知道，它們需要管控國內人民如何理解二次大戰的意義，以及如何理解「日本帝國垮臺」所代表的特殊意涵。國際強權似乎再度下定決心掌握世界舞臺，至於日本則是要力挽狂瀾，盡可能轉移這些強權對日本的侵擾。各方爭相插手戰後這場關於「正義」的對話，表示同盟國與日本都想成為「給這場戰爭下定義」的那一方。當時，東亞自身情勢就是一整片帝國勢力碎片（日本帝國的碎片及前歐洲殖民地），而兩個新形成的強權（蘇聯與美國），在一個日漸狹窄的空間內，爭奪東亞的主宰地位。中國憑藉著二次大戰結果的延伸，首度在國際場上與先進國家並肩而坐，但實際上中國要等到二十一世紀才真正躍升為國際強權。

目前，中國共產黨的立場是要將紐倫堡審判與東京審判奉為典範，繼續保留前一個時代的主流敘事。不幸的是，這種做法已經開始跟國際現實脫節。隨時間過去，學術界雖然肯定東京審判的歷史必要性，但卻愈來愈以同等力道質疑這場審判的實施。真正諷刺的一點是，中國共產黨利用「中國參與東京審判」的史實來達成自己目的，但中共本身其實完全沒有參與東京審判，連審判使用的法律都與共產主義無關。事實上，中共黨員過去多年來對東京審判皆採取批判態度；中共上海市委員會的喉舌《解放日報》在一九四六年七月底刊登一篇語調輕蔑的社論：

遠東國際法庭上的怪劇，象徵著蔣介石政府的喪權辱國和腐朽澈骨。它在國際舞臺上，不僅不能代表中國人民的意志，反而在天天喪失我們國家的尊嚴。這種情況如果繼續下去，中國人民流血犧牲所爭來的四強之一的光榮地位，有被完全喪失的危險。[1]

進入司法階段

時至二次大戰末尾，中日雙方領袖都認知到戰罪的審判勢在必行。國際上這一步棋，使得中國國民黨必須加緊動作。此時中國陷入困境，因為中國法律在世界上評價根本就不高，所以中國許多菁英人士常感需要對外宣傳「中國是法治而非專制國家」。一九三二年，中國法學家，後來在東京審判代表中華民國擔任法官的梅汝璈寫下一篇短文，試圖為中國法律辯護。他寫道：傳統中的「禮」

與「法」兩個概念分別扮演著胡蘿蔔與棒子的功用，而它們跟西方的「自然法」與「實在法」非常類似。這篇文章刊登在西方頗有地位的學術期刊上，是一個小小的嘗試，想要反駁那些以為中國沒有法治歷史的人。[2]然而，這些人的努力在國際上幾乎得不到注意。不只外國人說「中國法系總之缺乏現代化條件」，就連出生於清朝時期的民國著名法學家居正也這麼想。居正曾在日本研讀法律，後來在國民黨黨內與中華民國政府位居要津，包括從一九三〇年代開始擔任司法院院長，以及在一九三四年就任司法行政部部長。[3]

居正認為中國法律有自己的深厚歷史，但他也相信儒家學說從早期就把法學包納在內，而這樣的轉移造成法學思想在後世朝代逐漸僵化。居正說，中國法系發展在海外強權進入中國時停止；列強在中國城市裡弄出中西法律混合實施的區域，而居正認為這破壞了中國法律系統。可以說，治外法權相關法律與領事審理制度，就是動搖中國法系的最大元凶。在他看來，十九世紀中葉後出現的問題是：只要外國商人與中國人產生衝突或爭論，他們都不想上中國法庭解決問題（甚至中國人當時也樂意如此），這導致中國主權受到打擊。晚清官員試圖做出改變，但都只是表面功夫，治標不治本。[4]

當時諸多中國學者與論者可能立場各自不同，但都指出同一問題：西方將一套新的法學思想付諸實踐，但西方的偏見卻在實際上阻礙前清王朝適應此一國際變化。居正認為，外國領事法庭剝奪中國改變自身法律系統的機會，讓中國法學界無從進行知識性修正。這套系統或其中的專業人士，無法適應社會變化，因為中國司法實踐幾乎都遵循「禮治」，朝代雖有更替，但這一根本主義卻沒有什麼變動。同時，中國人也不能盲目地繼受外國法系，因為這會導致水土不服。[5]說到底，居正的想法是中國需要重塑、重建自己的法系來適應現代世界，而這就必須透過革命來建立新的法律，克服歷史遺留的問題；至於此事面臨的障礙，精確說來就是「法律與傳統的儀式化」主宰了法律，消滅了公法與私法的真實界線。[6]

居正相信，領事裁判權是中國法系中的「外來」因素，牽制現代中國法系使其無法獨立、無法完整。他認為，這個障礙讓中國無法成為一個獨立國家。[7]一九四三年，領事裁判權廢除，且對日戰罪的審判也預定在未來舉行。當時許多人覺得時機顯然成熟，中國終於可以徹底執行一套與時俱進的法系，足以向國內外昭示中國配得上同盟國勝利者的地位，有資格與蘇聯、美國和英國並列。中華民國司法界的另一名重要人物是留洋博士楊兆龍，他關心的課題是中國的法律教育。楊兆龍表示，戰前中國法律教育弱點分為二類：關於學校方面的，以及關於學生方面的。他抱怨學校行政辦事不認真，且辦理學校沒有適當的宗旨與計畫。[8]

戰爭讓中國元氣大傷，中國司法體系雖然存在卻僵化無比，既不夠健全，又在許多地區形同虛設。[9]中國自身尚未發展出一個同質的法律環境，而是分裂成兩個對立的改革派。一邊是「主要由東吳大學中國比較法學院所代表」的「英美」派，另一邊則是「與其相競的法律文化，倡議者至少包括上海的六間法學院，一般稱為『德日』派」。[10] 東吳大學是中國控訴日本尋求正義這項政治行動的基石，中方派出參與東京審判的法界人士幾乎全部出身於此。[11] 然而，一方面是兩派法學思想相爭不下的困境，另一方面，這個國家幅員廣大，散布無數個發生過日軍暴行的地點，卻只有一小撮工作人員在負責這件事，這也造成了問題。中國每一股政治勢力的領頭者都想改進國內法律系統，藉此大展身手，並在戰後以國際上的勝利者之姿重新站起來。

「競爭的正義」造成什麼？

一個社會不會在戰爭或社會革命之後自動踏上尋求正義之路，必須有特定的內在推力或算計來加以鼓動，或是由國際社群來發揮影響力。不過，基於我們對正義的原有認知，我們無法解釋，為什麼在做出這麼多努力之後，依然有人認為東亞戰罪審判沒有滿足正義要求。我們必須形成另一種思考，以「競爭的正義」為主體，來考量這個司法不平衡的狀況。

這種競爭在東亞源遠流長，就連戰罪審判的演變也受影響，因為法庭裡的戲劇化場面也是更大規模國際趨勢的一部分。同盟各國，也就是自稱為「聯合國」的諸國，是以兩種方式來回應軸心國在二次大戰期間所犯下的恐怖罪孽。第一，它們鼓勵各國將國際法奉為圭臬。第二，它們以猶太大屠殺的暴行為基準，建立一套法律體系來懲罰這些新被定義的罪行。這套法律體系由新成立的「聯合國戰罪調查委員會」（總會位在倫敦，分會在重慶）來主持管理。我們可以說，一九四五年是國際司法史的里程碑，這一年產生出一種普遍的法律信念，相信結束戰爭狀態的最佳手段就是用法庭居中解決戰罪問題。這個利用國際法的新策略之所以被構思出來，目的是要越過國家法律的障礙，形成新的法學方法，以便依法控告某些個人；這些人所犯下的罪行被國際社群視為罪大惡極，但若要制裁他們，卻必須使用一套前所未見的法律工具才行。我們可以換個方法來解說這套思想，把這些審判當成國際性的「正義經濟」之一部分；在「正義經濟」裡，國家宣傳自己如何遵守國際法，以此獲得合法性，或是由此得以被其他各國視為文明國家。這套正義經濟由各種法律行為來支撐，其中包括對「實施正義的對象」也就是日本軍人進行處置，或是法務人員之間（經常是有所猶豫地）交換日本囚犯或資訊的動作。直到現在，追究正義與集體共享記憶、共享歷史的事情從未結束，所以這些審判與其判決結果仍在當代東亞地緣政治中具有一定的價值。[12]

「競爭的正義」這個課題有兩個層次。第一層，在戰爭剛結束那幾年內，與戰罪審判有關的官方與民間人士對審判公平性有所爭議（是偏斜一方的勝利者正義，還是探求真相的奮鬥？）。當初美國為了把握關鍵時機，乾脆不理會各國已在一九四三年廢除在中國領事裁判權的事實。那時候連中國自己都還沒開始進行戰罪審判，美國直接侵犯中國主權，迅速在上海舉行一系列十場不同的戰罪審判，把將近五十名曾虐待或處決美國敵後墜機飛行員的日本人送上法庭。[13]這十場審判都在華德路監獄（現為提籃橋監獄）的內部特殊區域舉行，時間從一九四六年一月到九月。法庭上所有檢察官、法官、司法助理、辯護律師等全部由美國軍方指派。[14]後來國民黨也在上海同一所監獄舉行戰罪審判。

早在一九四五年四月，美國就已設立軍法處戰罪組中國戰場辦公室，誓要在戰罪審判一事上奪得先機；對日戰爭宣告勝利後，美方派遣軍法官到奉天（現瀋陽）、北京、上海、廣東、香港的日本戰俘營，後來還派人到臺灣，訊問那些曾淪為戰俘的同盟國士兵，並將日軍守衛拘禁起來。[15]營裡戰俘想必個個都急於訴說悲慘遭遇。美國的溫萊特將軍說過一件事：「〔日本〕建造它〔奉天戰俘營〕的時候顯然預設日本會贏，且會留下許多囚犯繼續在這裡工作好幾年。」日軍告訴奉天戰俘營裡的人，說只要他們在接下來的「十到二十年間」守規矩好好工作，之後日方就能「允許美國的親人來探視他們！」[16]

對於「美軍墜機飛行員被以不正義方式處決」的新聞，美國大眾憤怒程度不可低估，上海審判正是為此舉行。然而，美國一個委員會卻對這場審判有所評論，表示整個程序的合法性讓人不太有信心，或至少是質疑美方控告日本低階軍官來求取正義一事。[17]這時候，同盟國所有成員的首要政策，都是「在新成立的軍事法庭中控制戰後關於『正義』的對話」，在情緒與證據之間取得平衡。同樣地，它們也需要讓大眾看見哪一個黨派、哪一股勢力所領導的政府有本事真正執行正義。這類內在與外在壓力在東亞與整個西方都顯而易見，將戰罪審判推往最受大眾矚目之處。

對日本來說，這場關於「正義」的戰爭環繞著兩個歷史課題：帝國，以及爭奪東亞霸主地位的軍事戰役。日本就算戰敗，但仍舊重視在輿論戰中維持勝績。各方競爭也延燒到情報戰場，美國人將日本研究使用生物與化學武器的某些相關戰罪證據私藏起來，因為他們相信這是至關緊要的軍事祕密，這在冷戰剛揭幕的當時很有用處。至於蘇聯則反過來，在一九四九年召開唯一一個控告二次大戰生物戰戰罪的法庭，結果卻被美國人抹黑為「宣傳作秀」來打擊其信譽。這種對正義的競爭滲透到審判裡，甚至導致某些審判紀錄被禁止外傳。[18]

「競爭的正義」本身重要性是另一個要點。這是一場關於「正義彰顯」或「正義不彰」的對話，一直延續到今天從未淡去。東亞政權對此持續關注，呈現出同盟各國（包括中國）、遠東各個前殖民地，以及日本自身，是多麼積極地要掌握「日本帝國」與「二次世界大戰」的定義權。這段歷史對當代政治許多方面都有深遠影響。這場戰爭是什麼？是像日本宣傳所強調的，為了「解放」亞洲而戰嗎？還是說，是像中國人所定義的，是「自由與法西斯之戰」？又或者是像韓國人後來所主張的，是一場以殖民壓迫為重點的戰爭？

戰後東亞一片混亂，在這情況下，要把任何人送上法庭都不是一件易事；而西方同盟國只相信他們自己舉行的審判能得出正義，對其他任何形式都不抱希望。在這片地區內，每個政權都利用戰罪的審判與其他政權競爭，來證明自身在政治上的合法性。澳大利亞駐南京使館官員漢彌頓在回憶錄中寫道：「南京事件中所有暴行的證據都必須由歐洲人提供」，因為中國人會把事情誇大。漢彌頓的一名同僚似乎對戰爭開打以來的國際變化一無所知，此人竟表示「中國人不會對日本戰犯有多大興趣；很多中國人討厭日本人的程度並不多於或少於其他外國人」。[19]

西方人普遍藐視中國人的法律智慧，英國人也不例外。另一方面，美國搶先在中國上海弄出自己的戰罪審判，這刺激了英國人的防備心。英國不只擔憂自身帝國勢力衰退，還擔心他們在東南亞與中國的雄厚帝國資產會出問題，畢竟這是戰後英國經濟崩潰之下亟需的東西。因此，英國官員同樣承受壓力，必須提前弄出自己的審判。他們在一份內部機密備忘錄中清楚表示：既然要「撐持起」英國在東亞的威權，那就得在還沒完全準備好的情況下舉行戰罪審判。英國人的做法是把「在香港舉行的所有『侵害英國臣民戰罪』審判報導」拿到中國與東亞各地公開傳播。[20]從戰爭剛結束的時候起，東亞各方當權者就把「追究正義」當作手中工具，用來尋求各種相互衝突的國家利益。

「轉型正義」是眾所周知的觀念，它的核心就是：在一個統一的領土內，在同一群擁有共通語言，相對來說擁有相同政治觀點或至少是相同未來目標的人群中，以司法手段來結案。然而，當我們用比較宏觀的視角來看東亞地區史，就會發現前述框架並不合用。[21]這片地理空間極其廣大，當中舉行過太多場審判，在無數統治勢力間製造出非常不同的動態變化。戰犯被到處移送作證，有時一個人要出席好幾場不同審判。舉例而言，東京審判所有出庭證人中，前滿洲國「末代皇帝」溥儀在證人席上待的時間最長（溥儀當時被蘇聯扣押，暫時借予東京審判），而他數年後又在一九四九年十二月蘇聯舉行的伯力審判作證。後來，蘇聯在一九五〇年夏季將他移交給中共政權，而等到一九五六年中共在瀋陽對日本戰犯進行審判時，溥儀又被抬出來亮相。同樣的，日本帝國總司令部（即「大本營」）高階軍官瀨島龍三也被蘇聯送到東京審判做司法展示，之後又被蘇聯扣留在伯力十一年。其他證人與被告在這裡露一下面，又在那裡也露一下面，連法務人員和少數法官都是這樣。東京審判法官團主席是澳大利亞的韋伯，他曾領導團隊調查在戰爭最後幾年內日本加害澳軍戰俘的戰罪。東京審判的中國法官梅汝璈，後來在一九五〇年代中國共產黨舉行的調查與審判中擔任顧問。另外，日本在一九六〇年代設立委員會，分析重新起草日本憲法問題，其中不少重要成員都參與過東京審判日本辯護律師團。

尋找東亞「正義網絡」之所在

在當代東亞，記憶與歷史之間的鏖戰，使得參與辯論的各個政治陣營內部更加團結。就某部分而言，矛盾的是，戰罪的審判竟發揮了鞏固國家輿論的作用。法庭是展示文件與證言的地方，其法律目的是建立起一個誠實的事實基礎，然後決定誰應該受到責難。但問題是，在這過程中，司法權威可能無法將公眾記憶或甚至個人記憶加以定型修復。簡言之，對於發生過的某事，我們是從相關的無數細節庫存中選出有限證據用在法庭上。然而，恨意、忘性與其他情緒理應在庭審現場無法發揮作用，但它們卻會影響記憶。這就使得歷史與記憶在司法舞臺上產生對抗。更何況，審判不會因罪犯被關押或處決就大功告成，反而那些參與其中的人會把這場經驗記在腦海裡，讓它繼續留存。事實上，審判或許才是尋求正義之路的起點，且其影響會持續久遠。

對日戰罪的審判大大小小共有幾千場，地點橫跨半個地球，若要整體分析它們之間的異同，會是一項深具挑戰性的大工程。但我們還是能歸納出一些要點。由於無法取得檔案，我們不知道蘇聯對日本的指控詳情，但可以知道其中大部分是針對軍人殺戮平民的行為；這也是在中共舉行的審判中，日本戰犯被控的罪名之一。美國的審判主要追究日本戰俘營虐待戰俘，以及日軍在戰場上其他類似暴行。國民黨與菲律賓所設的法庭，則圍繞著虐待囚犯與屠殺反日平民兩項罪名開展。與此同時，英國、澳大利亞、法國和荷蘭的審判主要聲討虐待戰俘營囚犯與虐待平民這兩件事。[22]當我們用地理角度來看這些審判，看受審的日本軍人是在前帝國哪個地方被逮捕，以此為基準可以找出相似與相異處。當我們檢驗某些地區從殖民到後殖民的轉換，以及不同地區之間的競爭關係，就會發現一張由法律資訊與法律技術織就的網絡，而這張網也提供條件讓審判可以推展。網絡的流動如：某些受過國際教育的法官怎樣移動，以參與不只一場戰罪審判，各家檢方人員怎樣共享資訊，以及相關各國法務人員、辯方人員和證人之間有怎樣的人際關係與層層僱用關係。舉一個有點荒謬的例子，在一九四六年，東京審判已經開始後，梅汝璈法官邀請當時在上海取證的檢方調查團共進晚餐，東京審判中方主任檢察官向哲濬也在場；這個會面的場景很不尋常，因為它違反了大多數司法實踐中，法官通常要與當事雙方人員保持距離的原則。[23]每個國家無法單靠自己進行審判，必須私下互通檔案與囚犯，才能造就「可起訴的」法律案件來加以處理。後來，這個資訊網絡又被利用來建構紀念象徵與紀念遺址；此事之所以與地域政治糾纏不清，是因為戰罪的審判造成了後續影響，也造成每個利用司法判決來取得正義的地點彼此間的各種愛恨情仇。上述每一個要素都對今日的東亞各國社會產生了絕大影響。

如果我們過度強調國別史，以及國別史和正義的關聯，我們就會自我蒙蔽，看不見整個地區發生的事。我們應該承認，歷史不是只由勝利者書寫。這段尋求正義的歷史是一個提醒，提醒我們是多麼忽視「日本戰敗」在東亞歷史的核心地位。不論是一九四五年到一九五六年的日本戰犯審判，或是這些審判立下的司法前例，以及後來各方政治力量藉由公共慶典與大眾文化來創造、強化這些記憶，這都顯現出「法律怎樣處理日帝國責任」的問題依然是當代政治關係中一股強勁暗流。[24]

戰罪審判在一定程度上探得日本帝國統治的本質真相，但它們也被用來展現殖民地的舊主人又回歸掌權，這兩者都是事實。當我們檢視戰後對日本戰犯的審判，我們應當記得法律程序可以同時為好幾個目標服務，還可以把一套被司法判決神聖化的記憶放入各國的國家歷史（韓國史、臺灣史、中國史、法國史、英國史，諸如此類）以及日本的國族記憶。

日本戰時大藏大臣（財政部長）賀屋興宣被判為甲級戰犯，戰後曾任法務大臣。他的回憶錄顯示出正義與帝國記憶始終糾結難分。賀屋說，他相信自己對戰罪沒有任何責任，但他肩負的是政治道德的重量。他承認，他覺得自己最有責任的是「開戰」，也就是日本在一九四一年十二月正式對西方宣戰這件事。對於帝國發展諸事，賀屋似乎毫無感覺，所以他完全忽視一九四一年前日本對中國的長期侵略。由於這種封閉性，賀屋可以不去充分思考針對中國平民的毒氣戰，以及日軍其他諸多暴行，因為這都在他狹小的「職責」範圍之外。賀屋在回憶錄裡說，日本因戰敗而受苦受難，日本人民承受犧牲、承受悲劇，這才是他感到自己有責任的部分。然而，賀屋卻沒能認知到更大的司法課題，也就是日本以「帝國」之名對其他人做的事。[25]

日本戰時的「大本營政府聯絡會議」負責在軍方與政府之間進行協調，賀屋以日本高層領導身分參與，是其中高階成員。賀屋極力反對日本對美國開戰，而以他的地位確實可以阻止此事，但他卻沒做到。據他說，他是因此而感覺自己有責任。在回憶錄中，賀屋問讀者：我該怎麼負起責任？我該自殺謝罪嗎？「不，我會回去當一個一般人民，為國家努力工作。」他這樣寫道。[26]從頭到尾，賀屋沒有更進一步詳細說自己怎樣負這個責任，他只是評論西方國家怎樣在戰爭法庭裡給予日本嚴苛判決，完全不提中國或其他受侵略的亞洲國家。賀屋始終認為「發動侵略戰爭」這項罪名定義有問題，並對此忿忿不平。同盟國有資格審判他人嗎？他這樣問，而他言下之意就是「沒有」。依照賀屋的邏輯，英國、法國、荷蘭之前也都用軍隊來獲取殖民地，那他們為什麼有資格審判日本？這個問題是有效的歷史問題，卻不是能讓日本脫困的有效司法辯護。賀屋這種溫和的「我有罪」請願，其實透露出令人憤怒的現實，其中之一就是賀屋和他的追隨者從來不去解釋誰該為日本以帝國與戰爭之名犯下的無數暴行負責任。可以說，賀屋始終只關心帶領日本開戰的領導人物相關課題，也就是甲級戰罪問題；他似乎缺乏思考那一長串乙丙級戰罪的能力，不去想它們的來由，也不去想它們對日本帝國或在戰爭期間產生的影響。

日本用這種方法片面裁剪歷史，讓各界領導人物避免討論發生在亞洲的暴行。反過來，他們從戰時宣傳取得靈感；一九四一年後日本打起宣傳戰倍加積極，號稱日本已經無法避免一場「別無選擇」的戰爭。長期駐在東亞的美國記者伊羅生也注意到這件事。[27]伊羅生是一位長期在東亞工作的美國記者，他在一九三〇與四〇年代跑遍東亞各地做報導，他認為日本在剛戰敗時實在沒有受到多少被迫要求改變的壓力。他在一九四七年寫道：「帝國日本從戰敗中倖存下來。帝國沒了，工業殘破，城市成為廢墟，但社會制度還屹立不倒。人民沒有掀起革命浪潮推翻它，國內千百萬受害者沒有群情激憤動搖它的根基。」[28]他問道：為什麼會這樣？伊羅生以微帶尖刻的筆調表示，美國占領軍雖要求日本改變，但並不要求改變太多。剛開始的時候，日本金融家、政治人物與官僚都很恐懼，不知道自己要做到什麼程度才能滿足美國征服者；但他們很快就發現，新的世界秩序還是需要日本。「經歷最初的驚嚇與不安之後，沒過多久他們就明白，他們所畏懼的毀滅性結果並不會出現。他們在政治權力領域中必須把帝國神話的神性從邊緣敲掉一點點，但在其他地方都能保留社會與政治體系的本質。」[29]

賀屋承認，真正令人遺憾的就是日本沒有自己舉行戰罪審判。這的確是戰後正義裁決的潛在缺陷之一。這位前法務大臣在這方面說得對，戰爭真正的責任無法只靠一系列法庭審判就得到處置，而他本人在戰後的人生就是明證。

歷史的武器化與日本的帝國記憶

要看透這場戰爭與戰後措施的內情，我們可以設想同盟國如何要求日本重建，要求日本乖乖成為一個正在變化的國際新秩序一員，而這個新秩序裡不再有日本帝國霸權。對於二次大戰的成因，同盟國壟斷調查，牢牢掌握相關法律程序，來懲罰那些他們認為該負責的人。不過，日本人還是拚命想要影響國際戰罪的審判結果。一九四五年九月，日本戰後第一代內閣提出要舉行日本自己的審判；日本官員急於讓全世界看見他們的國家在一個月內突然改頭換面。一九四五年九月十五日，《曼徹斯特衛報》報導，說日本戰後第一任首相東久邇稔彥懇求美國「忘記珍珠港」，因為「日本人民現在只想要完全的和平」。[30]同盟國允許裕仁天皇當名義元首，雖然剝奪他身上所有形式的權力，但總之還是讓他待在領袖的位子上，擔任國家象徵；這是同盟國整體態度之下，導致他們用這種方法去塑造戰後日本，但這也造成日本人得以剝離「對自身戰罪的思考」。日本天皇個人很難面對「戰犯」這個概念，因為日軍根本上是以他之名而戰。他在一九四五年十二月十日對親信表示，雖然美國人可能把這些人視為戰犯，但從帝國的角度，「以我們國家而言，他們是立下傑出功勳的個人」。[31]裕仁天皇後來表示後悔說過這些話，且在數十年後，也就是戰犯被奉祀入靖國神社後，發誓再也不去那裡正式參拜。

天皇在「日本宣布投降」之中扮演的角色，令許多民族主義者大受刺激。德富蘇峰就是其中一例。德富的人生與事業呼應日本帝國從一八六三到一九五七年的興衰。他在明治時期是個渾身反骨的叛逆小子，一心推動日本現代化。身為一個幹練記者，德富很有影響力，到了一九二〇年代，他已經成為支持帝國的民族主義者，筆下字字都是激情。德富長期支持日本的軍事目標，且與帝國領導階層關係密切，因此他在日本投降後害怕被當成戰犯逮捕，一開始曾考慮過自殺。他一邊等待著可預見的末日，一邊卻同時決定著手調查日本戰敗原因。在他的私人日記裡，他大肆批評日本戰時缺乏領導，特別是缺乏天皇領導，以及日本軍方提不出清楚的目標。[32]德富對於敗戰的思考受到外界注意，戰後日本保守派領導人之一，一九五〇年代於政界嶄露頭角的中曾根康弘就在戰爭結束不久後數度拜訪德富，聽取他對日本帝國失敗的看法，以及他對日本未來的意見。[33]

中曾根不是一般的乏味保守派，他在回憶錄中（此書有個貼切的副標題：「歷史法庭上的被告」）表示：日本對西方的戰爭，以及日本在亞洲的戰爭，這兩者應該要分開看待，對西方的是自衛之戰，在亞洲的是侵略戰。因此，他認為東京審判是不當的，因為它沒有將兩者區別開來。[34]

儘管德富等人對天皇表示失望，另一些人則在翻天覆地的政治震盪中看見奪取皇位的良機。這段時期風雨飄搖，各種事物，甚至包括天皇皇位，似乎都能任群雄逐鹿。當時有個說法非常流行，很多人相信天皇皇位實質上被民主化了，因為天皇宣告自己是人而非神。或者說，至少因為天皇失職無能保護國家，所以他可以被挑戰，意思就是別的人可以自我宣稱取而代之。之後幾年內，日本約有十九個偽天皇在媒體上宣告「朕乃真天皇」；這裡面大多都是胡鬧，不過有某幾個人確實能在世系上追溯出某種皇位繼承資格，還有一些人是被眾說紛紜的「日本民主化」所代表意義給搞糊塗了。[35]

如我們所見，日本投降前都在寫自己的戰爭歷史，直到一夕之間帝國殞落，日本的戰爭史也被迫大幅修改，以便讓勝利的占領勢力用一種徹底不同的形式重新向日本大眾講述和解釋。戰爭即將結束之際，日本極度缺乏印刷材料與紙張，導致一份報紙只能用劣質墨水印滿兩張紙。美國占領之後，情況突然改觀；在駐日盟軍總司令部（由美國主導的盟軍占領時期日本最高權力機關，簡稱「盟總」）指示下，日本報紙從一九四五年十二月八日開始刊印長達四頁的「戰爭揭密」。同時，新的廣播節目也開播，把戰爭時期歷史的新「真相」告訴民眾。[36]然而，這套歷史的新詮釋從未被日本人採信，日本媒體上這些新聞顯然被認定為「美國製造」，被視為是外人對日本戰爭的詮釋。除此之外，新的戰爭史與千百萬日本人的日常艱困生活完全背道而馳。舉個最明顯的例子，東京審判試圖揭示一個大敘事，用更宏觀的眼光去看這場戰爭，但日本底層老百姓個人遭遇卻與這套敘事風馬牛不相及。日本人只記得送親人上前線作戰，記得美軍空襲愈來愈凶猛、轟炸的恐怖愈來愈大，因此小孩或全家人必須從都市疏散到鄉間。說到底，美國版本的太平洋戰爭跟日本人的回憶與經歷並不相容。我們前面說過阮清越提出的「正當記憶」理論，而日本在戰爭剛結束時，似乎無法用「正當記憶」的態度來重視、來思考他人的經驗。[37]

事實上，審判留下的檔案紀錄也常變成政治皮球，在各國之間來回傳遞；這些國家急於跟戰後日本簽訂新和約與貿易條款，於是連審判紀錄都拿來當作粗暴的武器。戰罪審判剛舉行時，日本方面就試圖取得庭審紀錄，但持續受到同盟國阻撓。這種情況就讓日本人更有理由相信：戰罪審判擺明了是勝利者的正義，且同盟國在隱藏某些見不得人的事情。同盟諸國之中，可能以澳大利亞對此防堵得最徹底，始終拒不退讓，一直到好幾年後才將它舉行的日本戰罪的審判紀錄公開。澳大利亞的說法是：這樣可以避免日本人更狂熱給這些審判扣上「勝利者正義」的帽子。澳大利亞政府的態度極為審慎，因為「幾乎所有乙級與丙級戰犯的審判紀錄中，都有能被惡意者斷章取義用來攻擊澳大利亞的要素」。澳大利亞官員憂心忡忡表示：「因此，我們應該小心，不要提供反宣傳的材料給別人來打擊我們。」[38]

帝國的告終，和「再殖民」與「去殖民」之間競爭

日本帝國轟然倒臺，開啟東亞世界秩序的重新排列，也就是西方所謂的「冷戰」。戰罪審判的結構，再加上它們為後世所勾勒出的敘事，打造出「戰爭是怎樣結束」和「戰爭責任落在哪裡」的故事。此外，日本在東亞的主宰地位雖然告終，此事卻也點燃引線，讓歐洲殖民強權在東亞與東南亞的帝國勢力步向毀滅。日本帝國的終結不只因為軍事上的失敗，也與去殖民化的雙重結構有關。這裡舉一個例子，日本帝國的垮臺，意味著法國未來將花費將近十年時間來重新據有印度支那（由越南、寮國與柬埔寨構成），過程中引發了一系列顛覆原有政治架構的戰爭，被後代史學家稱為「第一次印度支那戰爭」與「第二次印度支那戰爭」。法國人與越南人打個不停，直到一九五四年的日內瓦會議才找出一條能夠讓雙方開啟新協商，並計劃簽訂和約的道路。然而，越南獨立戰爭是為了脫離法國統治而戰，但卻沒有因為法國撤出而結束，因為美國涉入程度已經愈來愈高。在這裡，要考量的最關鍵問題是：日本在東南亞殖民造成的影響到底持續多久？我們今天在東南亞現代史中看到的大小衝突，究竟有多少是因此事所導致的？

我們需要檢視日本帝國取得霸權的這整片地區，看帝國暴力與二次大戰怎樣化入後續內戰之中；然後，我們就會發現，日本帝國統治留下的遺痕在之後幾十年間持續發揮無法估量的作用。帝國門面

雖已坍塌，但舊有的權力與政治合法性都還需要一段時間才能重新建立、構築起來。[39]我們要處理的是物質環境與地理界線被粗暴改變所造成的後果，但殖民主義、人口遷移、工業化與科技的本身都具有強烈延續性，這也讓帝國主義與後續去殖民化之間關係變得更複雜。日本甫一投降，就引得各方勢力紛紛在行政與軍事上各出策略，確保自身在眼前的權力真空中取得優勢。

由於東亞跟西歐情況不同，「冷戰」這個範式放在東亞是有問題的。冷戰作為一個課題有很多爭議——它何時開始？結束了嗎？它到底是什麼？這些都是許多歷史學家、政治人物、政策制定者與軍事領袖深切關注的問題。有人將冷戰的起點定義為美國的「軍事存在」成為全球首位那一刻，也就是美國成為戰後新超級強權之時。在其他一些人眼中，冷戰則是歐洲內部共產主義與資本主義兩個陣營對立的延伸，其中關鍵是馬歇爾計畫生效，讓西歐不至於在二次大戰後陷入經濟崩潰。少數研究者界定冷戰始於美國在廣島丟下第一顆原子彈時開始，因為此舉目的不只是為了征服日本，也是對蘇聯發出了一道強硬訊息。這是個複雜問題，我在本書中不打算提供一個確定答案。我要做的是要提出另一種方法，來理解冷戰如何在東亞成形。更重要的是，我認為，如果要真正明瞭地球上亞洲這一區在冷戰時期是什麼情況，我們必須將日本帝國的終結擺在核心位置，來分析日本敗戰後這裡發生哪些事情。荷蘭作家布魯瑪稱一九四五年為國際性的「零年」，也就是世界從二次大戰的「殘骸」中誕生的那一年。據他說，後續這些奮鬥，包括對抗飢荒、阻止復仇、重新安置人民，都是在進行去軍事化的

「排毒」。[40]布魯瑪的說法在這方面可能有些道理，但我認為，由於日本帝國的影響，使得東亞從戰時到日本投降之後的情況維持極高延續性；這樣的背景脈絡，讓東亞地區戰後歷史與歐洲的故事大不相同。

東亞（定義為日本、中國、臺灣、南北韓）戰後時期有一件事最為諷刺：日本投降讓日本本土獲得和平，但日本曾經的帝國領土卻沒享受到這份和平。如果我們要梳理這一團亂的政治關係，或是理解新的政治關係怎樣形成，我們能做的其中一件事就是先承認：「以『冷戰』為主要考量的話，做出的歷史解釋是片面的，且它對國際關係的非地理層面或對人口跨國移動的解釋能力都很有限。」[41]「冷戰」是一個歐洲中心的範式，而學界一直試圖用它來理解東亞，這會造成問題。西方已經變成檢驗歷史的標準模型，這個模型本質上就是「兩個在意識形態上對立的超級核子強權勢均力敵」；至於那些依附強國選邊站的次要勢力，他們的政治與經濟聯盟也反映這種情況。然而，這套系統在亞洲從未成立。亞洲始終存在著自由陣營與馬列陣營之外的勢力——例如中華人民共和國。中國起初奉行「一邊倒」的外交政策而加入了蘇聯陣營，但這項政策壽命短暫，最後因前盟友雙方的軍事摩擦而告終。除此之外，東亞從未真正出現明顯的「自由－資本主義陣營」與「馬列陣營」將世界一分為二的情況。

二次大戰結束後，東亞與東南亞國家忙於甩脫帝國殖民傳統，進行歷史上第一次的獨立建國。除了日本以外，這些國家都不嚴格遵循任何一種意識形態規範。當我們想到北韓、南韓或臺灣，它們沒有一個是民主的，都是以專制領導人為首，由國家率領進行建設。東南亞的印尼與越南也相似。西歐已經高度工業化，但亞洲除了日本之外，大部分地區的工業還不發達。東亞有一個已經工業化、國際化的日本，以及它既不工業化也不國際化的各個鄰國，兩者之間有深不見底的鴻溝。歐洲沒有這種不平衡的情況，除非我們把眼光從西歐移到東歐，那就也會看見國與國之間明顯差距。[42]事實上，「特別是大部分的東北亞，包括中華人民共和國、俄國遠東地區，以及北韓，都確定位於美國統治圈**之外，從來**不曾進入其中。」[43]

與此同時，東亞的分裂情勢至今尚未告終，這讓西方所謂「冷戰結束」的定義出現問題。北韓依舊孤立，只有少數國家願意與它維持外交關係——重點是這裡面並不包括南韓與日本。更重要的是，朝鮮半島仍是一分為二的狀態，其中部分原因牽扯到日本殖民統治與中蘇兩國對北韓的支持。「在日韓人」的公民待遇問題至今沒有解決，東亞各國許多邊界問題也沒有最終答案。同盟國當初匆忙安排占領政策，初衷是讓前日本帝國勢力範圍內某些特定人口、特定地區回歸故國，結果卻造成這種分裂情況。[44]距離二次大戰結束已有七十幾年，但時間的沉積物仍歷歷可見，更別談臺灣問題以及臺海兩岸緊張關係——臺灣究竟是個叛離祖國的省份，還是個獨立國家？日本帝國在東亞留下深刻影響，它在接觸過的各種社會底下埋入龐雜的根系。這些變化在東亞與東南亞顯而易見；日本敗戰後各種去殖民國家如雨後春筍冒出，這番景象就是最佳例子。

後帝國時代的變化

東亞在一九四五年八月之後出現三個關鍵性轉變。據此，我們就能看清，是什麼樣的政治動態阻礙了戰罪審判在這地區構成和解基礎。這套敘事有助於我們形成更宏觀的理解，理解「正義在戰後東亞是怎樣陷入困境、為什麼陷入困境」這個問題背後涵義。首先，日本不再是一個帝國，它崩解了，需要拆除；這個「反建造」帝國的過程充滿困難。同一時間，其他國家正在建立成形，或是奮鬥著要宣告自立，要對抗捲土重來的歐洲殖民統治勢力，以及面對西方所謂「冷戰」的降臨。對於日本和曾經的日本占領地而言，這種轉變需要以最精妙的手段反向驅動帝國機器——在極短時間內將原本日本控制下的東西分解開來。此時，日本必須將它所創造的廣袤帝國吸納回本土狹小的地理空間，並決定要拋棄哪些部分。它要保護誰？要犧牲帝國的哪些成分來維護國家？[45]第二，中國與其他地方著手舉行戰罪審判，製造出針對日本過往的法庭裁決，而這些裁決會被用來代表一套又一套不同的國族記憶，然後這些國族記憶又成為構建外交政策的基石。然而，以中國為例，它是一個相對而言不熟悉國際訴訟程序的國家，它的戰罪審判判決結果受到日本反對，而日本對國際法的理解可比中國深厚太多

（雖然其中也有些問題）。戰罪審判的歷史影響了整體歷史演變，比如中國與臺灣都有三十多年時間在歷史敘事中對此避而不談，又或是日本政府不願回顧自身的過往，這些都在東亞當前局勢與政治關係中留下深深傷痕。第三，日本在東亞不同地區的「敗戰」情況是不一樣的，然後又很快被歐洲強權的殖民目標給蓋過去，所以我們必須考慮戰罪審判在地區層級產生的交互影響。我們不可能只靠東京審判來理解東亞，也不可能只靠檢視如英國在香港或法國在西貢舉行的較低階審判，就能得知問題出在哪裡。我們需要整體縱觀這些審判怎樣在一個普遍且互連的國際系統中造成壓力，來塑造當前這個各家政治觀點互有衝突的狀態。

這幾點乍看之下不甚重要，但那只是表象。要知道，一個人看待東京審判的政治立場可以劃定日本整個世代的模樣，可以讓各方領導人物在朝鮮半島上與日本較量，也能變成一個基礎，成為中國大陸共產黨在當代主張自身政權合理性的最主要根據。如果我們能理解戰罪審判在東亞所留下的影響，則它可以成為一個關鍵性的求知渠道，由此看清楚這片區域為什麼、是怎麼變成今天這種政治分裂的情況，看清那持續引發各方不滿的歷史裂痕是從何而生。東亞的情形同時既關乎帝國，也關乎戰爭，導致東亞在戰後尋求正義的方式與歐陸大相逕庭。

第三章　你眼中的英雄，別人眼中的惡棍

中國，它被日本俘虜的戰船與戰利品都成為物質性的憑藉，將它錨泊在過去；在司法賽場上，它也受老舊傳統束縛。當中國試圖在國際上追逐「正義」這個目標，那些綁手綁腳的東西就成為主要障礙。對中國人來說，不論是創建出適當的戰罪審判場地，或是在審判中配置適切的專業人員，都是非常辛苦艱難的任務；不過，至少在戰爭期間，中國展望著未來發展與司法可能達成的結果，向前推動了少許進展。[1]當時，國際社群開始更加注意歐洲的納粹暴行，而中國與聯合國戰罪調查委員會有了更多互動，中國參與戰罪訴訟程序發展的程度也增加，但中國的行動卻未必能與國際契合。[2]蔣介石指示屬下：充公敵人財產，不要與漢奸互通聲氣，解除日軍武裝，準備把他們遣返回國，並確保盡可能不干擾貿易與公共服務。[3]

中華民國存在法治，但當對日抗戰獲得勝利時，整個國家卻感受不到勝者凱旋的歡慶。中國人民始終沒有機會享受勝利帶來的好處（如果有的話）。就連當時仍駐紮在中國的日軍，都不相信帝國真

的戰敗投降。戰時日本內閣情報部最後一批主管下村宏（字海南）在回憶錄裡表示，日本投降時，在中國的日軍仍是無敵的。他認為日本從不曾屈服於中國，只是因為美國介入才會戰敗。下村引用國民黨將領何應欽的說法，說中國不是靠自己打贏這場仗，全憑同盟國幫助。[4]此外，中國雖然屬於戰勝國，但國內境況危殆，湖南省有數百萬饑民，四川、廣西、廣東三省也即將出現大規模糧食短缺。稍後，「只要是戰時的日本占領區，都出現一波充公潮。『充公』在技術上僅應針對敵人與漢奸的財產，但很快淪為不分青紅皂白的掠奪。」[5]

就在東京審判舉行之前不久，中國法律顧問倪征燠前往美國考察，以便加強中方對國際司法程序的理解。他諮詢的主要對象之一是哈佛大學著名法學教授，戰後國民黨法律顧問龐德。[6]龐德從哈佛退休時已經七十七歲，他在一九三五與三七年來過東吳大學法學院開課，戰後又在一九四六年前來中國從事教育並擔任顧問。倪征燠去美國用的是英文名字「賈德森．倪」，他在一九四六年一月五日再度與龐德展開通訊。倪征燠寫信給這位哈佛教授，自我介紹說他曾在上海與重慶擔任過十二年法官，最近成為司法部參事；信中主要內容是敦促龐德接受邀請，做好來中國教授法律、擔任法律顧問的打算。一九四六年二月十六日，倪征燠又致信龐德，說他們的會面很愉快，並拜託龐德幫他引見英國幾名「能向我解釋那裡司法行政某些顯著特徵」的法學家，「同時我還想跟一些教授會面，與他們討論幾個和法庭系統、程序等有關的問題。」[7]龐德將倪征燠介紹給至少兩位劍橋大學學者（溫菲爾德爵士與霍倫德，兩人都是法學家）以及牛津大學法理學教授，出生在美國的英國學者古德哈特。除此之外，倪征日奧也見到當時擔任聯合國戰罪調查委員會主席的萊特男爵。

倪征日奧在一九四六年四月十九日回信給龐德，感謝龐德替自己在英國的引薦，並說他見到了萊特男爵，接下來要去東京親身觀察這場戰罪審判。倪征日奧參觀了倫敦的法庭以及英國一座監獄，還去蘇格蘭場走一趟，「看他們如何在起訴罪案前進行調查。中國非常需要這種警方與法庭之間的聯絡。」[8]有趣的是，我們還能看到中華民國最高法院院長夏勤寫了好幾封信給龐德託他幫忙，只為送自己兒子進哈佛大學；這或許也能讓我們一窺國民黨內部始終醫不好的沉痾——裙帶關係。夏勤在信裡寫道：「懇請您幫他取得入學許可，可能的話還包括減免學費的獎學金。」[9]

中方完全沒有料到自己會在東京審判陷入困境——擔任法官的梅汝璈、法律顧問倪征日奧，以及在東京審判作證的國民黨戰罪調查委員會領導人秦德純，這三人都在回憶錄中提到此事。[10]倪征日奧解釋說，中國人對英美法制度中嚴格的證據法並不完全熟悉，而這也呈現當時中國法律的似是而非問題。[11]中方從根本上就對這場審判缺乏準備。日本宣告投降時，倪征日奧人在美國，聽說了兩顆原子彈造成的巨大損害——這是個驚天大新聞。幾星期後，東京審判的中國檢察官向哲濬被派往東京，向美國司法團隊遞交一份十一人的戰犯起訴名單。同盟國檢方團隊對此感到不可思議：中國人竟然只拿了這麼短的名單來？而且還不打算在公開法庭上起訴這些人？反過來說，中方團隊也被打了個措手不及；沒有人告訴他們要帶資料或證據來，或是需要認真預備些什麼。他們沒有蒐集證據，也沒有事先做準備，因為就像倪征燠在回憶錄裡說的，日本戰犯「明擺著」是有罪的。[12]團隊成員直到抵達東京，才發現東京審判用的不是大陸法而是英美法。在倪征燠的理解中，英美法系採用直接對抗制，讓雙方在法庭上平等作戰，各自拿出證據並詢問對方。至於大陸法系，也就是中國律師理論上在國內使用的法系（雖然很多中國律師是在東吳大學受美國法訓練），用的是糾問制，也就是讓法官來問問題並管控審判程序。[13]

東京審判過程中，當檢方要呈上南京大屠殺的證據時，中國團隊這邊出了大紕漏。他們交出來的資料和法庭預期的差了十萬八千里，導致法官團主席韋伯嚴厲批評：「〔證人陳述書〕大多都寫得很公式化，只有一頁的罪行陳述，裡面幾乎找不到關於日期、地點、罪行種類、相關受害者的資訊。簡單說，這裡面沒有多少實質資訊。」中方陳列在法庭上的東西等於一堆廢紙，讓韋伯氣得表示：「這不能算是證據，裡面根本沒有細節。哪有法庭會用這種證據來審判？」韋伯覺得，中國人是用薄弱的材料來提出「初步證明案件」，這種做法能應用的地方非常有限。[14]

中國在南京與上海舉行乙丙級戰罪審判時，法庭裡也充斥這種認為日本罪惡「明擺著」的氣氛——公開審判過程中，受害者的骨頭就被擺在法官臺上。對當時的中國人來說，布置法庭時加入這種展示很正常，因為他們相信日本人的罪孽不證自明；問題是，這在法律上就是個很可疑的行為。戰罪的本質可以被一眼看清，但正義的速度卻沒有那麼快。東京審判進展速度慢如冰河，每一句發言都要從英文譯成日文，向辯方宣告每一項被指控的罪名，問他們是否承認有罪，然後再從日文譯回英文。過程陷入停滯，每進一步都萬分艱難，而中國團隊與其他參與審判者也不斷對此表達抗議。[15]至此，向哲濬檢察官與屬下終於明白，他們需要更有力的證據來承受這漫長的檢驗。他們飛快回國，一方面要求增加人手，一方面穿梭於飽受戰禍蹂躪的地區訪談證人。然而，此時內戰危機愈演愈烈，他們很難在這種情況下累積堅實證據。新任司法行政部刑事司司長楊兆龍在南京協助向哲濬翻查大屠殺檔案。美國檢察官基南拿出他的一部分預算，並派屬下前往中國，同時允許向哲濬多僱用五名助手。[16]蘇聯原本打算派遣七十名法務人員前往東京審判，後來在同盟國協調人的協商下降低到三十人，但要比較起來，中國這個小得不得了的團隊依舊是相形見絀。

推行戰罪審判

二次大戰期間，流亡於倫敦的歐洲各國政府提出一種政治操作，想要利用國際法來遏止後帝國暴力。它們要求世界思考一個問題：針對納粹所犯的罪，當前法律尚未能有效定義審理權，那麼我們該怎樣對納粹提起訴訟？這套操作也被搬到日本投降後的東亞來實行。中國人很想把日本人送上戰罪審判法庭，但他們推進此事明顯也有自己的深思熟慮。國民黨與共產黨，這前後主掌中國的兩個黨，在日本投降時都採取所謂「以德報怨」的立場。蔣介石委員長對全國發表廣播演說，清楚表明中國是將日本軍方視為敵人，而非日本人民。蔣介石強調，中國人想追究日本軍方領袖責任，但不會對無辜者復仇，更不希望增加平民苦難。值得注意的是，蔣介石本人從未用過「以德報怨」這四個字，但它還是被拿來代表國民黨的策略。[17] 國民黨在戰爭結束時飽受批評，儘管蔣介石表示會沒收那些替偽政權（即汪精衛的南京政府與滿洲國傀儡政權）服務者、親日漢奸的財產，但還是有不小的質疑聲音，說他這麼做只是為了取得財政支持——套用當時的俗話，「有條有理，無法無天*」。[18]

為了爭奪政權合法性，國民黨與共產黨都要設法追究「戰罪」與「通敵」的法律責任，雙方在這個戰場上展開長期競爭。蔣介石的態度是要對日本「寬大處理」，而共產黨也差不多，差別只是共產黨比較積極要求審判戰犯。共產黨這麼做，有一部分是精打細算的政治表態，要讓中國人民看到他們在質疑，質疑國民黨當初承諾逮捕戰犯，但現在卻要食言；還有一個目的，則是要把戰犯審判變成媒體焦點。國共兩黨是競爭戰後中國與臺灣行政權的對手，有時還要再加上留下來的日本人。日本的反應我們會在下一章加以探討。

中國戰俘與審判留下的影響

不論是戰爭期間或是戰爭剛結束時，只要是日本人虐殺同盟國戰俘的故事，以及他們的受審過程，都是新聞報導重點。基於顯而易見的原因，美國與歐洲各個前殖民強權都非常在意要用司法來懲處這些罪行。然而，當我們從亞洲自身脈絡來檢驗日本這場戰爭，其中有個最大的矛盾處，就是我們找不到中國針對「虐殺戰俘」舉行的審判。同盟國當年舉行大量的戰罪審判，都涉及了為那些受虐或死亡的西方戰俘討回公道；我們可以想像，日本皇軍在戰時一定也殺了、活捉了成千上萬中國軍人，但這方面紀錄卻非常稀少。除了某些被挑選出來的例子（大部分見於澳大利亞舉行的戰罪審判），中國俘虜受虐殺的事件始終被排除在宏觀的敘事之外。因此，這類審判案件以及它們造成的影響也就不同於西方的歷史軌跡。問題在於，中國這邊的故事遠比西方複雜，因為「日本官方聲稱戰俘營中關了成千上萬西方俘虜，但他們同時只承認抓到五十六名中國俘虜」。[19]由於資料闕漏，中國無法就中國戰俘問題來組織審判庭，導致司法紀錄空缺；而這又嚴重影響了構成戰後中國「抗日戰爭史」基礎的

＊編按：「有條有理，無法無天」：有人解讀為有金條才有道理，沒有法幣，就沒有青天，暗喻透過金錢可以得到特別照顧。

那些戰罪問題。

中國戰俘的數字之所以從二次大戰歷史中消失，部分原因是日本政府各個機構不願開放內部檔案供大眾研究，或是未能適當核對資訊，又或者他們常在處理資料時粗心大意而損壞內容。[20]此外，如果要問清楚「誰是軍人」、「誰是中國人」或「事實上發生了什麼」，這裡面也都充滿不確定性。東京醫學專科學校（現東京醫科大學）的學生山田風太郎講述過一件事，或可作為例子。當時美軍對日空襲日益增強，山田被疏散到長野縣的鄉村。他在日記裡寫到疏散過程，說火車上沒有一個空位，連走道都塞滿人。火車早上從東京新宿車站開車，下午五點抵達中部山區的辰野車站。到站後，所有學生都下車，等著換搭另一條線的列車去目的地，一等就是兩小時。等待過程中，他們看見車站裡發生的事。山田注意到一群雜七雜八的士兵，大約四十到五十人，有年輕的、中年的，也有老的，列隊站在車站前。這些人用中文交談，其中有兩個或三個人被放在擔架上。山田心想：他們是戰俘嗎？他看見指揮官用日語對這些人咆哮，而他們就齊步沿著街道走去，一邊還唱著曲調活潑的日本軍歌《愛馬進軍歌》。[21]

戰爭到了一九四二年年底，由陸軍大將東條英機所領導的日本戰時內閣已經清楚知道，由於愈來愈多人力被輸送到前線，日本正面臨勞力短缺。為了支撐國內工業與農業生產，內閣在一九四二年十一月二十七日通過決議「將中國勞工運往日本本土」。當時的大藏大臣是賀屋興宣，商工大臣則是岸信介。這項法案容許政府「運輸」中國勞工到礦業、生產業或是國防工事這些關鍵性的作業場所。[22]

山田不確定這些人是被抓來當奴工的中國平民，還是在這裡勞作的中國俘虜。他覺得，這些人可能是來建造一個他在謠傳中聽聞的東西——長野縣的「松代大本營（象山地下壕）」。[23]這個龐大無比的構造，在一九九〇年代仍有未知的隧道被發現，這是由「鹿島組」與「西松組」兩個建設公司建成，主要勞動力是約七千名朝鮮工人，但對於實際上使用的勞工人數與人員組成，至今我們所知仍然有限。[24]

我們始終不清楚被俘的中國軍人人數，但我們知道日本戰俘營的高死亡率，也知道中國戰俘和強迫勞動確實存在。之所以能知道這些，關鍵就是日本外務省在戰爭剛結束時立刻進行調查而得出的五大冊報告——但它們後來卻不幸「遺失」。[25]外務省要求所有使用過中國強迫勞動力的地方上報這些工人狀況、工人的合約與僱用身分、死亡、數量、薪資，諸如此類。外務省這麼做的原因，很可能是想避免戰罪罪名落到自己頭上。[26]不少日本官員都知道或至少聽說過有這份紀錄存在，但沒有人曉得它的下落，只能無奈覺得它大概是因戰亂而丟失，要不然就是在寫成後被蓄意毀掉。[27]五十多年來，日本國會時不時會拿這份文件作文章（後來該文件被稱為「幻之外務省報告書」），但只要開啟話題，外務省就會出來確認他們真的找不到。直到一九九三年，「日本放送協會」，即ＮＨＫ製作了一部紀錄片，記錄這些報告被強行隱藏將近半世紀之後重見天日的過程。[28]報告中揭露強迫勞動實情，引發當代一系列全新的司法審判；這情況呼應了我的論點，也就是戰罪審判並未完全解決戰爭所留下的問題。[29]

日本外務省稱中國勞工為「華人勞務者」，這個用詞顯示出他們有意強調日本當時掩蓋他們強迫中國平民與軍人進行勞動的事實——畢竟這些「勞務者」可不是全然自願。五大冊報告裡有〈最高機密：關於中國與朝鮮勞務者的對策手段之委員會紀錄〉這份檔案，裡面討論戰後如何處理這些勞工必然提出的賠償要求，避免未來被告上法庭。這份檔案還談到，把強迫勞動的實情調查清楚，有助於面對將來的戰罪審判。日本官員想要蒐集中國奴工（包括俘虜）在多家企業的工作與生活情況，以此防堵任何法律問題。明眼人都看得出來，日本人進行調查的動機實不在於尋求正義。一九四六年三月，當日本政府還在笨手笨腳摸索著考量自身戰爭責任，外務省派出十六名調查員去每一個相關日本企業（有的今天還在）使用中國奴工的地點。[30]大多數企業都掩蓋事實，拒不承認過去虐待中國奴工，更不可能主動給予他們金錢補償。從很多方面來看，這些企業都始終成功躲在法律的保護傘下。[31]結果，「日本政府改變這些紀錄的用途，用它們來決定怎樣分配總額將近五千七百萬日圓的賠償款給一百三十五個企業辦公室。」於是我們又一次看見正義不得彰顯。換句話說，中國人沒有獲得賠償，但實際犯下罪孽的日本工業界卻在「美國默許之下」從中得利。[32]

戰爭最後幾年內，在日本境內有一百三十五個地點，約四萬名中國人被迫成為奴工。理論上他們應該有薪水，應該被當成勞工對待，但實際上他們常被當作奴隸，或甚至處在更悲慘的境地。大約有七千人因此死亡。[33]秋田縣的花岡礦山是由鹿島建設公司（鹿島組）經營，對待中國工人尤其殘酷，最後終於在一九四五年夏末引發暴動。花岡礦山有將近一千名中國奴工，戰爭結束時已經死了約有四百人。[34]「花岡暴動事件」後，當地警察與憲兵進入山區搜捕逃走的中國工人，並將抓回來的不少人綁在鎮廣場上好幾天。[35]在這段期間，警方與憲兵在廣場附近建築物中虐待並殺害約一百名中國勞工。[36]

日本不僅在國內廣泛使用各種強迫勞動力，模糊平民犯人與戰俘的界線。另外，在太平洋上的偏遠小島，日本海洋帝國勢力邊緣地帶，中國平民與中國戰俘也被混在一起，進行各種形式的強迫勞動。拉包爾位於現在巴布亞紐幾內亞的國土邊境，當年澳大利亞在這裡舉行戰罪審判，法庭上有中國軍官作證，說自己成為俘虜後被帶離中國，運送到這遠隔大洋之地，被迫進行勞動來服務日本帝國。

強迫勞動是二次大戰一個很複雜的問題，原因如下：第一，被迫為奴的中國人來自社會各個不同階層。日本在一九四三年春天也送了臺灣勞工到拉包爾，這些臺灣人有各種身分，有平民也有軍人，他們建造的防禦工事後來成為日本非常重要的軍事前哨基地。由於臺灣是日帝國控制的殖民地，日本僱用這些人為戰時勞工就不算犯下戰罪。此外，第一批被運往拉包爾當奴工的中國戰俘裡，某些人是一九三七年年底在上海四行倉庫之戰被俘，那時日本還沒正式向中國宣戰，所以他們在法律上不被界定為戰俘。[37]大批英軍在東南亞投降或被俘，其中有一部分來自印度；日本使用的印度奴工人數遠多於中國人。一九四二年，日本如摧枯拉朽打下東南亞，將俘虜的印度軍人運送到日本帝國各處。這些印度人缺乏求取法律賠償的管道，因此戰後這段時期他們跟臺灣勞工的權益同遭忽視。某個歷史學家因這故事而動容，稱他們是「被當作不存在的人」。[38]

四行倉庫之戰被俘的中國軍人先是被送往南京戰俘營，但這七百多名俘虜的抗日情緒極其高漲，日本當局擔心他們發起暴動，於是日本軍官將這群人分散到不同地點勞動。一九四二年年底，約有五十七人被送往後來的巴布亞紐幾內亞當勞工，許多人因環境惡劣而死亡。[39]隨著日軍與國軍、與「游擊隊」（有時專指共軍）持續作戰，南京和上海的戰俘營規模也愈來愈大。截至二次大戰結束時，約有一千五百名中國奴工從這些戰俘營被送往拉包爾；他們在那裡與當地人口、印度苦力（有的是奴工，有的以其他形式成為勞工）混雜在一起。[40]李維恂是當時的中國軍人，被帶到南京集中營囚禁；據他說，南京集中營作為日本帝國奴工來源非常出名，有個諢號叫「苦力派遣中心」。[41]浙江人盧新芳在衢州（浙江省西部）戰役被俘，他被運往澳大利亞（拉包爾當時屬於澳大利亞），途中在船上有個小鋪位，但這艘船缺乏乾淨食水，且在海上走了將近一個月才靠岸。抵達終點後，囚犯被送去挖地下防空洞。盧新芳好不容易在一九四七年回到上海，並在一九五〇年跟著國民黨的軍隊前往臺灣。[42]

國軍中校吳棪是戰俘奴工團的重要人物，戰後他以檢方證人身分出席多場戰罪審判，指證日本人的所作所為。不少照片裡都有他的身影，記錄下他戰時真實處境。吳棪表示，中國戰俘大多來自國民黨軍隊，但也包括一些游擊隊隊員。[43]此外，拉包爾地區還有一些中國人是多年前就從大陸過來做苦力，這又讓事情變得更複雜；這些人未必融入了拉包爾當地的生活，但一九二〇年代就住在此地。[44]

不論拉包爾的中國戰俘組成成分如何，其中某些人確定是日本的戰罪受害者。在澳大利亞法庭紀錄中，被告包括松島藤三郎與其他日本軍人，以及七名「其他福爾摩沙人」。松島受審原因是他參與殺害眾多中國戰俘，其中某些是國民黨的官兵。劉偉賓上尉在法庭上接受交互質詢，有人問到臺灣人與日本人之間的關係，劉偉賓的回答是：「在我看來，日本人是以平等地位對待這些福爾摩沙人，他們確實給福爾摩沙人很高權力。我們認為這些福爾摩沙人並不是典型的福爾摩沙人，他們非常親日，而且對待我們很殘暴。所以我很難解釋我們到底怎樣看待他們。」[45]這些「福爾摩沙人」大多都把自己描繪成日本人的馬前卒，是大環境下身不由己的受害者，他們的身分只是帝國底下的勞工，完全與軍人沾不上邊。這些人毫無例外都向法庭遞交請願書，抗議中國戰俘因為自身戰時經歷而「痛恨」他們，而他們都是被「誣告」的。每一個人在請願書末尾都寫道：我是以「勞工」身分從臺灣來這裡，故鄉還有家人在等我回去。[46]

日軍少將廣田明在拉包爾受審時，國軍中校吳棪就一個相關的中國戰俘謀殺案上法庭作證，說自己是「在一九四二年五月底被日本人俘虜」。拉包爾的中國正規軍戰俘有大約五百人，是在各個不同戰役被俘；另外還有一千名中國游擊隊戰俘。吳棪說，「所有被送來拉包爾的中國軍隊都被當成勞工使用」。中國正規軍戰俘來到拉包爾時仍然身著軍服，但「我們到拉包爾兩三個月之後，日本人拿走我們的軍服，發給我們日本式的制服，沒有徽章、沒有階級標誌」。[47]不過，其他戰俘也有不同經歷。陳國樑少校表示自己是「中國國軍游擊隊指揮官，在中國與日本人交戰」。他被俘之後與其他一千人（如吳棪所說）從上海登船，被送往拉包爾。陳國樑說，「游擊隊戰士」在拉包爾的前十個月有發工資，不過，他的這一部門是唯一有拿到工資的，因為負責管理他們的日本軍官「對中國人很好」。然而陳國樑還是強調，他們對國家的忠心從未動搖，而他們就算淪為勞工，也沒有喪失戰俘身分。[48]

戰時拉包爾當地最高指揮官，日軍大將今村均的受審過程呈現出了「戰俘」與「勞工」之間界線的模糊性，因為今村均麾下軍官似乎並不全然理解「強迫敵軍戰俘勞動是違法的」這件事。大本營參謀細田熙大佐在今村均受審時出庭作證，過程中他表示：雖然現行規則涵蓋了軍方使用勞工時可以怎麼做、不可以怎麼做，但他對拉包爾發生的事情仍有不同看法。「日本帝國大本營軍官認定且知曉〔在拉包爾〕日本軍人與『第三國國民』即勞工的合作是和諧的，這不只是帝國大本營的觀點，也是一般大眾的觀點，就算在今天依然如此。原因在於，今村將軍擁有良好品格，他在國際與公眾之間廣受讚譽；他為了部下，也為了能好好監督與指揮部下而付出許多。我的想法也是這樣，毫無疑義。」[49]

這些審判很重要，受審者或許也表現出誠意，但這並未減少日本戰犯審判必須面對的問題——實際來講就是語言問題，更加拖慢尋求正義的進度。此外，許多設立在熱帶東南亞的法庭處於潮濕黏膩氣候，甚至會在某些片刻造成有如鬧劇的輕率感。今村均自己受審時就當庭睡著過一次，當時連負責看管他的憲兵都在打瞌睡，得靠首席法官叫醒這兩位。[50]

然而，同樣是這位今村均，他非常盡力避免麾下官兵被亂七八糟地送上戰罪法庭受審。今村均說做就做，擔起這件事著手處理。他向部下提供諮詢，如果面對戰罪指控要怎樣反應（當時東京方面還沒人開始做準備——不過也有可能今村均是與東京協調進行這件事〔這方面紀錄並不清楚〕）：

最高機密：閱後焚毀

回覆：關於戰犯嫌疑者

日方最高指揮官今村均將軍

一九四五年十二月四日，拉包爾

這項指示是給目前被同盟軍隊進行戰罪調查的日本軍人，特別是那些被拍照與被懷疑的人。指揮官必須就以下幾點詳細教育他們。

方面軍參謀長：加藤鑰平

在以前的戰爭裡，軍人對無辜平民施加的暴行如搶劫、掠奪與其他暴力行動，都是由這些軍人的本國軍事法庭進行審判，但現在變成由敵方在戰爭結束後舉行。在這種情況下，由於缺乏前例，他們〔舉行審判的一方〕會在「戰罪」這個標籤下固執不懈挑出每一件單獨行為，做為己方起訴的基礎。他們說，這樣做能夠消滅未來再度爆發戰爭的所有可能性。

然而，破開表象，此事本質就是對日本與德國國族的深仇大恨。我身為拉包爾的指揮官，深自反省而相信：既然你們都維持優良軍紀，所以不可能有那麼多的「戰犯」。澳軍說不定也持同樣觀感，只是得遵照本國政府要求；就算這只是政治手段，但看來他們有義務必須在此地區設立法庭。如此，這種法庭設立後，我會在下面列舉你們應該怎樣回答問題，務必切記。

第一：不論你的行為被分類為哪種，我身為你的最高指揮官，深感自己負有領導者的責任，而這讓我出現強烈同情心。我們的軍法不允許可恥的過錯或罪行，更何況我們身為日本人應當對此感到羞愧。舉例而言，在某一場劇烈空襲中，你因為一時衝動而對某個無力反抗且與空襲本身無關的戰俘施暴，這違反濟弱扶傾的日本精神。但我認為，戰俘待遇相關問題是出自戰場上緊急情況，且是以你受命進行的行動為基礎。你不必為此感到羞恥，反而應該獲得讚譽，因為你是一個忠誠執行任務的日本人。

第二：不要辱沒武士道

如前所述，如果你能回復冷靜，則毋須畏懼同盟軍調查軍官。對於他們的要求，切忌用不悅的態度回應。東方與西方看世界極其不同，不要以為他們會覺得你這種態度是高貴的，是有英雄氣概的；他們決不會接受你這樣回應。你在回答問題時應該小心，確保前後所說沒有不一致之處。說話要冷靜，確保表情坦然。德川時代的幡隨院長兵衛就是好例子，他面對拔刀對著他的凶惡將軍護衛，卻依然談笑風生，沒有丟了「江戶人」（生活在近代早期東京的人）的臉。[51]他的故事因此流傳至今，成為我們傳統裡男人中的男人，男子漢的象徵。

一方面，我們承受不住壓力時都想牽扯別人。「我不想那樣做，但那是命令」或「我的同僚也做了什麼什麼」，這種回答會給許多人製造麻煩，讓問題變得很嚴重。我們不得不說，講出這種話的人是懦夫。事實上，紐幾內亞前線軍事法庭裡就出現過這種行為，玷汙了武士道精神。敵人的報紙報導這類故事，加以嘲笑，說這是「無膽小人」的行為，使人名譽掃地。這種時候，我會想起我國最著名殉道者之一佐倉惣五郎的故事。[52]他為了完成任務不惜犧牲自己，甚至犧牲家人，不讓任何村民被牽扯進來。正因這般行為，他如今才被敬稱為「義民」。

第三：一定要用心準備，讓自己能清楚有條理回答問題，此事至關重要。在法庭上，如果某件事是不確定的，你自然應該回答「不確定」；但如果敵軍認定你做的某件事是犯罪，你一定要詳細說明：印度戰俘在猛烈空襲之下做出極其愚蠢的行為，簡直如同自殺。此時最好的解釋是說：當時我們除了狠狠教訓他們之外別無他法，所以才空手打他們耳光，而且混亂中還出現盜竊情形，於是我們只能做出更進一步的懲罰來維持秩序。事情不幸如此發展，原因出在溝通與其他的問題，導致狀況更複雜。你應該維持士氣高昂，知道這只是你職務中的特殊情況。

第四：想想你那些同樣被懷疑、被囚禁的同袍。成王敗寇，同盟軍前線戰俘營已經把我們數千同胞監禁在拘留所中，說他們是「戰犯」。在我們的祖國，許多與這場大戰直接有關的高官、大臣、高階軍官、貴族，甚至皇族親王都被抓捕，被迫過著跟你們現在一樣的拘禁生活。當你在精神上感覺難受、孤獨，就提醒自己：你的犧牲是我們偉大國家的基石，而且跟你同樣被關的人還有鬢髮灰白的七八十歲老人。八十二歲的著名政治家德富蘇峰現在還在嚴肅面對法庭審判。既然如此，你要更加下定決心，用你最大的努力避免丟日本人的臉。[53]

六個月後，今村的立場不再如此堅定，或至少他更難面對可能要被終身監禁的前景。他先是在一九四六年七月試圖服毒自殺，結果毒藥無效，只造成他身體不適。他接著還想割喉自刎，但因為沒割到大動脈而再度失敗。後來他在戰後日本活到高壽，出書寫下他在澳大利亞監管之下的戰犯生涯。[54]

日本在東亞扮演的其他角色——改革者

日本使用強迫勞動來供應本國戰爭機器，且在明知勝利愈來愈遙不可及的情況下還持續為之；在一定程度上，這種不道德的做法確實該得到司法懲處。然而，這片地區還有許多人不是只以日本的軍事行動來定義日本。美國人與歐洲人只在戰場上接觸到日本人，但日本帝國與它的帝國遺產導致東亞人民的體驗非常不同。當我們用單一且多是以國家立場出發的角度來研究歷史，我們就會看不見更大範圍的歷史活動。我的意思並不是說我們錯解了日本暴行相關歷史紀錄，但我同意美國歷史學家，也是猶太大屠殺專家史奈德的話，他說我們應該去考量一個超國家的、更偏向大區域的研究觀點，來破除那些過度強調西方中心觀點的國別史所造成的障蔽。[55]歐洲「在歷史知識中扮演一個沉默的參照點」，而我們應該試著去重新定位思考方式；這樣，當我們討論戰爭中的「犯罪」與「罪惡」問題，我們才不會過度強調紐倫堡審判的角色。[56]紐倫堡審判當然在國際法演變中發揮了主要作用，但東亞的戰罪審判卻也產生出自己的一套歷史產業*，必須用東亞的方式來加以分析。

這種情況在日本與整個東亞都特別明顯；在這裡，國家的勝利或民族的受難都被賦予不可侵犯的神聖意義，製造出一種非常容易消化吸收但過於簡化的歷史版本，把那些複雜的、高低參差的裂痕都抹平了。在許多日本人心中，他們對「二次大戰結束」最重要的記憶就是廣島，而這種記憶型態滋養出「受害者」的心理狀態；但這與日本本土以外的地方差異甚大。我們更加需要把本國史放在區域性、國際性的背景下加以檢驗，確認戰罪審判背後較為宏觀的歷史脈絡，然後用來解讀臺灣、韓國與中國那些涉及去帝國化的後帝國時期暴力。這樣，我們才能更清楚看懂這些地方在戰後如何重建法治，建立新的政治體。

東亞的歷史地景與歐洲天差地別，理由我會在本書中詳述。我們必須記得，東亞地區經常同時出現兩種對日本截然不同、彼此衝突的觀點，而這兩種不同態度也會浸染到東亞對正義的追求之中。儘管日本擴張帝國，引發二次大戰，造成悲慘結果，這是公認的事實；但東方各地的重要領導人物也都記得日本另一面的影響。這部分值得拿出來重申，以便平衡我們對於戰罪審判對後世影響的評估。我並不是要翻案，只是建議在等式中添加一個要素：為什麼在各種不同地理背景下，某些戰罪被起訴、被審判的情況有所不同？

戰罪審判本身，加上戰罪審判所立下的司法前例，這些記憶可能造成一種障礙，讓人傾向過度強調日本的侵略，而忽略日本帝國在更長時間中造成的其他影響。與日本有過互動的東方人，以及我們這些來自歐美與他們對話的人，雙方觀點天差地別。下面我會簡述三個例子來呈現這種情況。精確來說，這種態度表現最明顯的地方，就是戰後大韓民國與中國的領導人物在評價日本明治維新時；在他們眼中，這是一件開創性的大事，不可等閒視之。

二次大戰前，中國文壇巨擘，中國科學院首任院長郭沫若曾在日本就學多年，直到一九三七年日軍侵略態勢日益顯著他才歸國。他與同為文人作家的谷崎潤一郎曾進行過一次課題廣泛的對談，在其中做出不少重要評論。郭沫若在一九五〇年代中期出訪日本，這是中國大陸進一步經營民間外交關係的嘗試之一。在一場以提倡雙邊交流為目的的圓桌會議上，他提到西方學者說「明治維新是『遠東奇蹟』，依同樣道理，我們或可稱新中國的變革為『第二個遠東奇蹟』」。依據報紙報導內容，郭沫若在比較兩者時愈說愈激動，連講話聲音都提高了。[57]我們今天看這句話可能不覺得如何，但要知道，

＊編按：歷史產業指某個歷史主題不斷地被詮釋、爭論的現象。

郭沫若是非常接近當時中國權力核心（包括周恩來總理）的人；從郭沫若口中說出這種話，表達他對日本上一代人發展出的現代化典範評價甚高，這是很不得了的表態。一九三七年郭沫若從日本回國時，拋下日本妻子與五個孩子，又在國內另娶新人建立了新家庭；但為郭沫若立傳的中國作家不太會去說這件事。日本出版界鉅子岩波茂雄，在郭沫若離開日本後替他的某幾個孩子付過學費，因此郭沫若始終覺得自己欠岩波一份情，他在一九五五年造訪日本時特地去岩波墓前致謝。[58]

南韓專制領袖朴正熙是在日本殖民統治下接受啟蒙教育，也在日本帝國軍校裡吸收到經濟發展思想。朴正熙在一九七〇年代比照明治維新路線改革韓國，還特地用漢字「維新」來稱呼這場改革；朴正熙對「維新」二字的詮釋，暗示出一種類似當年日帝國領導階層的態度，兩者之間關聯明白可見。[59]朴正熙跟郭沫若一樣，認為日本已經現代化，而韓國也需要走一條相似的路來讓社會進步。就算經過二次大戰，韓國仍將日本與日本的現代化模式奉為典範。哈佛大學歷史學家埃克特曾訪問朴正熙過去的同志密友，問他們：朴正熙人生中的哪個時期對他自己影響最大？這些人給出的答案全都一樣，就是朴正熙在滿洲國軍官學校接受「日本軍官教育」那段時間。[60]

一九五〇年六月二十七日，在臺灣臺北市北邊的山區，蔣介石在軍官訓練團第一期畢業典禮上發表演說，指示學生要聽新來的日本教官的話。（當時蔣介石在違反現有和約條款的情況下祕密將前日本皇軍軍官偷渡到臺灣，用他們來改革黨內與軍隊，準備「光復大陸」。[61]）蔣介石告誡這些訓練軍官，要他們注意日本教官體現的六種重要精神：負責、服從、服務、犧牲、創造、守法。[62]蔣介石認為，日本這個東亞邊陲小國之所以能創造出改革所需條件，在短短幾十年間成為強國，都是明治維新的功勞。幾年後，蔣介石又說，日本能夠實行王陽明「知行合一」的哲學思想；這位中國國民黨最高領導人迫切希望將此一精神灌注在自己的人民身上。[63]

東亞戰後時期混合這兩種彼此衝突的感性立場，一個是將日本視為帝國成功的範本，另一個是將日本視為戰時的軍事侵略者。這個難題的核心，就是戰罪審判及其後的歷史爭議要如何平衡兩方面要素。

第四章 誰該負起日本的戰爭責任

大戰剛結束時，東亞一片混亂，很多地方的社會與經濟在日本投降幾星期內都陷入動盪不安。美國在其他同盟國偶發性地給予協助下，一手策劃如何占領日本。國民黨原本聲稱要派兵前往，結果因為深陷國共內戰而有心無力。這個前帝國的殘餘部分只剩下了困惑和焦慮。英國和澳大利亞向日本的特定地區派遣了一些部隊，但受到了美國的限制。蘇聯很想在日本占據立足點，但除了各個委員會的重點席位之外什麼也得不到。美軍擔憂日本可能會重新軍事化，於是乾脆直接接管沖繩的統治權，直到數十年後才歸還日本。

在日本投降前，美國已經花費數年針對未來日本敗戰的可能情況擬定計畫。當時「後帝國」這個詞還沒開始使用，因為官方尚未決定怎樣處理日本整個帝國制度。等到這一刻終於來臨時，謠言滿天飛；當裕仁天皇透過廣播要求國民放下武器，很多日本人完全搞不清楚狀況，因為沒幾個人完全聽懂天皇的古體演講在說什麼，必須等待後續的解釋。在帝國某些地方，比如北京，人們並沒有預料到日本會戰敗；不少日本人言之鑿鑿說自己聽到日本政府會派船來接他們，安頓他們回國。然而，事實與此差了十萬八千里遠，日本外務省最初草擬的計畫裡完全沒想到要保護這些「無助的受害人」——也就是困在海外的日本殖民者，反而打算拋下遷到帝國各處的日本人民不管。因為戰爭，日本帝國被帶入財政、經濟與政治的崩潰深淵。日本政府原本的判斷就是：如果接納數百萬需要救助的人民歸國，這對日本本土所造成的後勤與心理負擔都太過巨大。

要記得，一九四五年八月九日的日本早報都在說美國人的「新炸彈」，媒體紛紛將它貼上「不人道」的標籤，就此為日本的「受害者化」鋪好道路。雖然新聞社與政府都不承認新武器的性質與造成的真實損害程度，但某些報導還是討論起八月六日投向廣島的那顆炸彈。《朝日新聞》就批評說，「敵人既擁護『正義與人道』又轟炸無辜平民。」[1]

其餘的日本人更加把敗戰放在心上，但態度也取決於他們所在的地域。不過，日本皇軍大多數高級軍官雖然長期被教育「絕不投降」，但有趣的是他們絕大部分都沒有這樣做，只有少數人自殺殉國。戰時內閣首相，推動日軍在一九四一年十二月襲擊珍珠港的東條英機大將就試圖自殺，但未能成功。一九四五年九月，當美國憲兵要以「甲級戰犯嫌疑人」的名義逮捕東條時，他拿槍對自己的心臟開槍，結果沒死。日本民眾的當下反應是嘲笑他連這最後任務都做不好。陸軍大將阿南惟幾始終相信他手下的士兵是在打一場保衛神國的聖戰，直到最後他都堅持日本不可投降。當裕仁天皇提議接受一九四五年七月的《波茨坦宣言》，阿南雖然反對，但最終仍與內閣其他成員一同表示同意。他在八月十五日清晨切腹自殺。傳統切腹儀式是讓罪人持刀刃刺入腹中或只是劃傷腹部出血，然後由站在身後待命的「介錯人」持長刀砍下切腹者頭顱。但阿南切腹後歷經數小時痛苦才斷氣。[2]某些日本高級軍官，例如拉包爾（位於當時紐幾內亞）的陸軍中將安達二十三，願意承擔麾下將兵的敗戰責任與所犯罪責。安達澳大利亞主持的法庭中受審，被判無期徒刑，然後才自殺身亡。有人認為他的抉擇是為了贖罪，也有人覺得這只是逃避責任的手段。[3]

戰爭結束牽涉的不只東京軍方，也影響到這傾圮帝國裡的孩童。法村香音子是在日本殖民家庭長大的女孩，她與家人住在中國安東（當時還是小鎮，現在是遼寧省丹東市），位於中國與北韓邊界的鴨綠江畔。她在中國出生，直到一九五八年才最終返回日本。戰爭結束時她還年幼，不太清楚發生什麼事，但她母親卻不是。她母親聽到傳言，說美國人很快要進軍到安東；為了應對這場末日，她母親拿著廚刀給幾個孩子看，說：「我會用這個殺死你們，然後最好能殺掉一兩個敵人，最後我打算用它自殺。」[4]當日本在亞洲的霸權喪鐘敲響後，原本的殖民者開始恐懼各方來敵：中共八路軍、國民黨軍隊、一九四五年八月九日向日本宣戰的蘇聯，以及源源不絕進入中國的美國海軍陸戰隊。

如我們所見，死亡在親歷者記述日本帝國崩塌後的亂象中戲份重大，但他們也說當時蓄意漠視他人的情況也很常見。那時有數百萬人處於遷徙狀況，裡面包括流離失所的家庭、小孩子、年輕夫妻與情侶，甚至軍人。要讓這麼多人每晚在安全地點過夜都是大問題，更別提隔天早上所有人上廁所所製造出的衛生災難；數萬旅人對敗戰幾乎沒有心理準備，而這種情況下他們也不太在乎路途中何時何地大小便。[5]由於帝國突然崩解，使得在初始階段帝國內部人口移動變得既骯髒又危險，而且極度缺乏規劃。戰爭剛結束幾個月內尤其如此，因為中國大陸情勢混沌不明，導致那些突然被打到世界秩序底層的人遭受極大苦難。

日本投降後的狀況，顯現出歐洲帝國強權想收回丟失多年的東亞與東南亞殖民地時，非常漫無方向。「日本一旦敗戰，皇軍原本占領地區將點燃控制權爭奪戰。」[6]英國領導階層相信，若要讓歐洲回復安定，一個強大的法國必不可或缺。戰後第一任英國首相艾德禮甚至為此出手穩定印度支那情勢，等待法國在日本投降後的印度支那聚集足夠兵力。而艾德禮的舉動完全忽視了一件事：法國投降德國後，貝當元帥領導的法國維琪政權與納粹合作，而維琪政府從一九四〇年秋季到一九四五年三月為止，其實是在日本控管下實施對印度支那的統治權。英國軍方在事實上「占領」越南等候法國回歸，由盟軍東南亞司令部指揮部署，但這個簡寫為ＳＥＡＣ的東南亞司令部卻在戰時被譏稱為「盟軍混亂最高實例」（Supreme Example of Allied Confusion）。[7]此外，英國在越南可用的兵力不足，其結果是中國國民黨政權應邀出兵維持北緯十六度以北地區的秩序，英國只管南部地區。[8]這下子事情就更複雜了。為了在盟軍兵力尚嫌薄弱的區域維持秩序，盟國起初動用近十萬名日本俘虜成為警力與軍力，並創造出一個新詞「投降人士」來稱呼他們，這樣就不必依照日內瓦公約給他們戰俘身分。依照日內瓦公約規定，戰俘被禁止用來維護戰後法律與秩序。[9]

歐洲帝國領袖想讓一切回到戰前，把這場戰爭當成沒發生過，好像他們被日本打敗過的事實不具任何意義。一九四五年九月二日，日本在停泊東京灣的美軍軍艦「密蘇里」上面正式簽署降書；英軍白思華中將隨即回返新加坡，接受日軍山下奉文大將投降。四年前，英軍在東南亞慘敗投降，當時山下也是與狼狽不堪的白思華隔著桌子面對面。歐洲勢力操縱著「一系列精心排演的事件，目的是讓亞洲人民感覺日本是被盟軍軍力擊敗，並抹消他們腦海中先前盟軍投降日本的記憶」。[10]英軍中將海耶斯原本人在重慶，聽聞勝利後急忙趕到南京，參加一九四五年九月九日受降典禮。之後不久，他想方設法搭上往上海的火車，途中他與在華英人社群中七十名有頭有臉的成員一同用餐閒聊。海耶斯驚異地「發現〔這些人〕完全缺乏概念，既不了解『廢除領事裁判權』代表什麼意義，也不明白上海此後會在本質上成為一個中國都市」。他覺得自己必須得對這些人實話實說，讓他們別再懷抱「不合理的幻想」。[11]

在歐洲，同盟國要做的事是去納粹化，並讓崩解的社會與經濟穩定下來。這與他們在亞洲地區進行政治權力秩序重建工作，大不相同。從一開始，同盟國在東亞阻止戰後暴行、支持結盟的策略背後就有兩大動機：(1)圍堵日本在東亞地區的力量，將日本去帝國化；(2)重建歐洲霸權，防止去殖民化。

日本國內民意五花八門，令人眼花撩亂，這反映出戰時日本社會與威權的階層性與表裡不一。日本本身對這場戰爭的認知有兩種相互矛盾的觀點，一種是對抗西方蠶食鯨吞的「正義」之戰，另一種則是帶領亞洲脫離白人殖民統治的「解放」之戰；因此，日本人未必肯定美國試圖讓前軸心國民主化的努力，因為這與日本自己的認知相衝突。日本在正式場合並不把投降表述為「敗戰」，而是使用「終戰」這個含義模稜兩可的詞彙；同樣的，日本天皇在宣告投降的著名廣播中也很有技巧避免提到「投降」一詞。西方與其他亞洲國家當然都說「日本投降」，但日本官方卻不

WHAT SHALL BE DONE ABOUT
JAPAN AFTER VICTORY ?

圖4.1　美國發給美軍官兵的手冊，《勝利之後對日本怎麼辦？》，美國歷史學會史學委員會（一九四五年）。《勝利之後對日本怎麼辦？》這本手冊是美國戰爭部發行的「軍事圓桌」系列之一。

這樣講。於是，這場戰爭（以及這場戰爭表面上服務的對象「日本帝國」）在日本突然變得不再成為話題，因為它已經結束了。世人討論的新重點飛快地轉到「怎樣重建這個殘破國家」。相對而言，日本人起初不太檢討日本在戰爭中導致多少傷害，而比較是拐彎抹角地討論誰該負責。之所以出現這種現象，背後有一部分肇因於以美國為首的盟軍占領政權，也就是戰勝國塑造新日本的方式。天皇不但沒被送上戰罪法庭，且還能夠繼續當個象徵物，象徵一個重建的日本。新聞審查繼續實施，但此時掌握在美國老大哥手中，更加阻礙民間對戰爭責任進行討論。更何況，戰後日本留在權力中心的人，包括許多戰時官僚或政界人士，大多都還是同一批人，只有東山再起的日本共產黨算是例外。

日本實施的戰爭責任調查

敗戰之後，日本社會各階層、政界與軍界的所有層級都必須面對現實。接下來，議會、報社編輯部，以及官員群體之間進行的全國性討論就是「發生了什麼事、誰該負責」。戰後日本的文化記憶是個複雜地景，各形各色互相衝突的創傷敘事在爭奪主導權。這些情緒的根由，是日本人怎樣設想戰爭期間那些運氣之外的缺陷錯誤，或是設想英雄與受難者的道德品行。簡言之，他們用道德角度詮釋敗戰，並為國家的復原規劃出路線，然後以這兩點為中心來思考。西方主流將二次大戰視為一場「義戰」，但對日本而言這是「聖戰」——這當然是個宣傳用語沒錯，但它在社會某些階層中卻是刻進每個人骨子裡的認知。從許多方面來看，戰罪審判的實施過程，以及戰罪審判留下的影響，都是上述所有敘事的結合體。

這些發展的一個個步驟並非都是水到渠成，反而經常彼此矛盾。[12]日本敗戰好幾個月後，大眾仍然搞不清楚要透過怎樣的過程來過渡到和平，眾說紛紜。小林真一是當時人在菲律賓的日軍戰俘，據他回憶，他身邊很多人在美國處決山下奉文後都相信謠傳，說山下大將其實沒死，而是被帶去美國，跟美國人合作研究對抗蘇聯的軍事戰略。這是日本「英雄不死」傳說的一類。[13]

從帝國時期以來，日本內部長久存在不諧與衝突，而這也反映在各方對戰爭起因與最終戰敗原因的爭論。帝國的陸軍與海軍彼此敵視，雙方一邊爭搶國家預算，一邊把自己眼中「為國家好」的做法強加給已經承擔重負的平民。[14]「戰爭結束」這件事好像誰都能來參一腳——天皇向民眾宣布日本投降的廣播錄音尚未公開播放前，發生過一場短命軍事政變，有人試圖偷走這份錄音。此事某種程度上呈現各方對於「誰該為戰爭負責」缺乏共識。日文的「戰爭責任」這個詞含意很模糊，且當時幾乎沒有人談到正義問題。[15]「戰爭責任」是對什麼的責任？發動整場戰爭？一九三〇年代發兵打中國？後來對西方同盟國開戰？還是在國家顯然要被戰爭拖垮時堅持繼續打下去？又或是指輸掉戰爭？戰後日本官方各種機構組織，包括外務省、帝國陸軍與海軍，都好像在某些時候展現出掌控全局的力量，又好像在某些時候表示權力由各方分攤。不過，最常見的情況還是他們彼此不合作，只選擇保護自己與自家小團體不在帝國戰敗的情況下受到反撲。

可能值得注意的是，同盟國派到歐洲與亞洲的負責人能力差別很大。美國派去參與紐倫堡審判的是名滿天下的傑克森大律師，但派去東京審判的基南可沒這種身價，兩人水準有天壤之別。一九四六年六月初（當時東京審判已經開始），英國檢察官團在加拿大使館開派對，而基南這位東京審判的首席檢察官就在晚餐前不請自來。「他喝得醉醺醺，身穿運動服，看到誰就只會伸手臂去攬人家脖子，滿口吹噓他跟杜魯門總統、跟其他大人物有多親近，樣子真噁心。」好不容易場面冷靜下來，大家給他在晚餐桌上找了個位子。然而，依據同盟國對日理事會澳大利亞代表包爾的回憶，「他在飯後不久就明顯爛醉如泥。別人只好半扶半搬著把他送到車上。」宴會主人失了面子，感到非常生氣。而且，這種事情可不是第一次發生，基南在兩星期前才與萊特男爵（聯合國戰罪調查委員會主席）共進晚餐，而他「抵達時已經醉得很誇張，根本沒辦法上餐桌吃晚飯，別人只好先送他去洗手間，然後把他抬去一間空臥室睡覺」。包爾覺得非常不可思議，基南這種人怎麼會被選來參加東京審判這麼重要的任務。[16]面對此類情況，日本方面也一定感到惶恐，不曉得這會對戰犯受審結果造成什麼影響。

據我們所知，面對帝國突然解體，以及大多數人都知道敗戰後必然有的戰罪審判，日本人並沒有一個統一反應。他們形形色色的態度反映並重現出日本戰時社會與當權者的階層與兩面性。基本上，我們可以把日本人的反應分解成六種層次的利害關係者：(1)文官政府，(2)天皇，(3)帝國陸軍，(4)帝國海軍（陸海軍分屬兩個不同內閣部門「陸軍省」與「海軍省」，兩部門在戰後分別改組為「第一復員局」與「第二復員局」，雙方的目標就算沒有衝突也絕非一致），(5)日本媒體，(6)日本共產黨。這裡面除了共產黨之外，每一方都管理過日本戰時社會的某些部分，也都對怎樣處理或回應盟軍要求戰罪審判一事持有自己的意識形態。這些分歧呈現了日本在戰時與戰爭剛結束時統治權威的碎裂本質，「領導權高度分裂，其中充斥對抗、黨派與競爭」，而這也是東京審判面對的困境。法庭上，「多數法官都接受」東京審判提出的「陰謀罪」指控，「但這個判斷卻在無意間更使人注意〔首席檢察官〕基南間接提到的〔日本戰時高層內部〕分歧與衝突。」[17]

我們沒辦法花太多篇幅逐一完整闡明所有層次，但很明顯的是，日本內部每個利益相關方都想減輕自己損失，降低自己可能被要求擔負的戰爭責任，以及保住自身既有特權。從許多方面來說，戰前日本「國家與權威是兩回事」的沉痾也確實反映在戰後日本情況裡。事實上，圍繞「投降」一事有各種嘈雜不諧的聲音，這清楚展現日本內部對責任問題多麼缺乏共識——包括發動戰爭的責任與敗戰責任；在各方公開與私下的爭論中，這兩種責任本質上已被攪成一團了。

日本敗得轟轟烈烈，絕大部分都市區域都在戰爭最後一年被夷為平地，而誰應該為此負責？這個問題的重要性，在於它關係這個國家的命運與未來。日本政府的估測是「戰爭整體摧毀國家四分之一財富」，[18]但死在戰爭中的日本人與日本帝國境內居民，這些人命價值是不被計算在內的。中國估計有數百萬人民死於日本侵略戰爭，另有數千萬人因此無家可歸。另外，「敗戰」對一個人的意義幾乎完全取決於這人屬於哪種子群體。帝國陸軍可能還沉醉在「解放東亞與東南亞脫離歐洲殖民壓迫」的自我催眠榮光裡，卻不去想背後是什麼樣的代價。帝國海軍覺得日本水兵軍紀表現至少優於那些據說更殘忍、更桀驁不馴的陸軍弟兄，並從這幻想中得到虛假自豪。然而，這兩個群體都無法真正做到面對自身「帝國解放事業」在國內外造成的災殃。

日本宣告投降時，許多人震驚得反應不過來，就連教育程度高的菁英也一樣。[19]內閣有計畫，但他們並不能全然掌握國際情報。外務省持續與外在世界保持接觸，且能接收外來情報，所以他們知道歐洲納粹黨人與其他人的下場。令人驚訝的是，外務省在第八十七屆帝國議會（一九四五年六月）上已經準備好一份資料彙編，內容是同盟國如何起訴戰犯，以及聯合國戰罪調查委員會內部在做什麼。[20]

面對同盟國要求以司法程序處理戰罪，日本的反應很值得深究，因為其中隱藏著關鍵，能帶我們理解日本怎樣定義這場戰爭，定義自身帝國時期所做所為。如果日本能洗脫戰罪汙點，那就可以重新搬出戰時宣傳，認定日本是為了達成「亞洲是亞洲人的」目標而戰，為了讓亞洲卸下殖民鐐銬而戰。就算國家已經筋疲力竭而民窮財盡，被自己發動的戰爭給拖垮，但卻能擁有無限光榮。然而，大家也覺得，如果戰罪審判給出另一種結論，那這場戰爭就打得毫無意義，這個國家可能就此在恥辱中瓦解，或更糟的是被擴張中的共產勢力吞併。戰火硝煙還未散去，日本官方已經忙著設法合理化自己的立場。一九四五年十二月，陸軍省與海軍省改組為兩個復員局，但在此之前兩大部門都以最高速運作，力圖確保盟軍占領的態度不會與日本自身或軍方利益起衝突。這意思就是，日本軍方想要為這場戰爭的意義下定義，認定這是一場「無可避免」且有所必要的戰爭，目的是要阻擋並反抗西方殖民。軍方這番功夫顯示日本文官政府始終沒有真正控制整個國家，因為它無法全盤應付戰爭剛結束這段時期的情況。日本之所以走到今天這個地步，始終不願徹底面對戰爭影響，一個主要原因就是日本文官政府與軍方對戰爭的意見有所分歧，而這又在「戰爭責任」討論中與其他各方既得利益者產生衝突。

一九四五年九月五日是個炎熱的陰天，在帝國議會眾議院第八十八屆會場上，議員蘆田均提案「釐清導致大東亞戰爭不利結果的原因與責任所在」。蘆田在二十世紀早期長年任職於外務省，曾經十一次當選國會議員，且還在一九四八年短暫擔任首相。在國會裡，蘆田就戰爭責任問題向政府提出一系列質詢，涵蓋了好幾個要點。為什麼政府明知本國人力、技術能力與政治結構不足以支持戰爭，卻還要對四十幾個國家開戰？他表示這些事情很複雜，「所以，敗戰責任理當不是只有兩三個戰爭領袖需要承擔。」[21]首相東久邇稔彥同意此說，並表示蘆田的問題「值得探究」。這話表面上認同蘆田的提案，但同時也是典型的觀望態度，說了等於沒說。東久邇對大東亞共榮圈其他成員國（沒有明說是哪些國家）的付出表達感謝，但如今日本三千年歷史已走到轉捩點；既然美國下一步要占領日本，日本將會更往前進，以言論自由為基礎開放討論。他說，這就是「自由」的根本。議會對他這番話報以掌聲。[22]

接下來是眾議院議員東鄉實起立發言，他表示日本必須誠實面對美軍占領的目的，分析戰時發生過的事，才能好好地為了未來、為了和平進行重建。他的結論是：占領軍如果要以國際司法為準來評判日本，那他們自己的行為也該被檢驗，所以日本同時要來談談美國投擲原子彈的行為及其後果，這樣才公平。[23]日本戰後第一任首相東久邇在回憶錄中表示，「我們需要深切思考，是什麼樣的環境將我們的國家帶往敗戰結局。」東久邇告誡讀者：如果日本不這樣做，這個國家就完了。然而，日本天皇並未要求人民承認敗戰事實，而是叫他們「堪所難堪、忍所難忍，欲以為萬世開太平」。[24]上層社會認為「戰爭責任」的討論只是一種手段，用來辨明日本怎樣打輸戰爭，又該怎樣著眼於未來迅速重建。至於同盟國特別在意的「日本敗戰」與「戰時罪行」這兩個重要課題，當時反而幾乎不受日本人關注。

日本外務省條約局在一九四五年九月十一日提出報告〈戰犯處罰相關問題研究〉，對日本政府與官僚高層內部權責之混亂表示訝異。另一份外務省報告大膽地針對戰罪審判進行討論，表示盟軍舉行審判要對付的可能不只虐待過戰俘的人，還包括那些對戰爭負有政治責任的人。日本官員知道日本領導結構與納粹德國有哪些不同，而這份報告內容明白對比出兩者差異：納粹對職權層級有清晰劃分，日本則無。這種情況下，要徹底追究責任變得困難重重。說到底，日本文官政府的結構就不是設計成讓特定個人在名義上對某個決定「負責」。[25]

一九四五年九月十二日，首相東久邇、外務大臣重光葵、陸軍大臣下村定、海軍大臣米內光政、陸軍參謀總長梅津美治郎、海軍參謀總長豐田副武、內閣總理大臣近衛文麿，以及司法大臣岩田宙造在「戰後處理會議」（設立於八月二十二日）商討設立機構來調查日本戰罪。他們宣布，依照盟軍要求與法律原則，日本會把「被占領軍列為罪犯者」與「曾犯戰罪者」送上法庭。[26]日本戰後政府有一篇關於日本早期戰罪審判政策的摘要，內容表明：九月十二日會議，與會者做出決定，既然盟軍已經鐵了心要起訴日本人，那日方應該先下手為強來調查戰罪，並設置法庭來審判重要人物與該負責任的人。這項政策目的是「釐清報告所提案例的是非曲直」。[27]日本官員意圖以此做為反制，不讓盟軍單方面進行司法審判。達成決議後，內大臣木戶幸一將會議結果呈給裕仁天皇，天皇的回應則是：「縱然這些人被同盟國指為戰犯，但他們在朕看來都是忠臣，且朕相信其中有為國立下大功者。朕很難接受他們因為以朕之名作戰而受到處罰。」木戶隨即將天皇的話傳知與會者。眾人雖因天皇表現出為難態度而重新進行討論，但對當天早晨原本的決議卻堅持不改，認定這樣做才是恰當。這篇政府摘要裡還說，首相、外務大臣與司法大臣都為此親自去覲見天皇。[28]最後，木戶與「戰後處理會議」得到天皇允許推動國內戰罪審判，理由是這樣能保證審判「適當」或「正義」。摘要內文還提出告誡，說如果無條件交出那些被同盟國指為「戰罪嫌疑人」的人，這會違反傳統武士道精神。[29]

東久邇在九月十八日下午召開對外記者會，到場記者約有百人。這是日本政府推動國內戰罪審判的最後動作，也是個歷史性的時刻，因為日本長年以來都將外國媒體拒於門外。在場記者發問大多針對一九四二年杜立德空襲墜機飛行員遭處決或是盟軍戰俘受虐被害的事情，但其中一人直接質問天皇是否有戰爭責任，而東久邇斷然回應「絕對沒有」。[30]在這之後，某些消息指稱日方確實舉行數場審判，另外一些消息則說只舉行一場。日本近代史學者田中宏巳表示，既然沒有人找得到這些審判的紀錄，則它們都只是「虛幻的審判」。[31]內閣決議推動國內戰罪審判，此事雖有紀錄，但決議的草擬英文稿卻從未正式公開。[32]

日本政府與軍方雖著手調查某些戰罪，並推動進入法律程序；然而，依據某個消息來源，駐日盟軍總司令部「盟總」在一九四六年三月下令日本中止調查。[33]到最後，日本只被允許蒐集資料提供給盟軍法庭。我們唯一可以確認日本自行舉行過的一場戰罪審判，其受審者是本間雅晴中將。[34]結果，本間被法庭判定要為一九四二年巴丹死亡行軍等暴行負責，懲罰是扣薪水。「巴丹死亡行軍」是菲律賓的美軍與菲軍戰俘在極端惡劣條件下被迫行軍，導致死傷無數。到此時，東久邇首相已經宣告日本全國對戰爭表示懺悔，即所謂「一億總懺悔」；這是一個公開的、集體性的宣告，表示認罪，或至少是表達國家對戰爭的痛悔。這個宣告巧妙避開任何個人責任問題，於是「道歉」的事也就被一筆帶過。

日本內部這些早期討論完全沒有提到戰爭暴行，也沒有提到帝國運作中的暴虐與剝削表現；這個缺失很能呈現問題。日本制定計畫似乎就是為了反制戰罪審判。日本人在意戰爭整體起因及帝國的失敗，但他們很快就轉而討論如何重建、討論人民與天皇的關係需要強化。大多數官員都致力於實施新的教育計畫，進行交通建設，以及盡可能為退伍軍人提供工作。日本各方勢力領袖好像都已經在思考未來，即使這個國家仍在面對新困境時苦苦掙扎。可嘆的是，沒有人分出心力注意日本在帝國邊緣造成的傷害。日本對自身的關心，以及日本在海外製造的災禍，這兩者在日本官方戰罪審判政策裡一直是兩條不相交的平行線，至今依然。[35]

另外，日本軍方還得緊急處理一件事，就是軍隊內部因虛無主義而可能導致的暴力行為。許多士兵突然面對敗戰而無法接受，開始質疑自身存在意義、質疑他們的犧牲到底有什麼價值。舉例來說，日本海軍上校沖野亦男在日記中表示他身為俘虜無顏歸國。[36]沖野搭的飛機在中國上空出問題而墜機，被國軍俘獲，由於腿上傷口長成壞疽而不得不接受部分截肢。他是日本戰俘中少數的高階軍官，所以美國人對他很有興趣。後來，戰爭還沒結束，他就被悄悄送上飛往華盛頓特區的飛機。沖野在特區郊外祕密情報中心「杭特堡」接受審訊，吐露不少關於日本皇軍軍隊結構與意識形態的資訊。[37]他自思自想：都這樣了，他怎麼可能回去？幸運的是，戰爭一結束，日本俘虜的心理煎熬就因天皇一紙詔書而緩解。一九四五年八月十八日，天皇軍令第一三八五號宣告：「詔書頒布後，在敵軍勢力下的帝國陸軍軍人與軍屬將不再被視為俘虜。務讓下屬所有層級不得輕舉妄動。為了皇國將來的興隆，我們必須隱忍自重徹底實施旨意。」海軍在隔天也以類似規模發布命令。[38]這類軍令是由帝國大本營起草，由參謀總長呈給天皇，獲得許可後就以天皇旨意的名義傳給軍方，份量不言而喻。沖野和其他人都覺得，有了這道命令，淪為戰俘的軍人就不必懷抱多餘的罪惡感。不過，這道命令目的其實是為避免戰後時期日軍戰俘在戰俘營或最終歸國後製造更多事端。

這時候，一些前高階軍官也開始向政府施壓，要求調查日本敗戰的背後原因。日本帝國陸軍中將石原莞爾是策劃一九三一年九一八事變的智囊之一，這場事變導致日本對中國的侵略更進一步。一九四五年八月底，石原在《每日新聞》發表文章談論日本失敗原因，說：「當日本尚未喪盡臉面、赤裸暴露於他人面前，它必須先揭去那層自我欺瞞的外衣，剝開皮膚，擠出底下的敗戰之癌。」[39]石原認為，敗戰主要原因之一是日本人民「士氣崩壞」。文章見報後，他又數度動員群眾召開集會，並向與會者表示：日本之所以輸掉戰爭，「是因為我們的領袖不忠不信，帶我們進入一場沒有準備好的戰爭。他們背叛天皇、背叛這片土地。」石原還大書特書說日本應該重建新的大東亞共榮圈，以交睦盟邦的方式確保國家未來。然而，多年長駐亞洲，出生於俄國的美國記者蓋恩多年來對石原這話並不買單，反而寫道：「現在日本不只有一個新彌賽亞，還有一套讓大家都高興的敗戰原因。」[40]

隨著日本軍方著手減輕官兵心理壓力，讓那些數星期前還恥於自己戰俘身分的人得以解脫。日本政府則著手處理敗戰造成的政治餘波，以及投降帶來的所有問題。一九四五年十月二十三日，戰後處理會議針對未來可能舉行的戰罪審判提出更多政策，主要目的是盡量抹去「日本帝國威權」的任何汙點——就連無條件投降一事也不能汙染它分毫；與此相比，「追求正義」的目標只能靠邊站。這些政策是要盡其所能地將個人與「帝國」（這是日本計畫書中的用詞）可能受到的傷害減到最小。在某些方面，這跟帝國政府、帝國軍方要保護一個定義模糊的「國體」是一致的。日方核心論點是：一，主張在國際法層級起訴所謂「戰犯」是不合理的。二，日本官員堅稱天皇是獨立的，與戰爭過程演變完全無涉，且地位高於帝國憲法。三，聲稱是一九三〇年代的國際情勢將日本逼入死地，日本若不發動戰爭就必滅亡。[41]當時還有另外一個從未公諸於世的計畫，標題為〈安定民心與建立維持國家秩序必要之獨立民眾道德之緊急天皇詔書〉。[42]計畫中表示，這場戰爭是對天皇信任的「不幸的曲解」。「敗者的正義，如同勝利者的正義，最終都會導致一種主張，說日本是被一小群不負責任的黷武好戰領導者帶上『侵略性軍國主義』之路。」[43]戰後一份摘要點出甲級戰犯問題裡有三個方向：

1. 不要牽扯任何與「天皇責任」有關的事。
2. 保護國家。
3. 在前兩點的框架內盡可能為個人辯護。[44]

幣原喜重郎在一九四五年十月九日接任首相，而他想找出日本淪落至此的原因。他解釋道，只有以這樣的知識為基礎，他們才能重建日本。一九四五年十月三十日，內閣討論敗戰原因，商量建立調查機構來探究這個問題。決議內容如下：「為了辨明大東亞戰爭敗戰事實與原因，確保將來不會重蹈覆轍，認為有必要在內閣設置負責調查的部門，徹底就戰爭原因與事實問題針對凡政治、軍事、經濟、思想、文化等部門進行調查。」[45]負責調查這五種部門的團隊，是由重要政治人物、資深新聞記者、哲學教授、工業家及軍官等組成。[46]

調查部門在十一月二十日正式成為政府機構，[47]它一開始被稱為「大東亞戰爭調查會」，但在一九四六年一月改名為「戰爭調查會」，由一九四五年十月上任的幣原喜重郎首相執掌。然而，同盟國懷疑調查會目的是要幫助日本重整武備，於是在它成立不久後就勒令解散。[48]依據戰爭調查會主任祕書青木德藏的記憶，天皇曾對東久邇表示應該去探究這場戰爭與其起源，這樣日本才不會再犯同樣的錯。調查會完成一系列初步調查，記錄下戰爭剛結束時日本人對敗戰與責任的看法，直到一九四六年九月三十日被解散為止。[49]不過，這份調查內容所呈現的情景，用最溫和的說法也是「充滿混亂」。

貴族院（日本當時的上議院）討論調查會相關事宜時，石原首相被問到「『戰爭責任』到底是指什麼？」而他給出一個頗為模稜兩可的答案。一九四五年十二月二日的國會紀錄裡有松村義一的提問與石原的回應。松村曾是內務省的一名官員，但他此時以政治人物身分要求追究那些負有戰爭責任的人。石原的回答是：日本會陷入如今慘況，正是因為打輸了大東亞戰爭。他表示有一些「公眾情感」是認同發動這場戰爭的人，但也有許多人表達聲討。在這脈絡下，石原承認他只能相當程度同意松村的說法。不過，石原也強調這些事情的嚴重性，他提醒說：如果日本要把這些人送上法庭，這個國家還有很多問題必須考量。更何況，石原還說，負有戰爭責任者或許是犯了錯，但他們的行為本身不是賣國，背後也沒有賣國的心思。石原還總結道：日本能夠現在立法，然後溯及既往去控告這些人嗎？他明確表示，如果日本走上這條路，那是自毀，因為這會讓國家變得極不穩定。除此之外，倘若日本循著這條路去追究責任者，可能會在政治領域製造出一種不好的傾向，讓將來選舉的勝利者可以用法律追究失敗者。石原說，「處罰負有戰爭責任者」這種事極少出現，不會對民主精神造成阻礙，但立法溯及既往就不一樣了。在這裡，我們應該注意的是日本領導人怎樣利用「民主」的思想或盾牌來避免舉行戰罪審判。石原回應松村的質問時，表示日本相當程度上必須等著看輿論如何。他說，這個國家應該用自己的委員會來釐清戰爭真相，那麼日本人自然就會找出該負責的人。50

十二月四日，石原表示日本必須審查戰爭原因與真相，確定太平洋戰爭是否肇因於軍國主義。他在十二月六日解釋道：如果日本自行進行調查，把該做的做完，就會發現責任歸屬何處，而能夠給出政治或刑法裁決。石原首相在同一天的預算會議上也說：他不接受同盟國選擇戰爭責任者的依據，他認為只有日本人才能確知是誰、是什麼導致日本失敗。十二月十二日，石原在眾議院院會中表示：發動調查是為了確保日本人能了解戰爭背後原因，避免再犯同樣的錯。他說，輿論對於戰爭責任已經在問一些很不好回答的問題，且媒體發出的譴責聲浪也日益高漲。[51]

日本大眾顯然已出現一種勢頭，開始質疑自身本質，質疑是什麼帶領日本人步向戰爭。《朝日新聞》一九四六年一月九日某篇很受歡迎的專欄就解釋說：「政府無意自行懲罰戰犯，此事令人不快，但也可能是政府本來就辦不到，因為日本缺乏適當法律可用於這種情況。刑法裡沒有懲罰戰犯的條款，這也是理所當然，因為不會有人想到需要立這種法。政府應該為此頒布新法，人民絕不反對。可悲的是官員在戰時自豪於紙上談兵，現在卻如此懦弱而無法處理新的情況。」[52]

幾個月後，一九四六年四月四日，於首相官邸召開的戰爭調查會第二次全體會議上，石原提出調查目標與程序。討論中，首相表示領導者有義務告知人民事實。因此他懇求調查會切勿保守行事。石原告訴與會者，他們的目標不是要追究戰爭責任，而是要檢視日本內部，找出錯誤並加以檢討。他說，雖然追究戰爭責任不是目標，但調查會在進行大規模調查時還是應該找出責任歸屬。調查會不只要檢看備忘錄、質詢政府，也需要對軍方，特別是陸軍進行質詢。為了能搞清楚當年發生之事的內在真相與背後思想，這些都是必要手段。石原在會議上鄭重表示：「同盟國與全世界都盯著我們，所以你們的遣詞用字必須謹慎，因為他們正在關注，而他們的評論會反過來影響日本。我們做這些不是要在法庭上做判決，我們是要找出問題加以分析。」[53]

石原說完後，《讀賣新聞》總裁，貴族院議員馬場恒吾發言回應。馬場說，如果調查會成員要討論調查會目標，把探究日本戰敗原因當成第一要務，那他們也該想想未來的修憲問題，在憲法中禁止戰爭。如果大家真的就敗戰進行調查，他問道，原因難道不是日本最初就不該發動這場戰爭？畢竟戰爭從一開始就輸定了。馬場對調查會成員說，更好的做法是著手起草新憲法，讓戰爭與武備都變成違憲。這樣的話，調查會就不必追究個人責任，而是呈現「戰爭」這個行為本身的錯誤。發動戰爭是日本的錯，但調查會可以達成一個結論，那就是我們應該用法律禁止戰爭，且要用一部新憲法來踐行此事。馬場認為，日本應該探討的是「戰爭是否有價值」。對馬場的意見，石原提出反駁，說調查會是要調查「日本為何落入敗戰境地」，這樣才能讓後世看到真相。石原說，消滅戰爭何其困難，連外國人的著作裡面也在討論這個問題，而結論就是戰爭的影響是整體的，意即無論戰勝者或戰敗者最後都不會從中受益。[54]

這些討論很有潛力可以發展成日本整個國家針對戰爭責任的國內對話，無奈外在各方都要限制日本對這問題表達意見。[55]美國最後下令戰爭調查會停止調查，且蘇聯也為此施加壓力。在美軍密蘇里艦上代表蘇聯簽字接受日本投降的蘇軍中將傑列維揚科，此人一口咬定戰爭調查會居心叵測。不過，麥克阿瑟將軍對蘇聯的態度並不客氣，據說他把傑列維揚科「當成家具」，也就是徹底忽視。[56]一九四六年八月七日，傑列維揚科在第十一屆遠東委員會會議上針對戰爭委員會發言，他認定這個研究團體打算從政治、經濟、軍事、科技等各種角度蒐集經驗，違背了「日本去武裝化」的原則。他表示，調查會成員有不少軍人，這就是鐵證，「所以我們應該把它解散」。[57]傑列維揚科後來持續對此表達不滿，他在一九四六年十月十日第十六屆遠東委員會會議上表示：戰爭調查會用了這麼多軍官，還調查他們的戰場經歷，這明明就是日本準備未來又要出兵生事。傑列維揚科在會議裡說，他知道戰爭調查會現已解散，但他是要強調調查會從一開始就違法。[58]

從當時的情況，我們可以感覺到，日本文官領導階層內部各方都在要求「戰爭責任」這個問題的答案。外交官中村豐一很早就認為日本應該針對戰罪審判思考對策，他在一九四五年十一月二十日提出策略，建議日本面對戰罪審判法律程序應當如何回應。但日本政府不加考慮就斷然拒絕中村的提議，部分原因是他們想在「反對同盟國追究『同盟國認定的正義』」這件事上表現出一致對外，呈現政府內部團結一心。[59]然而，這個目標最後未能達成，各個部門主要還是推行對自身成員更有利的政策。

日本政府試圖製造出一個面對戰罪問題的單一立場，但石原內閣的外務大臣吉田茂（他在一九四五年九月中旬接替重光葵，因為「盟總」將重光列為甲級戰犯）對此不以為然。他認為，如果要扭曲事實、掩蓋真相才能替某些人脫罪，這對日本長遠利益並無好處（吉田的論點似乎已被文官政府接受，但他未能說服軍方）。然而，外務省也不能真的什麼都不做。於是各方相當程度妥協，決定不直接對辯護律師下指令，而是間接提供協助。吉田與東京大學法學教授高柳賢三共同組織起「法務審查室」，實際性質與前述中村豐一的提案類似。法務審查室背後有外務省支持，設立於一九四五年十二月，由曾禰益主持，負責提供資料給戰罪法庭。十二月十四日，多名內閣大臣被召往首相官邸參與研討會，會中外務大臣的直屬部下岡崎勝男告知眾人，說政府已經放棄在面對戰罪審判時採取統一立場，而天皇不負任何戰爭責任。意思就是說，日本處理戰罪審判問題時會聽從美國占領當局命令，但政府官員不可以認為天皇有罪責。60

吉田茂在戰爭剛結束時重返政壇，而依據日本外交官，後來擔任駐美大使的下田武三轉述，吉田當時曾對外務省官員表示這是日本史上第一次亡國，日本第一次成為「戰敗國」。所以，他說，現在的日本是「人為刀俎我為魚肉」，身處絕境，必須振作精神面對現實。吉田推動重建日本的策略，利用同盟國舉行的審判來清掃日本社會中那些帶領國家走向敗戰的人，試圖以此打造出戰後一種新的政治傾向。事實上，吉田拒絕簽署支持戰時外務大臣東鄉茂德的請願書，因為太平洋戰爭開打時是東鄉在位，而吉田認為東鄉當初就該為此負責，該在對美協商失敗後請辭下臺。61

雖然日本政府沒有統一發布針對戰罪審判的官方指導原則，但每個部門或組織內部都非正式地發布了自己的指令。外務省沒有公開反對戰罪指控，只是將這些指控拿來分析，並且採取不合作態度。外務省內部負責處理戰罪問題的部門是「終戰連絡中央事務局戰犯事務室第一部」，負責所有戰犯相關行政事宜，包括提供協助、提供檔案以及回答律師問題。另一個類似法庭審判輔助隊伍的組織是

「內外法政研究會」，簡稱「法政」，是在中村的推動與金融界一些助力下成立。「法政」在一九四六年二月正式亮相，是與政府沒有關聯的民間法人，宗旨是為戰罪法庭的被告提供協助與分析，成員都是日本法律界一等一的高人。這些人針對戰爭責任問題做出非常高水準的法學學術探討。[62]

日本政府在多大的程度將退伍軍人排除在調查外，這點也很有意思。前皇軍官兵當然不可能都被共產黨吸納，或是變成反政府立場，但如果我們看看他們在日記中透露的想法，會得到一些很有衝擊力的資料。前線戰士理當知道自己為何而戰，但這些人並不怎麼受到政府高層調查機構的注意，而這些機構研究分析的卻正是日本戰爭目的。前皇軍軍官小松真一曾在菲律賓作戰，親眼見證日軍從戰勝到情勢步步反轉、補給短缺、虐待盟軍戰俘、食人行為，最後自己被盟軍俘虜的整個過程。他在日記裡列出導致日本戰敗的二十一個原因，其中「補給線薄弱」與「錯誤戰略決策」顯然是長期困擾。此外，小松還一一列舉日軍相較於美軍缺乏科學知識、訓練與物資之情，這也是日本向來解釋敗戰的說法。小松也列出其他原因，內容倒是都不難想像；他強調「日本人自我中心，對別人缺乏同情」，「思考的時候不把事情想徹底」，還有「國民厭戰」。他還注意到「日本人不把人命當一回事，但美國人非常重視生命」，這也是其他當代日本軍事史學家提出的觀察。[63]小松表示，從這二十一個原因，他不得不做出一個結論，那就是「日本不具備治理大東亞的能力與文化」。[64]

小松的想法有可能受山下奉文將軍的影響。一九四六年二月，山下在菲律賓接受死刑，死前他在獄中將遺言告知僧侶：

> 在一個自由社會裡，一個人應該培養自己的道德判斷力來執行身為人的義務。只有擁有獨立思想的社會公民，才能用有教養的高貴方式正確實行義務。世界之所以對我們國家失去信心，以及我們之所以有這麼多在歷史上留下醜陋傷疤的戰罪嫌疑人，根本原因就在此。我希望你們能養成這種人類共通的道義判斷力，成為自我負責履行義務的國民。各位，你們背負的命運是不依靠其他國家來開闢自己道路，沒有人能迴避責任，選擇獨善其身、安逸簡單的方法。唯有這樣，世界才可能永遠和平。[65]

與此同時，看過上面這麼多日本高層的分析，我們也當想一想歷史學家段瑞聰對此的評價。段瑞聰說：「綜觀戰爭調查會、外務省、原陸軍和海軍的反省報告，可以說都是對日本戰敗原因的反省，而不是對侵略戰爭的反省。也就是說，這些反省報告明顯缺乏侵略戰爭自身的反省。」[66]

第五章 「小決定、大暴政」：日本左翼的失敗

有一個團體，在日本帝國興起時被逼往地下發展，卻在戰後成為日本內部要求追究戰犯、執行正義的主要力量之一，那就是日本共產黨。被迫沉寂多年之後，他們想要在戰爭結束這段時期重建勢力。戰爭期間，日本政府官員與警方把共黨要人全抓起來關，還威逼利誘他們放棄原有政治立場；這情況在盟軍占領日本後也沒有改善多少。戰後日本政府一度還讓帝國時期《治安維持法》繼續有效，以此壓制輿論對皇室的批判，維護「國體」。[1]就算日本投降了，《治安維持法》仍持續實施，賦予執法者拘留政治犯的資格；我們從這裡可以看出，日本領導者是多麼不願面對時勢變化。

說白了，帝國當局當初把日本拖進戰爭，現在正努力搶救自己手中權力，生怕熱血的共產黨員把這一切毀於一旦。當時東久邇內閣就是因為拒絕釋放政治犯，拒絕讓《治安維持法》失效而總辭。各部大臣們反對盟軍這些要求，也無法接受日本帝國系統因《治安維持法》失效而必然出現改變。事實上，一九四五年八月底到九月，也就是日本剛投降這段時間，內務省密切監控國內左翼的動向。據某

份報告顯示，約有七千七百個人，特別是共產黨員，相信日本必敗，所以必須受到監視。負責的警方表示，這些人相對而言沒什麼動靜，但在當今「新情況」下警員應該監看他們的活動，並準備在有必要時隨時將人逮捕；這是內部評議給出的建議。[2]而所謂「新情況」指的就是日本投降。這類文件中從未出現「投降」一詞，有時會提到「敗戰」，但初期常用的說法都是日本「新情況」。九月底，內務省在報告中判斷共產黨員遲早要「利用失業、通貨膨脹、饑饉與其他社會問題，以及大量可能即將出現的社會混亂情狀來搞些什麼」。另一份報告指出，如果事情發生，共黨成員將力量聯合起來，則當局必須做好準備，以鼓動該黨內部異議和分裂的方式加以打擊。[3]

法國記者吉蘭在二次大戰期間居住日本，是個老道的亞洲通。日本政府投降後卻不釋放政治犯，此事被一群外國記者公諸於世，吉蘭就是其中之一。吉蘭發現日本政府還把日本共產黨領頭人物關在牢裡。一九四五年十月一日，吉蘭與《新聞週刊》的艾薩克以及其他幾人一同前往東京外圍的府中監獄，去搞清楚情況到底如何。

多年後，吉蘭回憶道，他當初只聽說共產黨員還被囚禁，但不知道關在哪個監獄。他想，自己可以開車去東京郊外規模極大的府中監獄，並不費事；於是他就跟幾個同僚扮成美軍軍官，開著美國吉普車過去。獄方最初矢口否認有任何共產黨員被關。這些西方記者一開始受到獄警嚴密監視，沒有發現任何跡象顯示共產黨員被關在這裡。接下來，就像三流喜劇電影的情節一樣，吉蘭說：獄警本來帶他們往某個方向走，但他們出手把人一推，隨即往反方向跑去。在獄警嚇阻聲中，他們還是跑進監獄深處，看見走廊盡頭一扇巨大的門。他們要求獄警開門，獄警不情不願地拿出鑰匙，費了好一番功夫才打開這扇沉重的門。吉蘭表示，他永遠忘不了當時看到的畫面。「巨型牢房中間有一小群人，都穿卡其色衣服，頭髮被剃得像和尚一樣，坐在板凳上。」牢房裡一片沉默，雙方都不可置信地看著對方。「我聽見一個顫抖的聲音用英文說『我們是共產黨黨員，我是德田（球一）。』兩個長得像朝鮮人的人站到板凳上，開始唱《國際歌》（共產主義歌）。另一個臉很瘦的囚犯走過來，跟我們說英語。『你們總算來接我們了，我們等了好幾個星期。』這人就是志賀（義雄）。」[4]日本同盟通信社記者，日裔美籍的立石凱伊也在場。據他所寫，這些日本人剛被捕的時候，他們跟幾名朝鮮囚犯都被「用棒球棒毆打，用點燃的線香戳進指甲裡面來刑求」。[5]外國記者最後訪問了德田球一、志賀義雄和朝鮮共黨活動者金天海（本名金鶴儀）。同盟國對此大為震驚，因為日本投降已經經過幾星期，但日本共產黨員竟然還被囚禁著。

德田是個很有意思的人物，他對共產主義忠誠無比，遇到正義問題決不退讓。某種程度上這可能受他童年經驗影響，他在日本帝國邊陲的沖繩長大，家境赤貧，父親是鹿兒島巡迴海商與沖繩情婦的私生子。當時很多來往沖繩與日本本土之間的貿易商在每個港口都有家庭，這在日本並非違反道德風俗。然而，這也表示德田生長環境極其窮困。沖繩已經位處日本帝國社會與政治階級底層，而德田這種人又是沖繩社會裡最低下的。他的外祖母會放高利貸，以高得可怕的利息借小錢給別人。[6]德田很厭惡外祖母。他母親的生身家庭是這種境況，三姊妹中有兩個都被賣入妓院。[7]這讓人不禁覺得，或許正是因為德田必須無休止地面對逆境，才磨練出他天生的領袖才能與不斷自我增進的精神。當時日本本土對沖繩人的歧視很嚴重，德田去東京讀書時借住遠親家，這家人卻不讓他同桌吃飯，也不准他用家中浴桶，於是他只好去公共澡堂洗澡。[8]

德田是一九二二年日本共產黨建黨元老之一。他說，為了脫離貧窮與無知，他每天早上五點就起床讀書，經常一直讀到九點左右，日復一日；他認為自己之所以能這麼做，或許是因為受到長期監禁，也或許是因為年紀。他會大量閱讀，然後寫信寫稿。[9]

德田十八年的獄中歲月萬分艱苦。他起初跟同為共黨領袖的志賀義雄一起被關在北海道的監獄，那裡室外氣溫常降到零下三十度以下，就算牢房內有供暖設備，溫度也只能升到零下八、九度左右。一個人早上醒來，常發現夜間呼出的氣體在牆上結成小冰柱。德田寫道，那種寒冷會一輩子留在一個人身體裡：「好冷啊！那是種滲進骨頭、讓人失去言語能力的冷。只要回憶起網走監獄那六年，我就覺得要被凍僵了。」[10]在這般嚴酷處境下，自殺並不罕見；為了預防此事，監獄裡有個規定，要囚犯不准用布團（日式床墊被子組）包裹全身，讓獄警得以時時監看他們情況。德田說，因為囚室內氣溫嚴寒，所以囚犯根本不理會這項規定；犯人晚上用布團包住整個身體，連頭也縮進去，因為直接呼吸外面空氣會凍傷嘴唇。在那裡，連準備就寢都是個難關。據德田回憶，囚犯一般會先往身上潑冰水，然後才換上總是冰得硬梆梆的睡衣；如果不做這種準備，直接把冰冷的睡衣穿在身上，囚犯馬上就會著涼，很容易變成肺炎。[11]幾年後，德田與志賀被轉移到東京郊外府中監獄，總算逃離日本極北之地的嚴寒。然而，這段經歷仍舊留下傷害，德田出獄後從政僅八年，就在一九五三年以壯年之齡過世。志賀倒是活到將近九十，但他因為常被獄警摑而聾了一隻耳朵，視力也因長期服刑營養不良而惡化。[12]

日本繼續囚禁政治犯的事實被外國記者公諸於世，引發美國占領當局官員採取行動。美國的老資格中國通外交官艾默森在戰爭剛結束時就被派到日本，他在回憶錄裡寫道：某天他跟《新聞週刊》記者伊羅生在第一飯店裡喝酒。伊羅生當時已跟吉蘭一同訪問過府中監獄幾名共產黨員；他對艾默森說，這些人將來都會是政治活動分子，那「盟總」就應該派人去跟他們談談。艾默森與加拿大的外交官兼日本專家諾曼關係不錯，於是兩人就在十月五日一起開車去府中監獄。在艾默森筆下，府中監獄典獄長「長得真像一隻豬」，有「子彈形狀的頭，小眼睛，一張殘酷嗜虐的臉！」兩人抵達後，獄方將德田跟其他許多人集合到同一間房間，於是大家就說起話來。德田與另外幾個人都「滔滔不絕地講話，像是要把孤獨了將近二十年，累積起來無處訴說的東西全部一吐為快」。艾默森還留意到，志賀雖然是東京帝大的畢業生，且能說一口流利英語，但他的表現欲就沒有別人那麼強。[13]

一九四五年十月七日，艾默森與諾曼開車載著德田、志賀與金天海前往東京駐日盟軍總司令部，進行更嚴謹的討論。艾默森說德田「激情十足」且「很能打動聽眾」。戰爭期間，艾默森在延安也見過中國西部的日共領袖，沉默寡言的野坂參三，他覺得這兩人非常不同。野坂也是自幼貧困，但憑藉努力獲得日本一流學府慶應大學學士學位，還曾在倫敦政經學院就學數年，師從後來成為英國首相的艾德禮，直到他在一次大戰結束後因涉入政治運動被英國遣返為止。[14]艾默森說，德田想推翻日本帝國體系，而野坂的觀點不同，做法也更謹慎。野坂想讓共產黨變得受歡迎，吸收更多黨員，而不是像德田原本主張的直接召集群眾搞革命。[15]後來，到了一九五〇年代，這次審訊日共黨員留下的紀錄竟被用作反共宣傳資料，轟動了好一段時間，還導致美國國務院內部發起曠日廢時的共黨間諜獵巫行動，再加上美國參議員麥卡錫動輒召開聽證會指控他人，讓恐共氣氛達到高峰。美國威洛比將軍是「盟總」內部實質地位僅次於麥克阿瑟的副指揮官，而他對所謂「共產黨世界陰謀」有著根深柢固的恐懼。由於美軍高層不少人有錯誤認知，加上威洛比寫的書，導致艾默森與日共黨員的互動竟被當成美國占領軍在精神與物質上支援日共的證據。[16]

無論如何，美國占領當局很快便逼著拖拖拉拉的日方釋放政治上的麻煩人物。但真正引發焦慮的是，一星期前，即九月二十六日，知名馬克思主義哲學家三木清死在豐多摩監獄，死因是「營養不良、疥瘡與腎衰竭」，而這些都是完全可以預防的。[17]三木死亡的消息促使占領軍下令要求日方釋放或交出所有政治犯，而日本領導者原本極不情願，但最後還是做出退讓。至於美國人此時也意識到，日本的改變無法由下而上自發驅動，絕大部分都非得由外力從上而下地加諸於日本人，就像後來的日本新憲法那樣。

不久之後，日共領袖接班人德田在一九四五年十月十日受邀參加一場盛會。德田、志賀與其他人一被釋放就馬上加入日共與左翼召開的「出獄戰士歡迎人民大會」（出獄戦士歓迎人民大会），會場內紅旗高掛，牆上懸著「懲罰全體戰犯！」（一切の戦争犯罪人を処罰せよ）之類標語橫幅。[18]參加者約有兩千，日本媒體還注意到其中有幾名女性。這類集會之前都被禁止，因此這算是長久以來頭一遭，同時也是日本共產黨浴火重生的關鍵時刻。日共黨員數量在二次大戰之前從不曾超過一千，但到了一九五〇年代卻足有大約一百萬人。[19]大會主持人布施辰治進行開幕致詞，然後有幾個人上臺發表動人演說，接下來全場的人都走出會場進行遊行示威。[20]布施是頂級的律師，長年協助日帝國裡的朝鮮人爭取平等與正義，他還在公開發行的小冊子裡直言批評帝國體系，號召大家來公開辯論帝國皇室是否應該留存。[21]作為占領計畫的一環，「盟總」邀請德田球一與守舊派律師清瀨一郎上廣播節目，在一個由美軍贊助的圓桌會議中辯論日本帝國體系，廣播播出時間是一九四五年十一月二十一日。這場辯論後來被製作成新聞節目，在電影院中對大眾放映。這類節目激發日本內部針對天皇、天皇的責任，以及天皇在戰後社會扮演的角色展開大規模討論。[22]當時一般人對共產黨變得比較同情，但《讀賣新聞》在一九四五年十二月發表的民意調查顯示大多數日本人依然支持天皇體制。[23]

「在日」問題

在日朝鮮人問題與帝國、殖民責任的問題密不可分，也與日本左翼政治勢力復興有密切關係。加入共產黨的朝鮮人人數不少，某些還與德田、志賀等人一起並肩工作過。很多朝鮮人在日本帝國內長年遭受歧視，但也有數千朝鮮人以某些方式加入日本皇軍。「韓國對戰罪審判的態度」是一個尚未受到學術界充分研究的題目，但朝鮮人在盟軍占領日本初期對此事表達過不少意見，這也是個很值得探究的課題。[24]

戰後，朝鮮人很快被驅趕出日本帝國的腹地，所以他們必須創建自己的組織，在這帝國崩解後的新型態社會中自助求生。早期，他們受到日本共產黨援助，雙方很快結成同盟。全日本境內有將近三百個在日朝鮮人組織，他們於一九四五年八月底全部聯合起來。這些組織的主要宗旨是為在日朝鮮人提供協助，並解決如健康、福利和歸國等問題。朝鮮人自然也分成不同團體——共產黨員、親日派，以及民族主義者。戰後在日朝鮮人（日文稱為「在日」）社團形形色色，反映出他們內部不同的政治與社會傾向。這些社團源於各個不同城市，而很快就出現呼聲要把他們集結成全國聯盟。[25]日本帝國崩解後，朝鮮人面對養家活口與外界歧視的嚴酷壓力，於是有一些人從各個社團裡脫離出來，共同建立一個更有凝聚力的組織「在日本朝鮮人聯盟」，簡稱「朝聯」（日文寫作「朝連」）。[26]有趣的是，這個左傾的朝鮮人組織「朝聯」發了一筆橫財，卻將這筆錢用來重新啟動日本共產黨。一九四五年十月十日，當德田與金天海走出府中監獄時，外面有數百名在日朝鮮人高喊「萬歲！」日本共產黨是日本在二次大戰前唯一一個反對殖民朝鮮的政黨，且金天海出獄後不久就被日共中央委員會選為會長，所以朝聯願意提供日本共產黨重啟黨派活動所需資金，以表謝忱。[27]

「在日本朝鮮人聯盟」於十月十五日到十六日舉行成立大會，金天海在會上發表演說，主張懲罰親日的朝鮮叛徒，要求設立人民法庭。[28]朝聯在宣言中公開表示，其組織目標包括了「消滅日本帝國殘餘」及其他目標。[29]本來朝聯成員與日本各色左派政黨都有緊密合作，但因為日本共產黨與金天海這類朝鮮思想家的影響，導致朝聯的意識形態愈來愈偏向極左，於是跟其他許多左派團體漸行漸遠。朝聯剛成立時難以掌控自己要走什麼路，這也很好理解，因為朝聯成員同時包括了親日朝鮮人與朝鮮共產黨員。共黨一派想把親日派以及他們眼中不支持朝鮮民族主義的人都排擠掉，把這些人貼上「民族叛徒」的標籤。面對日本帝國主義，在日朝鮮人的態度如何轉變，這相當程度上與戰後日本官方和盟軍占領當局怎樣對待他們有關。從某個角度來看，當時局勢已經變易，讓朝鮮人從「被解放的對象」一下子變成「敵人」。一九四九年，因為日本愈來愈恐懼共產勢力威脅，占領當局因此下令解散朝聯。舊朝聯成員後來重組，在一九五五年成立「在日本朝鮮人總聯合會」，簡稱「總聯」（日文寫作「総連」）。

二次大戰前，某些朝鮮政治活動者也與志賀、德田一樣受到長期監禁。一九四五年十月，囚禁在秋田監獄的朝鮮無政府主義者朴烈（本名朴準植）獲釋。朴烈與其伴侶金子文子在一九二三年涉入一場據說是要刺殺日本皇太子（後來的裕仁天皇）的陰謀。[30]兩人一九二六年受審時都被判死刑，後來改為終身監禁，但金子過不久就自殺身亡。朴烈在一九四五年十月出獄後參與創立並領導一個相對於「朝聯」的非左翼朝鮮民族社團，幫助在日朝鮮人歸國，並在這動盪不安的時局中提供支持。

朴烈在監獄被關了二十幾年，最後一段時間還是在寒冷的秋田縣北部服刑，而且大部分時間是單獨監禁。此時他重新踏上政治舞臺，激勵了在日朝鮮人社群中某些派系。他入獄時還很年輕，出獄後依舊個人魅力不減。朴烈花了些時間適應監獄外的生活，然後在一九四五年十二月南下東京。十二月七日，東京日比谷公園舉行一場盛大慶祝會，歡迎朴烈歸來。[31]朴烈與支持他的少數核心圈子成員並不認同朝鮮共產主義者的做法，他表示在日朝鮮人需要一個不同的組織來代表他們的利益。這群人在一九四六年創立的朝鮮人組織比較走民族主義路線，他們希望這個組織是以人民、民主與民生為核心。一九四六年二月，「新朝鮮建設同盟」成立。他們反對當時同盟國強加於朝鮮的「託管」，意思是由同盟國統治朝鮮半島，直到國際社群認為朝鮮人「足夠成熟」擁有自治能力為止。[32]

數年內，在日朝鮮人社團持續發展，到了一九四八年又出現一個新的、力量更大的團體，自稱為「在日本大韓民國居留民團」，簡稱「民團」。朴烈是民團第一任領導人，部分原因是他知名度極高，一方面他在一九二〇年代中期受審時就是媒體的炒作對象，另一方面他對抗朝鮮共產主義者的努力也是眾所周知。不過，到了一九五〇年代，在日朝鮮人社群內部出現矛盾。這些人大都是從朝鮮南部過來的，但由於「總聯」的影響，此時他們在意識形態上卻比較認同朝鮮北部。[33]

在這帝國權威崩解的時期，舊勢力若要維護既有政治優勢，就必須有所動作。一九四五年十一月五日，幣原政府宣布內閣決議，確認天皇不必負任何戰爭責任。這份決議內容文字繞得人暈頭轉向，將語言的彈性與強詞奪理的能力展現得淋漓盡致；它宣告天皇沒有任何手段，或說沒有任何能力可以改變歷史進程。日本政府在戰後初年祭出了這一招，卻剛好順應稍後東京審判做出的裁決——把軍方視為元凶。決議內容第一部分談到天皇時，用的是專門指稱皇室的古老用詞，十分顯眼。後面解釋戰爭的部分主要在說日本與西方交戰，避免談到中國或日本在一九四一年前的其他軍事行動。至於日本暴行的整體規模更是隻字未提。[34]

一九四五年十一月，左翼《民眾新聞》報紙發行創刊號。它跟戰後日本共產黨重啟的主要新聞刊物《赤旗報》勉強算是姊妹刊物。創刊號社論由砂間一良執筆，呼籲讀者「反對戰爭犯罪人組成的領導階層」，[35]社論標題直接就是〈發動大眾運動要求處罰戰爭犯罪人〉；[36]《民眾新聞》這是將幾星期前德田球一公開演講時率先提出的訴求加以重申。[37]

過不久，《朝日新聞》早報下方刊登了一篇小短文，說日本共產黨將在一九四五年十二月八日於東京、大阪、京都、神戶、横濱、札幌、福島與日本其他各地舉行「戰爭責任追求人民大會」，紀念戰爭開始的這一天。[38]（此處指的是太平洋戰爭。美國將一九四一年十二月七日珍珠港事變視為「國恥日」，但日本本土在襲擊進行時已經是十二月八日，是故日本以十二月八日為正式開啟太平洋戰爭的日子。）日本共產黨將這天設為「開戰紀念日」，這自然反映日方定義戰爭時重視西方的態度，因為日本帝國陸軍早在一九三七年就開始侵略中國領土，中日雙方的未宣之戰已經打了好幾年。言歸正傳，當天東京大會其中一個環節在共立會館舉行，盛況空前且煽動性奇佳。美國記者蓋恩也在現場，他說會場裡人山人海，「躁動不安」。[39]而且志賀還「在舞臺上展現出火爆一面」。面對大批聽眾，志賀一一點名所有帶領日本失足踏入戰爭的領導人與商人，而名單上最後一人——天皇本人——志賀說出這最後一個名字之後，他短暫沉默，來製造戲劇效果。[40]這招對現場觀眾非常有效：「群眾歡呼、跺腳。巨洞般陰暗的大會場裡充塞著聲音與憤怒，激烈呼應著舞臺以及講臺後那個瘦削的身影。」[41]

志賀告訴在場者，如果我們不摧毀帝國體系，那麼軍國主義將會捲土重來。日共接著發表他們中央委員會幾天前的決議，在行動綱領裡點名天皇與其他皇室成員，還說黨中央會拿出一份名單，列出所有該被送上法庭的人。決議裡說：「統治分子全體，從天皇開始，一直到天皇的重臣、軍閥、行政司法官僚、在這場財閥戰爭中出力的地主、貴族院與眾議院議員、反動團體暴徒等，都指導或組織了這場有罪的侵略戰爭，這是不容置疑的事實。」[42]數日後，日共中央委員會主席黑木重德在十二月十一日拜會內閣書記官長次田大三郎和一名美國占領當局高層人員，並遞交名單，上面有一千多個人名，都是日共認為該被當成戰犯受審的日本人。[43]

這一切風雲變異如此之快，當時自我放逐到中國的日共之祖野坂參三都還沒來得及回國。野坂是以局外者的身分經歷這場戰爭，他先在莫斯科獲得庇護並與史達林親近，然後又在中國西部與毛澤東交好。野坂在中國共產黨的大本營與大後方延安發揮不少作用，協助八路軍處理戰時日本皇軍投降與再教育事宜。野坂回日本這件事是個大新聞。一九四六年一月二十六日，野坂光榮歸來，在日比谷公園（位於東京皇居附近）受到盛大歡迎。這場名為「歡迎野坂參三歸國國民大會」，共有數萬名狂熱支持者到場，全然無懼冬日的風雨。[44]

對於「審查戰時責任」這個比較大的課題，日本戰後第一任首相東久邇親王的處理態度倒是不離譜，而他的論點也在一九四六年初被日本共產黨拿來重述。此時日本的共產黨員已重新集結完畢，開始在政治上全力施為，反對他們眼中這個只想拖時間等待美國占領者離開的政府與領導階層。共產黨針對戰罪問題向政府施加愈來愈多的壓力，他們動作迅速地發行了一本小冊子《把戰犯交到人民手中》，再次發出戰鬥號召。這份耐人尋味的內文，呈現出盟軍占領最初幾個月間日本對戰罪審判的討論的其中一面，十分值得一讀。這本冊子歡悅宣告「殘忍的剝削戰爭已結束，同盟國正在讓日本民主化」。不過，日本共產黨接著告訴讀者，說未來等待他們的將是空前嚴重的物資缺乏、失業、疾病與貧困，而這都是因為那場被稱作「解放亞洲人民」與「建立新世界秩序」的戰爭。[45]

為了補救過去這些錯誤，日本共產黨要求一場社會革命。他們問：戰犯在哪裡？誰來追究這些人的責任？共產黨員所認知的，以及他們對日本大眾宣稱的，是一個令人毛骨悚然的消息：戰犯無處不在——他們「來自每一間工廠、每一個部落、每一個團體、每一個公司……來自小村大城，來自學校」。[46]然後，他們問，誰要來主持審判這些罪犯？是死守階級特權、「鼓掌通過戰爭預算、讓一九三八年《治安維持法》變得更惡劣」的貴族院嗎？還是他們應該冀望「全場起立支持聖戰打到底」的眾議院來執行正義？「很明顯的，」這本冊子作結道，「這兩種人都沒有分毫資格站在民主主義運動最前頭。」[47]宣言最後談到天皇的戰爭責任問題，問道：是誰宣告開戰？是以誰的名義將反戰者關進監牢？對日本共產黨員來說，任何曾經掌權或與戰時政府當局有關的人都有嫌疑；而這其實包括戰後初期所有掌政者。

個別策略或有所改變，但整體情勢是往更激烈化的方向發展。一九四六年五月一日，面對配給制與經濟狀況惡化，左翼團體聯合在皇居前進行大規模抗議，訴求之一就是「將所有戰犯連根拔起」；同時全國各地也都以相同訴求舉行集會。東京的抗議行動聲勢浩大，聚集數萬民眾。《朝日新聞》刊登出現場模糊的照片，標題是〈歷史性的五一，我們向世界發出聲音〉。[48]

但這聲音卻無人聆聽。

日本共產黨當時的確掌握輿論，那為什麼最後無法成事？一言以蔽之，日共與整個左派很快就陷入了長期內鬥，這點我們在後面幾章也會談到。部分左派人士與蘇聯親好，要求發動全面或部分革命。至於日本共產黨與其他先鋒派政治團體，當他們再度踏上權力舞臺占據一角之後，反而浪費了他們的努力，開始投入全部力量彼此鬥爭，不再關注原本最重要的任務——改革國家。[49]

在日本投降的當下，以及過後不久的這段時間裡，日本共產黨困頓地找尋自己的政治方向。它是否應該靠老大哥蘇聯這邊站，遵從召喚直接發動暴力革命，成為造時勢的英雄？很多人對這個選項避之唯恐不及，還是應該如野坂的主張，讓共產黨變成一個受人喜愛的政黨，等待日本民主發展到可以全國討論廢除天皇制時再來說這件事？[50]日本共產黨在戰前並不受歡迎，黨員人數少得可憐。野坂這種路線改變可謂翻天覆地，同時也呈現出他與其他人傾向的分歧。不久之後，伊藤律就成為野坂的頭號對手。伊藤也是日本共產黨元老，是主要黨媒《赤旗報》副主編。和野坂不同，戰時伊藤沒有逃往中國，而是待在鄉間辛苦謀生，後來在一九四〇年被捕入獄，坐了好幾年牢。

接下來，日本共產黨的支持度受到更進一步打擊，因為民眾相信該黨涉及一九四九年一連串鐵路相關的亂事。首先是「下山事件」，日本國有鐵道第一任總裁下山定則遭到暗殺，凶手至今成謎。然後一九四九年夏季又發生「三鷹事件」與「松川事件」，兩起鐵道意外都被輿論說成是日共亂黨製造的暴力事件。我們無法確知這是不是日共內部「親民派」與「暴力派」派系鬥爭的一部分，但反正大家都認定共產黨脫不了關係。到了一九五〇年一月，「共產黨與工人黨情報局」（名義上為國際政黨組織，實際由蘇聯掌握，負責維持各個共產國家遵守史達林路線）發言批判野坂的思想，說他透過議會程序進行改革的主張站不住腳。[51]與此同時，日本共產黨試圖協調讓待在蘇聯的數十萬日本戰俘返國，但卻未能成功，這讓他們感到有點沒面子。[52]

儘管日本共產黨一開始稱呼美軍是解放者，但沒過幾年他們就在國會公開痛罵這同一批占領軍。於是，「盟總」民政局局長惠特尼少將在一九五〇年二月二十四日召來眾議員砂間一良加以訓斥。砂間曾在《民眾新聞》寫社論要求舉行戰罪審判。惠特尼的訓斥內容部分如下：「你，你的領導者，還有你那幾百個同志，你們都是被關了很久，等到日本投降後才因為總司令頒布《公民自由令》讓你們出獄。從那以後，總司令為你們和家人提供吃穿用度，還保護你們在日本組織合法政黨的權利。他根本就是拯救日本免於滅頂之災，而你們這些人一點腦子或一點感恩之心都沒有嗎？」[53]此時「盟總」已對日本共產黨充滿戒心，但更重要的是，「盟總」擔心日共與蘇聯之間那些或真實或想像的聯繫，是在經營某種國際大陰謀。這從「盟總」反情報局局長，麥克阿瑟口中「小可愛法西斯」威洛比將軍的態度裡尤其看得出來。盟軍結束占領後，威洛比寫了一本書講述這個傳說中的國際共產陰謀，由麥克阿瑟作序。前盟總最高司令官麥帥相信威洛比的書至關重要，因為他「清晰描述共產主義者在全世界進行至今的顛覆與背叛模式」。[54]威洛比覺得陰謀無所不在，甚至連「盟總」內部都不乾淨。葛登女士是當初負責重新起草日本憲法的團隊裡唯一女性成員，且因她日語流利而得以在其中扮演關鍵角色；威洛比卻稱葛登「『幼稚』，『跟心理變態差不多』，是『沒教養的猶太女』，且誤以為她跟二次大戰期間從東京傳情報給蘇聯的德共間諜佐爾格有親戚關係」。[55]

為什麼麥克阿瑟與他手下第二號人物都認定日本在「國際共產大陰謀」中扮演某種角色？要知道原因，我們得把時間回溯到戰爭時期，去看看這個佐爾格間諜組織。佐爾格是雙面諜，他表面上是納粹黨員，實際上卻與日本人尾崎秀實合作傳遞重大情報給蘇聯，最後在戰爭期間被雙雙處決。關於此事，日本法務省在一九四二年將某些資料公開，但其餘絕大部分仍是關乎國家安全的機密，是故不為日本媒體所知。然而，戰爭結束後，這整件事的性質產生一百八十度轉變，原因是「此事頗受大眾矚目：尾崎是因叛國罪被處決，但他背叛的卻是日本人民現在正在拆解改造的同一套體系」。這樣的話，依照戰後初期的標準來看，尾崎難道不是個愛國人士嗎？[56]尾崎從未加入共產黨，但日本共產黨仍試圖把尾崎塑造成共產主義的殉道同志。當時日本共產黨人員稀少，好不容易苟延殘喘撐過戰時，正要全力在政治場上重新占據一隅，所以才利用尾崎來作廣告。日本共產黨愈來愈關注尾崎案，希望藉此在戰後時期製造出一個共黨英雄；但「盟總」對這個案子的擔憂也在日益加深。到了一九四九年二月初，「盟總」發布報告《佐爾格間諜組織：遠東國際諜報活動研究》，裡面說日本共產黨中堅分子伊藤律是「無心當了猶大」，因為是他的供詞最終導致佐爾格被捕。[57]對此，日本共產黨公開表示：黨內已經審查過所有針對伊藤的指控，確認他沒有過錯。然而，伊藤卻在一九五〇年六月消失，且似乎連帶整個日共領導階層都一起銷聲匿跡。日本共產黨在一九五三年將伊藤清出黨外，又在一九五五年正式開除他的黨籍，但在這過程中大家都不曉得伊藤人在哪裡、發生了什麼事，好像他從地球上蒸發了一樣。伊藤下落之謎，以及日本共產黨的政治操作，都要到一九八〇年才真相大白，且在那之後伊藤與日本共產黨雙方仍舊否認過去有任何聯絡。[58]

「盟總」與麥克阿瑟這一幫人，還有後來進入日本的美國中情局，都經常在共黨問題上平白無故地疑心生暗鬼。[59]不論是威洛比，或是一九五〇年代對他那套「共產主義者圖謀征服世界」理論照單全收的美國民眾，都認為佐爾格間諜組織背後一定有什麼國際陰謀。不巧的是，正好就在這股恐懼蔓延時，美國也開始覺得自己把中國「輸給了」中共，覺得蘇聯與共產集團即將威脅全世界。威洛比是這樣寫的：「上海是共產主義的葡萄園，他們在此種下龍牙，長成今日的『紅色豐收』。園中農務是由來自各國的男男女女負責，這些人對中國沒有個人利益問題，純粹是出於旁人無法理解的狂熱要去執行一個陌生任務，為了讓西方世界俯首稱臣而進行這場『共產主義**聖戰**』。」[60]從威洛比這種心態，從他對佐爾格案，以及此案象徵的「美國的未來」那種恐懼，我們可以推想日本共產黨要推動「在日本內部追究戰罪」的訴求是何其困難。威洛比在他這本暢銷書中作出結論：「東京調查的目的再清楚不過，我們的核能研究、美國科技智慧的結晶，之所以會被偷走，就是因為我們太天真地寬容共產主義者和他們的陣線組織，寬容那些活在美麗幻想裡的共產主義同路人，以及獻媚討好的自由派。要知道，如果我們不在國際上學會怎樣自保，我們就會成為放任西方文明自殺的良心犯。」[61]美國國會一個專門小組就國防問題進行辯論，談到共產主義者的活動，以及一般人對此的恐懼，甚至還提及德田與志賀的十八年牢獄生涯；這反映出美國的擔憂，認為日共可能顛覆權力結構。[62]

不過，對於戰罪審判問題，共產黨內部也未必態度都這麼堅定，某些人的「轉向」其實顯示出戰前日本社會施加於左翼的強大壓力。鍋山貞親是從共產主義者變成民族主義者的知名人物；戰爭結束數年後，他也成為支持推動新時代向前的一員。戰後日本意識形態工程由「帝國主義」轉為與鄰國合作來抵抗亞洲的共產勢力。「當『反共』本身被重鑄成一種意識形態，它就某種程度取代了戰前的帝國主義意識形態」，而這有助於提供一個新平臺，可以在上面「製造出」國內與國際的「新聯繫」。[63]日本曾經的共產主義者與帝國主義者越過往日的楚河漢界，建立起新聯盟關係，創造出新一代的反派敵人——像是中華人民共和國、蘇聯以及其他。在二次大戰戰後到國共內戰結束前這段時間，鍋山甚至還當過中國國民黨的情報來源。鍋山是日本戰後國防與警察機構（比如公安調查廳）的寵兒，到處發表演說宣講反共與愛國。德田球一對他非常鄙視。後來，臺灣的蔣介石與南韓的李承晚共同發表聲明，倡議建立「亞洲人民反共聯合陣線」，鍋山與矢部貞治就開始聯手推動日本這邊響應。[64]矢部是政治學家，戰時曾是短命卻極具影響力的「昭和研究會」成員。當時某個國民黨作者在解釋時勢時表示：日本（二次大戰）與國民黨（國共內戰）都是在戰敗後必須重新自立，這般相似的命運使日本反共與國民黨反共變得密不可分。日本雖收回主權，但「還未能在民主的軌道上再建其愛祖國的精神意志，思想界的紛歧混亂〔國民道德的低落，正是共產主義發展的溫床〕*」。國民黨「深感日本今後要阻止共產主義的洪流」。為了達成共同目標，日本首先要發展其固有的「民族文化」，由此找到重新建立民族與社會的力量。這位作者還說，日本必須有更堅強的反共國策，必須重建自衛的力量，必須加強與民主自由國家（如中華民國臺灣）的團結。作者指出，這不僅是日本的目標，且是整個亞洲需要齊心協力的事。[65]

天皇介入

日本共產黨的目標很明確：廢除天皇與帝國皇權。不過，社會各個角落也有其他聲音，針對「日本投降後天皇該怎麼做」的問題提出意見；下面舉少數幾個例子：自行退位、繼續在位或是出家為僧不問世事。那時甚至有個祕密計畫是要徹底復辟帝制，密謀團體直到一九八〇年代才正式解散。[66]

日本天皇和麥克阿瑟在一九四五年夏末與秋初談過幾次，當時天皇可能有請求麥克阿瑟對日本寬大為懷，並試圖證明皇室對戰爭負有相當責任；只是這些事最後都無疾而終。[67]時間才過一年多，天皇的態度就變得積極主動。民意沸騰，要求限制司法調查戰爭責任問題的範圍，而這很快導致日本社會絕大部分都獲得寬恕。一九四六年十一月三日，裕仁天皇向日本人民發布「大赦令」；諷刺的是，就在同一天，日本也宣布實施美國給他們的一套新憲法。裕仁天皇這份詔書確實讓戰時許多被判有罪的人得以出獄，例如犯有不敬罪、思想罪與政治罪的人。這份皇令同時還赦免戰時擅離職守、被軍事法庭判罪或違反長官命令的軍人，然而，更重要的是，它也赦免那些在國外犯下虐殺戰俘或其他罪行的帝國海軍和陸軍成員。[68]《朝日新聞》稱這份赦令的規模「前所未見」。天皇詔書裡還有一條，規定那些「犯罪行為違反聯合國占領軍占領目的」的人不適用於這份赦令。[69]從某些方面看來，裕仁這份聲明中以天皇身分所寬恕的戰罪，恰好就是同盟國開始要向日本人追究的戰罪種類。雖然我們不清楚天皇詔書在盟軍這裡是否能具有任何法律效力，但無論如何，這份赦令確實在日本投降後不久劃定了國內戰罪問題辯論的道德輪廓。

日本報紙上說有七種罪獲得赦免，亦即有三十三萬嫌疑人被免除罪犯身分。[70]天皇的慈悲既顧及

＊編按：中括弧中的句子為原文書所無，是譯者增添之史料內容，以讓句子更完整。

戰時讓自由派深受威脅的惡法，也涵蓋了戰罪，以及對非日本人實施犯罪等相關罪行，這樣更能平撫日本人在戰後的心態，讓他們不再覺得有必要去追究戰罪影響。藉由這份「大赦令」，天皇實際上等於頒布一份詔書來宣告皇室對二次大戰的立場。然而，這其實只是表象，因為我們現在知道天皇本人當時深陷於矛盾心情。依據新公開的天皇近臣日記，裕仁在日本剛投降時是真的想過自己能不能被允許退位，或至少能不能公開面對民眾談論他對戰爭責任的認知。無奈的是，他現在是一種新的天皇，一個民主化的、象徵性的國家元首，而這種身分反而限制他無法做這些事。在日本的新憲法之下，天皇不得扮演任何政治角色，石原首相也告訴裕仁不要做任何公開聲明，因此裕仁只好保持沉默。日本的戰後政府想把重點放在重建國家，而不是讓皇室進行深刻內省。天皇在戰後似乎有心想要改革，但民主政體並不願讓他在這其中發揮任何作用。[71]

日本皇軍的反應

前面說過，日本皇軍這個團體從來沒有全體意見一致的時候，他們內部分成各種小型權力集團，隨時互相爭奪統治權，想壓倒別人自己出頭。帝國陸軍與帝國海軍各有自己負責行政事務的內閣部門，且軍方還掌握了「參謀總長」（陸軍）與「軍令部總長」（海軍）這兩個處理作戰與指揮事宜的職位，此兩人名義上直接對天皇負責，獨立於文官政府之外。海軍已在九月十日著手設立一個部門，小心翼翼地處理戰俘與國際法相關問題。陸軍也有所反應，自行擬出「對待盟國訊問對待戰俘問題的應答要領計畫書」，並在九月十七日發布全軍。這份計畫書承認說，先前中央下令燒毀文件，卻反而讓帝國陸軍現在拿不出證據來自我辯護；所以，每個單位都必須整理出所有找得到的資料並送交陸軍省。為了證明日本沒有虐待戰俘，委員會蒐集許多事例；然而，這堆資料所要證明的事，卻被稍後公布的死亡統計給推翻了。[72]

簡言之，面對戰罪審判，日本軍官採用的策略隨他們駐地的地理區域而有所不同。有的人，比如被中國指為戰犯的陸軍中將田中久一，在內部報告中對戰罪審判的意義與價值表現得非常不屑。田中向軍方高層抱怨，說中國戰罪的審判過程有問題。他表示，他能接受中國人把他的下屬送上法庭，但應該要用合法手段，而且要負責任提出證據才行。田中聲稱他沒有要迴避責任，但他認為法庭不該只靠中國證人的說詞或報紙文章，其他什麼都不做、都不管，因為這些材料做為起訴理由是不夠周全的。[73]以長期工作而言，在保護成員不被戰罪法庭起訴這件事上，日本海軍做得比陸軍更盡心盡力。

戰後數十年來，日本軍方都在做這樣的工作，就算戰罪審判結束也依舊持續；這顯示戰後日本軍方仍然高度重視形象，長久如此，不因二次大戰戰敗而有所改變。[74]不過，其中有一點很值得注意：在所有相關討論裡面，我們幾乎聽不到任何聲音譴責軍方讓這麼多日本年輕人平白死去，而不是做出有目的的犧牲。日本知名史學家藤原彰從個人角度出發，撰寫他自己的戰時經歷，對日本皇軍許多有缺陷的戰術提出質疑。他說，他年老之後都還做夢，夢到自己在中國戰場上想盡辦法給部隊找食物，因為當初日軍發給士兵的補給實在太少。[75]藤原寫過一篇筆調鋒利的文章，講的是「犬死」——也就是死得毫無意義。藤原解釋說，他可以理解為什麼很多人覺得用「犬死」來說過去的「兄弟袍澤」或陣亡士兵是種褻瀆，但他還是要提醒大家：我們應該記得，日本入侵他國完全就是在打一場帝國侵略戰爭。我們沒有資格去「榮耀」那些死於這場不正義、不道德之戰的人，把他們供奉進靖國神社。他說，這些人的死沒有價值，而是「犬死」。藤原也說，他知道有不少退役老兵或陣亡者遺族可能難以接受他的觀點，但請看看那些陣亡者到底怎麼死的，他們很多都不是真正戰死，而是活活餓死。換句話說，日本皇軍不照顧兵士，也不在乎補給問題。這些都是**不必要的**犧牲。日軍陣亡者大多死在戰爭最後一年，也就是說，當勝利愈來愈遙遠、愈來愈不可能，日軍高層還固執地將更多年輕人推上戰場，在明知無用的情況下讓他們去送死。[76]藤原以冷酷的語氣做出的最後結論，他說日本軍方不把人命當一回事。[77]

日本公共知識分子小田實的立場與藤原稍有不同，他說這些確實是「無意義的死亡」，但卻有其重要性，因為它們反映出一個缺乏特殊性的時刻。小田勸他的讀者不要從戰爭最後一天與神風特攻隊裡面找尋犧牲之美，而要去看戰爭結束的前一天，也就是八月十四日的大阪空襲。那些死在當天，死在被徹底摧毀的兵工廠裡的人，小田要問，還有什麼比這更可悲？他們好不容易活到這時候，而戰爭已經確定要結束，那麼他們的死「難道不是最無意義的死亡嗎？」小田還記得，他「就住在兵工廠附近。那個地獄般的下午，我躲在防空洞裡瑟瑟發抖。之後我撿到天上掉下來的宣傳單，上面說『你們的國家已經投降，戰爭結束了』之類的話」。小田質疑的是這種死亡，這裡面沒有勇氣也沒有光榮，而是白白死了。這是「無意義」的死亡，因為，就在不到一天之內，為天皇犧牲、大東亞共榮圈的理想，這些全成了可笑的東西。[78]據小田的分析，戰爭在公共場合被說成無可避免的聖戰，但個人處境卻是權利愈加被剝奪，有愈來愈多人被送去遠方戰場再也回不來，兩者之間斷裂已經嚴重到讓人撐不下去。為了接上這個斷裂，大家就想賦予死亡更深刻的意義，但其實這樣做一點用也沒有。[79]

第六章　日本本土之外的帝國解體暴力

一九四五年八月日本投降後，國軍押著一百名左右的日本戰俘來到浙江省上柏村，修補被皇軍摧毀的當地道路。上柏村位於杭州稍往西北處。當地小學校長汪霖記得，他跟這批戰俘在過程中有十餘天時間接觸，因此他能較深入了解其中某些人。

戰俘中有五名日本軍官，懂得一般常用英語，加上他們有讀寫日語漢字的能力，再搭配許多手勢，可以跟監督他們的中國人「交談」，進行某種溝通。整個過程並非平靜無波，汪霖回憶道：「這五名戰俘軍官大多流露出自傲與不甘心失敗的情緒。其中有個少尉，名叫岡本正野，日本長崎人，因核爆炸毀了全家而消沉頹唐，我與他交談的次數較多。」汪霖對於某些對話內容記憶深刻，四十年後將其寫成短文。汪霖問岡本當初為什麼來中國，岡本回答：他學校課本裡說中國很大，如果日本能掌控這片大陸，日本人就能過得更好。岡本說他也希望戰爭結束，但完全想像不到日本會打敗仗。兩人對話的末尾有一段特別有意思：

問：經過這次戰爭，你們日本國能復興嗎？
答：（自信地）能夠。
問：我們中國能夠復興嗎？
答：（思考後，微笑）要努力。

這麼多年來，汪霖都在思考這段對話，在想岡本的意思到底是什麼。他不曉得岡本是否預見中國將面臨的問題，是否相信一個已經現代化的日本能夠輕鬆克服那些不可逾越的巨大困難。值得注意的是，汪霖對待日本人的態度很正面，沒有表現出仇恨。他寫道，中國雖遭受重大苦難，但中國人必須深思歷史與這場戰爭的教訓，以為後事之師。[1]

同盟國在日本落敗後這幾年內要做的是限制日本、讓日本軍人復員。然而，由於日本國內共產勢力日益壯大，中國與蘇聯也是風起雲湧，兩者連結所造成的威脅導致情勢可能變得不穩定。美國占領當局因此改變策略，採取所謂的「逆轉路線」。這個政策變動代表著美國開始主動重建日本，並將日本視為東亞一個日益壯大的新友邦。不過，東亞其他勢力當然被美國的「逆轉」給激怒了，北韓領袖金日成在一九四九年表示：美國支持日本，推動日本再武裝，這明明就是要讓日本重整軍備。毛澤東也說：北韓相信，一旦美軍離開朝鮮半島，南韓就會與前皇軍聯手來統一南北韓。這就是二次大戰結束後的諷刺景象。日本，這個要為東亞絕大部分災難負責的國家，這個導致東亞地區不穩定的元凶，卻成為這裡「動盪最少」的國家，並且在本質上保有國家政府結構、國土完整邊界，以及絕大多數國內人口。[2]日本將主權拱手讓給占領當局足足六年半，直到一九五二年四月為止。但從各方面看來，日本的內在政治網絡、社會風俗常規，以及許多日本人心中重建國家成為東亞領袖的夢想，在這過程中全都安然保存下來。

我們得記得，雖然日本發動戰爭而最後戰敗，但它仍是東亞地區科技教育最發達、工業最進步的強權。東亞歷經二次大戰的社會動員，大多地區戰後仍以農業為主，工業並不發達。朝鮮北方與滿洲被日本戰前領袖稱為「亞洲的兵家必爭之地」，受到日本大量投資。日本投降後，這些地方的法律與秩序馬上解體，演變成甚至連共黨軍隊都牽涉其中的大規模慘劇。[3]帝國終結時，除了海外的日本殖民者以外，還有許多人也在毫無準備之下落入尷尬的境地。「那些身在滿洲的朝鮮人，他們背負過去參與『滿洲國』這個失敗實驗的歷史債務，被國民黨視為日本的合作者而遭排斥，且很多都再也回不去朝鮮半島的老家。」[4]在蘇聯的邊緣、中國東北與韓國的交界處居住著大量朝鮮族，而某些中國人甚至稱呼他們為「二鬼子」，也就是協助「日本鬼子」的小鬼。[5]日本統治雖留下了悲慘記憶，卻也留下不少基礎建設，讓這些地方在戰後成為兵家必爭之地。[6]滿洲國這個曾經的日本傀儡國的生產就占了「一九四九年全中國工業產值三分之一強，一九五六年更升高到二分之一」。[7]

在北滿洲平原上，孤單失群的流浪者偶爾可以彼此扶助，但這種事可遇不可求。一個人的命全看環境如何，半點不由自己。

這些故事裡當然也不是只有敵意。山口盈文自願加入「滿蒙開拓青少年義勇軍」才不到一年，日本就打輸了。他被入侵的蘇聯軍隊抓到，徒步走過北滿洲空曠原野，前往延吉的日本人居留民收容所（位於朝鮮族自治區內，距離北韓邊界不遠）。山口在路上得了嚴重痢疾還發燒，每走大約五十公尺就得去上廁所；由於腹瀉情況愈來愈頻繁，年輕的山口逐漸跟不上其他人腳步。他在書中寫道，當時他為了讓自己走快點，只好「把褲子搭在肩膀上，露著屁股像螃蟹一樣走路」，這樣才不會拉得自己滿腿都是。不斷腹瀉與步行的壓力導致他肛門脫垂，蒼蠅聚集在他發炎敏感的直腸上，他得一直揮手驅趕。[8]幸好，山口脫隊失聯後不久就遇到一名善良的朝鮮老婦人。老婦人看他樣子可憐，讓他進屋休息。她燒了點熱水，幫山口洗屁股。當「我的直腸一碰到溫水，一股升天般的快感從頭到腳包圍了我。我的肛門被推回原位，劇痛突然消失，好像從不曾存在過」。這家人有個醫藥箱，他們從裡面拿出幾顆珍貴的止瀉藥「征露丸」。[9]他們讓山口上床睡覺，然後又給他服了幾次藥。山口說，他這條命可說是這家人救的。

解決中國大陸的內部不諧

我們不應該把戰爭結束單純視作解放的一刻（或以山口的例子來說是被解救），因為東亞人民其實都不知道他們之後是要「回歸」成什麼，徬徨不知所措。[10] 西歐各國政府大多流亡海外，因此它們在納粹敗戰後能有某種具彈性的權力主體來管理國家，處理歸國問題；但東亞沒有類似東西可以依靠。更何況，東亞不少地方都還有重重困難等待克服。朝鮮始終沒有舉行正式的對日戰罪審判，只在國內審判某些被控通敵的人，因為事實上它跟殖民母國從未進入戰爭狀態。說到底，朝鮮過去是日本的正式殖民地，戰後幾年又處於「託管」給同盟國的曖昧處境，它能自主的事也確實不多。美軍部隊都還得來朝鮮半島「表演」日本戰敗情景給這裡的人看。[11] 至於中國也得面對好幾重問題，且它們的優先順序可能彼此衝突。中國政府不只要在各個地區重建或新建統治權，還必須精準確認這樣做的「界限」在哪裡。日本在侵略中國期間培植了兩個主要的傀儡政權，戰後中國的一大問題就是要解散這兩個政權手下的軍隊。第一個是「南京國民政府」，領導人是叛離重慶國民黨政府的汪精衛（但汪在戰爭結束前就死於一九四四年底）。另一個就是以長春為首都的北方滿洲國。滿洲國政治主要掌握在日本人手中，但仍擁有數千名中國官僚，以及一支由關東軍分支出來的強大武裝部隊「滿洲國軍」。

滿洲國軍的命運是個非常敏感的話題，甚至在國民黨軍隊的高階將領中造成意見分歧。蔣介石認為「偽軍」應該編入國軍，但他的副手陳誠將軍卻覺得偽軍派不上用場。[12]陳誠表示，國軍裡面不該混雜日軍與前滿洲國軍，因為這會稀釋國軍的戰鬥力。他寫道：「我們是戰勝國，絕不能用日軍配合偽軍打共產黨，我們有的是美式裝備的部隊，足夠可以打垮共產黨。」[13]此外，或許陳誠對國軍戰力的認知也過分樂觀。國軍將領何應欽與白崇禧都與陳誠持相反觀點，選擇將滿洲國軍收編麾下。

蔣介石的論點背後有個要素，就是國軍在一九四五年夏季大多駐守在西南大後方，他們基本上是被日軍發動的猛烈攻勢「一號作戰」壓迫退守至此。「一號作戰」是中國戰場最後的大型戰役，日本動員約五十萬精兵，孤注一擲地發動二次大戰中規模最大的軍事行動，將中國打得大敗。當時日本在太平洋上節節敗退，海軍艦隊損失慘重；日軍發動一號作戰的目的是要連接滿洲國、朝鮮與中國，其次是要摧毀美軍設在中國，用來頻繁發動對日空襲的軍事基地。蔣介石認為一號戰役是他最大的恥辱，也是中國在八個月的一系列戰役中最大的苦難之源。當時國軍的戰場後勤出了大問題，許多中國士兵因過度營養不良而根本無法作戰。此外，國軍官兵或許訓練有素、意志強悍，但他們之中百分之九十的人都是文盲，因此也造成技術訓練與指揮上的困難。[14]

對於滿洲國軍力，國民黨的資料與戰時日軍將領的估計在數字上有出入，但雙方一致認為滿洲國在戰爭結束時約有六十萬兵力，包括地方上的民兵。排除掉民兵，再去掉警力與其他裝備不足者，最後國民黨大約接收四十萬滿洲國軍，把這些部隊重新命名，然後收編進國民黨軍隊，加強國軍對抗共產黨的戰力。[15]不過，此事對國共內戰的結果可能影響不大，最終國軍還是輸了。

帝國外緣的帝國解體暴力

下面我們要來看三個重要歷史事件，以此深刻呈現戰後初期導致形勢複雜化的兩大因素：帝國的告終，以及追究正義所遇到的障礙。日本敗戰之時，它並不單純只是一個「國家」，所以「帝國記憶的歷史不是日本人自己的事，它必須放在東亞戰後秩序演進與轉變的宏觀過程中來探討」。[16]為了檢討正義為何不得申張，檢視日本投降後出現的暴力，我們需要動手剖析以下三件史事：一九四六年日本東京澀谷事件、一九四七年臺灣二二八事件，以及一九四八年韓國濟州事件。說到底，這條追求正義之路是受到無數前日本帝國相關事件的密切影響。帝國終結時出現的暴力事件未必都針對日本人，因此正義的型態也不是只有單一面向；各種不同的效忠對象，以及過去的關係網絡，這些都關係著正義問題的發展演變。事實上，這三件發生在日本、臺灣與韓國的典型事件都清楚點明了一個問題：這些社會已經復員但還保有民間武裝，且社會上的年輕人剛剛失去「帝國子民」的身分，那這樣的社會會遭遇何種困境。不論你是中國人、朝鮮人或臺灣人，總之亞洲在二次大戰沒有出現近代歐洲戰爭理論家克勞塞維茨描述的那種勝利。[17]國民黨政權雖然屬於戰勝一方，但卻不能以政治力量宰制戰敗國，或將自身所認知的世界新秩序加予戰敗國——也就是日本。戰後初期的東亞一片混亂、充滿暴力，且常是單一民族群體內部派系為了爭權而爆發騷亂。此處舉出的三件史事，在地理上都與瓦解中的日本帝國相關，但從歷史編纂的角度，它們一般都被當成本國史的一部分，很少放在較宏觀的區域性角度，也就是「日本帝國解體」這個特定歷史脈絡下面去檢視。

事實上，從這些暴力事件可以發現，我們其實還沒創造出一個適當詞彙來稱呼這段處於「二次大戰敗戰」、「帝國覆滅」與「和平真正到來」之間的中間期。這前後的整個過程絕非一夕間可以完成。[18]從「敗戰」走到「尋求正義」，這段路需要好幾年的時間。「敗戰」與「終戰」的差別是什麼？「戰後時期」是從何時開始？這些詞彙在定義上各自有沒有一個開始與結束的清楚時間點？關於這個時期，我們目前還缺乏真正的、適當的說明語言。學界對上述課題的討論尚不充分，因為歷史研究直到近年都異乎尋常地一股腦探討戰爭的爆發與反戰論點，卻不去注意戰爭的結束，或是武裝戰鬥終結於何時。另外，還有一個延伸出來的歷史編纂問題：我們會傾向把「敗戰」當成「兩軍交戰」的正式形式與「投降」儀式之間的那一小段片刻，然後很快把它跳過，直接去看「戰後時期」。然而，這種輕率會導致我們很容易忽略整體環境的重大變化。

一九四六年東京澀谷事件

日本當局對戰爭之後緊接著的善後問題憂心忡忡，畢竟帝國各地與日本境內到處有人心懷各種不滿。有一份出處不詳的日本報告詳細呈現臺灣人與朝鮮人的處境，內容指出：由於環境改變，日本當局很怕那些有大量朝鮮與臺灣勞工聚居的地區會出問題。秋田縣礦場在八月十五日爆發衝突，十幾個朝鮮礦工在一起喝酒，對著他們的日本工頭大喊「日本打輸了，現在我們要讓你們去當礦工！」然後又四處橫衝直撞、破壞宿舍裡的東西。當局出動五十名警員和其他力量才壓制住這場亂事。當時各地礦場相繼出事，擁有七千名臺灣勞工的神奈川海軍基地也爆發事件。這些臺灣勞工在八月二十三日停止工作，然後發現基地內存糧迅速減少；他們看見基地裡女性雇員和餐廳工作人員攜帶補給逃走，一時氣不過而上前挑釁。最後當局命令數百名日軍憲兵進入該區域重建秩序。[19] 據日本外務省調查，大多數住在臺灣的日本人，他們的生活型態在戰爭末期沒有太大轉變，所以情況到戰後還是相對平靜。然而，當時這些日本人無法變賣資產，且嚴格的配給制造成物價高漲，因此他們也愈來愈難維生，處境日益惡化。[20]

一九四六年七月的東京澀谷事件本質上是場暴動，是數百名做黑市生意的臺灣人跟日本黑道為了搶奪地盤而大打出手。戰爭結束後，隨之而來的是經濟窘困時期，日本的經濟發展整個停滯。於是，日本帝國社會最底層的那些人，也就是臺灣人、中國人、朝鮮人，以及其他常被稱為「次等亞洲人」的人，就為了謀生而爭搶東京那四萬五千個露天市場攤位。這場暴動造成六名臺灣人和一名日本警察死亡。大約有四十名臺灣人被捕，這些人後來被送上特別設置的美軍軍事法庭接受審判，因為中國人／臺灣人不受日本本國法令管轄；日本簽署降書後，非日本人就不再適用於日本法律。澀谷事件激起了中國大陸對美國的反感，中國的左翼愈來愈認為美國急於支持一個軍事化的日本重新壯大。

日本大眾非常關心澀谷事件的審判，因為這是最早的一個試驗例子，呈現戰後用日本法律來解決後帝國問題的新限度在哪裡。中國駐日代表團也密切注意此事，確保臺灣人（新歸化成為中華民國公民）在法庭上有適當的律師代理。[21]就連華僑協會也都一絲不苟盯著審判過程。美國人在美軍軍事法庭審判這些臺灣人，但後來准許一名中國法官加入法庭。這位法官名叫裘紹恒，他原本是以東京審判中國檢察官向哲濬的祕書與翻譯的身分來到日本。（我們後面會看到，裘紹恒數十年後又在北京四人幫的審判中扮演要角。）

中國駐日代表團副團長沈覲鼎一直向麥克阿瑟將軍施壓。沈覲鼎覺得美國占領當局其實偏心日本人，因此中國必須更認真地看待澀谷事件，注意它可能造成的延伸影響。代表團認為，當時情況是日本警察主動對著「無力自衛的受害者」臺灣人開槍。[22]簡言之，「一九四六年的澀谷事件很能展現中國怎樣試圖影響美國對戰後日本的政策，以及這些企圖最後都發揮不了效果的困境。」[23]

審判從一九四六年九月三十日進行到十二月十日，地點在東京警視廳內部一間審判室。臺灣人被指控的罪名是「阻害占領目的」。正式被起訴的有四十一名臺灣人，兩人無罪釋放，其餘三十九人都被判刑，一人被判三年拘役，另外三十八人被判兩年拘役。沈覲鼎對判決內容提出抗議，但效果微乎其微。[24]判決結果與中國官方的看法大相逕庭，而許多人認為這是「日本擺明了對中國毫無愧疚之心」。[25]帝國才剛終結，臺灣人就發現自己所受的待遇已經不同，他們先前對日本帝國的忠心突然變得不值一文。對日本人來說，這場戰爭可能是保衛帝國之戰；但在帝國邊陲人民看來，日本在投降後毫不猶豫地拋棄他們，那麼戰時宣傳口號也就全成了空話。

臺灣二二八事件

戰後初期日本帝國特有的問題之一，就是受過軍國主義洗禮的年輕人對現狀不滿而發動暴亂。日本本土的臺灣人必須面對日本帝國垮臺的現實，臺灣島上的臺灣人此時在國民黨治下也面臨同樣複雜的處境。戰爭最後幾年內，超過二十萬名臺灣男子被動員加入日本皇軍這臺巨型戰爭機器，擔任各種職務，其中很多只是後勤人員或軍營中的低層工人。某些人因此嘗到權力滋味，或至少覺得有這段經驗是好事。他們未必自認為是日本人，但他們還是覺得自己在帝國階層中擁有某種地位。

美國在戰爭最後階段研究過如何入侵並統治臺灣，準備最後把它交到中國手中。美國認為國軍太弱，且缺乏專業能力來適當治理臺灣。美方官員還想到，英國雖然也是軍力不足，但說不定可以與國民黨合作占領並管理臺灣。[26]然而，根本問題在於，中國方面覺得自己在日本戰敗後就能馬上接收臺灣，這跟其他同盟國成員的意見並不相合；日本交出臺灣時，對於臺灣最後歸誰管，各方並沒有一個清楚的共識。不過，值得注意的是，國民黨領導階層認定或表現出「臺灣始終是中國的一部分」，不去管清朝割讓臺灣已經過了五十年，且國民黨在割讓當時甚至都還不存在。由於國民黨只能撥出一小股兵力去占領臺灣，美國當局最初同意先代管；正因為美國這種迅速反應的態度，他們才能很快抓到那些被指控殘害美軍墜機飛行員的日本人，將其送往上海法庭加以審判。[27]

臺灣身處「去殖民化」的歷史與全球史交會處，因此備感困頓。臺灣的故事既不快樂也沒有勵志性，因為它必須面對過去許多艱難的時刻。那些在日本殖民統治下成長的人，他們一夕之間變成受到中國管轄，於是他們心中的無限憤恨也就呈現在衝突之中。國民黨領導階層對他們的反抗感到不可置信，因為所有中國人在政治上不都應該同樣敵視日本帝國嗎？這場民亂的後續影響呈現受過日本統治的本土臺灣人「本省人」，以及日本戰敗後才從大陸過來的「外省人」，這兩個群體之間的巨大鴻溝。這鴻溝因二二八事件而更加擴張，且至少到二十一世紀初期都還是兩大群體政治衝突常見的主因。

國民黨對收回臺灣這件事極其不用心，只派遣很少的軍隊，而且都不是菁英部隊；這些軍人的表現讓臺灣人既驚且駭。我們要知道，國民黨當時軍力衰弱，在大陸是這樣，在臺灣更是。它無法全憑己力重建秩序，只好把地方民兵團收編進警察部隊，而這清楚呈現從「戰爭」到「和平」的轉變絕不平順。[28]上砂勝七在臺灣當了二十年的憲兵高官，他記得當年十月初，有大約一百五十名中國憲兵大張旗鼓地抵達淡水港，每個人從頭到腳都是新裝備，在碼頭進行閱兵遊行。但當臺灣人在岸上觀看此景，他們的感受可能是困惑多於欽敬。[29]不過，上砂也說，就算中國部隊看起來準備齊全，臺灣人後來還是表示「我們覺得……日本軍隊比較好」。[30]上砂回憶道，臺灣人對中國軍隊登岸的第一反應是把自家女兒藏起來，然後鎖門不出。[31]一九四五年十月底，日軍在臺最高指揮部在發回東京的一份軍報中詳細說明，說臺灣島在日本剛投降時維持平靜，但被接管後就出現愈來愈多的竊盜與襲警案件。當時島上日軍尚未被繳械，日本當局對臺灣未來的社會安定深感擔憂。日軍指揮部還說，臺灣有數千居民是從軍隊裡退下來的，包括海軍勞工、士兵、受僱於軍方的工讀生、傷兵以及其他，這些人現在全都處境危殆。此外，還有許多臺灣家庭跑到日軍總部，要求日本政府把他們的家人送回來。由於東京那邊消息很少，駐臺日軍總部不得不去聯絡菲律賓、印尼，以及其他經常派遣臺灣人過去的東南亞地區辦公處，以便弄清這些人的下落。[32]

彭明敏也談過他對國民黨的第一印象。彭明敏出身於臺灣富人家庭，受的是日語教育，後來還赴日就讀東京帝大。他在戰爭將結束時由長崎登船返回臺灣，曾在那裡目睹原子彈被投下。彭明敏很瞧不起國民黨，而這或許反映他對日本的認同。他寫道：「新近由中國來的行政人員，既無能、又無比的腐敗，而以抓丁拉來的『國軍』，卻無異於竊賊，他們一下了船便立即成為一群流氓。」[33]彭明敏在回憶錄裡描述秩序崩塌後的恐怖，描述他與家人一同躲藏，以及對未來的茫然。[34]其他國民黨官員對黨中央也有類似批評，但這些臺灣的「二度侵略者」卻是彭明敏最要聲討的對象。他寫道，國民黨高官的世界裡，一切關係都基於個人的忠誠或仇恨，「並無餘地允許個人奉獻於抽象的理想，如民主或人權」。[35]另外，國民黨抵臺後，一直將臺灣人視為二等公民，這也讓許多臺灣人心懷不忿。國民黨人經常占據食物鏈最頂層的工作職位，薪水也比他們的臺灣同事要高。[36]

姑且先不管國民黨內部機制怎樣運作，這個黨本身四分五裂的情況可能也相當程度導致接收臺灣的策略錯誤。[37]一九四五年十月二十五日，日本正式投降兩個多月後，陳儀將軍宣布臺灣「光復」。臺灣回歸祖國，成為中國的一個省級行政區，某種意義上算是回復它在清朝的地位。至於美國安排日本人退出臺灣、確保臺灣順利回歸的功勞，則是被中方一筆帶過，或乾脆忽略不提。[38]

當時各個社會階級與政治階層內部都醞釀著緊張氣氛，只是在一九四七年二月二十七日午夜找到引爆的理由而已。當晚，一名在臺北街頭黑市賣香菸的臺灣寡婦被惡形惡狀的專賣局查緝員找上，說她犯法，並加以毆打。路人見此都集結起來，群情激憤；查緝員朝群眾開槍示警，卻打死了一名旁觀者。從現場逃走的查緝員躲進附近警局，留下群眾吶喊著要懲惡除凶。[39]事情在第二天更加惡化，謠言說被打的寡婦已經死亡。當地人對此暴行憤恨無比，數千人聚在專賣局外要求局長下臺。當時臺灣這個前殖民地的失業率極高，很多人為了找工作與謀食而苦苦掙扎。抗議群眾經過城內時，某座政府建築物頂上的機關槍手開槍掃射，近距離導致至少四人死亡。[40]臺北爆發了械鬥與劫掠，而由於暴動死傷的情況擴散到全島，政府在二月二十八日下午宣布戒嚴。臺灣省行政長官陳儀發表廣播談話，結果卻只是火上加油。依據某個廣播節目的說法，有美國外交人員在臺北親眼看到武裝部隊殺害手無寸鐵的平民。[41]情勢愈演愈烈，要求政府釋放被捕者的呼聲也愈來愈高。三月九日，更多國民黨軍隊從大陸抵臺，於是殺戮之事更盛。[42]國民黨從一開始就過分輕忽治理臺灣可能遇到的困難，這是造成二二八事件的原因之一。蔣介石想盡可能把部隊留在大陸，以結束國共內戰，這也是理所當然。國軍高層起初只派五千多兵力來臺維持秩序，一分散開就變得薄弱，這是陳儀犯的第一個錯誤。二二八事件完全出乎陳儀意料之外。到了三月，他已經向中央請求增兵。[43]

美方報告認為，臺灣興起共產主義的可能性很低，因為此地人民是被日本殖民者給教出來的。據美國人的分析，只要人民生活維持水準，共產思想在臺灣就很難找到支持者。[44]然而，國民黨卻宣稱二二八事件是共黨引發的暴動，這手段跟後來南韓高層處理內亂的方式如出一轍。當時人在臺北的美國外交官克爾表示，「福爾摩沙人對『光復』的熱情延續了大約六週」，之後大家開始稱呼行政長官陳儀是「肥豬」。[45]搶掠事件層出不窮，再加上臺灣人覺得國民黨不尊重他們的私有財產，以至於雙方更生齟齬。

二二八事件之所以爆發，最初或許是因地方民眾看不慣國民黨欺凌弱者（經濟蕭條時節賣菸維生的老婦）。但事情很快轉變成整個社會在表達他們對國民黨治臺計畫與政策的深重反感。過程中，臺灣人曾占據一座電臺，廣播時用的竟是日語而非中文，因為中文對很多當地人來說是新語言；廣播內容是要大家保護自己、保護自己人，而這在實際上等於呼籲眾人起義對抗國民黨。我們很難判斷這種廣播到底是不是存心想讓暴動延續，但這個解釋確有它的道理。[46]那時候，臺灣年輕人剛經歷「敗戰」這個對男性陽剛之氣的沉重打擊，而他們既不能悲悼也不能慶祝，卻可以在暴動中找回生氣活力；這或許是二二八事件惡化的原因之一。[47]國民黨與美國當局都大驚小怪聽信某些謠言，以為有留下來的日本兵在幫忙臺灣人。[48]說到底，我們幾乎可以肯定的是，當一個殖民島嶼突然被外來政權重新占據，而當地人從未經歷過這個外來政權的統治，且各方又嚴重低估當地人對此難以接受的程度，這就導致了二二八事件。政府迅速逮捕數百人並控以罪名，讓一九四八年的臺北監獄「某些地方擠滿了太多『叛國罪』嫌疑人」。[49]

國民黨對民亂與經濟暴動並不陌生，中國其他地方也發生過，但都被成功鎮壓。一九四六年十一月三十日，上海的攤販與警方發生大規模衝突，被捕人數介於七百到八百之間，而民間對警方行為爆發嚴重反彈。這件事只比二二八事件早一點點發生，但為什麼國民黨很輕易就重新掌控上海，在臺灣卻辦不到？第一，國民黨高層相信或至少懷疑臺灣情況是共黨間諜的陰謀。第二個差異是，臺灣這裡變成由國軍主導，而上海市長拒絕讓憲兵採取行動。這兩個差異導致國民黨鎮壓臺灣的手法更殘暴。另外，其中還有一部分因素，是大陸軍人覺得臺灣人都是被日本帝國教育洗腦的人，也就是非我族類。[50]

中華民國想要拿取曾被日帝國占據的土地，卻沒有做好準備。臺灣人是日本帝國的殖民對象，他們在自動或被軍事動員的情況下散布到東亞與東南亞各地，擔任戰俘監視員、醫生，以及滿洲國和中國南方的行政官僚。一旦帝國解體，他們的特權與工作資格也隨之灰飛煙滅。二二八事件後，中華民國政府下令，禁止在滿洲國擔任過行政職位的臺灣人回臺擔任公職或參加國考。那麼，如果這類臺灣人要找工作或考證照，他就非得掩藏這段經歷不可。[51]駐紮在淡水領事館的英國駐臺領事亭格注意到，在臺中國官員「看起來是用高壓手段剝削該島，將福爾摩沙當地人排除在所有高階行政處所之外」。亭格總結表示，這種情況造成了強烈的民怨。[52]

二二八事件是國民黨對臺灣境內假想（但偶有真憑實據）的共產主義威脅做出過度反應，也等於是開啟了潘朵拉之盒。鹿窟村的悲劇就是一個例子。[53]鹿窟村位於臺灣北部山區，介於臺北市與基隆市之間。從一九五二年十二月到一九五三年三月，大約一萬名國軍包圍這裡，清剿共黨基地。鹿窟事件中被捕村民有一百八十三人，其中大多是文盲，在當地礦場的嚴酷環境下工作。「總共有三十六名村民遭處決，另有九十七名村民（包括十九名未成年人）被判刑入獄，刑期加起來共計八百七十一年。」[54]

國民黨將領孫立人早年支持蔣介石總司令，但他很快就看清事實，了解國民黨在接管臺灣這片前殖民地時是多麼的準備不足。孫立人曾就讀於美國維吉尼亞軍校，英語流利。身為軍事指揮官，他在國共內戰中各方面都表現優異；美國甚至曾經接觸他，想用他來換下蔣介石。他本是蔣介石的左右手，但他在一九五〇年代早期面對臺灣政情惡化卻愈來愈悲觀。在他看來，由於中國國民黨統治能力日漸低下，未來的情景只會是：「沒有言論或出版自由，沒有法治。用任何方式表達任何偏離政黨路線的思想——馬上就會受懲罰。祕密警察不用逮捕令就能逮捕人，且常不經審判就把人槍斃。」[55]

怎樣看待戰後殖民地：受害者或加害者？

當追討戰罪的對象涉及曾經的被殖民者，這就觸碰到兩個認同問題的核心：我們應該先把這些年輕人視為臺灣人，還是日本皇民？如果要談戰後初期民間武裝暴動，就要知道這背後與人民的迷惘有關，也與我們應該怎樣思考「殖民過往」、「戰後時期」這兩者的糾纏有關。[56]

林水木與許多同時代臺灣青年一起當上戰俘監視員，他在臺灣中部的白河訓練所完成受訓，然後跟其他不少臺籍戰俘監視員一樣，被送往曾是英國殖民地的北婆羅洲，到久鎮（現在的古晉）戰俘收容所工作。戰俘監視員的職責是監視戰俘工作並防止他們逃跑。隨戰情惡化，日方逐漸將戰俘營移往叢林深處，所以林水木是在回村莊拿補給時才聽說日本已經投降。林水木還記得，他當時一聽到這消息，全身都僵了。[57]他在戰後因虐待戰俘罪名被澳洲戰罪法庭判處十五年徒刑。盟軍抓到的臺籍戰犯常將自己視為雙重受害者——先是身為被殖民者而受害，然後又因參與帝國活動而受審。

然而，林水木不願多談他在白河訓練所所扮演的帝國成員角色；這個「訓練所」同時也是以殘暴著稱的日本帝國戰俘營。[58]很多外國戰俘都記得自己先被送到臺灣，然後再運往其他戰俘營。臺灣是日帝國的重要轉運中心；我們只要看一眼日本太平洋帝國交通圖，就能馬上明白臺灣在日本整個帝國運作中舉足輕重的地位。這是臺籍監視員存在的原因，也是臺灣可以成為戰犯轉運站、擁有無數勞動營的原因。[59]

英國俘虜艾華士在日屬臺灣礦場裡度過三年地獄歲月，其中最恐怖的是「日本礦業株式會社」經營的金瓜石礦場。他將自身血淚經歷細細講來，描述礦工怎樣挨打、日本軍官怎樣草菅人命。[60]後來，當美國人救出這些戰俘的時候，艾華士體重只剩下三十八公斤多。在恢復自由、恢復健康之後，艾華士又回到亞洲，因為他覺得自己有責任在法庭上作證，說出當年受虐經歷。[61]艾華士聲稱，戰後他回臺灣調查戰罪，竟在金瓜石礦場找到沒燒完的日方紀錄，裡面有一份指示礦場負責人在日本投降前殺光所有戰俘的計畫書。戰俘營管理者在香港戰罪法庭受審，當時檢方就提出這份文件做為證物。

此外，艾華士還將文件翻譯版本收錄在自傳中。這份文件也出現在東京審判，證明日本軍方在戰爭末期下令全面屠殺戰俘。艾華士認為自己找到了獨一無二的證據。[62]

然而，問題在於，不論我們多麼希望受害者來揭發真相，但一個曾經受過侵害的人，他的記憶未必總能符合當初的真實情況。艾華士聲稱，他是在臺灣金瓜石殘跡中找到這份沒被燒乾淨的命令；但經過更多研究後，我們發現這份文件應該是日本皇軍針對一個假想情境提出對策，然後記錄在日誌上。也就是說，它不是一份正式軍令。皇軍其他部隊也留下類似的、看似命令的紀錄，但它們通常是被記載下來的某些想法，而非由大本營發出的全面命令。[63]至於東京審判那位整理出證據資料的功臣，當代史與國際法專家普里查德，這人本身也有問題。普里查德採取一種計畫好的、保持距離的做法，他認為「全面處決戰俘」這項指控的核心，包括命令出處以及對命令的誤解。他也承認，既然日本文化造成日軍對戰俘的政策很異常，那麼，任何日本文件只要提到這類殘忍計畫的相關要素，就很容易被解讀成要「殺光這些人」。艾華士提出的陰謀論不幸缺乏大量佐證支持，於是他這個「證據確鑿」的證言也就失去原本的份量。[64]

話說回來，這個問題之所以複雜，是因為日軍確實有人執行上級命令屠殺戰俘，差別只在於這些命令未必出自中央統一指示，因此不能用來證明日本帝國有一個滅絕戰俘的大陰謀。臺籍監視員被派到東南亞與南太平洋各地，成為日本帝國在第一線對戰俘執行懲罰的人，而他們的回憶也印證了上述情況。舉例而言，貧苦出身的臺灣青年柯景星為了經濟需求加入日軍，在臺灣的白川訓練所受訓，後來在一九四二年同樣被送到北婆羅洲久鎮（現在是馬來西亞沙勞越州）當戰俘監視員。[65]柯景星被派往好幾個不同的戰俘營做過不同工作，最後到納閩島監督機場修築。戰爭末期，隨著日軍戰況轉為不利，機場修築隊被一分為二；柯景星跟一小群監視員與戰俘撤退到一個叫「美里」的地方。據柯景星回憶，一九四五年六月，因為聽說盟軍已在北婆羅洲登陸，所以這些監視員的主管軍官命令他們殺掉戰俘——不然就殺了他們。柯景星並不曉得槍決戰俘的命令是否來自中央指揮部，抑或純粹只是當地指揮官的決定。柯景星在戰後成為戰犯，直到一九五三年才返回臺灣。[66]日軍內部確實有協同一致針對盟軍戰俘的暴行，這點有口述證言為證，沒人能夠否認；但這背後究竟有沒有一個整體陰謀，仍不得而知。[67]日本產業的確從戰俘的苦難中搾取利益，且這些企業在戰後還獲得補償，而戰俘的生死卻無人聞問，這是正義不彰的實例。只不過，這部分的故事終究無法證明日本政府與軍方中央根本上有一個陰謀計畫，證明他們頒布皇命要求在戰爭結束時屠殺所有戰俘。

審判之後

國民黨內部對臺籍戰犯的政策不斷地搖擺不定，日本政府也差不多。東京在一九五二年十二月試圖教育社會要為出獄的朝鮮與臺灣戰犯提供寄宿屋，讓他們在日本等待回返「母國」的這段期間得以棲身，但這也只是三心二意、做做樣子而已。「日本帝國」這個概念已在日本被徹底抹消。[68]東京設立了幾間這種寄宿屋，琦玉縣也至少有一間規模最大的，但都只是權宜措施，在這些人的歸鄉途中通過日本中轉時給予一點幫助。[69]對於這些被歷史拋棄的人，日本大眾知道他們存在，但直接同悲同戚的就比較少了。

諷刺的是，臺籍戰犯在盟國手中受罪的故事卻能吸引大量日本讀者。臺灣人通過東京中轉的這段期間，臺籍死刑戰犯的遺囑與遺言被收入在一九五〇年代早期出版的暢銷書《世紀遺書》中。這本書是日本被判死刑的乙丙級戰犯死前遺言的集合。此書內容當然並不全面，但它反映出許多臺籍前軍士始終相信自己是大日本帝國子民，希望自己不要死得毫無意義。《世紀遺書》收錄不少臺籍死刑戰犯遺書，日本讀者紛紛購買，搶購一空。臺籍「軍屬」（不具正規軍人身分的軍方雇員）林金隆在馬尼拉的美國法庭受審，於一九四六年七月十七日被處死刑。他寫道，臺灣青年的命運就是戰死沙場，「我已為大日本帝國殉身，前往極樂世界。」林金隆在一九四六年四月得知判決結果後不久寫信給友人，感謝他們對他伸出援手，雖然最後都無法改變結局。[70]來自嘉義的臺籍軍屬李安在廣東受審，他寫下遺書留給父親，語氣頗為泰然：「我發誓不曾犯過國法。我有妻有子，身無債務。就算我被處決，也請確保別人不要為我復仇。」[71]

有不少臺灣人在東南亞被圍捕，送到拉包爾的澳大利亞戰罪法庭受審。陸軍軍屬林江山就是這樣被處決。林江山在遺書裡向朋友道謝，然後說他已將青春獻給國家，他的軀體注定要鋪灑在拉包爾的土地上。接下來，林江山卻做了一件與大多數臺籍軍士遺言格格不入的事，他用中文另寫一首詩，感謝朋友送花給他。他寫道，好花美香減少了他的悲愁，「人間如花無異樣，盛咲既散萬事休」。[72]陸軍軍屬安田宗治（本名賴恩勤）是在新加坡樟宜監獄被英國處死的戰犯之一，安田從一九四二年開始被派往馬來亞等地。戰後，盟軍懷疑安田參與虐殺原住民，因此將他逮捕。他在遺書中寫道：「我的命運如此被決定，這表示我因盡忠職守而受害。」他告知家人自己在日本下關分行有個帳戶，請他們務必把錢拿走。此外，安田還交代他弟弟延續賴姓香火。[73]這些人死前留下的文字被收錄在一本日文書中，用以煽動讀者認同日本那逝去的帝國；但日本民眾整體卻不去思考誰該為這些人的命運負責。兩相對比之下，我們能清楚看見不同地理區域的戰後敘事怎樣操弄所謂「為帝國犧牲」的詳情。[74]

韓國濟州島：帝國鬥爭為冷戰衝突注入鮮血

下面要說的第三個事件，展現韓國人接受並接手「獨立」一事之後，戰後的正義概念如何因日本垮臺而受到危害。事件發生在一九四八年四月到一九四九年五月間，地點是濟州島這個黑暗的暴力地帶。韓國警方認定該島已經變成共產顛覆行動的基地，據估計約有三萬韓人在這期間與之後被警方殺害。[75]這場屠殺最後延續長達七年，其結果駭人聽聞：「島上每兩戶人家就有一戶曾遭受過強暴、刑求或謀殺。」[76]

今天的濟州島是觀光勝地，擁有許多渡假村，也因高級旅館林立、海岸景色迷人而成為舉辦國際會議的熱門地點。然而，它在二十世紀中葉卻只是個位處朝鮮半島西南外海的貧困小島。二次大戰剛結束時，該島人口一下子膨脹到三十萬人，比原來多出一倍。[77]原因是有大量在海外謀生的韓國人決定回國，而很多人又感覺到朝鮮半島的內戰一觸即發，於是前往濟州島避難。這導致了濟州島的情況類似臺灣島，這裡的年輕人曾被動員武裝參與帝國戰爭，但戰後卻淪落到無事可做的境地，不再有一個能夠「為它而戰」的對象。日本突然投降之後，在這段過渡期裡，恐懼與怨氣日漸滋生。國民黨和南韓當局（以及美國人）都怕事件背後有共產勢力第五縱隊在搞鬼，因而試圖用強悍的軍事手段來壓制民變，殺雞儆猴。從一九四八年四月初開始，濟州島人民發動抗議，反對南韓在美國支持下單方面進行選舉。抗議行動遭大量警力無情鎮壓，數萬人被殺（將近島上五分之一人口），另有多達四萬人逃往日本，島上半數村鎮都被摧毀。說到這裡，或許我們應該用另一個詞來取代「事件」，因為此事本質上是一場持續七年的游擊戰與清剿游擊隊的行動，只稱它為「事件」未免太過輕描淡寫。

一九四八年十月到一九四九年二月之間的死亡人數約占全部死亡人數的百分之六十幾，其中包括被槍殺的孩童、被斬首的成人，以及被滅門的整個家庭。[78]美國占領南韓期間，通常是靠著警察來維持秩序，這讓地方自發組成的草根團體變得不合法；然而，由於韓國警察素來就象徵著「日本帝國的合作者」，因此美方這個政策在韓國民間並不受歡迎。美國一方面在日本出手對付共產黨，一方面在韓國也開始逐步擊垮左翼勢力。[79]

濟州事件依照每個人的不同觀點，可以解讀為民主運動、平民起義、大屠殺、民亂或甚至是反美鬥爭。[80]我們要知道，濟州島跟臺灣一樣是去武裝化的前日本帝國海外領地，有許多年輕人受過軍事訓練，能夠取得武器，且他們的原有認同在帝國結束時突然崩解。事實上，濟州事件的發生不是必然，而是去帝國化過程中衍生出的悲劇。事情發生之前，參與其中的人都不曾想過「讓前帝國的不同勢力接觸」會造成什麼後果。

民間對濟州事件的反應是發起大罷工，抗議警方暴行。濟州島當地人，以及後來從朝鮮半島過來的人，兩者之間有很大的文化與心理鴻溝，這點跟發生在臺灣的後帝國暴行性質類似。警方成員主要來自朝鮮半島，而濟州島人總與外人保持距離。不過，濟州島上確實有共產黨員，這些人也確實成功策動民眾抗議，所以這跟國民黨虛構的臺灣情勢不同。一九四八年五月，南韓在聯合國管理下舉行第一次自由選舉；不到半年後，南韓總統李承晚在十一月宣布濟州島戒嚴，並大舉派兵前去重建秩序。

在一九八〇年代晚期之前，濟州事件都與臺灣的二二八事件一樣，被描述成共黨叛亂。但經歷一九八七年南韓的民主化進程後，現在它比較被認知為人民起義，於是責任也就更加落到措置失當而採取鎮壓手段的韓國與美國當局頭上。臺灣對二二八事件集體失憶了數十年，有著類似經歷的南韓人則認為李承晚總統是罪魁禍首，因為他高度倚賴那些曾與日本帝國合作的人來支持、穩定他的政權。韓國在一九四八年設立特別法庭來調查「通日」的韓國人，幾個月內就審理了六百八十二件案子。李承晚卻指責特別法庭「親共」，並利用這個標籤以及時人的恐共心態來壓制這類調查。一九六〇年學生運動興起，要求追究真相，正義之路似乎要露出曙光；但一九六一年朴正熙發動政變而後持續掌權，直到他在一九七八年被暗殺為止，於是壓迫與歷史失憶再度成為主流。直待一九八〇年代末期才改觀。等到進入二十一世紀，南韓終於願意面對自身內部殘暴迫害某些對象的斑斑劣跡，而這又與臺灣回顧歷史過錯的時間點幾乎重合。[81]

後帝國暴動所代表的意義

以上三個發生在日本、臺灣與韓國的例子，都是因為社會在實質上處於半復員狀態，裡面培養了一群又一群年輕氣盛且有武裝的日帝國青年，卻遭受新掌權的勢力執意鎮壓。這些團體有的與日本皇軍有關，但並非全部。這裡要談的是南韓獨裁者朴正熙的例子，以他為例或許是過度簡化，但也確實有助於填補我們對這個時代理解的許多空缺。朴正熙是日本帝國的年輕成員，他在軍校學習日軍作戰技能，而後加入軍隊，在南韓陸軍中節節高升。朴正熙最新英文傳記的作者表示：我們很難著手評估朴正熙對當代亞洲風潮的影響，「如果我們說『一個一九四〇年代的朝鮮青年在加入日本皇軍或滿洲國軍官團後找到「真實自我」』，這種說法會很挑戰韓國民族主義情懷。民族主義者傾向認為，在那個時代，『忠於身為朝鮮人的自我』就等於『反日』，所以加入皇軍軍官團就等於背叛朝鮮國族。」[82]

不論朝鮮人與臺灣人戰後立場如何，他們在戰爭末期都被徵兵，訓練成日帝國武裝部隊成員。前述三個事件讓我們知道，在整個東亞以及所有曾受日本控制的地區裡，所謂「戰後時期」都不是突然結束，而是受以下兩個主要問題影響。第一，要從各個殖民地或占領地清除日本留下的影響，此事始終是個難題，它要不就是藉由暴力達成，要不就是憑靠過往殖民強權的協助，如印度支那的例子。第二個艱難險阻，就是這些地方想建立起獨立的主權統治，但卻通常缺乏經驗或能力。此外，海外日本人身為帝國領導者的根基已深，要把他們遣返回國也不是易事，特別是不少歐洲前殖民強權還想利用他們在當地「重建」秩序，替自己搶先取得優勢。這裡還要說到各地區的領導者，這些人有的不願切割自己帝國時期的人生經歷，也有的反過來用「反對日本帝國」來定位自己。

談到中國，雖然它在當代經濟起飛，國際重要性也日益增加，但該地對自身過往與自身內部動態的理解依舊深受「二次大戰結束方式」表象的影響。這些敘事成為無數領導者藉以興起的重要本錢，並為他們的權威鋪路。國民黨與東亞其他政治黨派未必一直抓著一九四五年勝利來為當代政治意識形態培養宣傳材料，但有很多群體依然把此事當成民族精神的根本要素。這類故事時常與地方層級解除日本帝國統治的過程有關，其中執行者常是「抗日」分子，但可能也有「通日」者。日本是突然投降，但絕不代表日本當下就拋棄它無孔不入的帝國意識形態；曾經的日本占領區也一樣，它們要重新取得「本來屬於自己」的政治權力，也要向昨日主宰者日本人和被定為「國賊」的人追討正義。這些過程都是歷歷可見的傷痕。

韓戰插曲與戰俘歸國

濟州事件不是朝鮮半島上最後一場與帝國結束有關的暴力。隨著日本帝國崩解，社會變得不穩定，時間愈拖愈長，在韓國、中國大陸與臺灣投下久不消散的陰影。韓戰在一九五〇年夏季開打，不到幾年內，朝鮮半島附近一座島嶼就又面臨極端殘酷的軍事暴力，但這次當事者卻是結黨成派、互相仇視的中國戰俘。[83]與命運相似的濟州島相比，巨濟島（高濟島）面積較小，距離朝鮮半島海岸也較近，且在島上打得你死我活的都是被俘中國軍人，對立雙方所代表的政治分裂當初是因日帝國而被揭明，然後再也不曾和解。日本知名學者和田春樹將韓戰稱為是一場「未完成」的戰爭，說觸發韓戰的機制有一部分關連到日本帝國垮臺。當日本帝國土崩瓦解，其實日本與朝鮮這個前殖民地達成和解的最佳時機也就來臨；無奈日本幾乎什麼都不做，全然忽視那些可能出現的問題。和田審慎地說：可悲的是，日本帝國的終結並未替亞洲帶來和平，卻詭異地讓日本本土變得更穩定，因為日本從一九四五年後就不再跟外界進行軍事互動。[84]戰史研究專家平野龍二更進一步指出：韓戰的源頭很可能要追溯到朝鮮武裝部隊的分裂——一邊是受過日本與滿洲國軍校訓練的人，另一邊卻是受共產主義教育反抗日本帝國計畫的游擊隊員，兩方人馬原本就在滿洲互相對抗，只是在一九四五年後把戰場轉移到朝鮮半島而已。[85]此外，韓戰還被解讀為蘇聯與美國之間的「代理戰爭」、內戰或是「東北亞戰爭」。[86]不管我們怎樣定義韓戰，日本帝國的末日確實促進朝鮮半島朝向新秩序變化。簡言之，對於中國人、臺灣人、整個朝鮮半島的朝鮮人，以及海外日人這些東亞人民來說，「日本投降的消息只是持續性戰爭狀態中的短暫間斷。」[87]

一九五〇年夏，北韓在金日成領導下向南進攻，引爆一場吞噬整個半島的三年慘烈內戰。中國對此早有準備，「一九五〇年十月八日，毛澤東下令組建中國人民志願軍。」這個「志願軍」的名稱很有誤導性，因為中國「軍隊包含人民解放軍退伍軍人、被『解放』的前國軍，以及一些新入伍者」。[88]才過幾個月，部署在韓戰戰場的兩萬一千多名中共「志願」軍人不是投降就是陣亡，或至少是被聯合國部隊打得抬不起頭來。[89]

不久之後，巨濟島成為決定中國戰俘命運的血戰前線。針對戰俘權益問題，美國與中華人民共和國都寸步不讓，堅持依自己的意思決定把戰俘遣返去哪裡。中華人民共和國要所有中國戰俘回歸大陸，但美國則代表「自由中國」或說中國國民黨的立場，要求讓中國軍人自己選擇是否被送往中華民國（即臺灣島）。這個問題引發激烈爭議，相關協商竟成為交戰雙方達成停火協議的重大阻礙之一，甚至可說韓戰因此多拖了將近兩年。美國與中國都想利用「遣返戰俘」來達成自己的政治目的，雙方相持不下。韓戰時，美國海軍上將喬伊代表美國在談判桌上對付中國的志願軍軍官，他注意到中國共產主義者對蔣介石的恨意「強烈到接近心理變態的程度」。[90]

韓戰期間被俘的中國志願軍約有兩萬一千人，其中三分之二最後選擇被「遣返」臺灣，但其實他們之中絕大多數都跟臺灣沒有淵源。臺灣派來的翻譯官黃天才曾在韓戰前線與戰俘營工作，他記得自己訊問過無數中國俘虜，記得他們的故事。很多人的經歷都很悲慘，說自己原本是國軍，是在國民黨敗退後才被編進志願軍。不過，實際情況是互鬥的雙方都表示他們在戰俘營中被對方歧視。[91]

中國俘虜裡這批選擇臺灣，放棄中華人民共和國的多數派，其實是美國與「自由中國」（這是中華民國當時所強調的身分）在公共關係上的出奇制勝。國民黨人歡慶軍士歸家，稱呼遣返中華民國這批人為「反共義士」，且不論這些軍士之前從未踏足這片新的「母國」土地。[92]一九五四年一月底，中國共產黨黨媒《人民日報》刊登一篇文章，憤怒譴責美國讓戰俘自由選擇遣返的做法是「道義破產」。該報批評美國以此剝削戰俘，並說此事「使全世界看清楚了美國政府的『人道主義』招牌，原來是用戰俘的鮮血漆成的」。[93]這篇文章援引國際正義的概念，說「人類正義的裁判」在二次大戰後既然沒有放過「德國法西斯」，那世界一定能看穿美國的宣傳工作，不會放過「更狠毒的美國侵略者」。[94]

與此成對比的是，返回中國大陸的志願軍戰俘並未從中共那裡獲得同等的溫情對待。中華人民共和國一邊批判美國與中華民國遣返大多數中國戰俘的計畫，一邊又讓遣返共產中國的約七千名戰俘面對意料之外的困境。諷刺的是，志願軍戰俘回到中國後的命運，跟他們過去的敵人，被打敗的日軍回歸日本時的遭遇竟無二致。中華人民共和國高層對於內部囚犯可以同時維持兩套相互矛盾的政策，一套用在已成階下囚的前國民黨軍官身上，另一套策略則是對韓戰歸來的中國俘虜進行大規模再教育與積極宣傳。兩套政策執行起來雖不會產生衝突，但立場上絕對不一致。當中國戰俘從朝鮮返回中國時並沒有得到歡迎，沒有帶著光榮上街遊行，讓群眾感念他們的犧牲，「他們的遭遇令人心寒，這些曾經的『戰爭英雄』被強迫自我檢討、被迫害、被處分、被羞辱，變成全國公敵」。[95]事實之所以如此，背後主要問題在於：撇開所有宣傳，中共軍方其實不相信軍人被俘後仍忠心不改。這些前戰俘被視為通敵嫌疑者，必須自證清白才能回歸中華人民共和國社會。[96]

中國在韓戰中的戰俘政策有其重要性，因為中華人民共和國是個新成立的國家，所以它對於戰俘所施行的政策會直接影響其國際觀感。[97]這也是另一個戰場，對手是舊中國，而中華人民共和國若能獲勝或至少稱勝，就能成為「新中國」。與此同時，撫順和太原的調查機構正在挖掘日本戰犯的罪行，也在斟酌怎樣對待內戰中的國軍戰俘。新的中國人民志願軍將人民解放軍誓師詞稍作調整，變得更像日本帝國的某種信條；新誓詞說，軍人應該「寧死不屈」。[98]當中國戰俘從朝鮮歸來後，要先在「志願軍歸國人員管理處（簡稱歸管處）」這個新成立的單位接受政審。獲釋戰俘在這個遣返營待三個月，進行自我教育並撰寫檢討。就某些方面來說，他們所受待遇類似國共內戰後國軍戰俘經歷的過程，也類似日本戰犯接受調查評估罪行時的狀況。歸管處的做法是讓這些人「通過四個教育階段：動員教育、檢查交待、作出結論、安置處理」。[99]賀明調查了遣返戰俘的問題，他注意到中國社會對於韓戰當過俘虜的人態度不佳。「不少人認為，被俘時沒有負傷，被俘時沒有反抗，舉起手的都是屬於投降行為。大部分同志都交代說：『貪生怕死，被俘投降』。」[100]這種想法在當時很普遍。戰後中國社會對韓戰退役軍人的反感根深柢固，就算他們終究被允許重歸社會，其中不少人還是無法獲得共產黨黨籍，尋求工作時也遭到歧視。一直要到一九八〇年代中國重新推行法治，許多人才能得到全額補助，取回原有的權利。

第七章　權力地理：在中華民國創造政治遺產

一九四七年六月十七日，一個晴時多雲的夏日，上海群眾湧上街頭觀看兩個前日本皇軍軍官的死刑。這兩人分別是憲兵隊隊長米村春喜與軍曹下田次郎。米村被稱為「常熟之狼」（常熟屬於江蘇省，位於蘇州附近），而中國報紙與外國媒體還將下田封為「江陰之虎」（江陰與常熟相隔不遠）。兩人手臂緊縛身後，肩膀被長而薄的木牌往後拉，導致整個人呈怪異的抬頭挺胸姿勢。木牌頂端比犯人的頭還要高出近一公尺，上面是毛筆寫的黑墨中國字，寫明罪狀與槍決此人的軍令。這兩人原本被拘留在中國監獄，位於上海過去的猶太難民居留區，環境破敗；他們從監獄出發，登上美國提供的敞篷軍用卡車。大卡車上擠滿警衛，緩緩載著兩名囚犯駛出華德路監獄，遊街示眾，最後開往郊外，在刑場停下。華德路監獄有自己的刑場，之所以刻意把這兩人送往城郊行刑，是為政治與宣傳之便。此外，官方特地將兩名日本軍官帶到城外公開處決，也是為大眾提供宣洩情緒的機會。將近五年前，日本皇軍在同一個江灣刑場處決數名美軍，也就是在一九四二年著名「杜立德空襲」中攻擊東京的空軍兵士。

一九三〇年代的華德路監獄是世界最大監獄，以禁止囚犯說話而惡名昭彰，且獄中疾病橫行，犯人情狀悽慘，從來沒有人逃獄成功。二次大戰結束後，華德路監獄由美國短暫接手，用來關押日本與其他國籍戰犯。後來國民黨取回監獄，以關押更多日本戰犯嫌疑人和在內戰一觸即發的當下製造麻煩的中共黨員。到最後，也就是一九四九年中共掌握大陸政權後，共產黨把他們眼中的「反革命分子」給關進這裡。這些「反革命分子」大多在國民黨政權擔任過公職，但也有其他人等。中共領袖毛澤東對這座前外國監獄的資本主義名字很有意見，於是依據所在地點將它重新命名為「提籃橋監獄」。[1]

江灣刑場執行死刑的當下，二次大戰在東亞已經結束將近兩年。然而，在這個曾是中國最重要國際大都會之一的上海，民眾依舊群情激憤，渴望血債血還。男人穿著日常長外套，頭戴西式帽子，與警員和農婦推擠在一起，人人臉上都掛著笑容。《西澳洲報》說現場群眾對著死刑犯「嘲罵」，「有人吐口水，還有人扔垃圾」。眾人推擠向前，想看犯人被處死的光景，一邊跟著兩名前皇軍軍官走向刑場，一邊朝他們咆哮。[2]某些日本囚犯選擇在受死前使用鎮靜劑，某些人則表現得更泰然。[3]米村曾下令活埋一百多名中國人，下田則被指控在日本投降當日謀殺數名中國人。兩人槍決後，中國報紙刊登了行刑後屍體血流滿地，怵目驚心的照片。

此時戰爭剛結束，這兩人的戰罪審判與後續處決在中國是大新聞，連日本那邊都有反應；但其他地方對此毫不在意，在西方也沒幾個人關心。一年多以後，在一九四八年接近聖誕節的時候，新聞界才開始興奮不已敲著電傳打字機連著電報線，傳播另外七名日本戰犯被處死刑的大新聞。東京審判判定日本皇軍的多名主將及一名前首相要為日本在亞洲的侵略戰爭負責，並在這一天於東京巢鴨監獄將他們處以絞刑。

七名日本領導人在東京被處決，此事重要性無與倫比，重要到東京審判法庭必須將長達一千兩百頁，充滿繁複法律語言的完整判決內容全部當庭公開宣讀，從一九四八年十一月四日一直讀到十二日，讓美國海軍軍官，同時也是盟軍占領期間擔任麥克阿瑟將軍政治顧問的西博德忍不住發牢騷，說這真是一場「累死人的儀式」。[4]法庭在一九四八年十一月十二日做出死刑判決，但執行日期是祕密決定，且拖了一陣子才在十二月底行刑。美國占領方想要盡可能讓日本不會出現支持戰犯的群眾集會或抗議活動。一九四八年十二月二十三日，美國以一種不太公開的方式將東京審判判決犯有「破壞和平罪」的甲級戰犯處以死刑，手段與中國上海那場萬民喧囂、昭雪正義的死刑大相逕庭。死刑執行前，犯人的晚餐只有米飯、味噌湯和烤魚。稍後，晚間十一點三十分，東條英機與其他三人被護送下到監獄一樓。

西博德以官方身分出席，奉命見證這場死刑。他記得盟軍觀察員是在晚間十一點五十分進入一間光線明亮的房間，「面朝一座長木臺，臺上懸掛五條繩索，繩索末端結成繩圈。」西博德說，他在門外能聽到裡面傳來「萬歲」呼聲，這是日本傳統的儀式性口號，「用以耀武揚威，或表達歡慶、哀傷、絕望等情緒。」[5]巢鴨監獄教誨師，佛教僧侶花山信勝回憶說，這些死刑犯齊聲高呼三聲「天皇萬歲」與「大日本帝國萬歲」，然後他給每個犯人一口酒、一片餅乾，但遭到松井石根之外的所有人婉拒，因為他們嘴裡的假牙都已被取走。[6]第一批四個人在午夜剛過沒幾秒時進入房間，口中都唸唸有詞，西博德猜想可能是佛教經文。死刑犯都身穿尺寸過大的美軍軍服，上面沒有任何標章配飾，據西博德說「這讓他們看起來變老，變得很老、很無助、可憐又可悲」。[7]犯人走上木臺，脖子套上繩圈，頭部也罩上黑布袋。一聲「執行」令下，死刑犯腳下活門同時打開，四人一齊墜落。

花山信勝記得，他原本從教誨師辦公室引著死刑犯走向絞刑室，而死刑執行那一刻他是在走回辦公室的路上。他寫道：「我聽見身後傳來匡噹一聲，那時我手錶上是午夜剛過一分鐘。」[8]接下來，第二批三名犯人也很快被送上絞刑臺，在十二點二十分處決。一名醫師迅速上前看視，用聽診器聽死刑犯心跳，然後正式宣告他們死亡。西博德寫道，這些死刑犯裡有人幾年前還在日本帝國叱吒風雲，如今他們的遺體全被火化，骨灰送往祕密場所處理，以免他們的埋骨地變成殉國精神的象徵（雖然這種情況最後在一定程度上還是發生了）。美軍軍官西博德在一九二〇與三〇年代待過日本，直到一九三九年軍國主義氣氛高漲時才離開。他說東京這場死刑讓他感到震撼。這裡的肅穆情景與上海那場粗野喧噪的死刑有天壤之別。西博德娓娓道來：「這幾個人曾掌握多少權力與影響力，如今卻孤獨死得不為人知，身邊都是過去的敵人。這場生命終曲有某種讓人無法招架的力量，因為在宿命論的日本，死亡的事實未必令人動容，但這種死亡的方式卻讓人印象深刻。」[9]

東京審判完結後，美國占領當局也就無意推動更進一步的戰罪審判，而這讓他們的中國同事很不高興。一九四八年十二月二十五日，國民黨立場的《申報》批判麥克阿瑟將軍釋放十九名尚未受審的甲級戰犯。[10]數日後，東京審判法官之一的梅汝璈公開表示他很不滿美國放走甲級戰罪嫌疑犯。獲釋者包括日本前外務省情報部長天羽英二、商工大臣岸信介，以及極端民族主義組織「黑龍會」創辦者之一葛生能久。梅汝璈說，這些人曾犯下罪行加害於中國人，他們因此被逮捕，所以應該移交給中國。蘇聯也反對釋放這些甲級戰犯，認為這標誌著同盟國在高層級戰罪審判中的合作再也進行不下去。[11]

戰後對戰時責任的司法裁決並沒有把該抓的日本人都捆起來，送到行刑場示眾，或至少是在一個比較祕密的地方隨著午夜鐘響處決他們。無論是日本本土，或前日本帝國各處，都還有不少當年日本帝國或合作政權的關鍵人物逍遙法外，沒有被抓也沒受處罰。對這些人來說，「終戰」已經演化成一個故事，說的是從戰爭到戰後的延續，無關乎死刑。這第三類人呈現的既是機緣湊巧與天時地利，也是戰爭結束後追究正義的成功與失敗。日本陸軍大佐辻政信是個自封為軍事天才的偏執狂；依據大多數紀錄，此人曾在新加坡與東南亞其他地方主謀犯下無數暴行，應該要被逮捕並接受戰罪審判。然而，辻政信同時也是個能力高強的間諜，他在日本投降時脫下皇軍軍裝，換上泰國僧侶的番紅花色袈裟，隱入朝聖人群，從此安然活著，始終未被認出，直到他自己在日本重新現身為止。一九五二年之前，也就是美軍結束對日占領之前，辻政信就已回到日本，但一直成功隱姓埋名，靠著朋友相助、右翼對他的金錢支援以及自身的狡猾。他在戰爭結束時先逃往中國，之後取道東南亞各國，繞了一大圈才回到日本。回國後他出版自傳，大吹大擂自己驚險刺激的冒險經歷，以及據說他協助東亞與東南亞民族主義團體在戰爭剛結束時對抗歐洲再殖民、爭取獨立的豐功偉業。一九五〇年，他將這些功績出版成書《潛行三千里》，在日本很快成為暢銷書。[12]當時日本報紙上的廣告都替他吹噓，說辻政信的逃亡旅途有多少動人心弦的遭遇，大力宣傳「七次面對死亡，四度穿越邊界——一段驚心動魄的『敗戰』祕事」。[13]

辻政信沒有像其他高階軍官那樣死在上海郊外的泥濘刑場，也沒有孤單在東京的明亮囚室中殞命；他逃過追捕，然後用他一路躲躲藏藏回國途中所悟出的所謂真知灼見，讓日本大眾為他瘋狂。占領當局此時要起訴他已經太遲，就算把證據拿出來也沒用。此外，辻政信後來竟還用他充滿爭議的「聲名」為資本，藉以獲得更多；他在一九五二年當選日本眾議院議員，之後又進入參議院。很多人被他騙得團團轉，連美國中情局都曾試圖吸收他來做情報工作。然而，依據中情局自己的分析，他們發現「辻其實是那種人，你給他機會，他就會眉頭都不皺就能去引發第三次世界大戰」。[14]一九五二年八月，辻政信在金澤對大批群眾演講，說「杜魯門是頭號戰犯，史達林是第二號」。[15]關於戰罪的課題，他還講過下面這句話：「美國人可能很難忘記珍珠港，但日本人更難忘記廣島與長崎。」[16]他在一九六一年以私人身分前往越南與胡志明會面，卻在途中神祕死亡。

一九四〇年代早期，主要是在倫敦，逃離納粹壓迫的流亡政府之間開始進行討論，於是法律的全球化與常規的國際化以此為中心迅速發展。中國也參與了這些討論。除此之外，世界各地也出現相同的辯論，共同加入這場全球盛會。一個想法由此逐漸浮現：我們可以用法律來解決政治亂象。這不僅受到自由民主派與他們在倫敦的代表所支持，也是全球一致表達的新觀點。[17]

這場關於司法與戰爭法的全球對話並非西方專屬，蘇聯也有重要選手下場，重新定義「破壞和平罪」並將範圍往外拓展。蘇維埃知名法學理論家與法官特萊寧提出他對「共犯理論」的看法，並協助建構「破壞和平罪」的概念。蘇維埃檢察官維辛斯基也倡議蘇維埃法學教條新理想，但此事可能頗為諷刺，因為維辛斯基在一九三〇年代負責史達林「大整肅」的法庭審判。用最婉轉的話來說，此人關於司法正義的某些想法很可能有問題。不過，談到戰爭法與國際法的課題，蘇維埃法學家是從一開始就主張「發動侵略戰爭」應該被列為甲級戰罪。國際上關於戰罪的意見形成高漲的湍流，其結果是「聯合國戰罪調查委員會」在一九四三年十月二十日成立。委員會由十七個同盟成員國構成，包括中國在內；後來委員會在重慶（國民政府戰時首都）設立分會以追蹤日本戰罪。實質上，聯合國戰罪調查委員會所管理的這場國際討論不僅擴展了「何為戰罪」的涵蓋範圍，也擴展了「可由法庭處理」的涵蓋範圍。「一九三九年之前，法學理論主張戰罪必須由軍事法庭處理，或由文職法庭採用戰爭法加以審理（英國外交部直到一九四〇年代仍遵循這項原則），且只能處理在該國領土內犯下的案件，或是加害於該國人民的案件。」很顯然地，聯合國戰罪調查委員會設立，表示國際上的想法有了重大變化。「法律裁決」可行的界限由此被往外大幅拓寬。[18]

與東亞地區其他類似審判相比，東京甲級戰罪審判的主要差別之一是冗長程度。東京審判從開始到結束足足拖了兩年半，正呼應了紐倫堡審判現場採訪記者薇斯特的名言：「法庭現場就是『無聊』大本營」。[19]相較之下，乙丙級戰罪審判一般都進行很快，且有時就在數月前盟軍士兵被殺被虐的同個地點舉行；這種審判現場就是要用法律來一報還一報。不過，戰罪審判無聊歸無聊，但還是可能刺激日本輿論，而這也是中方需要考量的事。就以甲級戰犯處決後發生的事為例，一九四八年十二月二十四日下午，日方人士原本預定在青山葬儀所舉行公祭，由巢鴨監獄的主要教誨師，看顧七名死刑犯最後時光的花山信勝來主持。

《讀賣新聞》在十二月二十四日早上宣布舉行公祭，[20]並說公祭主持人是花山，而東條英機的遺孀與其他死者家人也將會到場參加。占領當局在最後一刻下令取消公祭，但人群仍舊開始聚集，現場到下午兩點半已有一千多人，其中有的還是長途跋涉來向死者致意。花山搭乘《朝日新聞》的採訪車前來，告知在場某些人說「盟總」已經取消今天的活動。然後，或許是為了安撫群眾，花山又找來幾名僧侶，在現場安放靈位（上面寫著這些被處死領袖人物的死後法名），進行一場短暫儀式。陸軍大將土肥原賢二的親人也在場，儀式結束後他們都去咖啡店聊天；現場有便衣警察，但並未直接加以干預。整個活動約在下午四點三十分結束，所有人各自散去。[21]

國民黨戰罪審判：一九四六到一九四九年

東京審判逐漸推進，中國對己方羈押的數百名日本囚犯也要展開國內司法程序，但這邊要達成的政治目標卻與東京審判不同。我們要知道，當初日本帝國陸軍最後一任中國戰場指揮官岡村寧次都還沒與中方代表會面投降，國民黨領袖蔣介石委員長就已經在一九四五年八月的廣播中指示中國人民要對日本人寬大為懷，不要尋仇。蔣介石勸誡國民要以德報怨，其中混合了儒家道德觀、基督教教義與政治的圓滑，這是針對剛輸掉戰爭的日本人所提出的政策，非常有效。

談到中國舉行的對日戰罪審判內容，說得嚴重是具體而微反映日本帝國的恐怖，說得輕微一些，也是記錄下戰爭的既定目標在地方層級會變成什麼樣子。因此，中國在戰後時期對日本軍人的法律訴訟呈現兩個面向：第一，它留下了一系列紀錄，公開那些之前不為人知的罪行，揭示日本人在帝國統治時期所做所為。第二，它象徵中國在日本投降後試圖合理化權力的方式，也就是遵循「使用法律與秩序」的模式在國際上獲得其他盟國成員認同。

我們需要考量的是，東京審判的目標與國民黨所為之事的差異。東京審判由美國主導，所以焦點集中在戰俘問題，以及「日本對西方戰爭」的時間線是如何不同於「中國發生的事」。正因如此，中國一開始就用「破壞和平罪」指控數名被告，因為中國戰場在本質上就與日本對西方戰爭的演變過程有所差別。日本從一九三〇年代早期開始蠶食中國，數年間孵育出一系列暗殺與陰謀事件，其間策劃者與主事者多半是以中國為軍旅生涯重點的中階軍官。日本政府與軍方高層對美國開戰，決策出自內閣層級，於是最高階的文武官員也就成為美國追究戰爭責任的對象。然而，日方設計侵略中國計畫、執行陰謀的人卻不是這個層級。中國在戰後的此時是獨立狀態，而它該怎麼做？中國願意讓美國拿走「審判甲級戰犯」的頭等榮耀，然後再試著推展自己對「誰該為這場戰爭負責」的詮釋。從這裡就可看出，如果要用東京審判來為好幾個本質上全然不同的戰場結案，實在太過困難。另一方面，中國自己舉行的審判之間也有重大差異。一九四六年五月，國民政府還都南京，讓此地成為戰後國民黨政權的大本營；因此，舉行在南京的審判必須更有公眾宣傳的效果才行。一般情況下，戰犯是在接近被捕地點的法庭接受審判，但南京審判的大多數被告都是從其他地方或甚至是從日本轉送過來。[22]

一九四六年十月二十五日，中華民國「戰爭罪犯處理委員會」在會議中討論了國民政府戰罪審判程序所要達成的目標。當天與會者包括國防部長白崇禧、司法行政部刑事司司長楊兆龍，以及外交部代表王世杰。這場會議的討論重點，是怎樣讓外國人看見中國對日本戰犯的以德報怨。與會者都知道，中國當時缺乏國際法專業人才，所以主要目標應該訂為「預防出現在國際標準下不合格的審判」，而次要目標則是更積極在所有審判中明顯呈現己方的「寬大為懷」。會議最後結論，要在一年內進行調查並作出判決，如果做不到，那就決定不起訴這些犯人並遣返他們歸國。某些日本戰犯已經在東京審判當過被告，而國民黨不想讓他們來中國二度受審。另外，報告中表示，在戰罪審判庭工作的法務人員大多薪水極低，這對工作績效有很大影響；是故，找出增加薪酬的方法勢在必行。委員會還談到囚犯健康狀況不佳，原因應是寒冷或疾病，因此必須改善監獄環境。[23]

從一開始，中國進行審判的司法權責分散在數個有競爭關係的政府單位之間，缺乏一致性。整件事像是在下一盤法律圍棋，律師、被告、檢察官與外交官在這片地理區域內四處移動，各種事件、想法、地點與人物錯綜交織。東亞各方勢力可能為了逮捕起訴同一名日本戰犯而互相較勁，有時又會共享資訊或彼此合作。同時，特別是發生在日本本土的許多例子裡，會有大人物出於較具民族主義色彩的原因而動手阻礙司法正義。思想與人員的流動不但連結起各個審判，也成為戰後決定整個東亞有哪些案件能送進法庭的主要因素。

錯置的正義

我們在第一章提到，「百人斬比賽」這個日本侵華卑劣戰罪中的典型，最早的資料是報紙上自吹自擂的新聞報導，描述兩名低階日本軍官向井敏明與野田毅據說在一九三七年十二月間做出的行為。戰時日本媒體將這故事廣為宣傳，說兩人決定進行比賽，比誰能在大軍攻向南京途中先砍掉一百個中國人的頭。關於此事真偽有好幾個疑點，包括其中有爭議性的細節、日本新聞報導用的語言、這兩人在帝國陸軍中的實際階級、以日本刀的抗張強度不可能用同一把刀連續砍死那麼多人，以及其他許多令人不快的理由。[24]戰時日本的新聞報導絕對無關乎求真求實，「媒體把重點放在殺人計數，這不僅把敵人『非人化』成為抽象數字，還將戰場暴力轉變為一場現代遊戲，讓讀者能輕鬆比較、歸類與追蹤遊戲結果。」[25]我們可以說，日本在宣傳軍事擴張所向披靡的這件事情上已被沖昏了頭。一九三七年十一月底到十二月初的南京攻防戰中，日本媒體鋪天蓋地大肆渲染個別軍士的英勇事蹟，放在最醒目的地方當作宣傳。這些報導不但呈現日本帝國的侵略戰戰術，也表現出日本對中國的仇恨。

「百人斬比賽」的戰罪審判歷史可說多采多姿，甚至是變化無常。這場審判與「南京大屠殺」整個歷史事件密不可分；既然兩名日本被告都在戰後一九四七年南京戰罪審判中被判有罪，此案也就獲得「法律判例」的護身金鐘罩，不論證據本身有多少問題。因為此案當時頗受媒體關注，所以必須由中國法庭來確認這是「法律事實」。翻開任一本中國現代史，對日抗戰這部分的一大重點就是「百人斬比賽」。[26]相對而言，日本教科書對此事基本絕口不提，不論它到底是史實還是想像。它藉著義務教育烙印在中國學童腦海中，反過來卻也在日本點燃公眾激情。一九七〇年代早期，日本記者本多勝一訪問那些據說親歷「百人斬比賽」的中國人，讓這個故事在戰後日本復活。[27]二〇〇三年，「百人斬比賽」兩名（被判死刑）軍士的後人將包含本多在內的幾間報社與記者告上法庭，罪狀是毀謗名譽。日本法庭在二〇〇六年駁回原告要求，表示就算原告難以接受這段家族歷史，他們也未能證明此事不存在。現在很多人都認為，「百人斬比賽」故事至少有一部分是當時日本媒體所編造；那麼，為什麼日本法庭卻給出這種結果？我們要知道，法庭分析的不是歷史事件真實性，而是關於此事的任何敘事是否有損兩名被處死日本軍士的名譽。[28]

一九四七年十二月十八日，南京軍事法庭開始審理向井與野田案件。到了一九四八年一月二十七日宣判日，國民政府將審判結果寫成大海報貼滿了整座南京城。政府宣布，依據呈堂證供，這兩人殺害中國俘虜與非武裝平民被判有罪，將在一月二十八日中午於南京郊外雨花臺刑場執行死刑。[29]雨花臺現在是國家管理的公園，裡面有烈士陵園，紀念死於國民黨「清黨」與國共內戰的共產黨員，沒有任何痕跡顯示這裡在戰後初期曾被用來處決日本戰犯。在南京城外這個大型公共景點，「中國共產黨受害史」的重要性壓倒任何討論或紀念日本戰罪的意願。這和北方瀋陽的「審判日本戰犯法庭舊址陳列館」或南京的「利濟巷慰安所舊址陳列館」不同，歷史的絲線在雨花臺被截斷了。

「百人斬比賽」在中國受人矚目還有一個原因，卻是出在挖掘出這段故事的人——高文彬身上。中國學界在二〇一一年重燃對東京審判的歷史分析熱情，於是東京審判少數還活著的法務人員之一高文彬成為最熱門的採訪對象，受到中國媒體大肆報導，直到他在二〇二〇年以九十九歲高齡逝世為止。高文彬在一九四六年五月被派往東京審判當英語翻譯官。我們會以為，「百人斬比賽」既然發生在南京與周圍地區，當地中國人戰後必然義憤填膺想要討公道；但高文彬的回憶卻呈現事情並非如此。東京審判期間，高文彬在日本蒐集日軍暴行證據，因緣巧合發現這故事；在他介入之下，才導致向井與野田遭到逮捕。諷刺的是，高文彬竟然在日本報紙裡找到了控告日本戰罪的證據。[30]中方追討正義的手段是如此的亂無章法嗎？還是像其他資料所敘述的那樣有條有理？舉例來說，高文彬本來是翻譯官，後來成為東京審判中國檢察官向哲濬的助理，而正是因為他被移到這個顯要職位，才能恰巧促成後來中國南京這場象徵性極高的戰罪審判。他的故事，讓我們可以看見東京甲級戰罪審判與中國國內舉行的乙丙級戰罪審判之間的關聯。高文彬戰後多次接受訪談，他說的故事在過去十年間頗受中國媒體注意；他說，自己起的是催化作用，因為他在戰爭剛結束時閱讀日本新聞報導，這才揭露「百人斬比賽」的事實。[31]

戰爭責任與戰罪審判——追究正義

「戰爭」與「戰罪」的一個問題是：戰罪行為與當事者國籍並不受國界限制。比如美國軍方就派遣戰罪調查隊來中國，弄出一個上海戰罪審判，來跟那些傷害過美國軍士（或說美國利益）的人算帳；而這麼做的不只美國，英國也是。英國駐南京大使館在一九四六年八月一日致信中方，表示英國戰罪調查團即將前來；這團隊中某些成員戰前曾在上海擔任警官，當時上海還是個國際城市。英方請中國理解並提供協助，尤其是在接觸前日本憲兵隊成員這件事情上。[32]英國特別關心上海「大橋監獄」發生過什麼事，希望中方提供曾在該處任職的日本人名單，以便將他們送上法庭。[33]此外，英國外交部還請中國幫忙，在上海建立英國第九戰罪調查隊。[34]

我訪問了上海軍事法庭書記官李業初之女李志群，以便從個人角度理解國民政府在當時環境下如何與他國競爭。李志群很有活力、很健談，告訴我們許多關於父親生平的故事，以及他如何參與米村春喜、下田次郎這兩名窮凶極惡日本戰犯的審判過程（此二人被處決的情景見本章開頭）。李志群表示，她父親曾親口跟她講過兩名日本軍官臨刑前被卡車載著遊街示眾的詳細狀況。卡車被大批民眾包圍，李業初不得不拚命拍車門，向民眾大喊要他們讓開。李志群說，車子通過市區時，群眾用各種東西丟擲兩個日本死刑犯；這行為的確「不文明」，而她父親在現場也得一直要求民眾配合。李志群說，他父親當時是「讓每個人控制自己的情緒。叫大家讓路啊，讓路啊，叫市民們互相配合啊。拚命地拍車門，〔把〕手銬拍壞了」。[35]依據《中華日報》報導，死刑犯在下午三點十五分由監獄出發，進行遊街，然後在下午四點四十五分抵達刑場。[36]

李業初想把製造公眾騷亂、讓日本犯人臨刑遊街時遇上大批騷動群眾的責任攬一部分到自己身上。李業初是當時的上海軍事法庭庭長李良的書記官，李良也是知名法學專家。李業初說，李良最初開會時原本要求法庭法官、檢察官等不得對外公布處刑日期；是李業初去請求李良改變計畫，說上海淪陷已久，深受日軍殘害，必須將死刑犯遊街示眾，才能讓中國人民「揚眉吐氣」。李良同意了。然而，執行死刑時，群眾暴民般的表現卻在國際上激起意料之外的反彈。這場行刑大戲落幕約一個月後，法庭收到國防部寄來的包裹；李業初打開包裹，發現裡面是外國報紙剪報，內文都在批判中國將日本死囚遊街示眾。李業初說，國防部的來信內容簡單講就是中國做事方法「引起友邦不滿」。他起草了一封回覆稿，承認遊街示眾是自己的主意，然後將回覆稿交給李良過目；李良將回覆稿中的「李業初建議」改成「本庭認為」，意思是由庭長本人擔下責任。李良後來被罷官，原因似乎就是美國政府與其他「友邦」對他不高興。[37]

李業初回憶起審判當時：

我於一九四六年十月五日帶隊去常熟，通知《申報》與《新聞報》派記者隨同採訪。鄉親們憤怒控訴：米村殺人如兒戲……王阿根等當地人指出米村掩埋中國人的地方有十來處，領我們查勘發掘。記得來到天臺崗附近一個高出地面尺把的土墩，鄉親們馬上用鐵鍬掘挖，不幾鍬就聽得『喀擦』一聲，幾根白骨暴露土外，再挖下去又露出具具屍骨，有橫臥，有直立，有的有身無頭……我裝了幾蒲包遺骨做證，記者當即拍照登報。正式審判時，李庭長關照把那些白骨堆放在審判臺上，滿庭幾百人無不怒髮衝冠，聲淚俱下。[38]

李良在抗日戰爭前是上海高等法院民事庭庭長。上海淪陷後，日軍占領法庭，要求李良與其他數名上海司法界人士替日本工作。李良拒絕，因此被捕下獄。李良在回憶錄《國難集》中說到被關在日本監獄的這段經歷：「獄與廁連，無分男女中外，雜處一室，就地坐臥，日給三盂，一粥兩飯，鹽箸俱無，為國受辱，食難下嚥。」[39]

在另一次採訪中，紀錄片中一幕是李良之女李家璟獨自接受訪談，她對我們的導演說：「先父被捕，先母為了打聽先父的真實下落，日夜奔走，驚嚇和焦慮，不久便折磨成奄奄一息的病人。哥哥弟弟都是因為家裡太窮，餓死、病死；不然的話，他們現在還活著呢。」一九四六年七月戰爭勝利後，四十八歲的李良接受新任命成為上海軍事法庭庭長，並被授予少將軍階。[40]

李志群人很好，跟我們談的時候言無不盡，可惜她不允許我留一份她父親李業初日記的副本。我很確定，藏在手寫書頁裡的內容，遠比書中夾的那些剪報新聞要多得多。訪問結束後，發生一件在我參與製作紀錄片過程中屢見不鮮的事：李志群獨自一人跟著我下樓，走進小巷，在別人聽不見的地方有話對我說。她告訴我她父親在國民黨軍事法庭審判之後的遭遇，說一九五〇年代中期，李業初的鄰居裡有人舉報他，於是他被帶去警局，被打成「反革命」，草草審判，判了八年徒刑，罪名是「疑似參與國民黨對日本戰罪審判」或類似的羅織出來的東西。不久之後，這位在國民政府審判日本戰犯時出力貢獻的前法庭書記官被送去遙遠的青海省進行共產勞改。到了一九六〇年代中期，他本來已經要刑滿釋放，卻又被共產黨定為「反革命」戴高帽批鬥。李志群告訴我，李業初最後是在一九八〇年才回到上海。這種故事在中國並不稀奇。

關於這個課題，我們在山西太原也訪問了劉林生，他父親也是與日本帝國戰爭機器產生關聯（只是方式不同）的人，且他同樣告訴我，他父親在戰後受到苛待。劉林生是大學教授，代表作是《中國的奧斯威辛：日軍「太原集中營」紀實》，講戰爭期間太原市內囚禁中國人的日本集中營。[41]雖然用猶太大屠殺來類比顯然不當，但這本書還是很有資料參考價值。瀋陽戰俘營主要關押的是西方軍人，而在劉教授協助下得到研究並最後成為物質文化遺產的太原戰俘營，則是中國現存少數囚禁中國軍士的日本戰俘營。[42]我在第一章說過，目前學術界的研究中，對於「受日本皇軍拘禁的中國戰俘」這一塊還是著墨甚少。

在太原市，這個關押中國戰俘的營地環境很破爛。幾年後，日本戰犯反過來被關押在同個地方，等待太原方面進行的戰罪調查與審判時，環境條件才得到改善。劉林生告訴我，說他自掏腰包購買了一塊形狀像山西省的碑石，將它樹立在戰俘營遺址之一前面當紀念。劉林生的父親在抗戰期間被日軍俘虜，關押在其中一座建築物內。太原市政府的都市計畫本想把遺址所在地劃為擴大工業區，但劉林生設法成功籌募到資金來修復監獄建築。不過，劉林生也說，他父親生前什麼都沒跟他說；是直到父親死後，他讀到父親寫的回憶，這才知道父親曾被關在太原。或許因為我是外國人，處理的是發生在異國他鄉的日本戰罪問題，所以我在中國似乎總遇到這類情況，我的訪談對象會跟我說一些他們不想在中國公開講的細節。當我們結束拍攝、收起攝影機之後，劉林生跟我說，他幾年前也接受過《衛報》訪問，他告訴那位外國記者：他父親是被日本人關過，但逃了出來；諷刺的是，他父親在戰後反而因為文革而被共產黨監禁更久。劉林生接受中國電視臺採訪時，就沒有在鏡頭前講後面這句。我把情況告訴導演，他們表示知道這整件事的前後矛盾，也知道這個矛盾並沒有被拿出來批判，但我們不能把劉林生父親的雙重歷史敘事放進紀錄片裡，否則影片無法過審。《衛報》那篇報導是這樣說的：

劉林生之父曾在一九四〇年十二月到一九四一年六月被〔日本人〕囚禁，卻又在六〇年代被送往內蒙古勞改營，回來的時候已成了廢人。劉林生說，「我父親老是講，『日本人關我七個月，共產黨關我七年。』」43

有意思的是，劉林生之所以起心動念想找出父親當年被囚地點，是因為兩名日本前戰犯在戰爭結束很久後回到太原，想向當年的受害者致意與致歉。太原市政府幫這兩名前日本軍人找到建築物遺址，於是開啟劉林生的「考古」之路。

李志群與劉林生所說，都呈現中國司法系統中的舊人在戰後受到不公對待，這實在令我深思。值得注意的是，雖然他們不想到處宣傳自己父親前後兩度被關的經歷，但故事其實早已公開。劉林生父親的經歷得到外國記者報導，李志群的父親則在一九八九年發表過一篇文章，文章最後有一段「整理者按」：「李業初先生……解放後曾長期冤獄流放青海，一九八二年才獲得徹底平反。」44

國民黨戰罪審判的成敗功過

「中國第二歷史檔案館」位於南京，它與上海交通大學的東京審判研究中心合作，出版許多國民政府審判日本戰犯的相關紀錄。檔案館副館長馬振犢在新資料出版序言中說：這些資料先前之所以無法公開，有一個考量是中方擔心日本右翼勢力（否認日軍二次大戰暴行）的反應。[45]馬振犢這話說得不老實，因為真正的阻力來自中國本身政治運作，才導致這些重要資料這麼晚才公開。實話實說，我十二年前就申請過這些資料，卻被打了回票！

關於國民黨的對日戰罪審判，上海交大東京審判研究中心研究員劉統提供了他自己的看法。[46]他說，這些審判確實是在一個嚴酷的司法與國際環境下盡了很大努力要追究正義，但也必須承認它們是有缺陷的。劉統的觀點相當程度與我之前的研究所得相符，但他藉由深入掌握檔案資料而能獲得更進一步結論。他認為，當時有一個關鍵因素阻礙國民黨在國內舉行更多、更重要的審判，那就是「證據不足」；而導致戰罪審判缺乏確證的原因則又同時來自好幾方面。劉統找出日本、美國與中國的統計數據，將真正送上法庭進行審判的戰犯數目列表統計，發現當時約有二千二百五十九人被逮捕，但最終只有百分之三十八在中國軍事法庭上被判輕重不等的罪。百分之四十一左右的日本犯人被判無罪或甚至完全沒有進入控告立案程序。[47]「缺乏證據」這個問題導致計畫與實際行動之間出現巨大落差，也從核心開始嚴重侵蝕國民政府針對日本戰罪追討正義的能力。同理，審判日本憲兵隊或設在城市內特務機關成員的證據比較充足，因為中國民眾能用親身經歷來作證。相比之下，對於那些被控犯下大規模暴行的高階日本軍官，中方能拿出來的人證就很少。除此之外，還有其他問題造成中方難以取得確鑿證據。某些中國人直接助紂為虐參與日本暴行或至少對此所知甚詳，但他們通常都是別人眼中的

「漢奸」；這些人並不想把知道的事說出來，以免捲入戰後更加複雜的情況。[48]

國民政府審判日本軍事機器時，採行的模式完全不像正常戰勝國審判戰敗國的樣子。國民黨出於自己的利益考量，想和日本在戰後重建和平關係，而這相當程度上影響戰罪審判政策。歷史學家嚴海建由此做出評價，說國民黨追究正義的態度是既「寬大」又「寬縱」。國民黨審判戰犯時寬大處理，使得國民政府得以及早與日本簽訂和平條約，但這種在正義問題上偶爾「放水」的態度，也給了日本某些勢力太多想像空間，讓他們可以對日本戰罪的真相懷抱模稜兩可的認知。國民黨的模糊性最後依舊有害於中日關係、阻礙東亞重建外交的過程。[49]這個雙面性正反映當時中國國際地位。國民政府急於透過戰罪審判呈現自己是戰勝國「四強」之一，呈現自己是在戰爭剛結束時為保障正義而進行國際協作。然而，與此同時，中國國民黨各階層首腦也都知道，自己的實力遠遠不足，不敢做出與其他同盟國家分歧太大的行動。中國在東京審判成功讓南京大屠殺獲得重視，但整體卻未能在國際上強調日本在華、對華戰爭的特殊性，強調這裡應有一套不同的審判原則，不會跟其他地方審判日本帝國侵略行為的原則完全一致。從這方面來說，國民黨確實沒有做到替人民爭取正義。[50]

為了追究日本戰罪，中方在經費有限的情況下盡力要求細節。然而，國民黨在一九四九年將司法程序作結，審判後沒多久，韓戰在一九五〇年夏季爆發。這個新戰場讓重建中的世界秩序再度洗牌，迫使西方放下無益於現狀的戰罪審判。如今看來，其實當時各方都在問「我們為什麼要舉行戰罪審判」，都在絞盡腦汁思考這件事的意義與特殊性。這絕不是個中國專屬的難題。

第八章　毛澤東時代的中國：創造法律大劇場

一九四九年末，毛澤東宣布中華人民共和國建國，國民政府所有法律自此失效。既然毛澤東與共產黨已掌握中國政權，那也該是時候經營新的國際合作關係。不久之後，毛澤東踏上第一次出國之行，前往蘇聯去見他的共產主義贊助者史達林。雙方拖了好幾年才終於達成這次會面，但現場氣氛似乎不太融洽。毛澤東告訴俄羅斯通訊社「塔斯社」的記者，說他可能要在蘇聯逗留幾星期，將雙邊對等關係中的問題處理妥貼。[1]

數年後，毛澤東回憶起自己首度訪蘇的情況：「〔一九四九年十二月〕我到莫斯科的時候，他〔史達林〕不想跟我們簽訂友好條約，不想廢止跟國民黨的舊條約。我記得〔蘇方翻譯〕費德林和〔史達林派往中華人民共和國的特使〕科瓦廖夫向我轉告他〔史達林〕的建議，要我四處走走，參觀參觀。我對他們說，我在這兒有三個任務：一、吃飯；二、睡覺；三、拉屎。我來莫斯科不是只為了給史達林祝壽。所以我說，如果你們不想簽訂友好條約，那行，我就每天做這三件事。」[2]

國民政府與蘇聯在一九四五年簽訂中蘇條約將蒙古分割，讓外蒙古獨立。毛澤東對此很不高興，但史達林毫不退讓。中華人民共和國與蘇聯在一九五〇年二月十四日重新簽訂中蘇條約，內容對中國還算優厚——蘇聯在五年內提供中國總計三億美元軍事援助，並將大連港在內的租界移交給中國。當時中國失去了日本科技人才，因此很需要大量外來專家協助進行工業化；蘇聯承諾提供數萬名顧問，但要求中方給予高薪（這點與過去的不平等條約並無不同）。此外，縱然西方國家已於一九四三年取消在中國的領事裁判權，新條約內容仍規定蘇聯顧問不受中國法律管轄。

共產黨在一九四九年秋取得政權，但新中國仍是風雨飄搖、問題叢生。那麼，為什麼在這個剛打完大規模內戰、正在進行鎮壓「反革命」運動的時候，中國共產黨覺得有必要舉行自己的對日戰罪審判？這項政策依舊根源於一個想法，就是要施用「競爭的正義」來處理日本戰罪以獲得國際肯定。對於戰罪審判，中國在各方面都很不滿，包括東京審判所造成的影響；中國人覺得，東京審判並沒有讓占領日本的美國正確學到「正義」這一課。梅汝璈這位前東京審判法官就在一九五〇年發表文章，於中國共產黨黨報《人民日報》將他的憤懣形諸文字：「麥克阿瑟釋放日本戰犯嚴重違反中國人民利益。」梅汝璈強調，麥克阿瑟「專橫悖謬的措施」於法無據且違反國際協定。要知道，美國占領當局早在一九四九年底就已開始猶豫是否真要把日本囚犯關滿刑期。一九五〇年三月，美國設計出一套用於巢鴨監獄囚犯的假釋系統。新法令規定「任何戰犯若在獄中表現良好，可減免三分之一刑期」。[3]

美國的這一步尤其惹怒中國人。相比之下，蘇聯才剛在一九四九年十二月於伯力開庭，追究日本的細菌武器戰罪。[4]從資料看來，是蘇聯外長維辛斯基主動向中共提起，說要從蘇聯拘留在西伯利亞的日本俘虜中精心挑選一千人「贈與」中國。（日本投降後，超過五十萬日軍以及一些傀儡政權滿洲國官僚在當時立刻遭到蘇聯非法拘禁。）我們尚不清楚蘇聯向中國輸送日軍俘虜目的何在，但維辛斯基話裡似乎暗示蘇聯希望中國學習蘇維埃社會主義司法前例，自行舉行審判給外國看。[5]一九五〇年一月六日，維辛斯基在他的祕密日記中寫道：

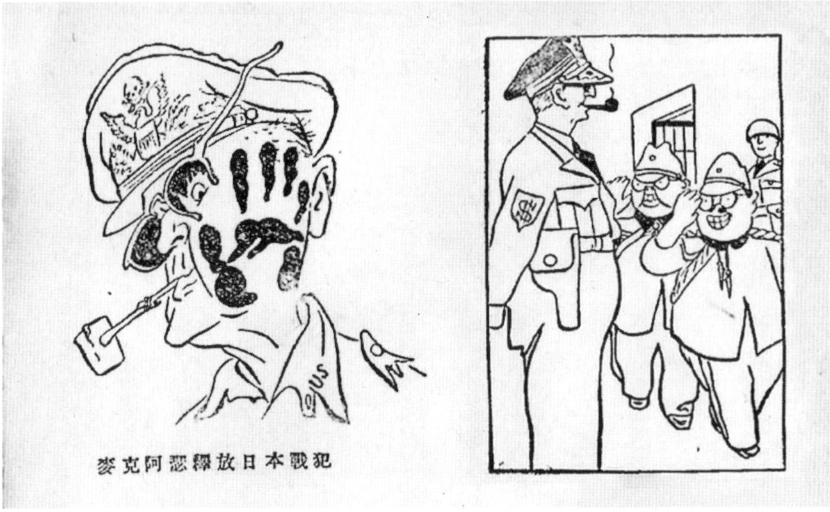

圖 8.1 中共批判麥克阿瑟釋放日本戰犯的漫畫。〈戰犯麥克阿瑟〉，《宣傳畫參考資料》第 1 輯，人民美術出版社，頁 6。（這系列宣傳漫畫創作年代不詳，很可能是韓戰期間。）

(1)整體而言，日軍戰犯必須被送往中國接受審判，這沒問題。(2)但中國政府想把日軍戰犯跟國軍（國民黨）戰犯同時審判，約計畫於一九五一年上半或下半年進行審判過程。因此，蘇維埃政府最好同意暫時將前述日本戰犯留置蘇聯，差不多留到一九五〇年下半年為止。依我所見，既然蘇聯有相對應的義務——在一九五〇年一月遣返所有日本戰俘，那更方便的做法或許是同意將日本戰犯形式上視為已移交中國，但事實上人暫時留在蘇維埃領土上。毛說這是他認為最權宜實際的方案。[6]

複雜的是，當時中共一邊要尋求處理日本戰犯的方法，一邊又要終止中國國民政府時期的司法結構。當時革命奪權告成，廢除舊政治架構相對來講還算簡單，而且這種政策一開始極受民眾歡迎。毛澤東宣揚說，中國要實行「人民民主專政」，而法庭、軍隊、警察這些「階級壓迫階級的工具」最終也應當消滅。毛澤東在大多時候是非常認真要這麼搞，但遇上日本戰犯問題就不一樣了。[7]從中日戰爭開打，直到最後，中國國民黨與中國共產黨都想要求得同一件事，經歷改朝換代也未曾動搖，那就是「國際法層級的平等」。[8]

基本上，共產主義意識形態主張追求蘇維埃所稱「人民的正義」。此一概念強調法律應為（無產）階級服務，但同時又認為法律的重要性不及政治目的。[9]法律不能獨立於國家而存在。[10]法律顧問維辛斯基曾任蘇聯外長，他是社會主義法學理論的重要學者，作品在其他立場類似的國家裡很有影響力。維辛斯基在他討論蘇維埃法系的代表作《蘇維埃國家的法律》中表述：新的社會主義法律是設計來維護被剝削者不受剝削者控制。[11]這話表面上聽來極具烏托邦氣息，但底下卻暗藏不祥。社會主義法律的基礎核心其實是要抬高國家地位，幾乎不花心思討論自由民主概念下所謂「權利」與「法治」。維辛斯基這本書言辭浮誇，對所謂自由民主國家的法律型態大表痛恨之情，但也呈現了蘇維埃法律意識形態在社會主義樂園中當如何運作：「布爾喬亞（資產階級）的國家與法律理論是為剝削服務，至於創造這些理論的人，他們的個人抱負與希望則被完全忽視。那些致力於發展國家與法律理論的蘇維埃知識分子，他們的第一要務就是揭露布爾喬亞理論真面目。」[12]美國後來對共產中國社會主義法律加以評估，認為它是集中火力打擊最惡劣的「試圖顛覆新社會主義秩序」的人，藉此組織並管理一個革命社會。這套法律的真正目的是要「強化人民民主專政」。中國對自身法律的認知則是：「我們刑法的任務是用懲罰手段向所有叛徒、反革命與其他罪犯發起鬥爭，維護人民的民主體制與社會秩序不被傷害，教育人民自發守法，以此維護並促進國家社會主義建設與社會主義改革的成功。」[13]簡言之，社會主義法律是用來達成國家的政治目標，與「真相」或「正義」這些較深刻的課題無甚關聯。

新中國想要一個能在法律上被平等對待的國際地位，且新中國領袖也想要證明中華人民共和國屬於文明國家的一員。一九五〇年一月四日，在中國政法大學剛成立的「新法學研究院」開學典禮

圖 8.2 華東畫報社一九五〇年出版《解放前後大不同》書中一頁，描繪中華人民共和國社會主義法律如何優於腐敗的國民黨法律。圖片取得自芝加哥研究圖書館中心。

上，院長沈鈞儒對著三百多名法律專家致詞，要他們徹底改造思想，成為人民的司法工作者。沈鈞儒在二十世紀初留學東京研讀法律，後來成為中央人民政府最高人民法院院長。這個人非常有意思——他是舊時代留下來的老律師，卻在社會主義榮光中看見未來。沈鈞儒說，中國新法學研究院的成立，就是為了改造舊司法人員。新中國各方面正在生長，新的人民的法律也正在創造，為鞏固人民民主專政，須培養大量司法人才。沈鈞儒認為此事需從三方面著手：(1)提高革命政權中的司法工作者；(2)改造舊社會的司法人員；(3)培養新的司法工作者。這正是新法學教育機構成立的目的。他還號召全體學生努力學習馬列主義、毛澤東思想，以及老解放區的司法經驗和蘇聯的法律知識。接下來是董必武致詞，這位中國共產黨創始人之一的法學專家說，思想改造是困難的、痛苦的，尤其是知識分子，但只有改造了才能為人民服務、做人民的司法工作。而後，司法部李木菴副部長、法制委員會陳瑾琨副主任委員、最高人民檢查署藍公武副檢察長等相繼講話，指出必須放棄過去舊知識分子、舊法律理論、舊司法經歷等包袱，克服個人主義的毛病，克服輕視勞動、輕視群眾等觀點，才能成為人民的司法工作者。[14]

到了一九五〇年六月十七日，沈鈞儒又在全國人民政治協商會議（簡稱「政協」）上清楚表達政府對司法與法律的態度：「廢除了舊法院壓迫人民、愚弄人民的司法制度，建立了依靠人民、聯繫人民和便利人民的司法制度。」[15]

一九五〇年夏天過後不久，中國收到蘇聯送來約一千名日本囚犯。當時調查工作尚未展開，也未曾進行任何審判程序，但中國媒體與政府文件就已經公開給這些日本人貼上「戰犯」標籤。戰俘交接經過精心安排，地點在中蘇邊界綏芬河。一九五〇年，隨著日本投降第五年紀念日即將到來，梅汝璈法官在中國報刊上抒發己見，談他怎樣看這個前敵國可能的發展。他看到過去數年間美國占領日本情形，認為美國對日本那些自私的法西斯政策正在毀滅一切。梅汝璈特別提到占領當局打壓日本共產黨，以及日共領袖伊藤律對占領當局口誅筆伐。梅汝璈說，伊藤聲稱「你打倒我們一個人，我們就會站起來十個人」。這些話其實頗為諷刺，因為伊藤在三年後就會被北京的共黨領袖非法隔離起來，監禁超過二十五年，沒有罪名也沒有審判。這件事當時除了中共高層核心之外無人知曉，所以不知情的梅汝璈顯然還對日共統治日本的未來

圖8.3 《美帝扶日真相》封面（石家莊：華北新華書店，一九四八）。

懷抱希望。或許正因這份希望，梅汝璈才願意擔任中共戰罪調查團隊的顧問；他寫道，日本必須反抗美國帝國主義，與占領當局對抗，才能獲得最後勝利。[16]

一九五二年，梅汝璈又寫了一篇文章〈全亞洲人民對於日本人民的期待〉，繼續扮演他談論戰罪問題與中日關係的公共角色。他表示，「日本已經被綁在美國坦克上，在這波極端軍國主義復興之中最受到戰爭的嚴重威脅。」[17]梅汝璈這篇文章引用日本左翼分子高良富對日本重新武裝的評論，以及帆足計等人表達日本想遠離過去那段侵略歷史。他用日本左傾政治人物的話，來表示中日關係可能改變。藉著高良富等人說法，梅汝璈表示，他知道日本人想要和平而非戰爭，「不想被拖上這條『愚昧的自殺之路』」。[18]過幾年後，梅汝璈又在中國的廣播節目中重申前義，表示中國對待日本戰犯的方式「嚴正、寬大」，「表現極高的人道主義精神」。[19]

中共展開戰罪調查

對日抗戰爆發時，王石麟還在北京朝陽大學（現中國政法大學）研讀法律；隨著情勢惡化，他南下繼續讀書，最後加入戰後重建中國的新法律團隊。一九四九年秋，共產黨宣布中國解放，而王石麟很快就被中共中央政府徵召參與研究戰罪問題，並組織起一個調查隊伍。團隊成員起初對任務毫無所知——都是最高機密。接下來，他們得到解釋，並被告知他們的工作必須保密。王石麟甚至不能跟家人講自己的新職位。他說，一開始他從太原被送去北京加入調查團，任務是把所有必需的法學知識全塞進法務人員頭腦裡，讓這些人獲得充分準備來推進檢方團隊工作。團隊成員的上課老師包括梅汝璈法官（東京審判的中國法官），以及數名擁有國際工作經驗的高階法律工作者。很顯然，中共希望在將來可以舉行戰罪審判，或至少是為日本帝國的惡行留下法律紀錄；為此，他們盡一切力量要確保程序不出問題。王石麟不記得梅汝璈上課的詳細內容，但我們可以從梅汝璈在媒體上發表的評論猜出一些。中共政府想拉近中日關係，於是把美國當成新的帝國主義惡魔來恣意批評謾罵。書記官李放回憶說，針對日本囚犯的調查直到韓戰結束才真正展開。李放原本是河北省公安廳偵查隊長，在一九五三年十二月調職北京，進入調查團隊。[20]

今天，法律團隊成員大多都已不在人世，但他們的事蹟被記錄在兩大冊《回憶改造戰犯》書中流傳後世。[21]王石麟還記得，他跟同僚剛開始工作時，對東京審判知之甚少，只曉得日本首都曾舉行過這樣一場審判。不過，從一開始，團隊大部分成員都對這項新工作缺乏熱情，比如王石麟就不認為日本戰犯值得被送上法庭審判。工作團成員需要學法律、學歷史，而中共高層成員也需要花時間精力來說服工作團成員好好做調查。「審判日本戰犯」不是一個既定章程，因為很多調查員原本都不想遵從指令。王石麟說，是周恩來總理決定不要將這些人直接處決了事；周總理在開會時向負責調查工作的團隊作出解釋，他用了一套說法，但意思就是處死日本人不會讓中國求得正義。中共中央政府顯然用心想要確保調查順利進行，一方面要小心謹慎探求證據，一方面也要給日本戰犯施壓，讓他們招認罪行。共產黨希望審判的結果都在預料之中，終極目的是讓犯人在法庭上自行公開認罪。王石麟在北京經過充分學習與訓練，又過幾個月，他被派往北方遼寧省的撫順監獄（正式名稱為「撫順戰犯管理所」），但他說他在那裡沒待很久就返回太原。

王石麟把他偵訊日本囚犯的慎重做法都告訴我們。他的偵訊對象包括富永順太郎與城野宏，城野曾是日本皇軍軍官，日本投降後他立刻投靠山西省的國民黨領導人，準備讓日本帝國東山再起。富永也是前皇軍軍官，當時五十幾歲，承認自己曾以鐵路警察的身分臥底。王石麟對我說，起初富永不願開口，消極抵抗的態度導致調查無法推進；他為此坐困愁城，因為只要犯人不講話，中方就束手無策。最後，他們花了數個月的耐性與努力才有收穫，而王石麟承認他起初很不想這樣做。他還說，調查需要時間，因為團隊成員都得從經驗中學習怎樣對待日本囚犯。他們不能一開口就說對方是「戰犯」，因為日本軍官不認為自己算是戰犯。[22]所以他們要用正確的頭銜與姓名來稱呼囚犯，然後持續施加壓力。調查工作進行了一個月又一個月，然後變成一年又一年。這個經驗對當事者的影響不可小覷；「日本鬼子」在中國是人人耳熟能詳的說法，但王石麟接受我們訪問時完全沒有用這個詞來稱呼日本戰犯。

中共的戰罪審判之路

中共政府重建秩序的一個手段就是實施新法。法學家董必武是建立新中國共產主義法學意識形態的功臣之一，他在還沒當上人民最高法院院長前就曾發表評論，談的是法律本質，以及為什麼中國人需要學習更多東西。一九五四年六月，董必武在第六次全國公安會議上發表一篇冗長演說，指出幾個關於培養群眾使用和理解政治法律思想的問題。他舉了數個例子來闡明論點，然後說帝國主義者與反革命分子「他們破壞我們是必然的，他們要破壞我們的事業和我們的法律，他們知道公開的幹是不行的，於是隱蔽，鑽空子，利用我們法律的不完備，利用我們工作上的弱點和缺點，特別是利用我們的麻痺大意，搞合法鬥爭，進行各種破壞活動」。董必武解釋說，群眾不只需要知法，還要守法，因為「如果群眾不守法，就給敵人破壞活動開了一個方便之門，如果群眾守法，敵人即無空可鑽」。[23] 一個穩定且知法守法的新中國，就會是一個安全而強大的中華人民共和國。

不幸的是，中共官方對法律的評論大多不是針對司法案例，而是出自一套系統，由較高級法院批下意見表示「正確」或「絕對正確」，其中絕少有法學討論。[24] 言歸正傳，董必武滔滔不絕演說到一半，將話題轉往訓練下一代社會主義法律工作者。他表示此事並不容易，因為政府裡有一大批舊的法律工作者，學的是舊法學。董必武說，國民政府時期的法律知識不是科學，但「列寧說社會主義是個科學」，新的法律工作者必須丟掉舊習慣，知道社會主義法律是科學的。他表示，丟掉舊的，學習新的需要時間，我們也應該建立新學校來教育社會主義法律。[25]

中國領導高層大都意識到，如果要鑄造新中國法律，不借助任何參考點是不可能的，而他們最大的資產就是可以向蘇維埃學習。不過，儘管蘇聯給的技術指導不少，但中國這邊仍有疑慮，不曉得要找哪種法學專家來中國訓練新人。中國要重建法律環境道阻且長，且常拿捏不定自己究竟是在吸收蘇維埃法律以為己用，抑或只是在拚命引起國際注意。[26]比起其他各方面的無數專才，蘇聯派往中國的法學專家數量確實不多。有各種相關的名單，內容都不一致，且沒有一份是官方最後列出的全部名單。某位學者計算出蘇聯只派過二十四名法學專家前往中國，其中十五名進人民大學執教；其他研究算出的人數則較多。一個廣土眾民，擁有五億人口的國家，只來了一小撮外國法學專家，而且待的時間又很短，最多只有一、兩年。[27]一九四九到一九六〇年這段期間，約有一萬八千名各個學科的蘇聯專家在中國擔任某種職務；不論其中法律專家實際數量有多少，他們都像「滴水入海」一樣（引用另一份統計資料的說法）。[28]中國共產黨的司法體制雖向蘇聯借鑑不少而得以進步（例如，給被告指派辯護律師、公開審判），並能以此自豪，但中國人民卻未必對法律條文內容有任何認知。畢竟，中國政府要等到一九八八年才確定所有法律條文必須公開。[29]

法學人才訓練也可以從另一個方向進行：由中國派人去蘇聯訪問。司法部部長史良率領過最早一批訪問團，她是新中國婦女權益相關立法關鍵人物，曾提出報告強調在一個社會主義閃閃發光的新時代裡，進一步改革中國法律仍屬必要。[30]史良這人有許多獨特之處，她是中國少數幾名女性律師之一，一九二七年畢業於上海法科大學法律專門部，而該校在那一年只有三名女性畢業生。[31]她幸運地在一九五八年的反右運動中倖存，但也就此退隱，直到一九八〇年代早期才重出江湖。史良說得很明白，改革法律同時也必須改變人民對法律的態度。她在一九五二年八月十三日的政府報告中詳述己見。這份報告後來刊登在《人民日報》上。

各級人民法院的徹底改造與整頓，是鞏固人民民主專政和保障國家經濟建設的重要措施，它不單是人民法院內部人員的調整問題，而且是一個肅清國民黨反動的舊法思想和舊司法作風殘餘的問題。因此，須在各級人民政府統一領導和有關部門配合下，動員群眾，從上而下地、有計畫有步驟地開展一個反舊法觀點和改革整個司法機關的運動。[32]

史良組織協調了大量會議與教育計畫，是改造中國司法基礎建設、訓練中國法務幹部的要角。[33]從毛澤東宣布新中國成立開始，中國花了好幾年時間，直到一九五三年才在所有地區都設立法院。中共高層還試圖盡可能讓更多女性出任新職位。在史良指導下，從一九五〇到一九五六年，中國政府得以擴充法務相關工作人員數量。[34]此外，史良也是後來協助毛澤東進行對日戰罪審判的靈魂人物。她的團隊扮演關鍵性的中介角色，將蘇聯法律運行方式的相關資訊傳到中國，而這些技術知識似乎就成為對日戰罪調查的指導原則。史良率團前往蘇聯考察三個月，團員包括最高人民法院、最高人民檢察院與司法部的官員，以及大學法學教授。

考察團於一九五五年四月十一日前往蘇聯，七月十日返回中國，有十二名法學專家記者與八名翻譯官隨團前往。[35]史良在公開發表的考察報告中表示，蘇聯雖然比中華人民共和國早三十年建國，但蘇聯人民仍舊保有殘餘的帝國主義或資本主義思想，令她十分驚訝。因此，她認為，人民還是需要受法律箝制。法律的目標不只是懲罰已經發生的罪案，她還注意到那些可能引發罪案的問題。她說，重要的是教大眾知道法律、法庭，知道黨在做什麼。[36]在另一份報告中，考察團數名團員表示：「蘇維埃法院是黨和國家領導蘇聯人民在社會主義道路上前進的重要武器之一，」因此，「蘇維埃法院的審判工作並不是脫離政治而孤立進行的。」當然，他們也認為審判必須一絲不苟遵守法律原則與證據規則。這份報告的作者愈說愈誇張，說蘇聯的偵查和審訊等機關具有高度科學性、原則性，任何犯罪都能及時揭露、弄清案情。談到法院工作人員的挑選與訓練時，報告作者表示：法律反映著黨和國家的政策，是實現政治鬥爭的工具之一，因此「審判員必須具有高度的階級覺悟，很好的政治修養」。[37]後來，應該是在一九五七年，由於訓練合格審判員的步調太快，史良放鬆了她對「誰能執行法務工作」

的標準。她稍後又前往蘇聯，看見沙皇時代的律師還在工作，於是想到中國也可以聘用國民政府時期受訓的律師，以補人力之不足。她覺得，這些人或許不適合擔任法官，但可以做其他實際要處理法律問題的工作。[38]

王懷安是赴蘇考察團一員，他也寫過一篇文章講述考察所得，對所見所聞讚不絕口，說「蘇聯司法幹部是優秀的，幹部的工作經驗是豐富的」。[39]王懷安曾就讀四川大學法律系，但一九四〇年他卻在即將畢業時輟學前往中共大本營延安。他在一九四三年被誣指為間諜，被抓起來關了三年。後來，一九五八年他又被中共政府劃為右派，下放勞改二十年。

王汝琪也參與了第一波赴蘇考察，她在一九五五年擔任司法部宣傳司長，對中國婚姻法改革有卓著貢獻。抗戰爆發前，她已經在上海知名學府復旦大學法學系取得學位。戰後她起草一份關於婚姻的重要新法案。《婚姻法》是讓中國革新的多種新方法之一，目的有二，第一是要廢除所謂「封建」殘餘，也就是一夫多妻制與相關的家族階級關係；立法者認為這拖慢了中國現代化進度。第二，「大眾法律教育有助於以知識連結國家與社會，提高這個年輕政權在群眾間的合法性，創造出遵守政策、法律與黨紀的社會主義『新』群眾。」[40]

司法部長史良寫道：《婚姻法》不只是中國往前的一步，它的規模也是革命性的，因為它打破封建關係的束縛，確保民主家庭婚姻的建立。然而，王汝琪的命運，就像其他大多數參與創造法治新中國、協助起訴日本戰犯舉行審判的法務人員一樣，她的一時風光很快就過去。一九五七年夏，許多司法官員成為又一波鎮壓反革命潮流的受害者，王汝琪也被調職，但至少她沒有像其他人那樣直接被「清洗」。直到一九八〇年代後期，王汝琪才回到政治中心北京，在四人幫受審時擔任辯護律師。[41]

當中國開始摸索著怎樣建造新法律系統，最高人民檢察院的官員在一九五五年二月二十八日開會討論下個月是否釋放五百名日本囚犯，為此徵集意見。外交部長的回應是：外交部對此沒有意見，但如果能在一九五五年四月萬隆會議前完成這麼大一步，是會有些好處。（萬隆會議是二次大戰後第一場亞非國家共同討論各國脫離被殖民身分後處境的國際會議。）不過，外交部也建議政府審慎公開此事，恐怕別人誤會中國此舉是為慶祝鳩山一郎當上日本首相。外交部官員的提議是：或許中共政府可以在萬隆會議前釋放較少一批囚犯，會議結束後再表態其餘囚犯如何處置？[42]

此時，「怎樣對待知識分子」也是個讓中共感到棘手的問題。當時中國必須在缺乏人手的情況下從零開始創造出一整套司法體制，政府不能大筆一揮說某些人都不要用，因為人才、技術專家，以及聰明幹練的幹部人員都少之又少，供不應求。針對這個情況，董必武、沈鈞儒與張奚若都在一九五五年七月第一屆全國人民代表大會第二次會議上發言。沈鈞儒在董必武之後講話，簡短論及知識分子問題：「毫無疑問，在社會主義建設和社會主義改造的偉大鬥爭中，知識分子將是一支重要的戰鬥隊伍。但是另一方面，也必須認識，從資產階級和小資產階級出身的知識分子，本身都存在著不少缺點。」[43]

那些較晚加入共產黨成為幹部的知識分子，如沈鈞儒，必須經常就自己的背景與態度確認自身改造歷程。一九五五年七月會議上，沈鈞儒向與會者自剖：

我時常反問我自己：

我是不是緊密地靠攏了中國共產黨呢？

我有沒有驕傲自滿的情緒呢？

我能不能全心全意地為人民服務、為社會主義服務呢？

我相信，我們知識分子，必須時刻檢查自己，嚴格要求自己，認真學習馬克思列寧主義，學習毛澤東著作，在革命實踐中鍛鍊自己，進一步教育廣大人民，才能使我們自己改造成為新社會的新人，才能對於社會主義偉大事業有所貢獻。[44]

這是個法學發展氣象恢弘的時刻，「一九五四到一九五七這段插曲可能代表著共產中國法學黃金時代，該國對司法程序的重視，對正常、穩定的司法關係的用心，令蘇維埃法學界刮目相看。」[45]不幸的是，這一刻很快就結束了。

日本戰犯進行審判前夕

撫順與太原兩地檢調團隊合作多年，對一個個日本囚犯進行漫長且繁多的個別調查。戰罪審判終於要舉行之前，政府設立一個顧問團來處理這些調查資料。遵照周恩來指示，一群包括譚政文、賈潛、王汝琪和梅汝璈等人在內的法學專家團在一九五六年一月就判決原則進行討論。[46]重點是既要展現寬大為懷，又要重視對戰罪的處理與司法裁判。[47]當代中國的資料與媒體都呈現出中共一心一意追究日本戰罪，但事實並非如此；當時中國政府眼中造就「百年國恥」的罪人範圍很廣，要背上這個責任的對象可不少。

這批日本囚犯是在一九五〇年被送到中華人民共和國邊境車站，此時時間已過六年。史達林在一九五三年三月逝世，蘇聯領袖赫魯雪夫在一九五六年二月二十五日第二十屆蘇聯共產黨代表大會上召開一場祕密會議，發表那篇著名的〈關於個人崇拜及其後果〉，譴責史達林十惡不赦。當時關於報告內容的謠言滿天飛，但沒人確定真相如何。到了六月，這整篇報告刊登在《紐約時報》上，將史達林的罪行公諸於世。[48]赫魯雪夫揭發史達林的行為令中方十分驚駭，尤其是不久之後就開始忙於打造個人崇拜的毛澤東。不過，我們還是要小心，不要僵化地認定這一刻是中蘇關係變質的開始，因為「這樣是刻意誇大蘇聯與中國的差異」。簡言之，「赫魯雪夫看起來是要淡化階級鬥爭、尋求與美國和平共存。毛澤東批評這些政策是『修正主義』，此話為一九六〇年代全面展開的意識形態衝突奠下基礎。」[49]

一九五六年三月底，蘇聯駐中國大使尤金與毛澤東會面，討論赫魯雪夫這篇劃時代報告錯綜複雜的影響。尤金寫道，當時兩人都同意應避免讓史達林的錯誤在未來重演，但毛澤東似乎並不怎麼憂心。毛澤東的回應是，「這類錯誤反正一定會再發生。」在毛澤東看來，這是因為「過去還有太多殘餘沒被清除」。[50]

重要的是，中國一方面把史達林犯的錯大事化小，而周恩來等中國官員又不想在處理日本戰犯的問題上出任何差錯，在國際上丟臉。中國外交部遞交中央委員會的一份報告中詳細呈現中國政府的擔憂：如果法庭不當引用國際法，或某一方在法庭上誤解法律內容，特別是目前中華人民共和國還沒正式承認國際法，這會有損新中國的國際形象。[51]法庭與政府必須審慎行事，以免在國內或國際上出糗。

一九五六年春，中國官員已經訂定好規則，確認怎樣利用他們過去長達六年對日本戰犯的調查結果。他們還注意到，這些規則也能用於其他被中共政府視為戰犯的人。中國公安官方歷史承認國民黨曾逮捕並審判一批日本戰犯，但堅稱國民政府「未完全反映中國人民的意志和願望」。用中共政府的話來說，國民黨沒有做到向三種「國內戰犯」追究正義：滿洲國高層人士（包括高官與皇室）六十一名、蒙疆自治政府成員十名，以及國民黨戰犯。三類加起來人數近千。[52]被中共政府所認定的滿洲國戰犯在最初幾年不願自我改造；負責訊問並改造囚犯的檢方調查團隊領導李放*還記得，滿洲國戰犯「懂得以前的法律，且認為我們該告知他們『認罪內容會成為呈堂證供』，其中某些人為此頑固堅持不認罪」。李放又說，中共調查團隊的工作不只是審訊囚犯，還要教育囚犯。他表示，戰爭的輸贏取決於誰站在正義一方，比如日本帝國入侵中國最後失敗，又比如抗美援朝戰爭（中共政府對韓戰的稱呼）美帝終究被中國與朝鮮人民所擊敗。[53]

公安部長羅瑞卿在一九五六年三月的公開演講中細說中國怎樣分類戰爭責任。第一類是「在我國解放戰爭中和全國解放以後被我們俘虜和捕獲的蔣介石集團戰爭罪犯」，其中有些已被處決。第二類是日本戰犯，中國對這類戰犯的調查已經進行一段時間。第三類是包括滿清末代皇帝溥儀和六十一名「偽滿洲國」戰犯（內大臣以上的有四十三名）。中共高官到一九五六年仍使用「戰犯」一詞指稱這三類所有人；某種程度上，這表示他們將國民黨俘虜視作與日本戰犯、非日籍的前滿洲國成員同一類。羅瑞卿強調，對國民黨囚犯進行再教育的一環，就是送他們去參觀工廠、礦山、水利建設與文化福利事業等處；他說，國民黨被俘將領廖耀湘在參觀以後這樣講：「我雖是一個舊社會遺留下來的犯人，但我是一個中國人，對這種復興祖國的偉大的神聖事業，不能不虔誠的熱烈擁護。」[54]

---

*編按：時任高檢署東北工作團第三審訊組組長。

演講的最後，羅瑞卿幾乎是順便提到了十三名在中國被關押的美國人。他告訴聽眾，他們「都已經依法被判刑」，這比所謂的國民黨囚犯審判要好得多，因為國民黨囚犯通常是未經審判就被草率監禁。羅瑞卿提供了有關被監禁美國人的更多細節，例如，一些人被帶到中國各地，以了解該國的重建情況。羅瑞卿以此例子，作為中華人民共和國在處理此類外國罪犯方面的成功模式。[55]

一九五六年四月，中共公開宣布處置日本戰犯的方式。外交部內部曾就與蘇聯協調政策一事進行討論，內容為最高機密。廖承志是戰後中國主要負責中日關係的人物，他在日本長大，能說兩種語言，不僅能聯繫雙方高層，也長時間擔任中國對日政策的代表人。廖承志在外交部的討論中就此課題表達兩點意見。他放膽表示，此時此刻中蘇兩邊的政策並不一致，所以，第一點，中國應當通知蘇聯；第二點，如果中國要通知蘇聯，最好就給他們一份中方決策的內容資料，來解釋中國對日本戰犯的政策。當時二次大戰已經結束十幾年，外交部官員對於中國這時候才來審判日本戰犯感到疑慮。報告中表示，中日關係已經改變，所以中國的政策應有寬大為懷精神。中方向蘇聯使館一名高級官員解釋了這幾點。[56]中共的核心圈子此時還在討論怎樣處置以下三種戰犯：日本人、「偽」滿洲國政府官員，以及其他包含國民黨文武官員在內的反革命分子。[57]審判日本戰犯的最後準備已開始進行，此時中央政府發布通知，宣布應該怎樣懲處這幾種迥然不同的囚犯與其他反革命分子，把他們在法律上全部粗略歸成一類。對於這些人，中央表示，「需要做適當的處理」：

> 對於這批罪犯中的溥儀等漢奸、滿奸罪犯，和康澤、杜聿明、王耀武等內戰罪犯，究竟是從嚴處理，並且把其中罪行重大的殺掉一批為好，還是從寬處理，不處死刑，按其情節，分別判處適當的徒刑，不需要再判刑的則陸續釋放，並且陸續特赦一些已有悔改表現、願意立功贖罪的較大的戰犯，把他們當作政治資本加以利用為好呢？這個問題，是值得慎重研究的。[58]

這篇通知裡還討論到，如果我們利用審判這些叛徒、日本人，以及前滿洲國官員的機會，可以達到孤立敵人、鞏固中國地位的效果。不過，通知裡也說，就算這些犯人已被囚禁很長時間，但中國社會裡還是會有人對政府此一決策不滿，特別是直接受過某些囚犯危害的人。[59]中共官員將俘虜的國民黨文官與軍人稱為「戰犯」，但從技術上來說，這些人在內戰中並未犯下反人道或反和平罪，且國共內戰在法律意義上其實不算是「戰爭」。很明顯地，中共當局是在一片法律迷霧中面對一層又一層的困惑艱難前行，經常將「處理反革命分子」與「處理日本戰犯」兩件事混為一談，把它們放在同樣或相關的政策項目裡。

中共最後挑選兩個地點來公開審判日本戰犯——山西太原與遼寧瀋陽。兩地的臨時法庭都裝設舞臺燈光，審判過程都錄影，但錄影內容直到二十一世紀才公開。舞臺已經搭好，這不只是比喻，更是現實。我們可以說，任何審判都會創造出一個特別被定義的空間，審判過程就是一場重要的社會儀式，用來宣告正義昭彰。這個正義的競技場必須「深植於社會結構中」，才可能在社會上發揮它特有的意義。[60]法律是在這個空間中進行的過程，令正義得以伸張，或令尋求正義的過程得以進行。法庭是一個戲院，各方演員在此聚首，或是求得和解，或是指出責任者加以量刑。與此同時，審判還對國家領土做出定義；哪些罪行是在國家所控制的審判權範圍內而可以起訴？哪些罪行不是？國家必須為此劃定界線。不過，我們要問的是：在東亞其他地區，針對二次大戰的戰罪審判早已成為過去式，但中共政府卻在這時候開始花錢花時間起訴日本戰犯，這背後是受了什麼原因驅使？

共產中國在太原與瀋陽兩地舉行戰罪審判，從一九五六年六月進行到七月，只起訴四十五名地位最高的日本戰犯。其餘日本囚犯，包括蘇聯「贈與」中國的將近千人，都在審判開始前被一波波遣返回國。[61]直到近年，我們才曉得關於這次對日戰罪審判的許多內情。舉個例子，為什麼瀋陽法庭要在瀋陽市區北邊一棟建築物舉行審判，導致當局每天都得耗費心力從撫順將法務人員與囚犯來回運輸？其實，官方也商議過，就在監獄所在地，也就是撫順舉行審判，但卻找不到夠大的建築物或廳堂來做這件事，所以才挑選瀋陽的「北陵電影院」當作法庭場地，等審判結束後再讓該處回歸用於電影放映。[62]瀋陽是個很合適的地點，因為一九三一年「九一八滿洲事件」就是在此爆發，是日本侵華戰爭戰罪的起始點。參與戰罪審判的中國律師廉希聖表示，當時曾任東京審判法官的梅汝璈在北京參加軍事法庭培訓時提出建議，把審判地點定在瀋陽。「在瀋陽發生九一八事變，也在瀋陽進行審判。

在哪兒犯的錯誤，就在哪兒審判。是對世界具有教育意義和警示，是對和平的守衛、對邪惡勢力的遏制。」[63]

一九五六年六月底，山西太原審判日本戰犯特別軍事法庭開庭前夕，最高人民檢察院檢察長張鼎丞在第一屆全國人民代表大會第三次會議上發言。張鼎丞欣喜表示一九五五年是「中國進入社會主義高潮的一年」，並宣布中國在鎮壓反革命的陣線上取得勝利，說中國現在是依法逮捕犯罪分子並提起公訴、交付審判。張鼎丞在發言末尾提到「日本戰爭犯罪分子」，說對這些人寬大處理是「符合於我國人民的長遠利益」，既充分表現中國人寬大為懷的精神，「也可以表現出我國人民的力量與世界和平的強大力量」。因此，這項政策必定「將會得到日本人民的同情和世界愛好和平人民的支援」。[64]

特別軍事法庭庭長賈潛負責主持一九五六年的瀋陽審判。賈潛在民國時期畢業於中國頂尖的法律院校，並於抗日戰爭期間前往內陸加入共產黨。另外，王汝琪也是協助組織辯護律師團隊的功臣之一，她是司法部高官，民國時期在大學主修法律，參加過一九五五年史良帶隊前往蘇聯的訪問團，且是起草中國新婚姻法的關鍵人物。這些從民國時期過來的律師曾經長年在國民政府司法體系內工作，而恐怕這段經驗才真正深刻影響他們對法律與司法程序的理解，其程度遠超過眼前這套他們不熟悉的司法制度，以及他們新學的關於這套制度的抽象社會主義理論。問題在於，如果承認自己的法學思想是從國民政府時期傳承下來，這等於是職業自殺；所以，任何看起來像民國法制的東西都得加以化妝，讓它變成蘇維埃的產物。

之所以要費時費力調查日本戰罪，然後不斷要求日本囚犯一再重寫認罪書，就是為了讓他們承認自己犯過哪些罪行。這番苦功造成的一個結果就是，許多日本囚犯承諾自我改造，而他們遣返回日本後果真沒有食言。這才是整個調查與審判過程的基本要義。馮荊育就記得這樣一幕，他從頭到尾參與瀋陽審判，曾協助在起草判決書時斟酌文字。馮荊育是瀋陽當地報紙《前進報》的政治版編輯，他親眼見證藤田茂（前日本皇軍陸軍中將）許諾將餘生奉獻給反戰、促進和平的工作。藤田回國後恪守諾言，成為建立「中國歸還者聯絡會」

圖 8.4　瀋陽一九五六年戰罪審判法庭遺址，現為博物館。

（簡稱「中歸聯」）的主要人物。[65]

然而，中共的法庭審判還是有缺陷，就連審判日本戰犯的特別軍事法庭也一樣。中共法官大多是軍法官，大學學歷非常少見，且「直到一九八三年才規定〔擔任法官〕必須受過法學訓練」。[66]除此之外，北京政府宣布國家對日本親善立場的一頭熱也未能持續多久，很快就因當局開始分析實際情況而破滅。關於日本方面對中國宣布釋囚與審判的反應，中國政府在一九五六年六月二十八日提出的一份報告，對中共高層造成不小打擊。報告中表示，整體而言，日本媒體和輿論都對中國的動作持正面觀感，但原有的難題仍在，且日方態度也不是全然一致。[67]

要知道，當時特別軍事法庭的判決書的墨跡未乾，中國就已經沾沾自喜地說事情幹得好。中國人民解放軍總政治部敵軍工作部十分關注日方對中國釋囚的反應。中國對自己這套戰罪審判教育、釋囚計畫，以及整體執行過程非常有信心。前滿洲國鐵路警察學校校長有馬虎雄獲釋歸國後接受日本報紙訪問。[68]他是一九五〇年蘇聯整批交給中國的囚犯之一。[69]中方報告裡還引用另一篇新聞，但我從日本這邊的資料找不到任何資訊能證實這篇新聞確實存在。依據中方說法，日本媒體訪問了另一名獲釋的戰犯川西錦二；川西回到東京後，發現自家三個兄弟都死於戰爭，只剩下母親還活著。報告裡說，川西的母親「流著眼淚」說「無論有什麼事情發生，我再也不放開你了」。她「感激中國對她的兒子的人道待遇，把他從重病中救活」。[70]

認罪

中共的審判不僅能改造囚犯、把「日本鬼子」變回人，且法庭也能交出一張實實在在的司法正義成績單給中國大眾，讓那些在國民政府最後幾年，或中共掌權最初幾年未被挖出的罪行得以大白於天下。調查團隊從一九五二到一九五六年費時耗力仔細偵訊日本囚犯；從他們認真審慎的程度，我們可以看出整套計畫的執行水準，正如王石麟用他親身經歷所闡釋的。[71]偵訊所得材料用以確保法庭得出「正確」判決，同時也用來促使日本戰犯在審判中必要時乖乖自行認罪。這些被中共法庭判決有罪的日本戰犯，他們的認罪內容在二〇〇五年出版成書，一套全部共有十冊，並於幾年後數度再版。[72]到了二〇一四年左右，這四十五份認罪內容的刪減版被翻譯並放上網。最後，這大約八百多名日本戰犯的認罪內容終於公開，它們**全部**都被集結起來編成一百二十冊，在二〇一五年出版第一冊。這些戰犯大多數都被提前釋放，並未出庭受審，但他們自己招供的內容仍留下白紙黑字的紀錄，只是中國民眾在過去六十年都看不到。[73]很顯然地，學界還需要好幾年時間，才能更充分分析這些認罪內容，以及它們的意義和代表性。不過，我們還是可以看看日軍少將上坂勝的自白，因為他的供述為本書序言中那場悲劇提供關鍵證據。上坂擔任部隊指揮官時曾涉及北疃村毒氣攻擊事件；北疃村就是我在本書開頭訪問李慶祥老人的地點。二〇一五年出版的日本戰犯認罪書裡，上坂的調查報告開頭就印著他所犯

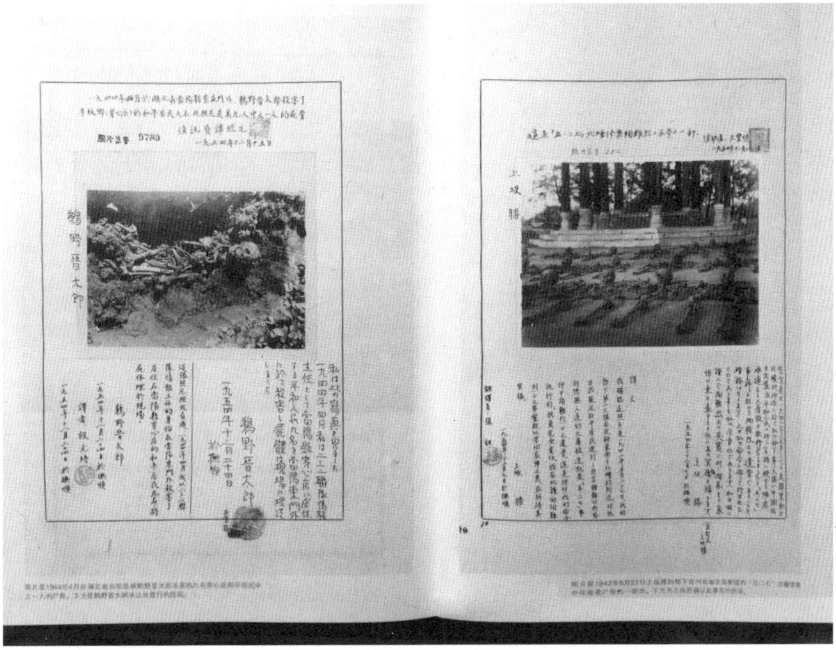

圖 8.5　中方出版的上坂勝與鵜野晋太郎認罪內容。

罪責的現場照片，其中一張拍的是枯骨陳列在北疃村紀念碑前。

一九五四年十二月七日，上坂以日語承認了這些照片和北疃慘案的真實性，然後再用中文翻譯承認照片中人骨是被他害死的人。日語認罪內容的遣詞用字風格頗為浮誇，應該不是他自己原本的語言習慣，而是用了一套重複性高、在其他人認罪內容中也經常出現的語句模板。上坂說他的行為是「言語難以形容的慘無人道的大屠殺」，確認一九四二年五月二十七日日軍在北疃村使用毒氣殺害中國平民。[74]上坂並承認他在北疃用過綠色與紅色的毒氣筒。士兵將毒氣筒擲入隧道，致人窒息或讓叛軍感到痛苦而往外逃，逃出來的就加以射殺。上坂寫說，是他下令殺死被懷疑是八路軍的人與一般平民。[75]他親筆用擠在一起的日文字與中文翻譯寫下這些認罪內容。[76]上坂於一九五六年六月九日到十九日在瀋陽接受審判，和他一起受審的還有鈴木啟久及另外八人。

中共當局指派王敏求為上坂的辯護律師。當時中共的辯護律師團確實存在，但直到最近，關於他們的動機或甚至他們做了什麼，資料都非常缺乏。我們雖然可以找到許多監獄守衛和再教育計畫參與者的回憶錄，但司法這部分留下的紀錄卻很少見，就連記載這方面活動的解密檔案都很稀有。王敏求是中央政法幹校東北分校校長，他被派往瀋陽領導特別軍事法庭司法團隊。權德源律師是團隊成員之一，他記得當時某次跟王敏求一起搭車的經過。路途中，王敏求從皮包裡拿出幾封信，告訴權德源：「這些是廣東、浙江、上海等地群眾寄給特別軍事法庭律師們的信，信裡責問：你們是吃中國人的飯，卻給萬惡的日本帝國主義法西斯分子辯護，你們的中國人的立場跑哪兒去了？」王敏求無奈地對權德源說：「群眾對日本戰犯的憤恨是可以理解的，但他們不知道在這樣的法庭上必須有律師參加的規定。」[77]

當時年僅二十三歲的廉希聖，對於擔任日本戰犯辯護律師一事也感到矛盾。他是天津人，日本占領天津那年他五歲。十五歲時，他在天津市的一間日本學校讀了一陣子書，親身體驗過殖民占領下的生活。廉希聖說：

真要說的話，我是不願意去想我們得給日本人提供辯護律師。開庭完了以後，很多人罵我們，我也能了解他們的心情。當年還是律師制度的初創時期，很多人對律師是幹什麼的不理解，覺得律師就是講壞人的好話，覺得日本人殺了這麼多中國人，你怎麼還幫他們說話。但是我們必須要認真地完成這項工作，因為辯護是審判的一個環節，沒有這個環節，文明的審判就有缺陷了。[78]

廉希聖還說，面對法庭上擺出來的證據，辯護工作十分困難。「檢察機關已經做了大量的工作，不僅有物證，還有很多人證，罪證蒐集得非常具體，而且都很真實。特別是我們開庭以後，證人出庭了，有的證人脖子後面一個刀印，日本人砍過一刀啊。這樣的證人出庭，你還有什麼可辯的？」[79]法庭人證來自遠近四方。有一名北疃村人千里跋涉到瀋陽出庭作證，但當我去北疃訪問村民時，已經沒幾個人記得這件事了。一九五六年六月十二日，李德祥在上坂的審判現場娓娓訴說他的駭人證言，他細講「鬼子」怎樣用被子堵住地道口通風孔，然後將毒氣從地道出入口或通風孔投進去殺人，或是把躲在裡面的人逼出來。然後，他說到自己的親身經歷。他從地道出來，出口在一個鄰居家裡。他一探出頭，「鬼子就盯上我，說他們要槍跟手榴彈，就是八路軍的武器。我說我只是個小孩子，不懂這些事。日本鬼子不相信我，用木棒打我，把我推倒，又叫我起來，叫我把衣服脫掉。我們有五十幾個人被日本人抓住。他們也把女人的衣服都脫了，只是為了羞辱她們。」[80]李德祥描述日本人對平民犯下的連串罪行，包括謀殺與強姦，然後回來講他自己的故事。日本軍人把他抓回到他自己家中，當時他家院子裡已經有很多人，他的母親、弟弟、姊姊都在。日本人把許多平民塞進李家屋子，然後用高粱和周遭取得的其他材料放火燒屋。作證過程中，李德祥數度崩潰，法庭紀錄記載他停下來哭了好幾次。某一刻，李德祥轉向被告上坂勝，對他說：

> 我家六個人只剩我一個。你害死了我家五個人，燒光我家房子，我家僅有的財產。我的苦難全都是你們這些不是人的日本鬼子造成的。我在這裡講幾句話，根本無法消解我對你的恨意。你不只製造了我的痛苦，你也製造了我村裡每一戶人家的痛苦，同樣還導致數百萬人民的痛苦。多少孩子沒了母親，多少父母沒了孩子，多少少婦沒了丈夫？這些慘無人道的事都是你們日本鬼子做出來的。今天我呼求法庭對這些殺人凶手嚴格量刑。[81]

上坂勝在一九四五年被捕，最後因罪被判處十八年徒刑，一九六三年八月獲釋。審判前他在蘇聯與中國被監禁的時間也計入刑期。

另一面的自白

有一個同樣重要的問題，就是戰後日本怎樣討論這些戰罪；此事強烈刺激日本人認定「正義不彰」的情緒。事實上，戰後日本官方的皇軍北疃村作戰紀錄中並未提及使用毒氣。紀錄裡寫的中國人死亡人數是一千，跟中方證人說的差不多。然而，日本官方認證的軍事資料彙編中只講到部隊移動接近北疃村，情報顯示村裡有很多地道。官方紀錄平鋪直敘：「我們發現隧道出入口，將其封閉。大量敵軍被關在裡面。我們擊敗敵人，我軍有三人死亡、五人受傷。該村與周遭地區的安全自此獲得大幅鞏固。」[82]戰後官方分析報告顯示，這場小規模戰役很成功，「因為日本軍軍力精強、軍紀嚴正，獲得當地民眾的理解。」[83]

這份日本帝國時代的紀錄源於日本陸軍各團團史，還包含陸軍一六三團的少校營長大江芳若的個人回憶。[84]日本記者石切山英彰曾就讀北京大學，他知道北疃村事件後深深好奇真相如何，於是大膽進行調查。[85]他想知道，為什麼中國村民說的故事是一回事，日本皇軍的紀錄又是另一種內容。幸運的是，他能找出大江原本的報告，然後發現了一個重大錯誤：大江少校在報告中清楚寫道，他這一營曾經使用毒瓦斯來「殲滅」中國敵人。[86]石切山甚至還想辦法找到大江本人，希望跟他進行一對一的訪談。大江在一九九〇年代初期還活得好好的，他一開始堅稱自己在報告裡寫日軍用了瓦斯沒錯，但用的是不會致人於死的「催淚瓦斯」，只會讓敵人喪失行動能力而已。經過一段漫長爭論後，大江才承認他大概是在對付中國人時使用了某種毒氣。[87]那麼，如果大江都承認使用毒氣，而這是一項被列為戰罪的行為，為什麼日本軍方的官方紀錄卻查無此事？

為了追根究柢，攝影記者新井利男和《朝日新聞》記者本田雅和在一九九八年前往負責出版官方戰史的出版社反映問題，並要求這套戰史的總編輯森松俊夫給出解釋。吞吞吐吐好一陣子後，森松終於向兩名日本記者吐露真相；由於國際法禁止使用毒氣，森松接到「上面來的」指示，要求不得把這類內容寫入日本官方戰史。[88]多年來，大江的報告都放在日本防衛省檔案館閱覽室供人參閱，但二〇〇三年它突然就變成不予公開。[89]顯而易見的是，就這類問題來說，日本官方編纂的戰史內容已經暴露出愈來愈多破綻。

從戰爭結束到現在，前日本文官政府、前日本軍方成員都著手去掩藏和保存他們所認為的真實紀錄，以便書寫出他們眼中的「正確」歷史。我們可以舉一個類似例子，就是納粹建築師史匹爾試圖利用他的祕密日記來給出另一種猶太大屠殺的故事版本。[90]這些年來，關於日本在中國使用毒氣的戰罪歷史，日本研究者的進度斷斷續續，日本政府態度也猶疑不定，導致正義遲遲無法彰顯。[91]然而，這些障礙並不全是日本單方面的責任；美國，甚至某種程度上包括蘇聯，也都有志一同地伸手掩蓋關於某些戰罪的調查，將其內容獨占為本國軍事發展的資本，不讓它們暴露在眾目睽睽的法庭上。[92]這場國際智鬥在當年決定了哪些日本戰罪會被告上法庭，哪些不會，也在距離戰爭如此久遠的今天決定哪些審判的檔案資料可以公開，哪些還必須保密而無法供人研究。

住岡義一案

前日本戰犯認罪供詞已解密的部分都被印行出版，只要粗略看過，就能對中共的調查工作與一九五六年戰罪法庭有新的認識。當我們看見幕後情況，看他們關注的是日軍活動哪些方面，這樣法庭就脫去了它巨大冰冷的外表，而我們或許也能了解為什麼只有這四十五人被選出來受審而未直接獲釋。此外，藉由這些認罪內容，我們也能更理解中共認為自己在追求的「正義」究竟是什麼樣的正義。

住岡義一在一九五六年六月十二日受審，是太原特別軍事法庭第一批審理的八名犯人之一，同堂受審的還有城野宏。審判地點是山西軍閥閻錫山所建的「自省堂」（現為山西飯店），時間從早上八點半就開始，這樣的安排或許是為避開午後炎熱。一九四九年之前，山西在理論上是中國一省，但其實是閻錫山將軍所經營的私領地。一九四〇年代的自省堂是兩層樓建築，位於廣闊的庭院一隅，面朝山西省省會太原市中心的大湖。太原市擁有山西地區空間最大、能容納最多人的建築之一（甚至可能不是「之一」），於是成為一九五六年中共舉行戰罪審判的兩個地點之一。自省堂後來遭拆除，原址蓋起一間大飯店。飯店鄰接的公園裡有另一座著名的建築物，是閻錫山建來為其父祝壽的「萬字樓」；戰爭結束時，日軍中將澄田睞四郎跟國民黨將領閻錫山就是在這裡密會，商議將日軍部隊編入國軍進行合作。日本投降後，這些最初是一個由大約一萬名日本士兵組成的師，當時被威脅利誘（也有一說是自願）留下協助國軍對抗共軍。

控告住岡義一的罪名有長長一串，包括(1)日本投降後他還留在山西，試圖復興已經一敗塗地的日本帝國；(2)把囚犯圍起來當「活靶子」。為了訓練新兵變得勇悍，盡快具備與中國軍隊戰鬥的能力，日方會讓年輕皇軍士兵用俘虜練習近身肉搏戰，這樣既能節省子彈，又能讓他們習慣毫不猶豫動手殺人。住岡解釋說，俘虜裡面包括國軍、中共抗日游擊隊八路軍，以及其他敵人。

住岡在出版資料中的認罪供詞與法庭紀錄幾乎一模一樣。他先歷數自己的罪行，有一連串殺害平民的紀錄，還有些是關於跟八路軍作戰；然後他講到用刺刀殺死中國俘虜的部分。一九四二年七月二十六日，住岡當時是駐紮在太原市的新兵機關槍教育隊少尉教官。指揮官安尾正綱上校想讓新兵「接受用刺刀戰鬥的真實武裝訓練」，選擇太原城小東門外的賽馬場為地點。住岡身為安尾的副官，也參與了聚攏戰俘當作訓練用「活靶」的工作。住岡先在認罪書中詳說，然後在法庭上重述，說他在七月底那一天帶著大約二百二十名第一年的新兵、軍官，以及二百二十個俘虜過去賽馬場，囚犯大多是中共抗日八路軍士兵，但也混著其他人。然後，他把兩組人排成兩排面對面。住岡在此處用「這場大屠殺」來形容當時情況，而這是一個非常中國化的用詞；我們從認罪書中可以感覺到，住岡不是在用自己的話說話，而可能是借用關押他、調查他的中國人的遣詞用字。[93]

住岡看到日本新兵顯然對俘虜下不了手。在法庭紀錄裡，住岡是這麼說的：「當時新兵只使被害者負了傷，沒有完全殺死，我就用我自己的刀刺他們的胸部，向新兵作示範，把俘虜刺死。」[94]那一天，下令進行活靶訓練的津田守彌少將也到現場來驗收成果。住岡說，當天有一名俘虜逃走；後來新華社的報紙有報導這個人。[95]同樣的訓練在八月又進行一次，這次被殺的俘虜約有七十名，其中許多是女性和學生。被刺刀刺死前，俘虜高喊「中國萬歲！」不少日軍士兵都失手，住岡必須親自下場示範，或乾脆在士兵怎樣都刺不死俘虜時直接將人槍殺。一九五五年三月十六日，住岡在他這份描述生動，令閱讀者有如親歷的認罪書上簽名。[96]中共的這些審判是以法官和檢察官向被告提問的方式進行。住岡的認罪書呈上法庭後，法官還想把賽馬場殺俘的來龍去脈呈現更清楚，於是建議納入太原戰俘營囚人趙培憲的口述證言。趙培憲沒有來到庭審現場，但他的控訴書被當庭宣讀。趙培憲作證說，太原戰俘營在戰時圍有通電鐵絲網，「在陰濕的地上，我們吃飯、睡覺、拉屎、撒尿，像豬一樣被對待。汗酸、屎尿臭，被火一樣的烈日炙烤著，我們的肉體漸漸腐爛，原來就體弱的，沒幾天就病倒了，死了！身體較強的，也漸漸被折磨成一副骷髏的架子。」[97]趙培憲還說到他是怎樣驚險逃離：

七月二十六日輪到我們接受活靶射擊了。下午三點半「戊」字號的八十個俘虜被分為四批，從太原小東門被帶到一個在樹林裡的墳場。很快來了百多個全副武裝的法西斯匪兵（日本軍人），把第一批二十個革命同志，剝了上衣，雙手背著捆起，排成一字隊形。（……）（證詞繼續）（……）看吧，那滅絕人性的法西斯匪徒們，對著那些手足不能動彈的俘虜，端起刺刀，呀！呀！的吼叫著衝殺過去。我們是英勇的革命戰士，繼承著八路軍的光榮傳統，誓死不屈！在刺刀面前，不絕的怒罵！高呼著：中國共產黨萬歲！抗戰勝利萬歲！打倒日本帝國主義！快到第三批了，我是第三批的一個，是站在最前面的一個，衣服已被剝去，敵人用一根已犧牲同志的褲帶，背捆了我的手，敵人踢著我，叫我跪下，這時我的血燃燒著。我想：不能像綿羊一樣被宰割啊！應該在臨死之前和他們鬥爭呀！……當敵人的刺刀在靠近我面前的同志的胸膛裡未拔出以前，在這萬分緊急的時候，我掙脫了繩索，跳過溝渠，一直背向著敵人飛跑。我是僥倖地跑出來了。[98]

聽完趙培憲的證言後，法官問住岡有無回應。住岡哭著說：「我剛才聽到趙培憲的控訴，我雖然不能負全部責任，但是我作為日本帝國主義的一分子殺害了他們，對此我要求審判長給我嚴重處分，這個處分本身就是我對被害者、對中國人民微不足道的謝罪表現，這個表現是非常微小的，但是除此以外，我沒有別的方法來謝罪。」99

這種形式的司法正義背後有什麼問題？

中方調查員在一九五〇年代獲得日本囚犯的認罪內容，當時並未將詳情對中國或日本大眾公開。不過，由於各方舉行的對日戰罪審判被日本媒體報導，再加上「中歸聯」的出版物，讓日本民眾清楚知道日本皇軍做出的暴行。「中歸聯」的成員是原本囚禁在瀋陽與太原的日本戰犯，他們接受中共政府調查並在認罪後獲得釋放。「中歸聯」才一成立，成員就立刻著手出版書籍，講述他們曾犯過的罪；這些書很快銷售一空。但有個問題，日本媒體在這些軍人剛被放回國時覺得很奇怪：中共政府怎麼會突然拿關了十年的囚犯來審判？一九五六年六月二十三日的《朝日新聞》就在社論裡問：這些審判不會舉行得太倉促嗎？很明顯地，日本大眾之所以產生懷疑，是因為他們無從知道中共已經花好幾年調查日本戰罪，且是以現實外交政治與國內因素為考量，而決定釋放輕罪戰犯，只將主要戰犯提上法庭。相當程度上，中共的審判在舉行前已經定好結果，因為被告都已認罪。與此同時，日本媒體的質疑也反映整個日本列島的普遍態度；大多數日本人都覺得，這些被告的戰後境遇跟他們戰時所作所為顯然沒有因果關係。日本媒體發論，表示日本人民不僅懷疑這類審判所造就的「勝利者正義」本質如何，且還感覺到審判依循的法條和給予的判決充滿了人治色彩，缺乏一致性。後面這點與劉統研究國民政府對日戰罪審判所得結論也有相當程度的呼應。《朝日新聞》的社論就抱怨說：「這導致〔我們〕對『人類的正義到底是什麼』產生很大疑問。」[100]

日本囚犯的認罪內容在一九五六年中共特別軍事法庭上發揮了很大的作用，但這些資料在審判過後就消失了。直到一九九〇年代晚期才又被日本媒體挖出來報導，這些首次被揭露的真相，讓讀者為當年皇軍毫無人性的作為大驚失色。東京審判等戰罪審判已經從各方面呈現出戰爭的恐怖，但對許多日本人來說，這類故事只存在於歷史研究的專門書籍裡，不是他們平時接觸的主流媒體內容。獲獎攝影記者新井利男直接從撫順監獄取得這些認罪書，[101]《朝日新聞》在一九九八年四月五日獨家報導了這項轟動一時的重大新聞。[102]這個發現導致日本學術界產生分裂，而雙方的差異主要是政治路線。當時為一橋大學名譽教授的歷史學家藤原彰說，把這些認罪內容與其他資料對照，「能呈現中國審判的公正性」。在其他圈子裡因日本近代戰史與慰安婦研究而聞名的吉見義明認為，這類認罪內容頗有價值，因為它們是出自陸軍師級指揮官的罕見詳細記錄，對戰爭責任與設立慰安所等課題的研究都有不小幫助。立場較偏保守的史學家秦郁彥則表示，雖然這些資料在歷史研究上有用處，但我們仍不知道囚犯是怎麼被改造或被「洗腦」的。[103]

並不是所有人都相信日本囚犯的認罪供述。田邊敏雄長期堅持歷史修正主義，但他的調查方式有時不太具有公信力。他將這類認罪內容視為日本的歷史問題，並表示：「據我個人調查所得結果，事實就是，被虐狂歷史思想、反日歷史觀點之類或對近代歷史的質疑觀點，都是不公平而缺乏常識的。」[104]田邊相信，所謂日本在歷史上的「過錯」，都是建立在下面這三類資料的基礎上：本多勝一的《中國之旅》這本書、中國方面的報導，以及戰後被關在中國的「戰犯」的認罪書與日記（包括「中歸聯」出版品）。田邊說，寫這些東西的人都是當上「媒體寵兒」的「騙子」；這裡田邊所謂「媒體」是指有自由派傾向的媒體。[105]不過，田邊並不是只會空口說白話，他在東京的防衛省檔案館裡找到鈴木啟久私人日記，將其內容與中方在一九九八年公開刊登在日本左翼雜誌《世界》上的認罪書相互比對，結果讓群情譁然。[106]簡言之，田邊不相信中方給出的日本戰犯認罪內容。在中國出版的紀錄裡，鈴木承認日軍會直接用毒氣殺害八路軍俘虜，而不把他們送到戰俘營；但他也說是他自己下令把俘虜的八路軍送回原籍。據田邊所說，鈴木在他的私人日記（藏於日本防衛省檔案館）裡寫道，軍隊只用煙霧彈和催淚瓦斯驅趕敵人出隧道，然後才殺死他們。同樣的，我們調查關於北疃村的日軍官方資料與當事者私人回憶時，也會看到這種私人日記與官方戰史的內容落差。中國官方提供的紀錄顯示鈴木啟久承認罪行，但依據田邊的說法，鈴木留在日本的私人日記卻沒提到這些事。鈴木的個人日記和他在中國的認罪內容都說得很詳細，但日記記錄就顯得他沒犯什麼重罪，而田邊選擇相信不那麼凶惡的版本。另外一個問題是，中國這邊的認罪書內容，呈現出鈴木參與在中國散布疫病，但這點就連史學家藤原彰都認為不對勁，他覺得鈴木應該是把從其他囚犯那裡聽來的東西揉雜在一起，才講出這種故事。田邊對藤原的解釋並不買帳，他質問進步派史學家為什麼可以只相信認罪書內容的一部分而否定另一部分。田邊自己使用史料時也是有意選擇其中最溫和、最無辜的版本，但他還是成功引發一般人對某些事情的質疑，而這種質疑始終無法消滅。

先不談軍事上使用毒氣來製造恐怖的戰術，我們還得注意到很重要的一點，就是這類罪行都不是由中方審問揭露出來的；不論是國民政府在一九四六到一九四九年舉行的審判，或是中共政府在一九五〇年代的特別軍事法庭，都沒有做到這件事。事實上，中共政府從未真正主動調查毒氣戰或細菌戰這類戰罪。中共領導者勉強接收蘇聯選好送來的戰犯，然後要求這些日本人認罪；但除了這幾個被蘇聯選中的人以外，中國的調查人員沒有獨立揭發新的日本戰罪案件。對於這點，中共政府跟國民政府一樣，都不願意更深入探究毒氣戰戰罪真相，目的顯然是想趕快增進戰後中日關係。107

正義到此結束？

前日本戰犯獲釋歸國後組成「中歸聯」，雖然發揮很大的政治遊說與教育力量，但無奈他們在日本以外的地區大多都遭人淡忘。這些前日本文士武官，幾乎每一個人都認真承擔起表述戰爭責任的新職責，將自己的經歷帶回日本，現身說法，確保日本的和平教育講出那平時不被提及的歷史敘事黑暗面——一個主動侵略他國的日本。[108]

這些人從一九五〇年代中期開始陸續返回日本，並很快著手要求國家賠償。一九五七年，一個初具雛形的團體在九月底舉辦第一場全國大會，並在東京正式登記成立，創始成員有三十人。他們的宗旨是協助歸國戰犯在戰後能夠回歸比較正常的生活，同時也致力在經濟上資助成員，因為這些人回國後要面對重重難關，不只受到歧視，還會被警察欺負。不過，這團體的次要目標就比較明顯是政治性的：反對日本軍國主義。「中歸聯」出版的第一本書叫做《三光》，書名意指日本皇軍戰時在中國徹底消滅敵人的策略「殺光、燒光、搶光」，內容記錄了許多人回憶自己所犯下的戰罪。書出版後僅僅三星期就賣了五萬本，被讀者一掃而空。[109]與此同時，「中歸聯」也想促進中日關係，於是出力協助還留在日本的中國奴工歸國，並讓這些人獲得應有的尊敬。辻政信痛罵《三光》這本書，說中日關係明明已經好轉，又被它搞得惡化。其他一些右翼分子也無法原諒這些前皇軍軍人將日本做過的醜事暴露在國際眼前。[110]

中歸聯持續透過出版書籍與刊物在日本活動，並多次前往中國，還設立一個委員會以強化中日關係、認清日本對外戰爭暴力本質為務。目前在撫順戰犯管理所內設立的展覽始於一九八七年，其中很多展品的捐贈者或收藏者是曾被關在這裡的日本人。中歸聯造成的影響不是立竿見影，而是緩慢積累。一九八九年，日本的ＮＨＫ電視臺拍攝了一部特別節目《「戰犯」的告白——撫順、太原管理所一〇六二人的手記》，將這些人在中國的經歷第一次詳細呈現於螢幕上。這個節目是一系列二次大戰特輯的一部分，於該年八月連續四晚每晚播放。電視臺錄製了將近四十小時的訪談內容，受訪者很多都是中歸聯成員或成員親戚；這些內容最後被剪輯成一集四十五分鐘的節目。該節目在當晚獲得百分之十二的破紀錄高收視率，共計被一千兩百萬日本人收看，這個數字非常驚人。[111]

日本大眾對中歸聯的反應雖緩慢但真誠。另一方面，中國對日本戰犯進行「再教育」，而北京當局對這些過程的分析也值得我們思量。針對這場認罪運動，中共的評估報告寫成於一九六四年六月十日，也就是文化大革命爆發前夕。撫順監獄在最後一個日本戰犯也遣返回國後開始進行調查，分析這些囚犯從一九五〇年抵達中國後囚禁十四年的完整經歷。[112]一九六〇年代的這份報告，正與王石麟接受我們訪談時所說內容相印證。監獄管理者將這十四年分為四階段，第一階段是從第一年到隔年夏季，這期間日本囚犯不斷反抗體制，且對中方工作人員表示不屑。第二階段是接下來兩年，也就是到一九五三年三月為止。在此期間，中國參與韓戰取得勝利，令日本囚犯大為震驚；此外，中方寬容人道的態度也逐漸軟化他們，讓他們開始願意讀資料，開始反省日本的侵略戰爭。第三階段約在一九五四年秋季左右，中方更積極調查日本軍官認罪內容。當時這些囚犯雖然已經承認日本發動的是侵略戰爭而非解放戰，但仍舊很難質疑自身所作所為有「犯罪」之處。第四階段是在一九五六年夏季審判開始之際，這些人終究接受並承認自己有罪的事實，這些罪行也被公諸於世。[113]

然後，就在中方為此花了這麼多心血之後，審判結束了；比起日本戰犯何去何從的問題，中國輿論針對「反革命分子」的論戰更能吸引媒體注意。到了一九五〇年代末期，毛澤東在司法領域破除舊制的政策已經很明顯，但可悲的是「除舊」之後卻幾乎沒有「布新」。一九五六年春，「百花齊放百家爭鳴」運動開始，正好與對日戰犯審判同時。從那一年春天到一九五七年，中國國內出現許多對於政策方向的討論，以及對共產黨的批評意見。結果，一九五七年六月的「反右」運動讓「百花齊放」倏然畫下句點，政策徹底大轉彎；此時對日戰罪審判已經結束將近一年，「正義」要為「政治」讓路。這是毛澤東的自保手段，因為共產黨要求學者大鳴大放，但獲得的回饋已經遠超出預期，是該反過來壓制知識分子了。[114]最後一幕由此開演。中國在一九五七年有三千名律師，但在一九五八到一九八〇年間，全中國只剩下四個律師。司法部在一九五九年被徹底廢除，於是中國大陸要到一九八〇年代早期才會重拾法治。[115]不過，就算法庭解散、法律形同虛設，「正義不彰」的問題仍舊浮出水面，繼續在日本海（東海）兩側阻撓中日關係。

第九章　正義病理學：盟軍占領結束後的日本

正當中國人在調查、處理他們社會主義構想下的正義，日本政府與日本社會也在類似的困境裡掙扎，但走的卻是反方向。一個戰敗國要怎樣「擁有」正義？問題核心就在於重新賦予盟國戰罪審判新的意義，以及批判盟國所追求的正義形式。

一九五二年，《舊金山和約》生效，盟軍占領當局將主權歸還日本。然而，早在這之前，日本已經準備要對抗中國和其他地方所給出的司法正義裁決。豐田隈雄與他在法務省的團隊在幕後暗中擬出新策略，用以扭轉日本民眾對戰罪與前戰犯的看法，為了日本重新得回政治主權的那一天做好準備。[1]豐田曾任海軍上校，戰後是第二復員局（前海軍省）處室長官，該處的職責是替海軍官兵避開法律紛爭，倘若事態演變到要上法庭，就替他們辯護，並蒐集審判紀錄與證據以支持辯方立場，或在審判後請求赦免。這個團隊從一九四五年底一直活躍到一九七〇年代，顯示有某些日本戰時軍方與政府人物始終在意要撇清自己與戰爭責任之間的關聯。豐田為某場諮詢會議留下紀錄，會議目的是要商討出一套做法來收集戰罪審判紀錄，以供整個大計畫參考。紀錄中，豐田寫道：史料摘要應該編輯組織得像軍事進攻計畫一樣，準備工作包含怎樣動員國會、怎樣調節檔案以及其他事項。豐田的計畫是要鼓動日本政府，建議恢復戰犯原有的特權。豐田說，這些都必須在《舊金山和約》生效之前先一步系統化，而他建議利用律師團與陣亡將士遺族協會在媒體上做宣傳來引導輿論。他的團隊討論了各種方法來獲取必要資料，以便能適切處理賠償「第三國國籍者」（此指在戰罪法庭被判有罪的臺灣人與朝鮮人）的法律問題。豐田計畫中最有意思的一個要素是，他知道日本得先把整個複雜計畫就定位，才能在主權回歸之時，針對有需要的前軍人發揮效用。要做到這樣，第一步「是創造堅實基礎，讓大眾能將戰犯相關人士（包括親人）視為戰爭受害者」。[2]

豐田的團隊想將戰犯遺族的苦痛也說成是「戰爭期間做出的犧牲」之一，以這樣的名義來獲得政府援助。計畫裡說，這種說法能進一步把戰時陣亡者與戰後被處決者歸到一起；我們用什麼態度迎回「一般戰場死亡者」的遺骸，就該用同樣態度迎回死在海外戰犯的遺骸或遺物。此外，該團隊還指出，有必要更進一步評估是否讓被處決的戰犯入祀靖國神社，以及應該讓輿論有一個關注焦點。很重要的是，這些事要以全國規模來進行，要去每一個地區讓當地人舉行「慰靈」活動，紀念該地死於戰爭的人。

計畫中還詳述「處理政治輿論的行動方案」。依據日本保守派官方說法，這場媒體宣傳運動的用意是讓大眾了解戰犯的真實處境。還有，國際法專家與專業協會討論相關課題的公開材料應該拿來大量發行，而家屬具有「情感訴求」的信件、死刑戰犯的遺書與證言，以及日本戰俘受虐待的資料都應該要蒐集起來，最好能將這些材料用於各種不同媒體宣傳，以此影響政府政策。豐田的團隊想在和約生效（計畫中說時間約是四月）之後將這些資料釋放給報章雜誌刊登。我們無法證明這套計畫有照章實施，但計畫目標的確跟《舊金山和約》後日本情勢發展相差無幾。計畫最終要達成的目標，就是讓當權者對戰犯的苦難感同身受。至於另一件額外任務，則是將東京審判法官中少數派的裁判內容公布周知；這指的是帕爾法官對所有被告有罪判決的異議，而這跟東京審判其他大多內容一樣，要經過數十年才徹底為外界所知。最後，報告中提到需要組織並公開關於同盟國暴行和違法行為的資料，用以平衡對方安在日本頭上的罪名。[3]這份報告表示，必須計畫周全，才能好好協調蒐集日本之外各地特別法庭的戰罪資料。[4]

計畫書裡有一張一九五〇年做的精美圖表，展現法務省怎樣追蹤日本國內戰犯的處境，以及仍被關在外國的日本戰犯的情況。這清楚顯示，戰後日本政府在意這些前軍人的程度，遠超過戰時日本政府關懷軍人福利的程度。手寫表格的內容包含巢鴨監獄、澳大利亞馬努斯島監獄，以及菲律賓、緬甸、新加坡、香港和其他地方的拘留中心。官方人員將囚犯的日常活動與食物、工作、衣著、日用品、娛樂、醫藥、聯絡交流等狀況都記在表裡。[5]最終，這一切辯論與決策都為日本政府鋪好了道路，讓他們迎來那些被處死戰犯的魂靈，奉祀入靖國神社。[6]

《舊金山和約》在一九五二年四月二十八日生效，這是大量協商工作與討論的成果，其中爭議的重點是日本是否該與包括中國與蘇聯在內的所有前交戰國簽訂多邊和約，還是應該排除共產國家，只簽訂配合美國利益的、方向比較單一的和約。短期來看，結果自然是美國的影響力戰勝一切。然而，這並不表示新近重獲主權的日本，在政治活動各方面都把親美政策擺第一位。和約生效沒過幾天，日本政府宣布的第一批政策之一就是揭示國家對戰犯問題的立場。一九五二年四月三十日，日本法務總裁木村篤太郎在記者會上表示，他將給出特赦乙丙級戰犯的行政程序。[7]木村在隔天向其他政府單位發布更確定的指令，將被拘禁而後死亡的戰犯視為「因公殉職」，至於目前還被關著的戰犯，則在法律上視同被「拘留」。意思就是說，這些人與他們親族原本拿不到的福利與軍方補貼，現在都有了。這樣一份從法務省發布給相關政府單位的官方公告，實際上表示日本國內法律不再將這些囚犯定義為戰犯。[8]一九五二年六月二十一日，日本律師聯合會向首相吉田茂與法務總裁木村篤太郎遞交備忘錄，內容是聯合會支持釋放所有戰犯的意見，表示這樣做能強化建立長久和平的真實原則。[9]數月後，木村成為吉田內閣的第四任法務大臣，但他最有名的還是身為戰後政治運動骨幹而大力反對共產主義，也懷念戰前極端民族主義的美好時光。[10]

木村的宣告幾乎等於是國家對於戰罪責任的態度大轉彎，但並不出人意料。這股政治浪潮的力量已經累積了好幾個月。一九五一年十一月中，當時的法務總裁大橋武夫在國會向法務委員會表示，一旦盟軍結束占領，日本國內法將不再把戰犯視為戰犯。[11]他說，這些罪名是由外國政府舉行的審判所裁定，因此從日本國內法來看並無合法性。在某種意義上，大橋的意思是說，這些日本囚犯之前被定義為戰犯，所以受到戰犯的待遇，但以後他們所受待遇只會是日本國內法給予一般囚犯的待遇。像這樣，用詞一改變，日本就可以依照自己的法律標準與政策來看待判決結果或重新檢討審判過程。[12]不僅是前日本帝國體制內的政治保守派開始要求對東京審判進行狹隘的詮釋；事實上，在此之前，保守派意見領袖已經公開引用帕爾法官提出的異議，想達到相同目的。一九五二年，曾任松井石根將軍（因犯甲級戰罪被處死）祕書的田中正明出版了一本書，在書中辯稱帕爾法官曾在東京審判宣告日本無罪。這本書原本的標題是《日本無罪論：裁決真理》，後來又被稍加重新包裝後再版。同樣在一九五二年，還有另一本暢銷書《破除戰史：日本無罪論》，是吉松正勝將帕爾表達異議的文字擷取部分翻譯，並加以編輯後出版。[13]這兩本熱賣的書籍都瘋狂鼓吹日本在東京審判「無罪」，相當程度扭曲了帕爾的原意。帕爾當初要表達的是，「東京審判」本身違反了國際法，他從未表示日本的行為從任何角度來看會是正當的，也沒有要輕描淡寫日本帝國統治的內在問題。[14]

不過，日本也不是這些人的一言堂。日本共產黨直到被禁之前都對此大鳴大放，還有於一九四五年深秋建立，當時頗有抬頭之勢的日本社會黨也一起表達強烈抗議。這些小黨派的論點是：除非日本自己願意做些什麼來探究戰罪成因，為戰罪贖愆，否則亞洲不可能長久維持和平。這兩黨的立場都出自他們對於東京審判有效性的認知，日本共產黨「毫無保留接受東京審判結果；日本社會黨雖接受判決，但明白表示審判有嚴重缺失，包括未能把同盟各國也放在同樣的標準下裁判罪行」。[15]值得注意的是，日本保守派斷章取義地引用社會黨對東京審判的批評，卻忽視社會黨做出這些批評的本意。

戰後早期的中日互動

中國這邊喜歡說毛澤東對戰後日本獨一無二的寬大態度；但其實，「再教育」日本戰罪嫌犯的做法，不只是來自蘇俄的壓力或中共政府的內部計畫所促成。有意思的是，另一個推動力來源竟是一九五〇年代早期中國與日本異議團體愈來愈多接觸之下的雙邊會議。這是戰後中日關係裡影響戰犯相關決策的要素之一，也是學術界較少探討的一個領域。這方面的努力也反映了中日過往關係的錯綜複雜，「記憶中的『過去』，也就是回憶的內容，必須放在跨國脈絡下，視為交換與影響之過程的產物。」[16]

一九五〇年夏，日本紅十字會會長島津忠承代表日本前往摩納哥參加國際紅十字會大會，在餐會上遇見中華人民共和國紅十字會代表李德全。島津詢問李德全能否幫忙調查那些尚未被遣返的日本人的下落如何，其中包括三百多名紅十字會護士。[17]中國大陸與日本很少有機會進行交流，但這些難得的接觸都對雙邊關係發揮了不可小覷的作用。[18]

一九五二年四月，伴隨《舊金山和約》生效，中華民國（臺灣）另與日本簽訂一份特殊和約。此時蘇聯也在試圖爭取國際支持，於四月初在莫斯科舉辦國際經濟會議，促進冷戰雙方陣營間的貿易。說回中國大陸，中日兩國都知道還有日本人被拘留在中國，且人數不明；但同時雙方也都急於建立非官方的新經濟協定。為此，數名日本議員以私人身分訪問中國，包括高良富、帆足計，以及宮腰喜助，促成第一個新協定的誕生。高良富是參議員，曾就讀哥倫比亞大學，也是第一個在約翰霍普金斯大學取得博士學位的日本女性。帆足計曾是參議員，此時是「日中貿易促進會議」代表。宮腰喜助是眾議院議員，也是「日中貿易促進會議」幹事長。對中日兩國而言，重建國內經濟與基本建設都是要務。[19]

日方代表團沒有正式獲得訪中許可，因為日本在法律上並不承認中華人民共和國。吉田政府還利用日本護照法裡的一項條款，得以以「國家安全可能受影響」的理由拒絕發給任何人出國許可。當時吉田茂既是首相也是外務大臣，可說獨攬行政大權。然而，日本左派還是想出一招瞞天過海，於是事情就此啟動。代表團成員利用他們身為現任議員或前議員的特權來踏出國門，然後東繞西拐到處走，最後才到莫斯科與中方會面。[20]進入蘇聯後，在從伯力到海參崴的旅途中，高良與其他成員得知中方拘留的日本囚犯與戰犯當下情況。到了莫斯科，北京方面已經發出邀請，於是他們啟程前往中國，成為第一個在戰後進入北京的日本政府代表團（雖然是以非官方身分）。一九五二年五月十五日，孫平化在北京機場見到代表團，歡迎他們來訪新中國；孫平化戰時曾在日本讀書，且曾短暫在滿州國政府供職，因此才成為負責與日方協調的團隊成員之一，但他的翻譯能力實在有些令人詬病。[21]

一九五二年六月一日，帆足、宮腰、高良與中國簽訂第一次中日民間貿易協定。中方主要由「中國國際貿易促進會」的南漢宸負責對話。[22]這只是個非官方貿易協定，日方代表都是反對黨成員，無法代表日本政府。[23]在吉田內閣萬般阻撓之下，代表團的努力仍然獲得回報。不過，來中國以後，怎麼回國又成另一個問題。高良記得他們三人回程時都被蘇聯拒絕入境，原因是他們的消息若傳回日本會影響日蘇關係。最後高良受邀去了瑞士，去講述她所見到的日本俘虜在蘇聯的處境；另外兩人則取道香港返國。[24]

回國後，帆足與宮腰加入了環日本巡迴演講，報告他們在蘇聯與中國的見聞。他們短暫在東京、大阪、京都進行演說，最後來到名古屋，卻引發了一場暴動。一九五二年七月七日晚間，一群工會成員、學生，以及北韓相關的活動者群聚歡迎這兩名議員，舉辦活動慶祝他們歸國。依據某些報導，參與人數約有五千。報紙上說，慶祝會結束後，有人舉起北韓國旗與紅旗，警察試圖阻止抗議活動進行，於是雙方爆發衝突。抗議者丟擲汽油彈，人數愈聚愈多，警方也呼叫更多援手，導致衝突一發不可收拾。最後結果是二十幾人受傷，九十人被逮捕。[25]報紙開始報導有許多日本人還被關在蘇聯，說其中某些人被指控犯下戰罪，受審後被判徒刑，但這些被告在審判過程中卻完全搞不清楚狀況。[26]高良在香港的一場記者會中說，依據中華人民共和國政府估計，仍有大約二萬五千名日本人還留在中國。[27]她在一九五二年七月二十七日回到日本。在這個初期階段，有一批日本護士與技術人員得以遣返歸國，而日本媒體用不少版面報導他們的批評言論。這些護士與技術人員在中國媒體上看到帆足與其他人帶回日本的報告內容；他們說，除了那些相信共產主義的日本人以外，其他人都想回國，大家在中華人民共和國的日子都過得不好。[28]

一九五二年十二月，時隔兩年，中國總算正式回應當初日方詢問關於留在中國人員的問題。北京電臺向驚愕萬分的日本民眾宣布，說大約還有三萬日本人滯留在中國。既然話說開了，事情也就好辦。中方邀請「日中友好協會」理事長內山完造率領代表團前來中國，團員包括日本紅十字會會長島津忠承、「日本和平委員會」會長平野義太郎、參議院代表高良富，以及其他七人。[29]這是「人民外交」的開始，是中國在不受正式外交承認的情況下經營的新形態國際關係之核心。中國這項策略某種程度源自中共的戰時政策，亦即認定日本軍事領袖是戰爭罪魁禍首，但日本人是無辜的。此外，這也表示「高位掌權者」和「其他低階公職人員」被進一步區分開來，掌權者須負戰爭責任，低階者則僅是犯錯，沒有這麼沉重的負擔。[30]

即使中日關係起起落落，高良富直到一九五三年一月才獲得官方許可前往中國。日本已經重獲主權，但出國的手續仍然繁複難纏，也只有少數人得到允許，且他們能帶出國的金錢數量受到限制。這一次，日本政府又是拖拖拉拉好久才開出高良富出國所需文件，導致訪中代表團延後了好幾個星期。日本政府在一九五〇年代早期對中國政策很複雜，受到各種戰後初年政治因素的牽制。「吉田內閣在本質上採用雙面政策，一面要促進中日經濟關係，一面又要公開批評中國，免得在華盛頓那邊丟臉。」[31]日本代表團抵達中國大陸後便與中國官員會面，討論那數千名尚未歸國的日本人，以及擴展貿易的問題。內山的代表團會見了中國各方要人，包括紅十字會會長李德全，以及日本通廖承志。[32]一九五三年三月，雙方在足夠的事情上達成一致，讓還待在中國卻想回國的三萬多名日本人的歸國事宜可以重新推進。

不過，一九五三年也是衝突的一年，引發衝突者是日本當政的保守派，以及他們意圖為日本這場戰爭下定義的行動。日本自由黨議員北昤吉就對政府「提高國內士氣」這個目標加以質詢。不論左派右派，兩邊政治人物都擔心戰後所謂「社會價值淪喪」的問題。文部大臣（即教育部長）岡野清豪解釋道：「對我來說，人民在戰後徹底喪失自信，這點是最糟糕的。」他接著又說，他不想開始辯論「大東亞戰爭」是不是一件壞事，他要的是日本人能找到一些歷史定點來重拾尊嚴。他說，不管戰爭後果如何，「我想我能證明日本人的優越性乃是事實。他們能同時與世上許多國家作戰至少四年，這表示日本人是優秀的。可能有人會說我在誇大民族虛榮心，或說我這是封建思想。但我們已經徹底失去自信，我想讓如此缺乏自信的日本人能重新找回原本的感覺，所以我才向全體國民提出這件事。」[33]

據中共政府做出的評估，日本人在分析自己的現代歷史時感到尷尬，充滿困境。有一份中國政府「僅供內部傳閱」的報告，日期為一九五三年三月二十八日，表示應當重視從上海歸國日僑的思想情況與他們對於遣返的態度。這份內部調查指出，很多日本人覺得遣返來得太突然，其中大多數都不想回日本，只有大約二十九個人有歸國意願。報告中詳述，日本人說他們喜歡在新中國的生活，害怕回日本會失業。這份報告稱其中某些人是中國共產黨黨員或「進步分子」，他們害怕自己登上日本吉田政府的黑名單；這份擔憂後來在許多例子上都應驗了。[34]這些人有的哭著拒絕填表，最後表示「命令我回國，就只好回國！」還有人認為中國是有了蘇聯的先進技術，所以不要日本人了。

依據這份報告，有的日本人還表示要回國進行革命鬥爭。不過，某些負責動員日僑回國的中國公安人員語言過於生硬，說出「我們現在有蘇聯的先進技術，不需要你們了」，或是「要失掉這次的機會，將來回國就困難了」這種話。這份報告提醒，說這類言詞會導致日僑不滿，應該禁除。此外，報告裡還提到，有一批集中在天津等待遣返的日僑，表示回國後要學習毛澤東思想，且許多人在臨上船時流淚道別。

不過，同一份報告裡也指出遣返作業的幾項缺點：很多被遣返的日僑是病人，河北省送來的三百多人裡有五十幾個有病在身，其他地方還將傳染病患、精神病患，以及臨產孕婦都送來遣返。此外，各地給遣返者的補助費高低不一，比如有的地方增發一個月薪金，有的地方只發半個月。[35]

一九五三年三月二十八日的這份內部報告還分析了從上海回國日僑的思想狀態，結論是他們對遣返一事有各種不同看法。某些工人和技術人員認為，這是因為吉田政府說有日僑被中國扣留，因此東京方面堅持要求他們歸國，所以中國才做出這種反應。不少婦女表示在中國生活很安定，不懂為什麼中國政府要強迫她們歸國。也有其他人覺得，美國總統艾森豪剛登臺，時局要變緊張了。某些人的態度是「只要中國老婆和孩子都能帶回國就回國」，裡面還有人說：如果要跟妻兒分開，他就跳海，大概是自殺的意思。也有的人已經改換中國姓名，顯然不願意被遣返。這類中國高層官員的內部報告呈現出遣返日僑的相關問題，表示該課題應受嚴正關切。

報告指出，日本的「反動」政府企圖透過回國日僑蒐集「中國內部是否仍有日本戰犯」的情報。且中國各地有傳言指稱，北方還共有五萬以上日僑被拘留。另外，有些人反映，遣返過程中，日僑行李的檢查太過嚴格，甚至有工作人員弄壞日僑的私人物品，導致觀感惡劣。報告裡說，有女性日僑感覺特別受到工作人員羞辱，於是中方立即糾正問題，增添了女性檢查員。[36]

共產黨版本的「鐵面人」

正當日本左翼各個派別爭先恐後組團前往中國與蘇聯尋求合作、獲取建議、改變日本國內政治風向之際，日本共產黨卻開始崩解。他們本是催化日本國內壓力、要求調查自身戰罪的先驅，此時卻悲慘地陷於內鬥與政治背刺，早將原本的訴求拋諸腦後。其中，伊藤律的悲劇故事最能呈現日本共產黨的分崩離析。

伊藤律在一九四八年的照片裡是個三十而立、朝氣蓬勃的人，一頭黑髮往後梳，有著一張顴骨高挺的英俊面容。戰後伊藤在黨內的兩大敵手分別是德田球一和野坂參三，但伊藤的際遇與這兩人大不相同。德田在日本監獄的惡劣環境下被囚將近二十年，野坂則是人在國外，大多時間待在延安，一邊協助中國共產黨，一邊在這遠離日本帝國核心之地維持國際社會主義的政治火炬燃燒不熄。

日本共產黨在一九五〇年代早期面對一個內部矛盾：這個黨要走什麼路線？野坂主張較柔性的做法，但「共產黨與工人黨情報局」卻點名批評野坂，要求日本用暴力手段推動革命。這個衝突導致日共內部對於追隨哪個黨、走哪一條革命路線的分歧更深。韓戰在一九五〇年六月底爆發，但美國占領當局更早之前已經勒令日本共產黨黨中央發行的《赤旗報》停刊。當時《赤旗報》已發展成日本很有力量的媒體，它在一九四五年十月最早開始呼喊要追究正義，當時發行量僅有一萬份，但到一九五〇

圖 9.1　中共對「美帝」迫害日共的批判，圖片出自史丹佛大學胡佛研究所圖書檔案館館藏中國共產黨出版物「十七張中國共產黨宣傳明信片」，box 29。

年初已提高到三十萬份。它從日本的公共媒體界的撤出具有重要意義。[37]「盟總」在一九五〇年六月六日下令將日共中央委員會二十四名成員「禁止參與公共事務」，這等於消滅了日本共產黨作為政黨的功能。

很快地，左翼領導階層就因為爭論政策，爭論所遵循的意識形態而產生裂痕。各個派系紛紛被對手戴上各種大帽子如托（洛斯基）派、小布爾喬亞、偏離分子、宗派主義等。不幸的是，左派原本推翻天皇、爭取無產階級政治權利的目標，竟也就此被淹沒在這些吵嚷聲中。[38]這段過渡期被某些人稱為「汽油彈時期」，期間不少被整肅的領導人轉往地下活動，或是祕密搭船去中國避風頭。[39]野坂、德田與伊藤都在大陸開始他們的政治流放生涯。不久之後，左派在政治上更進一步分裂。一九五二年十二月，伊藤在北京一處日共避難點遭到同志訊問。避難點有高牆圍繞，還有公安巡視。伊藤記得，他被告知說是莫斯科指示日本共產黨要召開這場會議。德田人也在中國，但他並未出席，部分原因是他因長期坐牢而健康不佳，當時已在北京住院三個月。野坂和包括西澤隆二在內的黨內大人物都在場，還有中共黨員李初梨與趙安博。[40]趙安博曾在日本留學，日語流利，經常在中共與日共成員之間當翻譯。在這第一場會議裡，野坂掏出一張紙，聲稱上面是來自莫斯科（也就是史達林）的指示，說伊藤應該立刻解除黨內職務。儘管伊藤在戰後初期數度受到指控，但日本共產黨已經確認他在佐爾格事件中清白無辜。野坂告訴伊藤，為了澄清佐爾格事件相關的一切，黨內高層要求伊藤再寫一份自我批判的報告。[41]

這群人把伊藤扣押起來，轉移陣地；伊藤自此在北京被軟禁約一年。[42]諷刺的是，伊藤自己祕密前往中國之前就表示過，他覺得這種事可能會發生。當時日本仍受盟國占領，人民不被允許出國，尤其是前往共產國家。伊藤牽扯進的顯然不只是日本共產黨的黨內政爭，還有日共與中共的衝突，以及這兩方一致依賴蘇維埃領導的情況。他從一九五二年十二月二十四日開始被軟禁，雖然動不動就被要求長篇大論自我批判，但他剛受關押時待遇還不錯，房子裡有個小男僕負責準備食物、跑腿、送水與打掃，他生病時還能找醫生來。

當日本有愈來愈多政治代表為了增進雙方關係而訪問中國，當數萬在華日本人被遣返日本，日共前領袖伊藤律也愈來愈被小心翼翼地與世隔絕。從一九五二年底到一九五三年，日共與中共高層都不斷對伊藤施壓，逼問他是不是間諜，二次大戰期間出賣佐爾格的人到底是不是他？在這期間，一九五三年三月史達林去世，日共與中共之間裂隙變得更深。

到了一九五四年底，日共領導人野坂參三與其他高層成員已經把伊藤開除黨籍，理由是他在戰時曾接觸一名特別高等警察（日本的祕密警察），以及據說他在戰後初年曾援助過美帝。伊藤在看守之下被轉移數次，最後被關進牢裡。從這之後，一直到伊藤在一九八〇年回到日本之前，野坂都對這整件事加以否認。伊藤始終覺得，如果野坂沒有跟中方串通，中國不可能把他關進監獄。伊藤從未被正式審判，卻在中國的幾處監獄裡被關了數十年，簡直就像十九世紀大仲馬著名小說《鐵面人》主角的遭遇一樣，一個人被關進黑牢，而外界對此一無所知。

伊藤的故事能否象徵東亞各國共產黨之間意識形態的衝突？還是說，因為日共覺得不可能找到充足的證據把他告上日本法庭，所以才到中國來懲罰他？無論怎樣，這都顯示日共樂意使用非法手段，來讓野坂的黨內主要競爭者之一消失。當伊藤輾轉於中國各個監獄裡受苦受難，同時中日雙方在整個一九五〇年代要改善中日關係的努力始終不曾停止。一九五三年九月，二十三名日本政治人物、工業專家與商人組成代表團訪問中國，想要進一步擴張貿易，在中國受到熱烈歡迎。大山郁夫是戰後第一個會見周恩來的日本人，他也是「日本和平擁護會」的會長。[43]到了一九五四年十月底，中國與日本已經簽訂第二份貿易協定；後來即將接任首相一職的鳩山一郎在一九五四年八月二十九與十月二十日分別致信北京，說日本想要解決滯留中國日本人的相關問題，其中也包括日本戰犯問題。[44]

這個時期雙方交流穩定發展，雖然大多由日方主動，試圖和解泯恩仇，重建比較正式的貿易與政治關係。不過，與此同時，雙方也都對對方有所提防。一九五四年九月五日，北京用短波段播送一段圓桌會議節目，參與者是七名獲得中共政府特赦，即將被遣返回國的前皇軍軍人。其中一人是西井健一，自從他一九四三年九月被動員徵召入伍後，他的家人就再也沒有收到一點音訊；此時他們都一大早出門前往自衛隊基地收聽節目播送。廣播內容充滿靜電干擾，難以辨識，但據《朝日新聞》報導，西井的母親、妻子與長女終於在二十年後再度聽到他的聲音，當下她們連呼吸都忘了。[45]

中國這邊有一份「僅供內部閱覽」的報告，日期是一九五四年九月二十八日，就之前被釋放的前日本軍官以及日本左翼政黨議員會面情況做出檢討。這場會面一方是社會黨的田中稔男、龜田東伍，以及包括歌舞伎演員中村翫右衛門在內的其他人，另一方則是一群獲得中方特赦釋放的前日本軍人。中國政府邀請田中在一九五四年七月三十日訪問中國，他在十月二十一日返回日本。[46]龜田是老左派工會的幹部，寫過好幾本討論中國與相關課題的書。[47]中村原本是一位劇場演員兼歌舞伎表演家，卻被捲入政治醜聞，因而跑到中國躲了好幾年。

愈來愈多日本人訪問中國，其中某些得以和前日本俘虜與前日本戰犯見面。田中、龜田與中村和大約十二名獲得中共特赦的前皇軍軍人舉行了一場圓桌會議。依據中方的檢討報告所言，田中在會議上向對方解釋：日本農村生活已經比城市更富裕，土地改革相當成功。前日本軍人問田中說，如果他們回家去，生活能不能得到保障。田中表示，只要他們有技術專長，就能找到工作；但這話背後意思就是，身無長技的人只能面對失業。報告裡說，會面過程中這些前軍人不斷發問，田中一一回答，被逼問得汗流浹背。日軍兵士問他：日本政府會不會出他們回國旅費？田中解釋道：因為這些人是在日本宣布投降後自己選擇留下，跑去加入國民黨軍閥閻錫山的部隊，所以得不到政府這方面的補助。有的兵士聽了很失望。他們回應說，自己留在中國加入國軍是被迫的。這話讓田中無言以對。報告裡還說，這些前軍人對於龜田和中村的態度比較和氣。[48]

當天與田中談話的人中，許多人都很不高興。其他人則表示：「田中說的比較像是他那個黨的宣傳……他沒講任何實在的內容。」也有人反駁說，田中是想要他們回去日本鄉下，這樣他們就不用繼續在都市裡掙扎謀生。報告裡說，龜田所說的話得到了比較好的反應，這些前軍士聽了之後報以掌聲。中國內部報告的最後一段說，許多前日本軍人在這場會見結束後明白日本社會黨是「騙人的」，「共產黨才是人民的黨」。報告的結論是：這些人表示，自己是因為接受過中國人民解放軍的教育，才能看清社會黨的真實目的，明白應該要避開社會黨暗中團結起來。[49]一九五五年十一月，中村在海外生活了三年後，向媒體宣告自己返回日本是「光榮歸國」。[50]

一九五四年九月底，一個由學者和政治人物組成的代表團訪問中國，慶祝中華人民共和國建國五周年。代表團成員包括民主自由黨的山口喜久一郎、日本社會黨的鈴木茂三郎、日中友好協會會長松本治一郎等人。[51]十月十一日，這些人與中國國務院總理周恩來展開會談，課題十分廣泛，涵蓋經濟與外交各方面，也提到戰犯問題。周恩來對代表團表示，某些加入國民黨將領閻錫山部隊且犯下戰罪的日本軍人已經回國了；但他也說，留在中國的戰犯還有一千多人。周恩來解釋說，國民黨領導人蔣介石處理了參與侵略中國的日本戰犯，剩下這些都屬於兩種類型：(1)被蘇聯俘虜然後交還中國的；(2)有一百人左右是加入國軍並在一九四五年後犯下戰罪的。周恩來表示，這些人全都可以透過中國紅十字會與家人聯絡，這點可在李德全會長訪日時商談，還說中國希望能夠盡快解決這個問題。中華人民共和國延續戰爭期間做法，盡量避免殺死日本戰俘；然而，周恩來向日本訪客強調，這些囚犯裡有的犯下嚴重戰罪，所以中共政府不能一視同仁，目前仍在研究怎樣處理他們。[52]

一九五四年十月十二日，中華人民共和國與蘇聯發表共同聲明，宣布它們新的對日政策。聲明要點在於承認日本已經脫離占領，再度成為獨立主權國家，並呼籲日本人民擺脫美國的軍事獨裁統治。[53]就在同一天，蘇聯撤回了原本駐於中國遼東半島大連港的軍力。中共政府與蘇聯都在向日本示意，表示時機已經成熟，是時候考慮重建外交關係了。[54]一九五四年十月底，田中稔男於歸國途中在香港稍事停留，召開了一場記者會，表示他支持中蘇兩國對於對日關係的最新共同聲明，因為這份聲明有助於日本與這兩國重新發展外交關係。[55]中共顯然非常在意日本輿論的走向，部分原因是一九四九年後訊息的差距愈來愈大，能將新聞與知識傳遞過這段短短地理距離的管道何其少，導致中國高層不會放過任何可能與他們立場相悖的事物。

千等萬等，中國紅十字會代表李德全終於在一九五四年十月最後一天抵達日本。日本報紙之前就大幅報導過她這個人，以及一個高階中國官員訪日所可能造成的改變。《朝日新聞》指出，李德全抵達日本時有「盛大歡迎的隊伍」在東京機場等候她。[56]日本媒體很清楚，她是受日本紅十字會邀請以私人身分到訪，不是「國賓」。不過民間的氣氛依然歡騰。李德全帶來一份名單，是大約一千名登記有案即將被當成戰犯審判的日本人；日本媒體表示，希望這些人不要被當成政治人質，能受到文明的對待。日本報紙還說，儘管很多日本議員已經造訪過中國，並在無專人陪同的情況下四處遊覽，但日本某些右翼分子居然威脅要讓李德全這趟來訪過得不安穩，我們絕不能讓這種事發生，應該要讓李德全的旅程能夠自由行動、安全無虞。[57]李德全身上有三種代表變化與改革的要素，很能挑動日本大眾的興趣。在政治領域裡，「左傾的社會組織、知識分子與活動家覺得，李德全訪日是重建中日友誼與東亞和平的重大一步。」日本女性則覺得李德全是國外性別平等的最高成就，至少當時很多人認為中華人民共和國已經達成兩性平等，對比之下日本還有很長的路要走。最後，李德全是一盞希望的明燈，讓那些失去親人的家庭「能從李德全代表團這裡得知他們當兵的兒子、丈夫與父親是不是終於要回家了」。對這些家庭來說，「她的訪日是天恩，讓他們從什麼都不確定的痛苦中解脫。」[58]李德全帶來日本的名單，是中國官方第一次明確公布哪些日本人目前被當成戰犯扣留在中國。有一點很重要的是，她訪日是以紅十字會的名義，而不是以中共黨員身分（她本來就不是黨員）。這是新中國第一個大規模訪日團，負責人正是李德全與副手廖承志。

中國紅十字會、日本紅十字會，以及日中友好協會在一九五四年十一月三日公布一份合作備忘錄，[59]公開提出在中日僑歸國工作的幾個進行步驟。備忘錄裡有一條但書，表示中日婚姻誕下的小孩若在十六歲以下則國籍為中國人，滿十六歲者可自行選擇歸化中國或日本，也就是自行決定是否回日本。備忘錄第七條是關於戰犯問題，有一部分戰犯會被釋放，這點周恩來已經在一個月前告知日本訪中代表團，由紅十字會在缺乏正式外交管道的情況下代表雙方政府。不過，那些犯下嚴重戰罪的戰犯必須留在中國服完刑期；關於他們，雙方紅十字會組織也會協助運送信件和包裹。[60]如果日方想知道這些人的服刑狀況、服刑地點、刑期與其他相關事宜，中方表示會考慮公開這些資訊，不過要先諮詢相關單位意見。

依據中方另一份「僅供內部閱覽」，日期是一九五四年十二月四日的報告，日本記者造訪天津市，獲得中國人民合作，不僅讓記者進入自家，還讓他們訪問即將被遣返的日本人，令這些記者大吃一驚。[61]中方這類報告，就像是一九五二年前的美國占領當局，以及一九五二年後的日本當局，都負責蒐集被遣返者的受訪報導，以分析日本國內氣氛與國家態度的傾向。一九五四年十二月十五日的一份報告裡收錄了福田熊次郎歸國後的受訪紀錄。福田是日本人，曾在北京擔任高級技術顧問。戰爭結束時他在大連被俘虜，遭到中共拘留；當時他是一間化學工廠的負責人。記者問福田中國情況如何，福田說，因為反革命分子的活動，中共在一九四九年逮捕很多人。他對中國法庭審判反革命的過程有諸多批評，說其他人也對中國法院很反感，法庭上沒有辯護律師，也沒有可供引用的成文法。福田說：「中國以為自己已經跟日本專家學得夠多，可以把他們送回去；但我覺得中國還落後日本三十年。」他還認為中國的「五年計畫」不可能達成預期的效果。福田曾在日本雜誌《大陸問題》上刊登一篇短文，講述了他對新中國的印象。他寫道，中國之所以參與韓戰，是為了把人民的注意力從國內問題和不滿情緒轉移到戰爭之上。[62]中國內部報告詳細轉述福田的文章內容，且調查人員似乎因福田的言論而深受刺激。[63]

村田省藏在日本雜誌《世界》一九五五年四月號裡談到他的中國之旅。村田在戰前是企業家，曾在戰時內閣擔任大臣，戰後身為戰罪嫌疑犯被逮捕，但最終獲釋。他後來成為外務省顧問，協助日本重建外交關係。村田表示，日本對於共產黨和中華人民共和國有先入為主的成見，但這些成見是錯誤的。他告訴讀者，中共政府的胸襟並不狹隘。他去中國時努力爭取到與周恩來會面，兩人談了四個半小時。他說：「我們應該接受事實，這個國家有一個新鄰居已經興起。」意思是日本應該以新的態度來看待新中國。日本以前覺得舊中國很髒亂，但現在一切都很乾淨。村田還說，周恩來告訴他，中國人想要忘記過去，因為「從歷史長遠來看，過去五、六十年的爭端微不足道」。他們兩人就貿易問題進行非常深刻的討論，因為這就是村田訪中的主要用意。[64]

這時期，中國雖然在官方立場是與日本斷絕往來，但帝國時代留下來的聯絡與協商管道仍舊暢通。它們未必符合一般人想像中的「和解」途徑，但它們確實呈現中日雙方在冷戰陣營敵對情勢日益高漲的當時如何克服困難，試圖打下新的地基，以便在未來建立政治關係。無奈的是，日本共產黨因思想分歧而內鬥不休，江河日下，無力承擔彌合中日關係的角色。此時其他日本團體加入這場亂局，推動雙方對話的進展。

第十章　幕後祕辛：戰後中日對正義的態度受到哪些力量影響

海峽對岸，臺灣的國民黨政權密切注意共產中國訪日、日本訪問新中國等情況。一九五〇年代中期，國民黨高層在討論日本對中華民國態度時做出評論，表示事情在往他們不樂見的方向發展。在中華民國外交部一九五五年十一月的一份報告裡，報告執筆者寫明了中華民國政府對於日本接受李德全、郭沫若和其他「共匪」訪日相當不滿。報告裡還說，日本讓「偽臺獨黨」訪問日本，這並不能獲得中華民國對日本的好感；日本的態度「顯然不友善」。[1]中華民國的擔憂有其依據。不過，反過來說，日本政府高層也依然想與臺灣維持密切關係。

北京雖然釋放了不少日本戰犯，但被關在中國監獄裡的伊藤律要等到一九五五年初才再跟另一名「罪犯」有所接觸。這就引發了一個問題：既然大家都忙著與日本重建關係，重新啟動貿易，那為什麼要在伊藤身上浪費時間？伊藤會是毛澤東或周恩來手中的王牌嗎？日本共產黨擺明了已經捨棄伊藤，那中國為什麼還要把他留著？[2]就連伊藤本人也對自身的不幸遭遇茫無頭緒，他以為自己已經完了，很快就會被處決或死在牢裡。[3]

在這裡，我們可以看看趙安博這個人的人生際遇與時代背景，由此間接對伊藤的悲劇命運有更多了解。趙安博曾在日本留學，後來回中國加入共產黨抗日運動。一九四〇年底，他在延安結識了日共領袖野坂參三，並開始擔任野坂的翻譯員；據他自述，他們兩人在這五年內簡直焦孟不離。一九五一年，中共中央委員會對外聯絡部（簡稱中聯部）部長王稼祥把趙安博從瀋陽找來北京，任命他負責對日宣傳與接待日賓。當時中國對日本有所了解的人非常少，工作全壓在趙安博身上，讓他忙得不得了。況且，據趙安博說，毛澤東以及中共將領朱德、劉少奇等人所有的對外場合都要由他擔任口譯。根據趙安博吐露的內部消息，王稼祥之所以把他從瀋陽調來，部分原因是德田與野坂這兩位日共領袖當時都在北京自我放逐，需要他來調解兩人之間的緊張關係。德田與野坂分別在一九五〇年底與一九五一年初來到北京。德田告訴趙安博，說他之所以祕密前來北京，就是為了監視野坂，「誰知道他會講出什麼。」[4]日共派系互相競爭，彼此之間幾乎沒有信任可言。

趙安博在一九九〇年代接受訪問，侃侃而談他在日共領袖與伊藤律之間所扮演的角色。趙安博說，日共領袖曾要他把伊藤「解決掉」，但他拒絕了。[5]趙安博的這席話在日本媒體界引發軒然大波，顯示出伊藤這樁醜聞造成的傷害影響多麼深遠。訪問趙安博的日本史學家表示，雜誌編輯後來決定將這份訪談內容「束之高閣」。她認為，大概是中共與日共之間在經歷了三十年關係冷淡後終於有了化冰跡象，日本雜誌編輯擔心趙安博披露的內情會在無意間阻撓雙方達成政治決議。[6]

訪問內容雖被封鎖，但消息傳出後卻在日本引起更激烈的質疑聲浪，再加上「野坂涉嫌參與陰謀」這個驚天大新聞，讓大眾對伊藤律事件這整齣好戲重燃興趣。最後分析起來，依據趙安博的回憶，日共高層是在日共將黨部遷到北京之後，才請求中國幫忙除掉伊藤律。當時日本共產黨分裂為「國際派」與「所感派」*，德田、野坂與伊藤都屬於所感派，想讓日本共產黨變得更受民眾歡迎。國際派成員則有袴田里見和宮本顯治，這派比較貼近蘇聯指導，想要進行暴力革命。

據趙安博證實，「除去伊藤」的要求同時來自所感派頭領野坂和國際派領導者袴田。趙安博記得野坂的用詞是「處理」，至於袴田講話就沒那麼委婉，他在一九五五年對趙安博說他「想要伊藤被殺掉」。[7]德田逝世、國際派解散之後，兩邊人馬總算重新合流。中共高層認為整場亂事都是日共領導階層的內部紛爭，因此不願介入。此外，伊藤的遭遇還暗示中國內部關於正義的一個更大困境。中共高層在追究他們所認為的正義時卻出現了各種立場，鮮少有一致之處。對付知名日本戰犯有一套計畫，對待日共兄弟又有另一套，還有第三套用來處理國民黨「戰犯」，然後對於那些更不為人知、政

---

*譯注：得名於德田球一〈對於〈關於日本的形勢〉之所感〉一文。

治階級更低的對象則又有許多不同做法。

伊藤在牢裡不知何年何月才能出來。與此同時，各方都開始動作，要讓中日在外交上進一步修好的舉措正在醞釀中。一九五四年舉行的親共立場「世界和平大會」，衍生出一九五五年四月六日到十日的「國際情勢緩解亞洲會議」，由印度領導人在新德里揭幕。知名日本作家火野葦平隨同日本代表團與會，隨後前往中國。火野這一趟去了撫順監獄，記錄下被拘留日本戰犯的情況。[8]他在官方人員陪同下參觀監獄設施，還被介紹認識獄中日本囚犯。他記得，當地環境與之前盟國管理的東京巢鴨監獄囚犯待遇截然不同；撫順監獄的囚徒經歷了十年的「思想改造」過程，已經「重新做人」。不過，火野也說，我們得想想這些人的不幸境遇，他們畢竟是在戰爭結束十年後還被關在牢裡受苦。[9]

一九五五年四月十八日，著名的萬隆會議開幕，日本使節高碕達之助與中方使者廖承志會面。雙方在會外討論貿易與雙邊政治協商問題，頗有進展。英國駐北京大使館表示，雖然事情在往前進，但中日關係仍舊不平衡。一九五五年九月十四日，中國《人民日報》的社論指出，中國人對留在中國的日本人很好，但身在日本的中國人卻被當成奴工，對比強烈。中共政府指責日本遲遲不去調查迫害中國奴工的罪行。中國國內數萬想要回國的日本人都獲得允許，甚至被鼓勵回去，但日本卻完全不替那些身在日本的中國國民做任何事。當時日本政府堅稱還有約四萬日本人在中國下落不明，於是相當程度導致中方刊登這篇社論作為回應，表示日本也沒替戰時被擄為奴的四萬中國人負責。[10]

《人民日報》登出社論前，第一屆「禁止原子彈氫彈世界大會」於一九五五年八月在廣島舉行，中國與蘇聯都派代表參加。這是個交流的好時機，但做不好也很容易引發爭議。反左團體僱用飛機投擲反共傳單，左翼與右翼政治人物也在會場外爆發衝突。[11]一九五五年八月六日是二次大戰結束十周年，但中國與日本依舊還沒簽訂和平協議。中國代表劉寧一在這一天參與大會，他曾是中共中華全國總工會黨組副書記。會議結束後，日本代表片山哲與風見章回到東京，前往劉寧一下榻的市中心旅館與他見面。風見章是建立「擁護憲法國民聯合會」的功臣之一，這個組織希望維護日本的和平主義憲法，但反對者卻表示戰後憲法是被勝利國美國強加給日本的，並不正義。劉寧一之所以到東京，乃為要出席在品川區王子大飯店與聯合會成員私下的非正式會面討論。[12]遠藤三郎也決定現身參加。

遠藤曾是皇軍軍官，戰時與戰後都是軍界的鋒頭人物。[13]他擔心日本在戰爭結束後會逐漸陷入恐慌狀態，於是要求晉見東久邇首相，提出一些讓人心有地方可以寄託希望的做法。遠藤跟很多人一樣，都在稍後遭到逮捕，被控犯下戰罪；最後他在巢鴨監獄被關押約一年，一九四八年一月以不起訴獲釋。[14]遠藤改變立場這件事，在高階軍官裡大概也是少見的例子，他原本是鷹派，後來變成實用主義者，支持與共產中國經營和平關係。遠藤最初絕對不是親中派，但他對中國的好感隨時間過去確實有所增長。

遠藤與劉寧一見面時表示，日本認為中華人民共和國與臺灣的關係就像夫妻吵架，所以日方不會干涉。遠藤的直話直說讓劉寧一聽起來很順耳，「臺灣問題就是家務事，我們不會多管閒事。」不過，遠藤也說了，「如果要用武力處理雙方關係，我們也不能袖手旁觀。如果對臺灣動武，可能會演變成第三次世界大戰，甚至可能導致使用氫彈」，而大家都想要避免這種情況。[15]

遠藤提議終止冤冤相報的循環，這樣才能往前走。據他所言，劉寧一聽了他的話後，表示會轉達給上級知道。遠藤以為劉寧一只是說客套話，但不久之後，片山哲就收到中國與會代表張奚若來信，正式邀請他前來中國。片山於是邀請遠藤同行。[16]然而，其他的資料顯示這個故事的背景還有更多不同的說法。據說中方原本考慮的邀請對象是磯谷廉介，此人曾是皇軍裡的「中國專家」，戰爭剛結束時被國民黨送上戰罪法庭，被判有罪，本來需服無期徒刑，但後來還是獲得遣返。一九五四年十月，廖承志於戰後第一次訪日時，曾私下前往磯谷在千葉縣海邊的住所。[17]起初，中方邀請他率領由日本退伍軍人組成的代表團前往中國。結果磯谷在辦理護照時卻出了問題，日本政府拒絕發給他出國許可。依據某些資料，中方因此才邀請遠藤代替磯谷，協助代表團訪中事宜。遠藤在日記裡詳細記述了想親眼看看中國真實情況的動機：「首先，我想知道共產統治下的人民是否生活在恐懼裡。第二，我想搞清楚這個政權是否有傾覆之兆。第三，我想確認他們有沒有向日本復仇的野心。」[18]

與此同時，辻政信在一九五五年九月去了一趟蘇聯，回程途中在北京暫留，並與周恩來會面。據某些資料所說，中方覺得辻政信在日本很有影響力，所以原本也打算請他率領前皇軍退役軍人代表團來訪問中國。有意思的是，中方雖然最後拒絕讓「退役軍人」辻政信帶領訪問團，過了幾年後，卻在一九五七年准許「國會議員」辻政信來訪。[19]

當時日本的執政黨是新成立不久的自民黨，自民黨黨鞭岸信介完全不想讓一群前皇軍軍人到中國去，而遠藤也知道這個情況。岸信介覺得，這群人會被中方當成宣傳工具，招待他們吃好的住好的，然後只看得到新中國的一個面向而已。[20]遠藤則堅稱，退役軍人能夠理解當前情勢微妙之處，決不會因為「受了招待」就心滿意足。

那段時期也有其他日本團體與個人前往中國考察，所以岸信介很可能是懷疑中國讓這些人進去是別有居心。日本共產黨黨員野溝勝在一九五五年十月三日與周恩來見面。儘管野溝也表示中國對臺政策是「家務事」，但他跟周恩來談到了日本戰犯的問題。[21]日本國會第一個官方訪中團體是由上林山榮吉率領，於一九五五年秋季抵達中國，並於十月十七日與中共領導人彭真發表共同聲明。上林山與代表團團員已經在幾天前與中共主席毛澤東、總理周恩來會面，一番寒暄之後，上林山提出了戰犯獲釋後遣返歸國的問題。他告訴毛周二人：「我知道這是個難題，但請替他們的家人想想。我只是想先提出建議，然後聽聽你們對於此事的意見。」毛澤東回應：「這個問題不能這樣談。這個問題是中國人民的問題，中、日兩國還沒有結束戰爭狀態，還沒有恢復國交，所以現在講這個問題早了一些。這個問題跟僑民問題不同，戰犯問題是戰爭的結果，僑民問題不是戰爭的結果。」周恩來此時插嘴說：

「你們見過戰犯了，你怎麼看這件事？我們處理了一部分問題，如果他們犯的戰罪較輕，我們已經放了一些人。」上林山被這樣反駁後態度稍有退讓，表示他關心的是這些人在日本的親人。聽完周恩來的解釋後，上林山表達感謝，說他不會再提這件事了。周恩來乘勝追擊：「你們去看了戰犯，如果有什麼特定問題，像是有人生病了，或是他們沒有被好好對待，或者是不能寫信給親人，請跟我們說。」[22]

雖然日本有某些政治勢力支持與中國重建關係，但日本政府的態度卻模稜兩可，部分原因是政府官僚將戰前那一套作風一直帶到戰後。不少日本戰時的官僚與政治人物都在戰後位居政商兩界要津，讓戰時的保守政治氣氛延續到戰後。岸信介就是這樣一位帝國遺老，戰時他曾在日本政府與傀儡政權滿洲國政府擔任過要職。戰後他被捕入獄，但從未被正式指控為戰犯。岸信介對於日本帝國的過往大加粉飾，是個自以為是的懷舊派，他對日本帝國時期不光彩的部分徹底視而不見，也完全不去管日本政府為什麼對於讓退伍軍人來重新詮釋日本的「光榮」戰時歷史意願躊躇。

> 我曾多次以官方身分出訪東南亞洲各國，每一次我都會想起滿洲國。那時亞洲正值經濟復甦，令我回憶起當初我們怎樣建立滿洲國這個種族和諧相處的理想國度。那麼多日本年輕人胸中懷抱理想，渡海而來，來到那廣大無垠、物產豐隆的滿洲國大寶庫，準備堅決抵抗西

方。到後來，他們留下的設施、基礎建設、科技與人力都繼續存活在中國經濟裡。日本未來的命運自然從未改變，依舊與亞洲的經濟復興緊密相連、成為一體。為完成這份功績，之前我們在滿洲國的經驗與反省或可成為最有價值的參考指南。[23]

一九五五年十一月六日，由片山哲率領的小型團體終於完成所有出國準備工作，從東京啟程，一個月後返國。遠藤還記得他與中共將領彭德懷會面的情況，他從彭德懷那裡得知，中共之所以延後設立特別軍事法庭審判日本戰犯，是為了等中國人民情緒平復，這樣中國法官給日本人判刑就不會太嚴苛。這套說法當然未必符合事實，因為中國內部對這項政策也是意見不一；但彭德懷這番話大概能讓日本人聽起來舒服。[24]

片山的代表團直接與毛澤東和周恩來會面。為了取悅毛澤東，遠藤講了一段他被當成戰犯送進巢鴨監獄時的故事。[25]遠藤說，他入獄進行手續時，拿到的鞋是兩隻右腳，不是一左一右的一雙鞋。他開玩笑說，因為鞋子太大，害他的趾甲長錯方向，把腳往左邊推，於是他走路時走著走著就會往左偏；這話暗示他自己現在政治傾向也是「往左偏」。[26]依據不少消息來源，遠藤這番話讓毛澤東聽得興致盎然。毛澤東與遠藤會面後，他見識到遠藤對於新中國的新態度，他之後表示，與其跟更多日本左派見面，他更想見到遠藤這樣的前軍人。一九五五年十二月七日，遠藤完成在中國的任務回到日本，向日本報章雜誌與廣播節目發話，說毛澤東與周恩來希望與更多前日本皇軍軍官會面。[27]

一九五六年三月三日，日本紅十字會國際事務主持人井上益太郎在北京與中國紅十字會代表開會。日僑歸國事務已經順利進行了好幾年，日本人開始想到那些被關在中國的日本戰犯，畢竟現在距離戰爭結束已超過十年。日方代表說，片山哲已把戰犯獲釋的消息告知日本媒體，所以日本社會都在期待他們歸國。中方代表彭炎卻回應說，他和他的團隊「所知道的不比你們多」。井上表示：「戰犯的事不應該被拿來做政治交易，這個問題本質上是司法問題，戰犯應該要依照中國刑法獲得釋放。所以說，就算〔中日雙方〕開啟外交關係，只要依據你們刑法規定不得釋放戰犯，那就不必釋放。」彭炎也同意中國不會拿日本戰犯當政治籌碼。日方代表團收到超過一千二百二十四封信，都是戰犯寫給親人的。他們也把從日本帶來的信件交給中方，讓中國當局轉交給日本戰犯。[28]

英國駐日大使丹寧在一九五六年四月十三日通知倫敦，說新成立的「日中文化協會」正在壯大。丹寧寫道，該協會的興盛是從一九五五年十一月片山哲率領「擁護憲法國民聯合會」代表團訪中，同年十二月郭沫若訪日的時候開始的。不過，無視於前一年的發展，日本內閣官房長官根本龍太郎在一九五六年三月二十七日採取措施，針對他口中所謂「日本人訪問中國的無用行程」加以限制。日本政府注意到，當時前往中國的旅客估計有八百人，其中某些人並未持有合格的旅行文件，顯然是通過別國入境中國。外務省官員想研究有沒有辦法設計新護照，讓這類行程變得更困難。英國大使在通知裡說，中方邀請了一個由三十名前日本軍官組成的代表團訪問中國，這個動作很值得注意。依據英方所見，日本外務省似乎認為退伍軍人的頭腦比較清醒，不會輕易被中方的宣傳蒙蔽，而回來替中國隱惡揚善。分析到最後，英方假定戰前日軍很多年輕軍官都是共產主義者，那中共大概也想利用這件事。[29]

遠藤回日本後，下一步是等待張奚若的正式邀請，然後就可以組起一個退伍軍官團訪問中國。共有兩百名前皇軍軍人申請加入，遠藤與他的團隊從中先挑出八十人，再篩選到剩下三十四人。然而，一九五六年的日本政府可沒那麼配合；遠藤認為是政府高層擔心觸怒美國。另外，還有一種可能是日本政治人物，當時的外務大臣重光葵起了疑心，認為左傾退役軍人或那些被中共、被蘇聯關過的人可能是親共立場，甚至說不定是間諜。遠藤覺得，最大的阻力應當來自辻政信這位手握大權的自民黨中流砥柱。就我們現在所知，辻政信當時也想自己開一條路率團訪問中國。

從一九五五年底到整個一九五六年，毛澤東與周恩來都不斷向日本示意想要增進關係，還希望有更多高層會面的機會。周恩來的態度尤為積極。一九五六年五月，周恩來與日本和平代表團會面時告訴對方：「去年我們接見了八百到九百名訪中的日本友人。」[30]一九五六年五月十一日，中國高層的內部報告詳述了山西太原關押日本戰犯這個尚未解決的問題，犯人的心理狀態堪憂。報告裡說，太原監獄的日本囚犯在被起訴前就有預感，知道將來的審判過程會是怎樣。工作人員經常與城野宏及其他十一名日本犯人談話，城野和其他囚犯都表現出認罪意向，但「思想上他們仍對於恐懼、對於心理掙扎有很深的傾向」。工作人員表示，囚犯有時會非常躁動不安，晚間無法入睡。依據報告內容，日本囚犯很害怕審判結果，擔心自己再也回不了日本。[31]

一九五六年六月六日，遠藤面見岸信介，想為自己的計畫打通關節。雙方最終獲得共識，遠藤在一九五六年八月十二日帶著一團日本退役軍人啟程前往中國。這支隊伍原本有三十五人，但日本官方表示這樣人太多，於是真正出發的只有十五名前軍官。[32]代表團去了長春、鞍山、瀋陽，最後來到撫順監獄，當時中國舉行的戰罪審判才剛結束不久。廖承志建議毛澤東接見來訪的前軍人，說這樣能造成長遠的影響。[33]毛澤東採納了廖承志的意見，與代表團會面，並和每一個人握手。毛澤東告訴這些人，說中國人民已經團結起來，而這有一部分要歸功於日本軍人。此外，毛澤東還確切表達中國尊重日本天皇制度的立場，且還一度請托遠藤替他向天皇致意。[34]

各國駐日使節都注意到遠藤這支退役軍人代表團所造成的影響；他們不但關注中國國內情勢，也很在意中日雙方關係重新接近的可能性。英國外交部官員認定中國邀請日本退役軍官是打著如意算盤，要「討好那些本來並不同情該政權的人」。英方的評估很重視周恩來邀請遠藤一事，認為這是很清楚的策略，避免只讓左派人士見證新中國。[35]遠藤在一九五六年訪問中華人民共和國回國後，又接著組起好幾個退伍軍人團，在一九五六到一九七二年之間數度前往中國，以促進中日關係重建。[36]太原戰犯管理所所長王振東記錄下了遠藤的到訪，以及遠藤和獄中囚犯談話後所產生的影響。一開始，遠藤只是傾聽這些人歷數自身所犯戰罪，但他一次次來這裡之後也被感動，開始講述自己怎樣參與日本的侵略戰爭。[37]

一九五七年二月底，辻政信再度與周恩來在北京會面。幾天以前，片山哲首相在二月二十五日因久病而請辭。當時辻政信已經展開一場為期兩個月，走遍十二個國家的訪問旅行，其中包括納瑟將軍統治的埃及和狄托統治的南斯拉夫等地。這場旅行目的是要接觸可能的結盟對象，讓他們知道日本不是美國的附屬國，日本想要與非洲和亞洲國家建交合作。一九五七年四月底，岸信介內閣剛上臺，日本社會黨的成員淺沼稻次郎就與張奚若共同發表公報；此時張奚若已是中國人民外交學會會長。公報內容訴求強化兩國友誼，向著建立外交關係推進。另外，這份公報也訴求終止核子武器的製造、使用與持有。[38]

英國駐華大使館在一九五七年五月九日發出的機密通訊裡特意提到日本訪中代表團的數量愈來愈多，使館方面認為這是個信號，顯示雙方政治關係正常化的進程可能進行得比預想要快。通訊裡說，中國媒體都會大肆報導日本代表團的行程；它們竟把這麼多版面給了非共產主義的對象，實不尋常。通訊裡將淺沼稻次郎率領日本社會黨代表團訪中一事列為重點，因為社會黨人公開表示他們支持中國。[39]

然而，就算中國全力經營這些策略，到了一九五七年，日方還是重新評價了中國舉行戰罪審判與遣返囚犯這些事；他們並不覺得滿意，且似乎還得出相反結論，認為中共僅僅小心地對待日本囚犯*。[40]

日本記憶地景的轉變

時間從一九五〇年代步入一九六〇年代，日本政府高層態度開始趨向保守；我們前面已經看到，戰爭期間的大人物帶著他們的退步思想，在此時重掌政權。一九五八年四月，岸信介首相在日本國會就日方對中國奴工的責任問題發言，內容就顯現了這種保守的傾向。當時中國奴工劉連仁在北海道山中被人發現，二次大戰結束後他在那裡躲藏了十三年。日本社會黨的田邊敏雄在國會裡質詢首相岸信介，說岸信介戰時身為閣員，當時內閣決定允許使用奴工，這不合法吧？田邊表示：「事實很明顯，這些人不是自願進入〔日本〕國門。」他想知道政府怎樣看待這段歷史。岸信介的回答直接迴避了這個議題：「政府沒有任何資料可以指明當時情況。事實上，我們根本無法確認到底發生什麼事。」又說：「不過，真正的問題是我們無法確定這些人究竟是受暴力脅迫而來，還是自行簽約前來。政府到底有沒有責任，這個問題我認為現在還不清楚。」[41]

在整個一九六〇年代以及越戰時期，日本戰後年輕世代對於上一輩的怒氣愈來愈強。社會內部的分歧愈來愈嚴重，當中一個例子就是反安保暴動，導致日本大多主要城市的街頭持續數月的不寧。從一九五九年春天到一九六〇年夏天，約有三千萬日本人在這一年多裡上街抗議。美國占領當局想把日本改造成自己想要的樣子；然而，一九五二年日本重獲主權後，日本人就急著把美國「由上而下強加給日本的」所有東西都推翻重來。[42]岸信介在一九五七年重登權力舞臺，然後在一九六〇年那個關鍵性的夏季，不顧一切硬是讓國會通過新的美日安保條約。新條約內容比起過去其實對日本更有利，但岸信介操縱局勢的手段太有戰時政府兩面手法的味道，無視民主程序，因而搞得天怒人怨。

這時候，很多比較傳統的日本政治人物與官僚開始動手策劃，要將日本人面對帝國歷史的態度，由反省轉變為更堅決的肯定。這樣的話，他們必須重新分析東京審判與其他處理乙丙級戰罪的特別法庭。東京國家檔案館的倉庫深處就藏著這樣一份計畫。在戰爭剛結束時，豐田隈雄曾協助帝國海軍將官躲避戰罪指控，他在一九六四年三月十九日起草一份提案，建議成立一個研究會來研究東京審判。豐田顯然想把研究成果當作「未來反制措施」的一部分，他認為這在國際與國內政策上都有必要。這份提案有很多版本，其中一份起草於四月二十三日，裡面列出「研究會」應當怎樣去質疑東京審判的

＊編按：此處作者是想表達，儘管中共自認為盡力善待日本戰俘，但所有這些努力似乎都白費了。最終，日本人感覺相反，認為中共只不過把這些人關押了好幾年，而日本人卻對中共的優待毫不在意。

所有指控：那是侵略戰還是某種自我防衛？法庭是否誤將法律溯及既往？國際法賦予個人責任的定位是什麼？天皇的責任又如何？豐田的提案要求用這些問題去重新評估東京審判判決結果。提案一再修改更新，新的版本開始列出預算；這些工作似乎不少都是在法務省的指示下進行。[43]這份計畫最後得以付諸實施，結合法學專家與商界、媒體界各方高才，還包括幾名法務省內部人士。該研究會要分析的課題太多，預算高達一億日圓（約為一百萬美金），預定在二到三年的進度內使用完畢。這個團體主要檢驗對象為東京審判、各地乙丙級戰罪審判以及紐倫堡審判。

研究會的工作包括質疑各個戰罪審判的有效性、審判過程中暴露的所謂「真相」，其意圖並不是受政府公開委託來探究大範圍法律與政治問題。四月二十五日檔案中的一份備忘錄列出研究會探討的主要問題：(1)司法權，(2)法律溯及既往，(3)陰謀罪，(4)質疑侵略戰是否為罪，(5)國際司法審判裡的個人責任問題。

研究會的參與者有法學教授一又正雄、政治學教授角田順、律師阪埜淳吉等人，還有兩名法務省來的行政助理豐田隈雄和井上忠男。一又這邊負責主導國際法討論，角田的團隊則負責外交史。至於戰罪審判實際進行過程則是由阪埜的組員來詳加檢查。一又是早稻田大學法學教授，角田畢業於東京第一高等學校，是《日本通向太平洋戰爭之路》系列書籍編者之一。[44]阪埜在東京審判擔任甲級戰犯陸軍大將板垣征四郎的辯護律師，且他也在乙丙級戰罪審判庭審判岡田資時作為檢方證人出庭，但他的證詞卻是一番針對當下法律課題的討論，其結論反而對辯方有利。[45]

一九六四年六月，研究會正式開始工作。日本在這一年舉辦奧運。首相池田勇人在後一年過世，他在任時算是對前任岸信介蕭規曹隨，致力增進日本經濟發展。[46]研究會開會時由法務省協助與指導，部分原因可能是因為賀屋興宣於一九六三到一九六四年擔任法務大臣。要知道，賀屋在一九五五年假釋出獄時，支持者可是以他的名義在東京目白高級飯店「椿山荘」舉辦了大型的「撫慰勵志集會」。賀屋在一九六二到一九七七年擔任頗具政治影響力的「日本遺族會」會長；在他的領導下，將「『彰顯英靈』這一項加入原本宗旨，與『維護世界和平』、『增進遺族福利』、『防止戰爭』等並列」。[47]從一九六四年六月十五日的預備會議開始，到後來大多是兩個月開一次會，算下來研究會工作期間總共開了超過一百場會議。最後一場，也就是第一〇七屆會議，舉行於一九六九年三月二十四日。會議情況一般是四位知識分子一起進行討論，豐田和井上則多以觀察員身分出席。早期會議地點是在東京律師會館（法曹會館）。

從一份用法務省信紙手寫的備忘錄，我們可以了解為什麼這麼多人覺得有必要組成這個「東京審判研究會」。文明歷史上，這是日本人頭一次被要求承擔戰罪接受審判；所以，備忘錄裡說，如果能從刑法與國際法層級檢驗這些審判，日本人或可從中學到許多重要課題。研究會的成員聲稱，他們希望在國際法中探究關於「自衛」的思想，並檢視東京審判怎樣呈現證據。他們還計畫從律師的觀點來看「自衛」這件事，並進行辯論。東京審判的過程，以及審判進展的拖延緩慢，是他們所要調查的重點。此外，研究會還訪問了重要人物，例如參與東京審判的日本和美國律師。最後，他們想要估測出紐倫堡審判對東京審判造成多少影響。

然而，研究會全心鑽研重大法律問題時，卻全然迴避一個主要歷史課題：為什麼同盟國相信他們必須設立特別法庭來向日本戰犯追究正義？簡言之，如果不去看日帝國軍事與政治統治下普遍的、廣泛的暴行，就不會覺得這類審判有其必要。被日軍俘虜的人都在餓肚子甚至餓死，虐待戰俘、虐殺中國人的事極其猖獗，這些都已成為日本帝國擴張之下的常情。東京審判研究會完全只注意法律問題，排除道德問題與帝國境內的法治問題，避而不談日本怎樣管理帝國，這導致他們只看到事情的一半。他們所關心的，只有同盟國對研究會眼中所謂戰罪審判「受害者」，亦即日本戰犯的責任。

研究會工作進行到第三年，開始檢驗東京戰罪審判中帕爾法官提出的異議。一九六六年六月九日的一份長備忘錄討論了研究乙丙級戰罪審判的必要性。研究會最後出版了一本書，內容涵蓋此事與其他相關課題。[48] 又表示，研究會不會藉由此書獲得任何利潤，但「現在眾所周知的歷史竟是錯誤的，實在令人憤怒」。他還說：「我也希望這些能夠印刷發行，給那些不懂歷史的年輕人看。」[49] 一九六〇年代這個計畫代表一種趨勢，之後再未消滅。[50]

不過，日本的保守化也不是整個社會全面一致的趨向。社會中的不滿氣氛持續透過年輕一代釋放，聚沙成塔化作巨大的社會火山，具體表現在立命館大學學生將校園中最典型的戰爭紀念碑「海神像」毀容。「海神像」代表戰時被徵召從軍學生的苦難。[51]雕像是在一場社會運動中建立，而那場社會運動的精神又是取自一九四九年的一本同名書籍。[52]對許多人而言，這座雕像訴說的是以戰爭為名而做出的犧牲，所象徵的強烈情感深度無與倫比。[53]《海神》一書後來被拍成電影，成為一九五〇年日本的賣座影片之一。然而，戰後學生是在一九六〇年代親眼目睹由美國領頭的越戰，他們的感受截然不同。他們認為，之前那些豎立雕像的人沒有做一點有用的事來阻止日本開戰，所以應該譴責。一九六〇年代這一代人覺得，「海神像」已經變成推動和平的假先知，應該推倒了事。這就像是二〇一〇年代晚期，英美兩國對公共雕像角色與含義的政治辯論一樣，不同世代基於自己的歷史經驗而賦予公共藝術不同意義，當時的日本也是如此。一九六九年五月二十一日，《朝日新聞》在社論中發問，問這些學生是否理解「海神像」實際上是一座反戰雕像，且建造它的經費是來自於二次大戰期間被徵兵學生留下之書信集的出版收益。但這篇社論也隨即表示，我們不應該只怪這些學生缺乏同情，畢竟是上一代人沒有為戰爭給出一個全面解釋。學生指責老一輩的人：「你們為什麼不逃離戰場，為什麼不乾脆放下槍跑掉？既然你們沒這樣做，你們就是法西斯。」這種根深柢固的情緒滋養著日本反對美國霸權、反越戰的社會運動。社論最後指出，我們不只應該去檢驗帝國侵略戰爭——日本若要解釋自己的過往，必須深入探究「國家」以及「權力的恐怖」。社論作者表示，很明顯的，日本未能將這些事情教給下一代，這才導致我們當前被困在這條死胡同裡。[54]

臺灣的「白色恐怖」

比起找出自身之所以犯下戰罪的源頭，除惡務盡，日本的保守派政府更在意重建秩序。不過，這也不是日本這一個國家特有的情形。由於政治地理環境不同，日本戰後的演變與德國（一九九〇年之前的西德）大相逕庭。在歐洲，德國西邊面對的是恢復民主政府的法國和英國，它所在的地區就有壓力要求它服從規矩。至於東邊，西德在一九九〇年之前都與立場敵對的東德針鋒相對，而東德領袖最喜歡宣傳西德有多麼不願意承認納粹過往，有多少前戰犯還在政府裡當官。反觀日本，戰爭結束過後幾年，日本就不再受到持續的壓力或要求，且它在東亞的鄰居都深受自身高壓苛刻的政治環境所困。所以說，「反省過往」絕對不是日本人會放在心上的事。更何況，美國在冷戰初期就已跟日本結成緊密聯盟，所以美方施加於日本檢討戰罪的壓力也一下子消失得乾乾淨淨。

像這樣的反向急轉彎還可見於另一個例子：中華民國，更常見的稱呼是臺灣，或者在一九九〇年代之前它還被許多西方人稱為「福爾摩沙」。臺灣當前更在意的是平反內部半世紀戒嚴的不公，理解這段歷史中發生過的暴行，而並不那麼想去細究日本在臺灣，或在一九四五年之前國民政府統治下的大陸所犯的罪行。這樣的社會壓力，結合國民黨多年來壓制大眾討論相關課題，導致臺灣在看待日本帝國時期的輿論呈現出非常不同的核心觀點。

出於這種複雜背景，任何跨國性的表象，都會與臺灣人對於日本帝國歷史的記憶無法相容。此外，現在的臺灣人對於日本的歷史暴行似乎不太在意，他們更在乎的是從一九四九年到一九八〇年代晚期，國民黨高壓統治下所經歷的長期艱困。一九四九年開始的這段時期被稱為「白色恐怖」，本質上是國家暴力的持續施行。國民黨在一九四九年五月二十日宣布戒嚴，這個「強迫維安」的狀態一直到一九八七年七月十四日才解除。在這法外濫權的時期（最嚴重是在一九五〇年代早期），政府將每一個反對任何國民黨政治目標的人都打為「匪諜」，也就是中華民國的叛徒。諷刺的是，中共也在差不多的時期走了差不多的路，試圖遏制「反革命」勢力，人人自危。[55]我們並沒有確切數據顯示白色恐怖這數十年間，有多少人被殺、被關或被刑求，據估計，「粗估約有十四萬人因政治罪名在中華民國軍事法庭受審（其中約有三萬人的案件在事後被定為『不當』）」，判決結果「約有三千至四千人被處死刑」。[56]這些審判並非集中在戒嚴早期，很多甚至持續到國民黨軍事統治臺灣的末期。

我們從國軍將領孫立人戰後早期受訪內容，可以窺見當時臺灣大眾所受壓迫。孫立人對於臺灣高階將領內部狗咬狗的政治鬥爭深感失望；一九五五年，他被冤枉暗中密謀發動叛變，於是被軟禁了三十年。孫立人非常瞧不起蔣介石政權。[57]在這之後，就算過了十年，就算美國毫無諷刺之意地稱呼臺灣是「自由中國」，並且給予臺灣愈來愈多援助，情況也沒有改善。研究中國法律的美國專家孔傑榮在一九六一年回憶起，有個臺灣律師告訴他，「『清廉』的法官就是只收勝訴那方的賄賂」。[58]

到了一九六〇年代，很多臺灣人開始思考「臺灣自決」，這相當程度出自國民黨剝奪臺灣本地人政治權力的作為。在彭明敏看來，國民黨將大筆預算花在軍訓與救國團上面，這就跟希特勒青年團一模一樣。國民黨來了以後，臺灣整個是僵化不動的——法律禁止公會、禁止其他政黨，國民大會代表與立法委員從一九四七年以來再也沒有選過下一次，成員永遠是那些人。事實上，還要再過數十年，臺灣的議會才開始反映現實。彭明敏與支持者發布《臺灣自救運動宣言》，對臺灣的政治社會僵局提出挑戰，提請公眾注意這些課題。他在一九六四年被捕，受軍事法庭審判，判處八年徒刑，然後獲得蔣介石特赦。臺灣媒體當時被政府控制，於是新聞報導都說彭明敏已經招供認罪，但因蔣委員長寬大為懷而得釋放。然而，彭明敏獲釋後並未真正獲得自由，而是長期受到監視。他決定逃離這日益惡化的壓力與暴力，於是瞞著家人出走瑞典，並在一九七〇年前往美國尋求政治庇護。

不過，縱然政府將民間不滿都壓制下來，並且控制媒體、控制司法，但不論是政府或民間都沒有對二二八事件徹底噤聲。這在一九八〇年代初依舊是個極具分裂力量的政治課題，以至於國民黨當局在一九八三年打造出一套新政策，名為「拂塵專案」，目的是要防止二二八事件被進一步拿出來公開辯論。政府宣告，任何公然挑起二二八話題的人都是徹頭徹尾的臺獨分子。為了堵塞這方面言論，一組人馬四處奔走，蒐集無數二二八事件的相關資料，採得大量口述歷史，並與警方的報告相互對照，以此建立一套可信的最終說法。國民黨將這些資料出版為一系列二十九冊，這是計畫的一部分，以此為基礎著手主導相關討論，不讓臺獨支持者或其他團體控制言論方向。[59]一九八六年，作為計畫延伸部分，國民黨政府在美國出版《拂去歷史明鏡中的塵埃》一書。此書是國民黨情報機構國安局的武器，用來分割臺獨運動和一九四七年的「歷史真相」，讓各方不再能用二二八事件來批判國民黨暴政。[60]這本書將臺灣人描寫成被共產主義者利用的無辜傻子，並稱國民黨的處理「慈悲寬厚」，還著重描述臺灣人幫助大陸人的個別事件是「手足之情」的表現。[61]有趣的是，這本書出版沒過幾年，就在臺灣剛解嚴兩年之後，臺灣社會就被一部劇情長片撼動而進入全新討論——侯孝賢的《悲情城市》。電影描述殖民時代的遺痕、二二八事件的後續影響，以及接下來的白色恐怖。侯孝賢做的事是在視覺上呈現「那些最終超越文字的——文化壓迫、錯位與失離的經驗，以及亂世、暴力與痛苦的重量」。[62]由於《悲情城市》造成的影響，加上當時國內外各種因素，臺灣在電影上映後不到十年就舉行了全國性選舉，踏上通往實施全面民主的道路。

過去這幾年的政治變化，使得臺灣投入國家財政用於轉型正義的賠償；不過，批評者強調，這種只注意金錢賠償的態度，使得我們無法對滋生出暴政的法律與政治體系進行任何有規模的調查。臺灣學術界兩名異議分子陳俊宏與葉虹靈將情況總結為：「如果沒有經歷過該有的社會過程，比如真相調查會舉行公聽會，或者是讓調查結果眾所周知，那麼大眾對這段黑暗過往的知識就是簡化的、碎化的。更何況，我們目前沒有實施任何制度來處理當年的犯罪者。這呈現了臺灣的情況就是轉型但沒有正義。」[63]

第十一章　消失的法律記憶與國民黨戰犯

塑造東亞政治情態的關鍵問題之一，就是「全球性正義」的要求是如何，以及為何在二次大戰結束後浮現。然而，就在一九五六年中國審判重要日本戰犯之後，中國的法律與司法幾乎立刻就遭到公眾唾棄與政治批判。上海法學界迅速針對知名律師王造時與楊兆龍展開批鬥，指責這兩人還維持著民國時期的法學觀點，並針對這點加以攻擊。一九五七年一份以吹噓中國新司法體系為旨的官方會議紀錄裡，貶低西方成為各方發言重點。一名與會者反駁王楊二人的論點，說：

> 看看美國的愚蠢民主。〔……〕法治認真的具體表現，得要看社會秩序。去年美國少年犯就有二百五十萬，美國監獄一年中發生一百多起的騷動，主要是因為用酷刑對付犯人。這是什麼法治？上海的監獄裡連臭蟲都沒有，犯人生了病可住醫院。至於我們的犯罪率更是愈來愈低，這是什麼法治？[1]

這些資訊當然都不正確。當時中共政府正在迅速建構「勞改」這種監獄體系，以強迫勞動為手段來懲罰罪犯，懲罰對社會主義法律有不同觀感的人。司法部法學家楊兆龍並未戴著玫瑰色眼鏡去看中國法制演變，據說他講過中國「無法可依」，這讓「壞人感到無所顧忌，好人感到缺乏保障」。[2]

一九五七年七月中，司法部長史良也選邊站，將重要的法治原則拋諸腦後。一旦毛澤東針對他眼中的「反動法律」敲響警鐘，這就開啟眾人一場搶著表態追隨他的競賽。中共政府用以起訴日本戰犯，藉此在國際上取得合法性的法律大架構還在很脆弱的階段，而史良在此時譴責楊兆龍、王造時與其他人「向黨領導下的人民司法工作開展了惡毒的攻擊」。這些人稱「肅反工作」是「搞糟了」、「搞錯了」，但史良對此並不同意。她在第一屆全國人民代表大會第四次會議上表示：「大家都知道，肅反運動是完全必要的，試問，如果不搞肅反運動，我們今天能夠過這樣平靜的日子，能夠安安穩穩地建設我們的社會主義嗎？」她確實承認肅反工作有其缺陷，但這並不表示中國應該完全停止這類活動，反而是當局要更積極發現錯誤加以糾正。史良又批評說，這類人都是右派分子，要的是美國式的法治；也是這同一批人說出「鎮壓反革命是『違憲』、『違法』這種話」。她問道：「這是違的什麼人的『憲』、什麼人的『法』呢？」這些事情的確違反國民黨的法律，但廢除國民黨法律本就是一開始的目的。[3]

中共官員花了這麼多年進行調查，結果對日本戰罪審判呈現的司法榮景只是曇花一現。賈潛在一九五六年夏季主持瀋陽特別軍事法庭第一次審判，而審判結束後不久他就遭到黨內批評。賈潛對他的法官同僚們法學知識不足的情況很擔憂，因為全世界都在觀察中國的司法審判。依據賈潛前祕書的說法：「為特別軍事法庭組成法律團隊後，賈潛好幾次要求所有人必須認真研讀中國法與國際法，並確切實行這些思想。」[4]

一九五八年二月十五日，中共黨內投票決定撤銷賈潛職務。這是司法權轉移的不祥徵兆——讓司法機關自此受政治權力宰制。賈潛跟其他不少法律工作者一樣，並不贊成把中國以前舊法全部廢除。賈潛之所以會被撤銷職務，是因為他對傳統法律的評語被人抓住當成把柄；據說他是這樣講的：「舊法是幾十年的經驗，是文化遺產，可以接受批判，但不能一筆抹煞。」此外，賈潛還大力主張審判獨立，覺得黨委過問個別案件就是在干預司法。他認為被告應受無罪推定原則保護，結果搞得黨內在肅清「反革命」的同時火冒三丈。賈潛在對日本戰罪審判中的表現，應該跟黨內對他的不滿無甚關聯，但他當時建議縮短日籍滿洲國官員古海忠之的刑期一事還是被拿出來算帳；話說回來，賈潛這個建議本來也因為中共高層反對而未受採納。[5]

一九五八年二月中，黨內動手對另一名法官朱耀堂開刀，同樣將他撤銷職務。朱耀堂曾是太原特別軍事法庭的副庭長。他批評中共其他法庭給人判處死刑時迅速草率，然後就因這些話惹禍上身。撤職報告裡稱朱耀堂曾說：「審判委員會問題很多，對案子討論簡單，有的只有一個『殺』字，或一個

『判』字」。「他〔朱耀堂〕歪曲事實說：『審判委員會討論死刑案件三分鐘一個，一分鐘一個，一個上午就十幾個，全通過了。』」黨內對朱耀堂的指責還包括他膽敢「支持賈潛的舊法觀點」，尤其是他強調「被告有利論」這一點。[6]

楊顯之與朱耀堂同時被撤銷職務，他也擔任過瀋陽特別軍事法庭的法官。楊顯之同樣主張「審判獨立」，不喜歡黨內干預司法事務。他還被批評「在工作中忽視當時當地的鬥爭情況」而「孤立地強調法律科學，積極宣揚『無罪推定』的原則」。這類思想在一九五七年後都被視為是反對革命進程，反對毛澤東的政治目標，大逆不道。[7]參與瀋陽特別軍事法庭的郝劭安法官也遭批判，內容與前面幾人都類似：為維護「審判獨立」而表達太多反對意見，直言不諱表示中國法務工作人員專業水準不夠或無能。[8]至於特別軍事法庭副庭長袁光，他似乎是參與過瀋陽戰罪審判的高階法官裡少數沒被當成異己清除的。[9]

一九五八年四月底，舉行於瀋陽的對日戰罪審判結束將近兩年，黨內將張向前法官撤銷職務。他在一九五六年六月九日到十九日瀋陽特別軍事法庭對日戰罪審判中擔任法官，審判對象為八名日本囚犯，即上坂勝、鈴木啟久、藤田茂等人。張向前畢業於北大法律系，他在一九五八年時已經四十六歲。他被指控的罪狀是「許多言行」和賈潛、朱耀堂等右派分子相呼應。張向前也主張審判獨立，「反對黨對審判工作的領導」。黨內認為張向前「是一個黨內的資產階級右派分子，為了純潔黨的組織，刑庭支部全體黨員一致通過，開除張向前的黨籍」。張向前不僅聲稱中國的審判工作是「漆黑一團」，因為「對中央的政策，不研究，不貫徹」，且他竟然敢反對「批判教條主義」。黨內列出他所謂罪行的最後一點是：「張向前的錯誤絕不是偶然的，是有其階級的和歷史的根源的。」意思是說他出身於「富農家庭」，且「受的是資產階級大學法律教育」，就連入黨後也沒有自我改造。[10]

從一方面來看，中華人民共和國誕生茁壯那段時期，中共是清楚試圖追究正義，並試著對日本囚犯展現寬大精神。然而，特別軍事法庭甫一落幕，審判紀錄就被埋藏，同時再也沒人理會「利用司法判決造就歷史和解」這件事。可悲的是，對日本的戰罪審判裡面相當程度體現出的正義與仁慈，這些記憶到了一九五八年已被收在行政機關某個檔案櫃深處。判決宣布之後不久，那些透過審判所獲得的法律知識、人才歷練就全被扼殺，於是文化上本來可能出現的影響與益處也就一直受阻。

國民黨戰犯

據中華人民共和國公安部評估，對國民黨軍人進行再教育的難度通常高於日本戰犯，需時也較久，因為國軍是蔣介石教出來的子弟兵，他們相信蔣才是中國政府合法統治者。[11]看守國民黨戰犯的人，以及對國民黨戰犯「做工作」的人，這些人的訪談紀錄加上國民黨囚犯的回憶錄，能讓我們一窺中共的心態，以及中共在內戰末期與結束後一個接一個地俘虜國民黨將領，黨內對此要怎樣做出反應。[12]中共官員從一開始就稱呼國民黨囚犯是「戰犯」，把他們跟日本人劃歸一類，但同時也叫他們是「叛徒」和「反動派」。此外，以中共自己的認知，他們施用於國民黨囚犯的改造政策和施用於日本軍人、日本官員的並不相同。

雷皓是國民黨戰犯再教育計畫的工作人員。話說回來，中共長久以來都將國民黨囚犯分到「戰犯」這個法律類別，加以監禁，但卻鮮少用司法程序審判他們。日本戰犯受司法判決令正義彰顯，但國民黨戰犯本質上就是沒被判刑的囚人，他們所受的處理方式也與日本戰犯大不相同。中共很重視讓日本人在審判紀錄裡與公開場合主動招認違法罪行；但直說的話，國民黨戰犯幾乎沒有獲得司法處置的機會，只有再教育與監禁。中共對國民黨囚犯的計畫比較沒有一個明顯方針。一九四九年初，雷皓抵達北京，開始在功德林監獄工作。他在那裡接觸到被單獨監禁的國民黨囚犯康澤與董益三。[13]董益三在抗戰末期被送往美國學習無線通訊技術，歸國後成為國防參謀部一員，一九四八年在國共內戰中被俘。康澤是國民黨名將，被雷皓稱為「活字典」。他從一九三〇年代早期開始負責國民黨的宣傳戰，後來當過南京《中國日報》社長，而該報宗旨明文表示支持蔣介石。一九五六年四月二十五日，毛澤東在會議上發表演講〈論十大關係〉，連名帶姓提到康澤。[14]

在那次演講中，正值中共宣布其針對大多數小型日本戰犯的審判政策和僅追究高層領導的前夕，毛澤東概述了他鎖定和懲治反革命分子的政策。他區分了社會中的一般人和政府內部的人，對於後者他毫不留情。但對於一般囚犯，特別是對於被監禁的國民黨官員，毛的語氣則顯得更為克制且非常務實。

什麼樣的人不殺呢？……連被俘的戰犯宣統皇帝、康澤這樣的人也不殺。不殺他們，不是沒有可殺之罪，而是殺了不利。這樣的人殺了一個，第二個第三個就要來比，許多人頭就要落地。這是第一條。第二條，可以殺錯人。一顆腦袋落地，歷史證明是接不起來的，也不像韭菜那樣，割了一次還可以長起來，割錯了，想改正錯誤也沒有辦法。第三條，消滅證據。鎮壓反革命要有證據。這個反革命常常就是那個反革命的活證據，有官司可以請教他。你把他消滅了，可能就再找不到證據了。這就只有利於反革命，而不利於革命。第四條，殺了他們，一不能增加生產，二不能提高科學水準，三不能幫助除四害，四不能強大國防，五不能收復臺灣。殺了他們，你得一個殺俘虜的名聲，殺俘虜歷來是名聲不好的。[15]

一九五〇年，新中國剛建國不久，當時功德林監獄裡大約關了八十名國民黨囚犯。對這些人的再教育工作是從一九五五年年底開始。這時中共對大多數日本戰犯的調查工作都差不多結束，正準備要進行審判。國民黨囚犯被一小群一小群分別關在中國各地，包括重慶、西安、武漢、南京、瀋陽、張家口等地，但一九五六年有個計畫是要將國民黨戰犯「集中」到少數幾個主要監獄。前國民黨軍政高官被送往位於北京市市界外不遠的功德林。

國民黨囚犯也跟日本戰犯一樣，難以接受自己的悲慘處境，也不相信所謂再教育計畫，有的甚至試圖逃亡。一個例子就是原本被關在晉察冀軍區監獄的少將楊光鈺，[16]他因為監獄看守不嚴得以脫逃，但未能走遠。當時時值嚴冬，他的雙腿都受到嚴重凍傷。他被抓回去的時候，腿上傷處已經變成壞疽，只能將雙腿截肢。在此之後，他被送到功德林監獄囚禁。[17]

跟國民黨囚犯一樣，中共方面的看守人員當然也覺得自己才是正義一方，但至少當時他們表現出的較是同情而非殘酷。撫順戰犯管理所是中共針對日本戰犯改造計畫的基石，這裡原本是日本人修建的監獄，在一九五〇年六月重新被使用來監禁犯人，那時蘇聯所「贈」的日本囚犯即將被送來中國。金源從這座監獄成為「撫順戰犯管理所」的時候就在這裡工作，他是中國東北的少數民族朝鮮族人，年輕時學過一點日語，在戰時加入中共八路軍。他一開始是管教科科長，後來升任副所長，最後在一九六四年，也就是所有日本戰犯獲釋那年當上所長。[18]金源說，一九五六年九月，除了關在功德林的高官之外，其他的國民黨囚犯都被一一移至撫順。這些人是一波一波從中國各地監獄送來的。一九六三年九月，重慶戰犯管理所關閉，所內囚犯都被轉到撫順。他寫道，從一九五六年秋到一九六八年春，國民黨政治犯的轉移是在這幾年內完成，他們最後都到了中國東北的撫順。

中國天主教會的主教金魯賢，因為使用外國語文而被視為間諜關押起來，打成危險的反革命分子，輾轉於中國各地監獄——他的遭遇類似那位被遺忘的日本共產黨員伊藤律。金魯賢回憶起他經歷過的一套運輸手法，這種運輸方式也被用在日本軍人身上，將犯人在國內各地之間運送，但不讓犯人知道目的地是哪裡。[19]

列車啟動、加速，一路上沒有停靠任何車站，是專列。第二天上午，車子逐漸減速，戛然停止。下車後一見也是一個小站，月臺上也都是全副武裝的士兵。又上麵包車，約半小時後，車進入一個院子，都是平房，在一個大廳前停下。我們按次分行站立，聽一名負責人訓話，我們這才知道是撫順戰犯管理所。[20]

國民黨戰犯經歷的再教育活動與日本戰犯類似，但其中也有顯著差異。針對日本戰犯的計畫是擬定於一九五二年，但中共直到一九五六年底才開始著意推動改造國民黨文官武人。國民黨囚犯抵達時，其中有人小聲說：「我們本來是反革命被判刑，現在又變成戰犯，罪上加罪，這帽子有點大了吧？」看到監獄名稱為「戰犯管理所」，再加上監獄牆上被以前關過或現在正關著的日本囚犯貼在牆上的物品，讓許多國軍看了感到很絕望，以為自己再也出不去，再也回不了家了。對這些人來說，另一個不妙的消息是一九五六年的匈牙利革命；畢竟中國內部發生的事也不是完全隔絕於外界，於是國民黨囚犯更緊張了，害怕匈牙利受到的鎮壓會波及中國。這份焦慮迫使他們相信：中國會從匈牙利革命學到教訓，會更提高警覺，一旦中華民國（臺灣）反攻的話，中共為了報復，可能就會殺掉我們這些囚犯。[21]

段克文是少數獲釋後得以移居美國的國民黨囚犯，而他對中共的「再教育」並不買帳。他聲稱滿洲國戰犯在獄裡受的待遇較好，但處在囚犯地位最頂端，享盡一切好處的則是日本人。他對於「屠殺中國人」的日本人竟最早被釋放感到憤懣不平。[22]段克文四處漂泊的人生故事，呈現出中共對國民黨戰犯政策的變化無常，以及中共是花了多久才得出一個一致的國家政策。一九四九年，國共內戰結束時，段克文人在長春，他隨即前往北京搖身一變成為商人，兩年後才在一九五一年二月被中共政府逮捕。他被帶回長春，被公安部關押兩年讓他「反省」。一九五三年一月底，他被送上長春人民法院，判處無期徒刑。在監獄裡才關了兩個多月，他就被移到長春勞改營，整天在窯邊燒磚頭。到了一九五五年秋，他突然又被帶回長春監獄，隨即在一九五六年一月被移交給吉林省公安部，接下來又在一九五六年九月被轉移一次來到撫順監獄，然後就在這裡被關了二十年。[23]他寫說，待在不同監獄時，他被要求寫了無數次「認罪書」。段克文想過，為什麼中共放任他自由那麼久才來逮捕他？他唯一想得出的理由是：韓戰造成的壓力導致中共延後處理他的事，等韓戰一結束，其他重大「反革命分子」也都遭殃了。[24]據段克文說，在獄中的前五年，他一直被迫戴著腳鐐。[25]

撫順戰犯管理所的金源寫道：想當然耳，許多國民黨將校官員並不相信中共，而且還有「階級矛盾」的問題。每個人面對「戰犯」這個標籤的反應都不一樣。金源在撫順也要管理日本戰犯，他說國民黨人與日本人情況不同，國軍軍人有的犯下極其嚴重罪行，但也有不少在對日抗戰中有功勳，為中國人民做出犧牲。這些軍人是國民黨，但各有各的派系，所以未必與國民黨高層有共通利益，也享受不到同等特權。金源記得，由於情況如此複雜，「我們針對國民黨戰犯的改造工作，比起我們對待日本戰犯與偽滿戰犯，要更仔細校準、更煞費苦心。」[26]

一九五七年初，改造教育開始，目標是引導國民黨囚犯承認自己的罪行。金源解釋說，這個過程有三步：第一步「坦白從寬」，第二步「抗拒從嚴」，第三步「完成有賞」。[27]但事情進展並不順利，中共政策從一開始就是不給國民黨戰犯判決，但看守與調查人員內部對此有異議，監獄主管擔心這會讓囚犯不願認罪。改造計畫首先要讓對方反省自己所作所為，要求他們「改正過錯」；然而，翻遍這些人的檔案，卻發現全國各地不少機關都只將國民黨囚犯登記為「戰犯」或「反革命」了事，因此調查者無法有系統地整理出他們每個人所犯罪行。金源說，國民黨囚犯起初都自傲非常，只有當他們了解自己行為造成的後果，才開始表現懺悔，踏上接受改造教育之路。但我們也要注意，前國民黨囚犯沒有一個人寫過回憶錄講述撫順監獄的獄中經歷，更沒有人去組成「中歸聯」那樣的親中共政治遊說團體。

中共監獄裡兩個比較有名的國民黨戰犯，是國軍將領杜聿明和黃維。聽說黃維被生擒，毛澤東很高興，不讓他被處死。這道理就跟毛澤東想利用日本戰犯來促進中日關係改善一樣，他相信黃維能發揮很高的政治效用。[28]黃維被俘是受國軍在徐蚌會戰敗戰所累。共產黨指控黃維在戰場上使用毒氣，但美國國務院檔案則表示：「『毒氣戰』的說法很老套，雙方都拿這個指控對方，但沒有一方提出證據。」[29]徐蚌會戰（又稱「淮海戰役」或「蔣介石的滑鐵盧」）是雙方將近兩百萬軍隊在數百公里寬的平原上發生大型會戰，為國共內戰中規模最大的戰役之一。雙方都傷亡慘重，但國軍所受打擊更為致命，陣亡、受傷或被俘的國軍官兵加起來將近五十五萬人。中共解放軍也損失十五萬人，但終究在這場戰役後取得更佳形勢，將被俘或變節的國軍部隊納入麾下。簡言之，徐蚌會戰的結果代表國共內戰即將邁向結束。[30]

黃維在一九四八年被俘時隱瞞真實姓名與職務，但很快就被中共識破。[31]他在一九四九年一月底被移往功德林監獄；諷刺的是，國民政府執政期間鎮壓反對派時，這地方是用來刑求、處決共產黨員的。黃維表示，他下定決心要證明共產黨的「寬大改造政策」全是謊言，所以固執抗拒管理人員的管理，一副老派將軍的模樣，盛氣凌人，一點罪也不認。實話實說，中共在偵訊黃維時也從來沒講清楚他犯的「戰罪」到底是什麼，是「反革命」嗎？還是別的？[32]黃維說，他在一九五二年患上嚴重肺結核，身體病弱到無法下床上廁所。他表示：「中國有句俗話說：『久病床前無孝子』……何況我還是個戰犯，曾經是共產黨的仇人，在監獄裡能得到這樣的照料，是不敢想的！」好幾年來他每天都有牛奶、雞蛋、豬肉可吃，就連經濟最困難的時期也一樣，才讓他的病慢慢好轉。[33]

黃維也是個比較「多采多姿」的囚犯，甚至還勉勉強強沾得上「業餘科學家」的邊。他在獄中變得執迷於推翻科學原理，並試圖發明「永動機」，這份狂熱源自他相信永動機「對全人類而言將是莫大的貢獻」。[34]不過，背後的另一個可能因素是黃維利用這項研究來避免被改造，至少中共公安部某些人是這樣認為。[35]雷皓不懂黃維為何如此執著於一個不可能的機器，只好把這解釋成一個前軍事將領面對人生境遇變化的方式。不論受到多少批評，黃維似乎是認真想做出這個「東方紅永動機」。[36]此外，黃維始終忠於蔣介石；改造教育導致他改變，還讓他最終得以「重見光明」，卻沒有動搖他對蔣的忠心。[37]看管他的人覺得他頑固。掌管撫順戰犯管理所的金源應當有獲得中央政府許可，所以才能拿出一筆經費給黃維建造永動機模型。試驗當天，管理所弄出了很大一個場面，但可想而知機器未能成功運行。[38]

一九五〇年代後期，中共大張旗鼓給予國民黨囚犯「特赦」。在一九五九年九月十八日，《人民日報》慶祝中共建國十周年，頌讚國家成就，就特赦一事刊登了一篇花團錦簇的社論〈改惡從善前途光明〉來宣揚「改造」囚犯的成功，強化「人民專政」。[39]不過，社會上對特赦消息的反應並非全然接受，而是有些反彈。不論如何，北京、撫順、濟南、西安、重慶與呼和浩特的監獄都在一九五九年十二月四日為某些國民黨戰犯召開特赦會議。對中華人民共和國來說，一九五九年是新政權建立的第十年，具有特殊意義。毛澤東在此時想給予囚犯某種赦免，這反映他相信古代中國帝王也會「大赦天下」。[40]

特赦的過程中，顯然有某些事糊塗不清。黃維記得周恩來原本把他的名字放進一九五九年特赦名單裡，他自己對此都非常驚訝，因為他當時還在強烈抗拒中共的再教育工作。當局甚至已經通知黃維在清華大學教書的女兒，要她預備好來接父親回去。結果獄方拒絕接受命令，說黃維還沒改造好，釋放他會讓別的戰犯不服。[41]

很多前國民黨高官都寫過回憶錄，但沒有人寫得像沈醉那樣天花亂墜，那樣極盡逢迎拍馬之能事。沈醉是國民黨間諜，曾在惡名昭彰的特務頭子戴笠手下工作。有一名史學家引用沈的證詞，說戴笠是蔣介石最恭順的僕人，在幕後像把「匕首」一樣施行蔣的意志，公開則是擔任蔣的「走狗」，領導國民黨間諜網。[42]戴笠手下「軍統」一度有兩萬名成員。沈醉被俘時以為自己即將受死，而他也承認中共的思想改造對他來說並不好受。他覺得共產黨沒有羞辱他，但就是在審訊與討論過程中一再一再逼他，「堅持不懈」。[43]某些國民黨囚犯最後向共產黨屈服，沈醉也是其中之一，他後來寫了好幾本書宣講中共如何寬大為懷，再以這些奉承換得中共更多優待。不過，沈醉筆下的故事有時也透著黑色幽默的氣息。[44]

另外，中共也會拿國民黨戰犯來當政治樣板，試圖以此在國際上取得政權合法性。杜聿明就是這類例子——他當軍人是敗軍之將，當囚犯卻是好學生。他從國共內戰初期就不斷與中共交戰，然後每場仗都打輸，這也算一種不可思議的紀錄。他和黃維一樣，是在徐蚌會戰慘敗時被俘。起初，他跟某些人相比似乎是比較不願改變，但被釋放後他很快就踏上國際宣傳舞臺。[45]一九六〇年五月底，英國記者葛林受邀參加周恩來主持的宴會，杜聿明也在場。這位費利克斯・葛林是「〔作家〕葛拉罕・葛林的堂弟，主要在美國活動，藉由平面媒體與電視紀錄片成為西方替中國說話最有效力的人物」。[46]與葛林同席的還有滿洲國末代皇帝溥儀。當晚的榮譽貴賓則是英國陸軍元帥蒙哥馬利，他對毛澤東讚不絕口；這位英國軍事指揮官不僅說毛澤東是個「令人愉快的人」，還說：「他〔毛澤東〕就像所有的土地之子，是個真正的民主人士。」[47]宴會上，周恩來將解放軍將領陳毅和前國軍將領杜聿明介紹給蒙哥馬利，並指著杜聿明說「這兩個人打仗，這人輸了」。蒙哥馬利問杜聿明說，既然他麾下有百萬大軍，怎麼還會打輸國共內戰？「杜聿明朝著陳毅點頭，說『人都跑去他那邊了』。周恩來仰頭大笑。」[48]杜聿明和溥儀才剛在五個月前獲釋，他們必須出席這場宴會，才能展現中共的軍事能力，展現中共對待過往敵人寬宏大量。中共藉此表現出外交政策的新立場，同時外賓也感到很滿意。蒙哥馬利回英國時，內心已經全然認定中國「大躍進」之後發生飢荒的傳言都是假的。[49]

毛澤東對國民黨戰犯是如此，中共高層也認為滿洲的末代皇帝溥儀必須好好活著，因為他不論在國內外都是宣傳利器。[50]對此，我們從溥儀第四任妻子李玉琴的命運可以看得更透徹。溥儀在一九五五年聯絡上李玉琴，當時溥儀已經輾轉各地監獄被關了十年；之後李玉琴去過撫順探監好幾次。監獄當局很想利用她支撐起溥儀搖搖欲墜的健康情況，獄方官員在她探監時會特地開一間雙人房，放比較好的家具，還有一張雙人大床，甚至重新粉刷了牆壁。當時撫順監獄也容許關押的日本人會見訪客。監獄當局還通過一條規定，允許剩餘刑期五年以上的戰犯與配偶同住。溥儀沒有所謂的「剩餘刑期」，因為他從未被判刑，他的一切都要看毛澤東、周恩來與羅瑞卿的臉色。然而，李玉琴卻想與溥儀離婚，獄方反對此事，並對李玉琴施壓要她維持婚姻狀態。李玉琴最後是直接去撫順市政府相關單位申請離婚成功。她後來再婚，進入長春市立圖書館工作。溥儀在一九五九年從撫順監獄獲釋，並在一九六二年再婚。[51]

從一九五六年開始，國民黨囚犯也獲得與日本囚犯相同的待遇，他們被中共的工作人員帶著參觀全國各地，讓他們見識見識新中國。[52]整體來說，日本與國民黨囚犯的生活條件一直比監獄裡普通中國囚犯要好很多。[53]不過，關押國民黨囚犯的監獄或勞改營裡也未必一切都照規定進行。有時情況甚至非常失控。中國的著名記者劉賓雁曾記錄下中國內部司法與政治腐敗的情況並加以報導，後來他自我放逐流亡到美國。劉賓雁在某些事情剛暴露時就開始寫文章檢討，他描述發生在嫩江勞改營的謀殺事件，一名前國軍年輕士兵被一名營地守衛在一百多人面前當眾殺害，但沒有任何人有反應，眾人只是看著這名囚犯被開槍射傷，在營地上痛苦許久才緩慢死亡，全然無能為力。[54]

國民黨戰犯與其他戰犯的「認罪」內容並不容易做比較。中共對於要求犯人「認罪」一事無比執著，這也是他們個人改造計畫的核心；然而，對於得不到法庭審判的國民黨囚犯來說，「認罪」這步驟的含義就比較微妙。「一方面堅持要求囚犯寫好認罪書，將內容一遍遍改寫增補，同時卻又心知肚明這份認罪書寫出來只是為了展現服從、躲避麻煩。雖然這只被視為改造計畫第一步而已，但未免也太不注重真心誠意與否的問題了。」[55]中共顯然不把撫順當成單純的監獄，而是做為一個再教育的基地。[56]毛澤東並不相信人權，但確切相信多數者有權以階級或背景為依據來賦予或剝奪個人權利。這個社會依然處於由一種統治形式轉變為另一種的過程中，於是「要求犯人認罪」就成為確立新權威的手段。一份認罪書代表犯人想在這個烏托邦社會裡改善自我，於是，我們或許可以說，這份認罪書也是代表新政權合法性的一個公共紀錄。[57]

臺灣與國民黨戰犯——忠誠所值幾何

由於海峽兩岸關係緊繃，戰犯問題始終是中國與臺灣之間解決不了的問題。中方連所謂「罪大惡極」的日本戰犯都已遣返，但對國民黨「戰犯」卻遲遲不願處理。二次大戰結束之後又過數十年，日本戰罪的問題和正義的意義早已轉變成一種更巨大的東西，遠大於其原有因素的總和。

臺灣在一九七〇年代早期喪失了它代表「中國」的聯合國席位，而毛澤東領導下的中共政府則受聯合國邀請取而代之。世界似乎在改變，但二次大戰戰犯問題仍是一件當務之急。同樣在一九七〇年代早期，中共領袖毛澤東開始收到總理周恩來傳來的消息，說的是還關在遼寧省撫順監獄裡的戰犯狀態。不過這些備忘錄內文頗令人不解，因為中共政府已經將日本被告都遣返，四十幾名被判長期徒刑的重犯也已獲釋回國，最後三人是在一九六四年出獄，當時可是做足了政治宣傳。

一九七一年五月十九日，周恩來向毛澤東提到，說公安部沒有人在管撫順監獄國民黨囚犯的情況，而這些囚犯很多都得了重病。當時文化大革命正如火如荼開展，周恩來擔心政府遭受批評，「人家會說，大戰犯特赦了，小戰犯關到死，外國戰犯特赦了，本國戰犯關起來。」周恩來在備忘錄中試圖向毛澤東解釋情況，表示這與中共的革命目標並不相符。毛澤東指示周恩來改善戰犯的伙食，改變勞動要求，或就是找個什麼方法幫他們活下去。[58]中共高層這才發現他們把國民黨戰犯遺忘在北邊等死。到最後，由於紀錄丟失，中共政府都搞不清楚到底釋放了多少人；至於誰因為什麼罪名而要被關，這類資料更是付之闕如，因為監獄和法治從一九五〇年代晚期以來就被視若無物，情況延續超過十五年。

國民黨高級戰犯的境遇不僅反映中華人民共和國在國內如何樹立政權合法性，中共這份遲來的慈悲也衝擊到臺灣。臺灣當局將受俘但從未被審判的國軍將領和其他人稱為「烈士」；當這些人被放在安全距離外，臺灣政府樂意一概給他們這個頭銜。然而，一旦這些被「馴服」的囚犯可能被遣返來臺灣，國民黨高層表現出的疑心病就跟中共高層對韓戰歸國戰俘的態度並無二致。一九七五年春，中共從還在關押的國民黨囚犯裡選出幾人，給他們去臺灣的機會；此時國民黨立刻翻臉，直接拒絕這些人的來臺申請。[59]

這最後一批人造成一場巨大的政治醜聞。申請返回臺灣的有十個人，都獲得中共中央批准；這是毛澤東的宣傳策略，他公開表示這些人獲釋後想去哪裡都可以。一九七五年四月十三日，十名獲釋囚犯從北京搭機南下，然後改乘火車前往深圳。中共當局給他們每個人兩千元港幣、一些新衣服，以及為期半年的出境護照，這意思是他們如果想要的話還可以申請回大陸。[60]然後，護送他們到邊境。這些人一過橋，踏上香港土地時，就被記者包圍。臺灣媒體對他們並不寬容，甚至不感興趣（當時國民黨政權是標準的專制政權，很依靠對媒體實行嚴密新聞檢查），中國國民黨旗下新聞公司對此事都只一筆帶過。臺灣媒體的報導立場是：這是毛澤東的策略，用來攫取更多政治資本——表現出寬大為懷的樣子，讓世界看到中國大陸內部很穩定，或許還有對未來更長遠關係發展的考量。對比之下，一九七〇年代早期國際變動把臺灣處境搞得天翻地覆。中華民國剛丟了聯合國席位，美國總統尼克森跟毛澤東在北京同席進餐，臺灣的未來充滿了不確定。一九七五年四月，蔣委員長甫過世不久，他兒子蔣經國正在這權力交接的微妙時段試圖坐穩位子。數十年來，中國國民黨都自命為反共堡壘、「自由中國」，但此時同一套政策似乎已經不再奏效。[61]

國民黨放出各種消息，一開始說很高興這些人被釋放，很高興他們想要回「母國」；但這個用詞頗為彆扭，因為這些囚犯沒有一個人來過臺灣。然而，幾天之後，國民黨發言人在記者會上卻說：臺灣歡迎所有反共人士，但不包括共產黨間諜。國民黨領導人，蔣介石之子蔣經國認為，「只能考慮讓一九五〇年後在游擊戰中被俘的人來臺灣」。[62]臺灣當局之所以拒絕接受前國民黨戰犯來臺，有可能是他們認為這會動搖國民黨長久以來對中共的「三不政策」：不接觸、不談判、不妥協。[63]最初這十人剛表示想去臺灣時，中共高層說會負責所需費用，而臺灣當局也表達歡迎。然而，不久之後，國民黨就認定這些人是中共計畫解放臺灣的「工具」，拒絕他們前來。[64]獲釋囚犯之一張鐵石在等待遣返的過程中心灰意冷，竟於香港旅館裡自殺身亡。[65]中共方面對於下一步也很為難，於是設立一個委員會來研究對策。餘下九人被告知說，如果他們想回中國工作，是可以的；如果他們之後又想出國，也同樣沒問題。又或者，中共官員建議說，他們甚至可以選擇「留在香港」。到最後，將近一半的人選擇返回大陸，少數待在香港，還有幾個人設法去了美國。

在臺灣拒絕了國民黨前戰俘的遣返之後又過了幾年，臺灣這個島國迎來一位叛共的高階軍官，也就是人民解放軍空軍中隊長范園焱。看起來，臺灣不相信淪為階下囚的前國軍軍人依舊忠於國民黨，卻樂意接納帶著軍武前來投誠的中共軍官。范園焱駕駛中共戰鬥機飛到臺灣，替自己賺來大筆賞金：整整一百五十公斤的黃金，而且還不用抽稅。只要有大陸軍人來臺投誠成為「反共義士」，臺灣方面舉行的慶祝儀式重點就是「重賞」與授賞。[66]范園焱降落在當時還被稱作「自由中國」的臺灣；《華盛頓郵報》引用他的話，說正義在中國得不到彰顯，所以他才離開。「同胞們，我是被共產黨逼到這地步，我受不了了。我來這裡尋求自由與人權，因為中國大陸完全沒有。」[67]當然，最諷刺的就是臺灣當時絕不是什麼「自由與人權」聖地。

中共的犯人再教育計畫約可分三類：改造日本戰犯的，改造國民黨囚犯（也就是沒有接受實際審判者）的，以及後來發展出來，讓許多中國老百姓在勞改營裡面對的殘酷制度。這三類之間的相異處值得我們停下來思考一下，特別是中國大陸針對戰敗者，也就是中共曾經的敵人，這兩套政策具有高度對比性。這些計畫實行於革命時期，卻相對來說十分寬大，帶著一種「曾經的敵人可以被改造」的想法。所謂改造當然需要符合很多條件，且於長期監禁中進行，但確實是有一個最終目標在那裡。如果我們看看中共的戰犯政策，再看看美國軍方與情報單位在二十一世紀的做法，美軍與美國政府認為伊拉克戰場與阿富汗戰場抓到的俘虜幾乎不可能改過自新，所以很難給予每一個俘虜充足的司法辯護。

美國遭逢九一一恐怖攻擊時，一位不具名的美方情報官員解釋國家應如何反應：「我們該做的是〔審訊囚犯時〕揍個那麼一小頓，畢竟某些蓋達佬就是需要一點額外鼓勵〔才會招供〕。」[68]這些新的「男子漢大美國」並不了解美國官方過去如何行事，只知道美國必須在戰場上更勇更猛才能擊敗恐怖主義。看起來，美國在二次大戰剛結束時所學到的歷史教訓，如今已被遺忘。美國官方在一九四六年發布一份針對戰略轟炸的考察報告，裡面強調「戰敗是軍事問題，但清楚呈現戰敗事實則是一種政治行動」。[69]二次大戰結束後，軍隊復員了，但公民社會卻沒有跟著這樣走；這就是為什麼情報工作、宣傳工作與相關策略在戰爭結束後仍舊極其重要。然而，我們真正該三思的是「監禁」與「審訊」之後要怎麼做。如果政府方面，例如中國政府，想用戰罪審判來展現寬大為懷，那我們可以說這個政策相當程度有效。相對而言，美國在關達那摩監獄*和其他地方的所作所為就有種事倍功半之感。某位聯邦調查局審問官表示：「從恐怖分子口中問出情報以後，我們遲早得用司法審判他們。我們不能把人就這麼關著。不管是一年後還是十年後，總有一天要上法庭，不然就得把人放了。」[70]美國關達那摩海軍基地這座拘押中心設立於二〇〇二年一月，關過將近八百人，至今還有三十五名囚犯。在二〇二二年的今天，這裡只有十二名囚犯曾被送上軍事法庭受審判。[71]

---

*譯注：美軍設置於古巴關達那摩灣的拘押中心，關押恐怖攻擊犯人。

第十二章 戰爭的解釋權：打造國族歷史輪廓，一九七〇至八〇年代

一九七一年秋，東亞政治情勢開始變化，最後走向一個沒人猜得到的方向。中華人民共和國在十月二十五日正式成為聯合國的「中國」代表，宣告過去「非法」占據席位的蔣介石一方已被驅逐。[1] 國際舞臺上情景如此，但美國政府還沒將駐在臺灣的大使館轉移到大陸，而是要等到一九七九年初中美雙方正式協商並交換國書後才開始進行。這十年間，中華人民共和國漸漸地將原屬於臺灣的國際認同接收過來，東亞地區的權力動態也有所轉變。中華人民共和國的領導階層從國際政壇的雷達螢幕上消失好久，原因一方面是遭受外界忽視，另一方面也是他們從國際社會自我放逐，再加上走偏了路的革命激情，才導致這段長期空白。此時他們終於走到舞臺燈光下。一九七一年十月底，周恩來總理接受日本《朝日新聞》深夜訪談；這是聯合國宣布由中華人民共和國取代中華民國為安理會成員國之後，中國高層人士第一次接受國際媒體訪問。《朝日新聞》頭三版大標題都在報導這件事。[2] 不過，

檯面下依舊暗潮洶湧；林彪事件恰巧爆發在中國重現國際舞臺前夕，差點就讓一切功虧一簣。據說，林彪害怕自己與家人會遭不測，所以在一九七一年九月帶他們逃往蘇聯，結果飛機卻在蒙古墜機，乘客全部死亡。毛澤東之前曾將林彪視為頭號接班人，這導致林彪之死撲朔迷離，至今仍有許多謎團未解。林彪這場失敗的逃亡行動讓毛澤東與周恩來有理由動手清洗中共中央政治局（中共在中國的最高領導機構），除掉林彪黨羽，以及那些被貼上「林彪黨羽」標籤的人。至於另一個曾被毛澤東視作接班人的劉少奇，則是早在文化大革命最激烈時期就被鬥倒。從一九六〇年代進入一九七〇年代，這段時期也呈現出中日之間從戰後就開始發展的不平衡狀態，由最粗略的統計數字即可一覽無遺。一九六九年日本前往中國的旅客有二千六百四十三人，中國前往日本的只有七人。一九七一年，日本前往中國有五千七百一十八人，中國前往日本有七十四人。

周恩來急於讓世界知道：中華人民共和國已經牢牢掌握自己的未來，將會穩健前進。不過，中國在聯合國仍將「臺灣獨立」相關話題視為越界。除此之外，周恩來在受訪時把「僅供內部閱覽」的報告和外國新聞資料拿給《朝日新聞》記者看，這些在中國都是只有中共高官看得到的東西。周恩來這麼做，或許是因為國際上傳言中國對國外情事一無所知，對自己新被賦予的國際角色也缺乏準備，所以他想澄清謠言。[3]這場權力交接並非完美順暢，美國國家安全顧問季辛吉在一九七一年十一月與中華人民共和國常駐聯合國代表黃華祕密會面，他感覺到中國突然被丟進聯合國這個國際大漩渦而措手不及。在他看來，中方對接下來要做什麼是一片茫然，態度並不積極，「在陌生環境中摸索而行」。[4]季辛吉的看法沒有獲得一致認同，某些人評價中國派到聯合國的團隊是「一等一」的，說黃華是語言能力卓越的資深外交官，其下屬也都很有水準。[5]

周恩來與日本最大報之一進行這場世紀訪談之後，又過幾個月，美國總統尼克森準備在一九七二年二月前往北京參加款待他的超大型宴會，他為了不讓主人尷尬而開始練習用筷子。[6]雖然美國與日本都想跟中華人民共和國重建正式關係，實際協商還是遇到一些障礙，直到一九七〇年代晚期才簽署官方條約。事情在改變，只是因為有太多政治和經濟上的阻礙而發展得很慢。中國在一九六〇年代與一九七〇年代之交動盪不安，主因是文化大革命在政治上留下的餘震，其最佳象徵物就是「小紅書」亦即《毛澤東語錄》，簡稱「毛語錄」。毛語錄原本是「軍人的意識形態作戰手冊」，幫助他們理解毛澤東思想這個「力量無窮的精神核武」。[7]這本書曾是全世界發行量最高的一本書；傳言說，「毛主義」聲勢漸減之後，多印的毛語錄都被保存在大型空調倉庫裡。[8]

同一時期，日本在經歷過岸信介首相較為注重國防的外交政策之後，此時正在發展經濟，並努力向世界保證這個國家對貿易與經濟更有興趣。「一九六九年，日本的『政府開發援助』有百分之五十提供給東南亞。日本從此開始走上一條路，逐漸成為向第三世界提供最多『政府開發援助』的國家。」[9]一九七二年之後，這些援助金有不少轉供給中國。隨著中國在一九七〇年代一步步回到世界競技場上，而中國賴以發展的經濟基礎有很大一部分是依靠世界銀行與日本。「中國在一九七九到一九九五年間的雙邊貸款中有超過四分之三為日本所提供，共計一百億美元（一點六兆日圓）。發展重點轉變，加上它的經濟表現，使得大量資本挹注中國。」[10]

一九七二年七月二十七日，日本公明黨黨魁竹入義勝與中國總理周恩來進行會談，兩人談了很久，先是一番外交客套話，然後中方提出要求，希望日本能承諾在中日貿易、對中國的援助，以及協助中國接觸外在世界這幾個方面能有更多的投入。周恩來的態度稱得上和緩，但十分堅定：「（中日之間）貿易與友好的聯繫很深厚。戰爭結束至今二十七年，但中日關係從秦朝開始已經有兩千年，之前的二十七年不過是一瞬間。」[11]中方可以彈性看待二次大戰歷史，但對臺灣的法律地位問題仍舊是籠罩中日協商的一個懸而未決的問題。周恩來表示，中國在清朝經歷過八國聯軍要求的巨額賠款，壓得中國人民喘不過氣。很顯然地，周恩來覺得中國不要求日本賠款一事能在宣傳上出奇制勝；[12]他解釋說：「毛主席說他會宣告放棄賠償請求權。如果我們尋求賠償，就會造成日本人民的負擔。這點中國人民完全了解。」[13]周恩來與另一名日方代表開會時，巧妙提到中日關係比中美關係要更好，說：「我們送回去三萬名日本人，包括戰犯。我們一直保持友好態度。松村前大臣開啟了友誼備忘錄（指中日兩國以簽訂備忘錄的方式進行半官方貿易往來）與貿易的道路，日本知道的。美國沒有這個，與我們的文化交流更少。乒乓外交去年中斷，後來才又重建。尼克森是因為乒乓球才能進行祕密外交重建關係，這個乒乓球非常重要。」[14]

日本與中華人民共和國攜手邁入新紀元之際，東京被迫斷絕原本與臺灣的關係。這事很不好辦。日本面對的問題是：他們要怎樣玩文字遊戲來否定先前與國民黨簽訂的合法條約，並以另一份承認大陸毛澤東共產政權的條約來取代？這一步對日本尤其艱難，因為不少國民黨高層人士都與日本政治人物、高級官僚私交甚篤，戰前一起唸過書，對大亞細亞主義、日本在東亞的未來角色擁有同樣模糊但強烈的認知。中國長久以來主張臺灣是「叛亂省份」，表示外國如果不透過北京而直接與臺灣往來，就是介入中國內政；中華人民共和國在內部行政與外交政策上都堅守這項原則。有的日本人，比如資深官僚椎名悅三郎（前首相岸信介的親信），希望日本可以與兩個中國都維持獨立關係；但這樣終究不可行，至少過不了法律條文這一關。

日本人為了開啟中日關係的新渠道，做事毫不拖延。佐藤榮作任日本首相期間向美國爭取到歸還沖繩，他的繼任者田中角榮則是立刻抓住機會前往中國，與周恩來總理共同簽署聯合聲明。這是「主權國家日本與中國大陸在一九三八年之後第一次建立正常外交關係」。[15]《中日聯合聲明》在很多方面都具有里程碑式的意義，中日之間十幾年來沒有外交關係，但僅僅花了四天時間就在一九七二年九月二十七日把一切定下。要知道，日本跟另一個共產政權蘇聯簽訂外交條約時，準備工作足足花了有一年半。至於日本跟南韓，那更是整整談了十四年才終於在一九六五年簽署條約。關鍵在於，日本認為**不要**立刻跟中國簽訂和平條約，這不僅是政治上的必要，也是具有政治智慧的思考；於是，直到一九七八年，雙方才簽署條約，做出正式外交行動。至於一九七二年這份文件是象徵性的「聯合聲明」，不必由日本國會通過後才生效。日本的重要政治人物與外交官就是這樣運用獨一無二的策略踏出正確的第一步，與中國開展關係時謹慎行事，避開日本國內的阻礙力量，不會再因此栽跟頭。[16]

在周恩來總理的領導下，中共方面也知道必須做好基礎工作，讓中國大陸輿論可以接受新政策，接受官方「突然」與大家長久仇恨的日本人重新修好。吳寄南曾經負責調查民間輿論，他說很多中國人都不了解為什麼中國一下子要與日本重建關係；當時日本首相田中角榮提議造訪中國，而吳寄南訪問的許多對象都反對此事，尤其中年與老年人更表達出激烈情緒。吳寄南與同事評估情況後告知上司：人民不支持，甚至主動反對，可能導致事情脫軌，造成令人不快的嫌隙。中共高層與中央宣傳部想出一個辦法，那就是將「中日建立關係」這件事，宣傳成中華人民共和國反制蘇維埃修正主義與美國帝國主義在亞洲發展的重大政策決議。更巧妙的是，宣傳裡還說，這麼做能夠壓制日本軍國主義未來發展，因為日本只要進入與中華人民共和國的正式關係，就必須接受中國提出的和平共處五項原則。簡言之，透過積極宣傳，中國官方可以在邏輯上推翻所有反對田中首相訪中的論點。[17]

另外，其他因素也可能破壞這些小心鋪就的脆弱改變。一九七〇年代中期，幾名中共領導階層關鍵成員相繼過世，加上毛澤東對繼承人問題缺乏準備，使中共黨內的政治情勢變得混亂。周恩來總理長久以來是毛澤東的忠誠幹將，擔任中國外交政策代言人數十年，而他在一九七六年一月八日逝世。[18]中國共產黨內聲譽最崇隆的軍事將領朱德元帥也在一九七六年七月過世。從一九七四年初開始，毛澤東愈來愈不能任事，他動了白內障手術，眼睛無法閱讀，還因帕金森氏症而失去說話能力。最後，毛澤東終於因為多種惡疾纏身而於一九七六年九月過世。中共在毛澤東死後拿不出權力交接計畫，且之前的文革十年亂象也讓人民對國家在各方面都失去信任。

不過，中國雖然採取緩和政策，重新開始與日本，與世界各國建立外交承諾，但它到了一九七〇年代晚期還是再次陷入困境。中國的經濟被糟蹋得差不多，人民對國內法治情況極度不滿，領導階層四分五裂。華國鋒在混亂中被選為毛澤東接班人，但他對此毫無熱情。美國駐北京聯絡處代表蓋茨在一九七六年與華國鋒會面，他說華國鋒這個人乏善可陳，做事非常放不開。[19]毛澤東死後不到一個月，中國最高權力殿堂裡就發生一場「成功的不流血政變」。一九七六年十月，中共中央第一副主席華國鋒下令逮捕「四人幫」；[20]雖然這四人要到數年後才會受審，但當下這一刻具有極高意義。與此同時，黨內中堅分子胡耀邦開始著手在行政上平反堆積如山的「冤假錯案」。[21]這是中國過去數十年的一場大病，千百萬計的中國人被用一些刻意解釋、似是而非的理由誣告或錯判為反革命、顛覆國家。中國即將迎來正義，但代價是必須回頭審視歷史。如果要揭露不義發生的原因，過程中必然要分析當時政治情勢何以允許違法行為；而一旦探入政治情勢背後，就會演變成觸碰禁忌，指控毛澤東與毛主義有罪，於是可能更進一步釋放出民間累積多年的深重怨氣。我們必須注意，文革使得中國對外隔絕到了什麼程度。華國鋒總理繼承毛澤東成為共產黨領袖之後，率先在一九七八年以中國最高領導人身分出訪南斯拉夫與羅馬尼亞；如果不把中華人民共和國代表參與聯合國會議算在內的話，中國政府高層人士上一次出國參訪已是將近二十年前的事，也就是毛澤東最後一次去莫斯科的時候。[22]

一九七九年，鄧小平成為中國政壇幕後執轡者（他始終沒有正式頭銜，華國鋒從一九七六年十月擔任黨主席直到一九八一年六月）。此時中國政治亂無章法，經濟情況有如自由落體，穀物產量比一九五七年還少，人均所得更是低到一個令人不堪的程度。工廠還在運作，但設備都是一九五〇年代從蘇聯那裡拿來的。[23]做為一個重新上位的領袖，鄧小平並沒有那種精神矍鑠之態，畢竟他已經七十好幾。他曾被三度肅清而大難不死，第一次是在中共崛起期間，然後是一九六六年文化大革命方興未艾時，最後一次是一九七六年周恩來剛過世，距離毛澤東逝世還有五個月的時候。鄧小平與他的中國同僚至少藉此看清楚了兩件事，(1)中國文化在毛澤東統治下敗落得何其嚴重；(2)中華人民共和國當務之急就是送學生出國學習。沒有人才、沒有新科技，現代化根本無法開展。

毛澤東的遺體被安放在天安門廣場附近供人瞻仰。不久之後，就在毛澤東停靈處幾條街以外的地方，一面「民主牆」開始誕生。從一九七七到一九七八年，各種大字報都跑出來，呼喊著要向腐敗的幹部追討正義，列出過去二十年毛澤東掌權期間中國社會各種不公不義之事。這些譴責性的大海報被張貼在北京特定一處城牆上。此外，成千上萬人從內陸各地湧入北京，要求政府補償他們所遭受的錯誤對待，希望他們的冤屈能被上面聽見。[24]然而，就跟多少次前例一樣，社會上「大鳴大放」的活動很快又讓共產黨覺得顏面盡失。

魏京生是當時最活躍的抗議者之一，他是個電工，曾當過紅衛兵，他寫的文章被刊登在當時一份地下刊物上。當局一開始容忍魏京生批評國家，但後來還是因為他鼓吹民主而在一九七九年將他逮捕監禁。[25]魏京生說起自己坐牢的經歷都是斑斑血淚，他和日共大人物伊藤律被關在同一所監獄，但他進去時適逢伊藤出獄。魏京生寫道：「秦城的刑罰，比國民黨在一九四〇年代搞的還可怕。」[26]曾任《光明日報》總編輯的穆欣也在秦城監獄待過，他出獄多年後表示，秦城監獄實施的刑罰既殘暴且特殊。[27]

中共高層一方面將貼海報批評政府的中國人民關起來，同時卻在考慮釋放日共成員伊藤律。中國的情勢已經不再那麼嚴峻，足以讓他們想起來還有個日共領導人被關在中國監獄裡。伊藤在中國坐牢坐了二十七年，沒有任何罪名，然後一九七九年十月的某天他突然被獄警叫過去：「日本共產黨要你被關起來訊問，把你丟在這座監獄裡很久。考慮到你的健康狀況，我們覺得這樣下去實在不行。出於『革命人道主義』，中共中央委員會決定將你釋放。」伊藤被告知說，他可以自行選擇留在中國或回日本。[28]但不管他做了任何決定，他都被建議「請不要在中國表達你任何政治意見」。[29]

伊藤這時才第一次親眼見到人民幣長什麼樣子。他的身體狀況極其糟糕，中共當局還得數度讓他入院療養，確保他能被平安遣返回日本。中共顯然不希望伊藤死在他們手上。獲釋後，伊藤立刻寫信給他受苦受難的妻子；這麼多年以來，她都不知道丈夫身在何處，甚至不曉得他是生是死。他妻子很快回信，於是伊藤返回日本的準備工作就這麼開始進行。[30]為了應對伊藤歸國，日本駐北京大使館工作人員向伊藤詢問幾個問題，但顯然他們對整件事情並不清楚。伊藤的回答只有「我一個字都不會說」，從頭到尾不給工作人員好臉色看，且他下定決心絕不牽扯日共或關押他的中國這方。工作人員問他：「你在中國做什麼？在哪裡與共黨高幹會面？」伊藤回答：「我在唸書，生病了，很長一段時間都在養病。更多的我就不講了。」[31]

雖然伊藤是被自己黨內同志陷害，但看他此刻態度依舊視日本政府為敵。伊藤歸國的事被拿到日本國會中討論，某些對於背景故事一知半解的議員竟聲稱伊藤是去中國尋求政治庇護。這當然是個天大誤會。一九八〇年九月，伊藤回到日本，坐著輪椅被推下飛機。他講話很慢且發音不清，但看起來心情很好。他的回歸彷彿是從一部消失多年的時光機器裡現身，令日本舉國震驚，因為大多數人認定他早就死了。他所受的苦難很快成為國會的話題，也等於是對害他落入這般境地的日本共產黨行徑，以及中國監獄標準做出評價。議員塚本三郎指出：「據報告所言，他的視力不佳且聽覺受損。他說話很不流暢，由於身體嚴重損傷，他在日本大使館的時候只能靠筆談溝通……從這些去推想，大多數有常識的日本人應該都會判斷出他是被非法拘禁，受到私刑偵訊。」[32]

釋放重要日本囚犯一事，象徵中國整體開始轉向經營一個更公開、更透明的司法制度。一九七九年二月，《人民日報》刊登一篇文章，討論如何在中國建立健全法制。葉劍英元帥在記者會現場表示：「我國的社會主義法制從建國以來，還沒有很好地健全起來。林彪、『四人幫』鑽了這個空子，在所謂『加強無產階級專政』的幌子下，想抓誰就抓誰，對廣大幹部和人民實行法西斯專政。這一教訓使我們懂得，一個國家非有法律和制度不可。」[33]葉劍英後面還說了很多，詳述完善司法制度的必要性，以及此事與中國社會主義的關聯。葉劍英與胡耀邦向「人治」的過去開了第一槍，呈現這一切要逐漸汰舊換新。[34]

中國第一大報《人民日報》是中共喉舌，它的評論等於是黨內每週研習會所發表的評論材料。該報無論是社論或報導內容均出自黨內，報紙只是轉載消息的媒介，上面幾乎找不到像民主媒體那樣針對權力結構的獨立批判分析。任何論點見報前，文章都要經過一系列思想審查，設計遣詞用字，最後或是修改，或是被新聞檢查擋下來。這套嚴格過程確保主要媒體機構所發表的內容全部經過政府內部一致同意，可以從上往下公而告之。[35]所以說，葉劍英的話出現在《人民日報》的社論上，就表示黨內同意他這個方向。

差不多與魏京生受審、伊藤律返日同時，中國為了重建政治安定，重拾中國共產黨的信譽，從一九八〇年十一月到一九八一年一月舉行了一場最重要的審判——審判「四人幫」。這個特別法庭將「法治」重新帶回中國，並以此替中國共產黨完成一項歷史性的任務：將文革這場災難的責任與毛澤東徹底切割開來，讓四人幫成為罪魁禍首。鄧小平自己批評毛澤東時就有所保留，因為他相信這種形式的深刻自省無益於修復國家傷痕。[36]對中國來說，一九八〇年具有重大意義，因為這一年在根本上重新興起了對於「追究正義」的關心。不過，對法治正義重燃關注的情況也造成兩個問題。第一個是要為過去被安上不合法或錯誤罪名的人平反，這個「過去」橫跨二十五年歲月，涵蓋文革、文革後續時期，以及文革前從一九五七年反右運動開始的那段時間。第二個是要就對日抗戰展開歷史調查，找回那些從一九五六年對日戰犯審判結束後就被塵封的記憶與反省。中國的國際形象，以及中國被理解的方式，在一九七〇年代最後這幾年都出現劃時代的改變。[37]

這段不公不義的歷史不僅強烈阻礙了中國的現代化進程，中國共產黨還把社會劃分成新型態的類封建式階級結構，父祖輩犯的錯要讓整個家族後代子孫來承受。這套用家庭出身給一個人分等級的制度嚴重拖累經濟發展；幸好，這類階級標籤只在文革後短暫延續，然後就被大幅弱化或消除。[38]雖然過去無法無天的數十年造成了堆積如山的冤假錯案，但據說所有案件到一九八二年都已核查完畢，整個過程竟然就此宣告完成。總共有二百三十萬人的案子被重新審理。[39]依據一九八〇年八月的官方統計，文革期間共計有二萬三千九百二十一人被處死。[40]

審判「四人幫」

中國一邊打造歷史定論以供公眾觀瞻，一邊再度走進法院審判歷史。文革結束後，中國舉行一場最轟動的審判，並以電視轉播，來表現法制改革，表現中國在名義上回歸法治社會。毛澤東逝世四年後，從一九八〇年十一月到一九八一年初，國家領導階層前成員在公開場合被控以罪名，法庭應有的威儀一個不少。被挑出來為國家苦難負責的「四人幫」分別是國務院副總理張春橋、中共中央副主席王洪文、上海市委書記姚文元，以及毛澤東之妻江青。除了這四人以外，其他相關的人也同時被送上法庭受審，其中林彪與另五名軍官被控陰謀推翻毛澤東。不過，審判重點還是在四人幫身上，這支激進派系在毛澤東死後失勢。案件由中國人民最高法院下設特別法庭審理，在二十年的空白後重新樹立司法權能。法庭傳召四十九名證人出庭作證，提交了六百五十一件證物。[41]一九八一年一月，法庭宣布被告全部有罪，判處十六年徒刑到死刑不等。《人民日報》社論宣告：「這是人民的判決，歷史的判決，正義的判決！」[42]死刑最後都改判「死刑緩期執行」，但江青在數年後自殺身亡。

這個案子在法律上意義重大，因為中國號稱要轉型回歸正常社會主義法制。但另一方面，這個案子也是後毛澤東時代的一個里程碑。這跟中國在大約二十五年前舉行的對日戰罪審判類似，都是做出來要給人看的司法節目。中國著名的社會學家費孝通在一無所有的處境下被重新提拔，登上四人幫的審判庭擔任審判員。費孝通的職業生涯被中國當年狂熱打擊反革命的政治波濤給打斷，他說自己人生二十三年的歲月就這樣被浪費掉，被逐出社會，被迫去掃廁所。[43]在他看來，「這次審判的重大意義……在於：它標誌著中國走向健全的社會主義法制的一個重要開端。」[44]

費孝通也寫了對國外發表的英文版審判紀錄（標題為〈一個審判員的感受〉），他在前言裡更是不遺餘力地痛罵被告。在這裡我們要注意一件事，費孝通從未受過專業法學教育，他只有數十年前在英國接受過社會學專業訓練。他在文章裡向世界宣告，說中國經由這場審判已經脫胎換骨採用新的法律程序。他耗費筆墨特別指出這些受審的領導人都犯了刑法，跟其他只是犯下政治錯誤的人不同；這一點正是鄧小平等人盡力要強調的，以此挽救毛澤東與毛主義的聲譽。費孝通小心翼翼做出比喻，說有一艘船正在高速航行，但領航員，也就是毛澤東，在導航時犯了一個錯誤。延伸來說，掌管這艘船的四人幫，其所作所為就是結黨營私。費孝通說，領航員可能把船開錯了方向，對此他有責任；但其他罪犯卻利用這情形「達成自己卑鄙的目的」。[45]費孝通對這場審判很滿意，給予極高評價。「在此，我們必須注意到，這些作惡犯罪之人最後獲得了正義的審判，被歷史給予正義的評判。國外某些作者將這場審判類比於二次大戰後在紐倫堡和東京舉行的審判，這在我看來是很適當的。」[46]西方學者大多不會像費孝通一樣，用如此宏觀的正義角度去審視這場審判；他們比較覺得這是一個司法程序，用來穩定這個曾經大規模無法無天、喪失法紀的社會，並盡可能地把所有不公不義的故事結合成對過去的單一敘事，以此增進未來中華人民共和國的政治安定。[47]

從根本上來說，「四人幫審判是一種對正義的表達，與其轉型背景密不可分，也就是從文革到後毛澤東時代的轉型。這場審判絕對有政治作秀成分，但史學家必須以此為憑藉來做進一步探討，而不是直接下定論。」[48]中華人民共和國面臨兩難困境，必須在追求現代化、追求權力與財富的同時，注意不要越過共產主義政治理論的界限，不要喪失所謂中國價值。我們可以說，這對當前習近平領導下的中共政權依舊是個棘手問題。四人幫審判製造出一個對於過去的官方說法，用來教給大眾。[49]事實上，我們（或者就說我）也可以主張：戰罪審判某種程度上也是製造出一個對於過去的說法。另外，四人幫審判也暴露出中國長期缺乏法治與法學教育的情況。江青原本希望讓一九五〇年代當過司法部長的史良來替她辯護，原因或許是能用的幹練律師實在太少，也或許是江青覺得自己地位夠高。史良拒絕了江青的要求，但她還是接受「鄧小平的私人請求，幫忙審閱最高人民檢察院特別檢察廳在一九八〇年七月發出的起訴書。此外，她也繼續擔任全國人大常委，並曾任全國政協副主席」。[50]

乍看之下，四人幫審判完全跟「向日本戰犯追究正義」這件事扯不上關係，但事實並非如此。關於法學與法律的全球性對話並不只發生在西方。[51]但中國之前幾十年的發展導致專業法律工作者短缺，國家必須依賴某一小群法學專家的經驗，而這些人在完成向日本人追究戰罪的工作後就被逐出政治圈外。裘紹恆的職業生涯就是一個例子，可以讓我們看出那些更深層而未被探索的連結。裘紹恆在本書前面一九四六年澀谷事件，以及後續盟軍占領當局審判臺灣人的時候就已登場過，他在司法界步步高升的經歷是非常值得注意的例子，能展現出檢驗歐洲與東亞司法思想「法律流動」*的重要性。

裘紹恆畢業於東吳大學，這是中國第一間用英語教授西方法學的大學。戰爭剛結束時，中國需要加入國際社群，需要追究日本戰罪，於是擁有一身稀罕專業能力且英語流利的裘紹衡突然變得炙手可熱。他不僅參與東京審判，甚至是當日本帝國階級與戰後現實悲劇產生衝突，日本帝國前臣民如朝鮮人和臺灣人陷入法律三不管地帶時，他也參與盟國對這些事情的處理工作，成為少數來自中國的工作人員之一。最後，當中國經歷文革十年的不堪歲月，要開始重建法治時，裘紹恆因為在一九四〇年代親身經驗過盟國舉行的這兩場審判，而又被提上了司法舞臺。

一九八〇年初，特別法庭庭長江華傳召裘紹恆擔任四人幫審判的重要「顧問」。特別法庭有很多個審判員，但只有裘紹恆這一個顧問。一九七九年之前，裘紹恆都在上海外國語學院教英文，此時才返回北京。[52]他負責為這場重量級的審判布置法庭，主旨是讓混亂回歸秩序，設計出一個「象徵中國向現代司法轉型的空間」。裘紹恆的設計中有很大一部分，包括布幕與顏色主題，都是以他在東京審判的經驗為本，因為他認為審判場地要呈現出以正確方式追究正義的絕對「法制」氛圍。[53]特別法庭在北京舉行，它不只要在國內以正視聽，還要對外表現出中國已重新取得參與國際社群的合法資格。每一個環節都必須安排妥當，包括設法處理江青拒絕接受裁決，以及張春橋拒絕在法庭上開口等情況。據說，裘紹恆花了好幾天在司法紀錄的故紙堆中翻找先例，然後成功找出一九七七年美國北卡羅萊納州的夏洛特市的案子；該案被告在受審時大鬧法庭，導致審判無法正常進行，於是法院下令將被告逐出法庭，然後繼續推進庭審程序。裘紹恆將這樁美國案例譯成中文。雖然這在中國法庭不具法律地位，但當局還是很高興得到某種法律基礎，可以在被告席上的人干擾審判時加以處理。[54]此外，裘紹恆的英語能力同樣也發揮重要作用，成為共產黨對外宣傳的利器，透過中國的英語報刊和其他媒體向世界傳達關於審判過程的正面訊息。[55]裘紹恆在一九八一年一月二十九日接受新華社專訪，談的是四人幫審判。他慎重斟酌言語表示審判是公正的，並補充說「中國刑事法庭裡的被告不會被預設為無辜或有罪」。他說，中國的刑事司法程序更注重精確評估還原真相，然後再來用法。[56]此即「正義」。

裘紹恆以顧問身分參與四人幫審判後，過了許多年，他又以中國大陸律師的身分參與起草《香港特別行政區基本法》，扮演至關重要的角色。[57]

＊編按：指法律觀念、制度、實踐與人才，在不同地理區域與政治體制間的跨境傳播與互動。

中共對毛澤東與歷史的最後解釋

四人幫審判是一個試圖給亂世畫下句點的策略，即使只是某種程度的句點；但它同時也暴露出責任問題的混亂。中共曾在一九四五年發布《關於若干歷史問題的決議》，而此時往前走的道路似乎要由第二篇針對歷史的宣言來鋪就。這篇宣言旨在重新導向中國社會——讓它回到正軌，回歸有生產力的國有社會主義，並平反許多人所受的冤屈。中共高層達成共識，由此建立起他們統治權力的意識形態合法性。由於最高領導人的權力交接缺乏一個已確立的指導方針，那麼，制定這份文件，並以指導原則的形式頒布，就等於是讓權威的傳續有了授權。「領導人要建立合法性的唯一方式，始終只能靠著將自己的偏好轉化為集體決定，不管用的是什麼手段；就連鄧小平與毛澤東這樣大權在握的人也不例外。」這樣的話，「起草一份文件的過程，就等於是領導人在政治上將個人偏好賦予合法性的過程。」[58]由於訊息閉鎖，大眾媒體也未必能取得這些文件，「因此擁有文件的官方就能比較容易控制民眾。」[59]

鄧小平又一次站在最前線，思考怎樣拯救一個已在過去數十年明白表現出缺乏主政能力的執政黨。鄧小平複製了共產黨在一九四五年的作為——設立委員會，向人民公布一份對於歷史往事的評判。鄧小平與團隊從一九八〇到一九八一年都忙著起草聲明，其中鄧力群是關鍵人物，但他只是名義上的臺前領袖，幕後仍由鄧小平掌控最後寫出來的內容是什麼。另外，胡喬木這個毛澤東的親信與毛主義理論家過去始終存在，此時也依舊不可或缺。政治理論家胡喬木是替共產黨加工文字的魔術大師，曾是一九四五年起草第一份歷史問題決議的委員會成員。三十五年後，大家主要面臨的問題是怎樣才能一邊高舉毛澤東思想大旗，一邊批評毛澤東這個人；更重要的是，要怎樣才能避免製造人民對共產黨的不信任？這篇決議內容花了些筆墨重新確認毛澤東歷史地位與毛澤東思想的不可動搖，但同時也指出這套意識形態有其缺陷，以此讓國家避開政治困境。他們承認毛澤東在文革期間犯了錯，「在講到毛澤東同志、毛澤東思想的時候，要對這一時期的錯誤進行實事求是的分析。對建國三十年來歷史上的大事，我們也必須如此，評估哪些是正確的，哪些是錯誤的……目的是能使大家的認識一致，不再發生大的分歧。」[60]但另一方面，鄧小平也說了，中國不應該做這種分析做得太詳細；意思就是中國人民對很多事還是得咬牙忍受。

中國這篇對於歷史的決議文件，跟日本交出的戰爭責任調查報告，兩者可以拿來類比。誠然它們有所不同，畢竟中國人殺的是自己人，而日本人則是發展帝國侵略他人。如果我們考慮戰爭末期沖繩發生的強迫集體自殺事件，以及藤原彰提出的「犬死」說法，那可以說日本人也在殺自己人。不過，兩者相同處在於，中日雙方都要藉此去解釋並接受一件事：試圖與他們過去在根本上出問題，帶領全國走向萬劫不復的政府達成和解。鄧小平比較聰明，他直接說中國人不可以批判毛澤東，沒有二話。

在鄧小平看來，中國需要一個系統性框架來協助社會改變與進步。

一九八一年六月，中共第十一屆中央委員會第六次全體會議一致通過《關於建國以來黨的若干歷史問題的決議》。這篇歷史宣言是中國前進的新道路，用一頁又一頁的文字確認共產黨創造了新中國、新中國擁有偉大成就。不過，不知何故，黨與國家沒有確實遵循馬克思－列寧－毛澤東主義政策。起草決議的團隊在其中一段寫道：「歷史證明，黨提出的過渡時期總路線是完全正確的。」當這種話被強調，就使得共產黨或其政策很難被批判，因為這些話將共產黨說成拯救國家、成就國家的唯一力量。此外，毛澤東犯了錯，但結論是他領導中國走上新道路的過程中功大於過。冗長文章裡還有其他一條一條的，聲稱「只有社會主義才能救中國」，「沒有中國共產黨就沒有新中國」。決議末尾表示：「我們黨敢於正視和糾正自己的錯誤，有決心有能力防止重犯過去那樣嚴重的錯誤。從歷史發展的長遠觀點看問題，我們黨的錯誤和挫折終究只是一時的現象。」還有一個重點是強調「黨和國家會開始平反冤假錯案。」[61]

不論是尋求真相，或是為國家提出新的方向，這些都不是目的，目的只有拯救這個體制免於自斃。中共第二度發布歷史決議，背後動機在於怎樣讓一個亂透了的政治體制回歸原位，避免引發再度革命而導致事態更加動盪不安、國家進一步分裂。所有當事者都打從心底樂意拒絕承認「國王（毛澤東）沒有穿衣服」，畢竟當一個人已經投注人生五十年歲月來推動革命，這個人又怎能開口主張革命有錯？為了繞開這些障礙，也為了讓神格化的毛澤東與毛澤東這個人分開，委員會決定把毛澤東時代劃分成好幾塊。在這樣的觀點下，新中國建國前七年是「好」的，這很容易判斷。文革十年是「壞」的，應該加以糾正。剩下的兩段時期就比較難以定義，因為幾乎每一年都天災人禍不斷，比如一九五七年的反右運動、一九五八到一九六二年的大躍進，以及一九五九到一九六二年的三年大饑荒。這還只是其中幾個例子。很多人都至少經歷過其中某一段或幾段過渡期，親眼看到人民因饑饉而病弱死亡，或身邊有人被誣告、被錯罰。然而，領導階層在一起討論這時代時，他們對這些都隻字不提，陷入沉默。[62]

歷史只有一個！

中國大陸執著於要有一個一致的歷史解釋，而這讓中國社會持續地被僵化、被困住。中共從一九八〇年代開始加強愛國教育，又在一九九〇年代懷著全新激情再度加碼，以此為基石來教育中國年輕人用特定方式愛國，讓他們對過去抱持單一觀點。中國政壇一個又一個新的獨裁執政者都在強化這件事，來更進一步固化全國人民的觀念。中共官方一個史學網站上登載著習近平主席的一系列歷史評論，呈現出中共對所謂「歷史虛無主義」的憂慮。[63]「歷史虛無主義」是一個帶有既定觀點的語詞，中共一系列舉動意味著中華人民共和國史與整體中國歷史如今已由政府來定案，還表示只有國家頒定的版本可以出現在公共論述裡，因為依據黨內決議，「不當」歷史會損害國家利益。就某部分而言，中共認為前蘇聯就是出現了歷史虛無主義，開始否定列寧與史達林的貢獻，從而垮臺。[64]中共高層領導人圈子裡非常相信「負面歷史觀點拖垮蘇聯」這一套。為了探查此一課題，中國共產黨與中國社科院合作，在二〇〇六年製作了共八集的電視節目紀錄片特輯《居安思危：蘇共亡黨的歷史教訓》。[65]二〇一三年七月，新華社報導指出，中國政府三大機構即中共中央辦公廳、國務院辦公廳與中央軍委辦公廳聯合發布《關於進一步加強烈士紀念工作的意見》。這是一項讓全國緊密團結起來捍衛那些自我犧牲者的歷史神聖性，目標是讓「他們的精神成為激勵全國各族人民為實現中華民族偉大復興而不懈奮鬥的力量源泉」。[66]

過去幾年來，中華人民共和國在習近平主席領導下頒布了數項新法案，旨在促進關於整體歷史與特定史事的大眾觀點一致化。在他們建國七十周年紀念網站上有一篇解釋性的文章：〈為什麼中國要為英烈保護立一部法？〉中華人民共和國主席習近平在回應這問題時常引用一句傳統格言：「滅人之國，必先去其史。」藉由歷史，中共試圖證明，如果這個國家要變好，共產黨的統治與政治選擇是未來唯一的路。這套想法跟英烈崇拜被結合在一起。同理，既然中國在二次大戰期間主要受害於日本，當中國提出許多抗日英雄加以標榜，現代史與反日情緒之間形成了一個微妙的連結。

大眾與官方對「正確歷史」的執著日益加劇，成為中華人民共和國第十三屆人民大會常委會第二次會議通過的一部法令，自二〇一八年五月一日起生效，正式名稱為《中華人民共和國英雄烈士保護法》，共三十條，內容詳盡。法令頒布後，人民的歷史觀點就此與提倡國有社會主義、國家權力、愛國主義，以及「激發實現中華民族偉大復興中國夢的強大精神力量」緊密結合，這在第三條就說得很明白：「英雄烈士事蹟和精神是中華民族的共同歷史記憶和社會主義核心價值觀的重要體現。」[67]第五條將九月三十日新訂為「烈士紀念日」，當天會在北京天安門廣場中央的人民英雄紀念碑舉行紀念儀式。[68]

習近平領導下的中共還建立起一種法律觀念，那就是中國在國界之外也能控制法律。[69]相對於用法律為手段來支撐公民權利，這套新觀念認為法律應是國家用以控制歷史觀點的工具。這種思想可能部分源自一九九〇年代晚期引進中國的納粹法律思想家施密特的著作，[70]而它主要擁護者是世界知名北京大學的法學家。這些人相信法律需要保護國家抵禦外敵，於是自然會使得國內法與國際常規出現衝突。這套思路的演變暗示出一種認知，就是中國社會會因引進新法律規範而變得不穩定，所以「中國必須從西方遵法主義的思想中解脫出來，著手創造一種新的統治模式」。[71]

日本的正義觀念仍舊離不開東京審判的相關討論

日本這個國家並沒有像中華人民共和國那樣以官方規定人民如何看待歷史，但從一九八〇年代晚期開始也表現出類似的官方保守主義傾向。不過，日本的情況倒不能就此一概而論，「改變」曾經也在某些時刻被視為是大勢所趨。舉例來說，一九八四年六月二十日，社會黨的高澤寅男在眾議院外務委員會上提問，問外務大臣是否看過最近報紙上關於二次大戰期間帝國陸軍在中國大陸使用毒氣的報導。日本一名研究者發現一張日軍的機密軍事地圖，上面標出帝國陸軍在中國使用芥子氣與其他毒氣的眾多地點，鐵證如山。[72]高澤要求外務大臣安倍晉太郎回應，安倍表示政府絕對採取支持立場，並大力強調情況需要更進一步調查。[73]

近十年後，日本國內的討論語調已變。在一九九五年十一月三十日的參議院的辯論中，日本共產黨議員立木洋就日本皇軍戰時使用毒氣一事提問，而防衛廳防衛局長秋山昌廣的回應則是：皇軍用過非致命武器如「催淚瓦斯」，但如果他們用過「芥子氣」這類武器或致死藥劑，檔案資料裡的紀錄並不清楚，我們無法確定。[74]其實，像大江芳若留下的這類私人作戰紀錄，以及其他檔案證據的新聞報導，都已經為人所知，更別提共產中國一九五六年戰罪審判提出的物證與中國老百姓的證言；但日本官僚系統的某些人卻愈來愈質疑這些事，因為他們自己掌握的檔案紀錄裡據說並不包含相關資訊。

從一九九〇年代中期以降，對於美國加給日本的戰後憲法，日本國內討論都圍繞幾個歷史相關問題。一九九七年，當時垂垂老矣的兩名前首相中曾根康弘與宮澤喜一在《朝日新聞》進行了一系列辯論。這番交流相當具有啟發性，很能呈現日本國內關於正義的對話是如何演變的。第一回合由中曾根開啟，說戰後憲法有五十年歷史，昭和時代也已有六十年，該是時候來審查日本當前的憲法地位，檢驗這十年間是否符合歷史發展。（不過，中曾根並未解釋憲法為什麼會脆弱到每六十年就得「換機油」。）不那麼鷹派的宮澤則回應說，戰後憲法好雖好，但畢竟是美國給的，也就是說它並不是真的出自日本人民的意志。宮澤表示，和平憲法是一部好憲法，而重新起草憲法會花太多人力物力也不值得。他還說，日本不該有意造成鄰國反感而引起誤會。不過，中曾根在討論中表達的核心觀點是：和平憲法在基礎上損害了日本的自治權。中曾根大方承認這部憲法為日本帶來和平與繁榮，但其代價是必須與美國結盟，以及其他的背景脈絡。中曾根在報上說，日本的確已經富裕起來，且高水準的經濟成長是非軍事性的，這很了不起。然而，他又說：「我們國家的靈魂是空虛的。」[75]中曾根這話指的依舊是東京審判與其他戰罪審判在日本歷史上留下了國家難以抹滅的汙點。中曾根表示，日本對抗西方的戰爭應該與日本在亞洲的戰爭區分開來，前者是自衛，後者是侵略。而這種想法也影響了中曾根對東京審判的觀感，他認為東京審判是不當的，因為它沒有分別這二者。[76]這種心態在戰後日本造成一種受虐式的自我意識，而保守派想把當代日本的不對勁都歸因於此，他們的理論是：這種以東京審判為中心的歷史觀點讓日本人無法保有自尊。

宮澤不同意中曾根的說法，他反駁說：日本在五十年後已經變成一個好國家，這樣的結果應當獲得很高的評價。宮澤表示，日本是全然不靠使用軍事力量而進步到現在的，這個國家必須全力預防動武，避免重蹈覆轍。中曾根沒有直接反對這些話，但他換了個話題，說日本人應該多談談自己的國家，不要把這類課題變成禁忌。[77]

這兩人在後面幾回的對話繼續談論憲法本質，講到整個一九六〇年代都在試圖修憲，但從未成功。兩人的第五回對話刊登於一九九七年四月二十六日，中曾根主動提到他在一九八五年決定當第一個公開參拜靖國神社的首相。他說，他之所以這樣做，因為那裡祭祀的是戰死者，如果不以官方身分前往，那就是國家承諾要紀念這些人卻又食言。不過，中曾根又說，他不知道戰犯也被奉祀在裡面。他也很驚訝自己這一趟參拜居然在中國變成了權力鬥爭的武器，可能成為中共總書記胡耀邦被逼下臺的原因之一。宮澤表示同意，並說他認為靖國神社這地方象徵著殉國者的靈魂，鄰國愛怎麼說就怎麼說，但我們不被那些評論所拘束。

接下來，《朝日新聞》向兩名政治人物提出一個敏感問題：為什麼主張改憲法的人很多都支持「大東亞戰爭論」，支持一種把日本對外戰爭說成「解放戰爭」的歷史觀？中曾根先回答，他說他明確反對主張美化日本帝國歷史的人，但他也不認同麥克阿瑟將軍的東京審判歷史觀，也就是日本有個宰制東亞的大陰謀。中曾根表示，日本對西方的戰爭是一般的戰爭，但日本在中國與東南亞的戰爭是「侵略戰爭」，兩者必須分開考量。日本已經道歉，但中曾根認為讓議會通過「謝罪決議」是不明智的做法。在他看來，日本當前憲法條款裡有很強的和平與尊重人權的觀念，但「正義觀念變得非常稀薄」。

宮澤表示，關於二次大戰的這類討論似乎總避不開這一點。他也相信有的時候為了正義與自由必須流血，他對此很有共鳴。但日本討論這個現實政治課題時必須小心謹慎。一九九三年聯合國維和部隊在柬埔寨出任務時，有一名日本警官遭到殺害，於是全國立刻反應要求撤出所有日本的維和人員。宮澤當時負責聯合國相關事宜，他批評日本社會的這種反應是軟弱無力的表現。中曾根讚美宮澤當時作為，還說日本如果試圖用金錢解決恐怖主義問題，就表示這個國家缺乏正義概念。[78]

這場辯論或許沒有得出任何結論，但從討論的內容本身足以看出：即使到了一九九〇年代中期，日本政治地景依舊深受東京審判與它給出的正義形式所影響。

第十三章 罪人身後事：紀念正義與不義，一九九〇年代到現在

我在序言裡提過李慶祥老人與他住的北疃村，要到那裡必須更換好幾種不同交通工具。高鐵，中國人以史無前例速度在全國各地建造的運輸系統，能載我們到很近的地方，不過旅程的最後一段路還要搭兩小時的車，或以我們的例子是開一輛租來的豐田小型巴士。司機告訴我，說豐田這個日本牌子非常可靠。若要為日本的戰時行動與人們想要的戰時記憶下定論，甚至是求取正義，北疃村是一個關鍵性的研究重點。

某些人或許已從中共舉行的特別法庭取得某種程度的正義，比如北疃村至少有一個人出席一九五六年瀋陽審判作證；除了試圖確認這些人的一手經驗以外，同樣重要的是與其他親歷者談話。撫順市是日本戰犯管理所的所在地，我在那裡訪問當過管理所護士的趙毓英。趙老太太臉上總帶著親和的笑容，她住在一間兩房公寓裡，有大廚房與舒適的家具。依據她被發表的口述歷史內容，她在一九五〇

年七月十六日抵達綏芬河小鎮，等待日本囚犯來到。她還記得運輸囚犯的火車是七月十八日進站。[1]把日本戰犯送去撫順後，趙毓英與一小群醫生又回到綏芬河等待第二列火車，這次蘇聯送來的是滿洲國戰犯。第二批戰犯終於在八月一日搭火車到來，年輕的趙毓英第一次見到滿洲皇帝溥儀。溥儀戴著墨鏡，身穿西裝，身高約有一百七十公分。她記得溥儀看起來有四十幾歲。七十幾歲的前滿洲國國務總理大臣張景惠也在那裡，趙毓英說張景惠很矮，看起來「老朽不堪」。[2]

我們訪問趙毓英時，她說的沒有比二十年前口述歷史要多多少。[3]她講了日本囚犯到中國時身上有多少疾病，還說她（跟王石麟一樣）在真正開始工作前都沒有被告知任務性質。她在火車站見到戰俘，然後才明白自己是來做什麼。我們訪談所得大部分內容都與趙毓英在別處說過的話重複；不過，她任職的監獄裡也關著國民黨戰犯，而我似乎是第一個向她問到這些人的訪問者。她回答說，國民黨戰犯來得比較晚，她從沒見過這些人。「來得比較晚」這說法並不真實，因為我們知道撫順監獄從一九五五年就開始有小批小批的國民黨囚犯進來。但也可能國民黨戰犯的管理人員是分開的。不過，趙毓英的說法暗示不同類別的囚犯會分開監禁——「偽」滿洲國官員關在一側，日本戰犯關在另一區，國民黨軍官的牢房又在另外一處。有意思的是，撫順監獄改建成的博物館並不去詳細呈現這方面歷史，主要都在講日本戰犯，以及細說末代皇帝溥儀的人生。

我在趙毓英家裡還訪問到前撫順戰犯管理所主任侯佳花。她從一九八六年，也就是這間監獄被改建成博物館時開始任職，是建設起第一間展覽館，重建建築物的主要負責人。那個時候哈爾濱郊外的「七三一部隊罪證陳列館」、南京的「南京大屠殺紀念館」，以及中國各地類似紀念館紛紛建起，象徵全國都回頭來記起二次大戰的歷史。但是，就像北疃村的情況，以及劉林生告訴我的太原戰俘營狀況，建設這些紀念館的動力有一部分來自前日本戰犯與其他回到中國的人；他們捐錢、捐贈展品，推動著要紀念這場戰爭與中國在戰後的寬宏大量。如我在前面所述，這段戰時歷史從一九五六年審判結束後就被掩埋，直到一九八〇年代才重見天日。很值得注意的是，我在訪問每一個人的時候，只要我問到一九五六年後的生活，他們全都閉口不言，好像他們人生從來都是一模一樣，只是時間暫停了而已。我問趙毓英她離開撫順後做什麼，但她的回答是她在撫順工作九年（這樣的話，她就是在撫順待到一九五九年；這一年國民黨戰犯已經被關進撫順監獄，許多日本人則早已獲釋）。那麼，大多數日本戰俘歸國後，趙毓英的人生有何變化？這點趙毓英就不願多說。她的一生好像只有這一個故事可說，那就是中國人對日本人是多麼寬大為懷。這個敘事與國內或國際歷史的其他任何要素都無關聯，不與任一史事相牽涉，無根無著地飄在一個無限循環裡，不斷重複宣講同一件事是多麼多麼偉大。

前主任侯佳花是個有趣的訪問對象，她不吝於表達一些比較銳利的意見。她告訴我說她痛恨日本人，但不是出於個人經歷，更不是出於任何信念。她解釋說，這可能因為她成長過程中看了太多抗日電影，包括《地道戰》等。[4]她厭惡日本人，但也知道自己得執行工作。當我問她日本囚犯是否在改造過程中被洗腦，她暗示我說這問題讓她很不高興。她氣呼呼地說，如果他們是被強迫的，為什麼還要年復一年回來撫順，感謝以前關押他們的監獄工作人員？侯佳花是負責接待這些從日本來訪團體的人，她也有與中歸聯合作。這些人帶著家人一起來，向他們展示自己心理上脫胎換骨的個人歷程；也有的

圖 13.1　撫順戰犯管理所內的前日本戰犯謝罪碑。

是風燭殘年又回到中國，來說一聲謝謝，來表示這座監獄是他們的「重生之地」。[5]

然而，這些人被關了十一年才受審的法律問題又要怎麼追究？這難道不是一種持久壓力——你不改造就別想回家？甚至永遠不能回家？其中是否有嚴酷的、法外的手段來催化這些改變？無奈的是，這個對話無從開啟；與它相連的是，中國對日戰犯審判表象之下暗藏的正義問題也不可能更加深掘。就算只是質疑其中一小部分，都會被誣為「歷史修正主義」或「反對真相」——且如今可被依法判刑。

當我訪問參與過中共這整個戰罪審判的前監獄人員、前法務人員，比如王石麟和趙毓英，我在過程中也逐漸理解另一件事，那就是參與者年少時的理想主義。這些人很多當年也才二十幾或三十出頭，都是滿腔熱血的共產主義者，或至少相信國家要脫離過去國民黨的腐敗政權而開始革新。他們眼中所見是一條改變的大道，他們對我談到那個時代時臉上都有笑容，口中都說得無比美好。還有，這些人大多數在一九九〇年代前從未在任何訪談中提及此事，也幾乎不怎麼寫相關的東西；這項事實也很能呈現當年審判的意義。當中國內部的政治暴力依舊波濤洶湧，眾人也就長久地噤口不言這些意義。

臺灣（中華民國）

一九四九年，面對如何取得統治合法性的問題，剛遷到臺灣的國民黨政府態度十分務實。當時距離日本投降不久，臺灣島上極度缺少國民黨一系的紀念物，於是國民黨高層就沿用過去許多政權的做法，將過去敵人的紀念場所改裝成為自己的。臺灣好幾間大型日本神社被物盡其用，迅速改頭換面成為中國國民黨的「忠烈祠」。[6]地點共有十五處，位置有的偏遠，有的則否。日本帝國的「護國神社」位於臺北市內，戰後立刻就變成臺灣省忠烈祠。國民政府撤退來臺後，臺灣變成一個擁有主權的國家，這座忠烈祠也被提升為國家級，所有正式到訪中華民國的外賓都會來此致敬。後來這裡又更名為「國民革命忠烈祠」。[7]這類紀念場所有助於「產生並鞏固民眾進行參訪的**重複性社會實踐**」。[8]從一九九〇年代開始，政治改革之風逐漸一點一點揚起。臺灣一直到一九九〇年代早期才舉行國大代表與立法委員選舉，換下原本無限期延任的老人。一九九六年舉行總統直選，選出李登輝成為臺灣第一個由民主選舉產生的總統。

看完這一串引人入勝的演變，我們應該回想起本書開頭探討過的同一種「歷史之錨」。就算「歷史遺產不是歷史本身」，我們還是能理解兩者糾纏之深，特別是在政權交接時期。「歷史是對過去的研究，但是當下所關切的事物決定了人怎樣利用過去來製造歷史遺產。」[9]紀念陣亡將士或殉國忠烈的場所能向大眾傳達「榮譽、犧牲與精神等無形價值」。[10]某些人幾個月前還信誓旦旦忠於天皇，然後一下子就向蔣介石投誠；這些人被其他臺灣人看在眼裡，是否覺得諷刺？答案很難說，但在這個日本前帝國的邊緣地帶，日本戰敗造成的問題正好就是這樣。軍方要怎麼在接受敗戰的同時不陷入失敗主義？我們從東京審判已可看出部分端倪。同盟國打造出一套戰爭敘事，而日本保守派在「受虐式」史觀影響下反對同盟國看待戰爭的態度，並提出戰爭的另一種意義予以回應。

在日本前帝國的遙遠邊陲，戰爭與戰後，或說戰爭與政治合法性之間這套敘事的連結，並沒有因日本戰敗或日帝國神社被改裝成國民黨軍事紀念場所而中斷。二〇〇九年三月，臺灣舉辦一場全新典禮，迎接以戰俘身分死在巴布亞紐幾內亞的前國軍官兵遺骨歸來，其中有很多是我們在前面章節敘述過的中國俘虜。這是個具有歷史意義的特殊時刻。這些死者過去是中華民國軍人，代表中國；但這個政府已經失去對大陸的控制而遷移到臺灣。我們不清楚中華人民共和國有沒有對此事提出正式抗議，但總之這些前國民黨軍人是在盛典之下被迎回臺灣。[11]這時候的臺灣相當程度是在將一段新歷史納入自身。遺骨／英靈被送入臺灣的國民革命忠烈祠，但其實臺灣當時以聯合國的標準已經不是受國際承認的國家。[12]這場典禮有其效用，因為「紀念」一事能塑造「歷史事件的輪廓。它們確認其中哪些部分是關鍵，哪些部分是無關或『在外』的」。[13]或許，這都只是臺灣努力想與巴布亞紐幾內亞重建外交關係的手段之一；自從該國在一九七五年從澳大利亞獨立出來，它與臺灣已經分分合合好幾次。但我們也必須說，儀式本身與儀式的開銷呈現出更深刻的東西，意圖確保中華民國在戰後的長期合法性敘事仍與臺灣新歷史連接在一起。

過程中，中華人民共和國也來插一腳，宣稱有幾名中國共產黨士兵在拉包爾犧牲生命。大陸與臺灣競相維護海外墓地，紀念那些以「中國」之名倒下的人，這在二十一世紀仍具有強大象徵意義。事實上，用某位歷史學家的話來說，過去戰爭死難者的墳墓「變成爭端，被遺忘的戰死者墓地成為兵家必爭之地，這些軍人與平民的靈魂成為主權的來源，讓中華人民共和國與中華民國雙方都據此重新想像他們在國共內戰前的共通歷史」。[14]

然而，歷史不只是「記得」，歷史也是「遺忘」與「割除」。對於這點，從臺灣桃園國際機場開車不遠處有一座公園，最能給人感官上的實質體驗。這裡距離臺北市中心約有四十五分鐘路程，露天存放著許多老舊或汰換的蔣介石像。此地在大溪鎮長主導之下開闢，命名為「慈湖紀念雕塑公園」，用意是要維護蔣政權歷史價值，同時也用這種方法處理從每一間學校、每一座公家建築前面拆掉的，不再被需要的無數蔣介石像。[15]不過，依據某些外國觀光客評語，這裡實際造成的效果更像是一個「紀念垃圾堆」。[16]

與此同時，從臺灣邁向民主之後，這數十年來始終沒有重審過去，要求正義的呼聲也始終不斷。以臺灣的例子來說，臺灣給日本的壓力雖低但持續，只不過這方面仍與內部問題呈明顯對比。臺灣

圖 13.2 「失落的蔣中正」，臺灣的慈湖紀念雕塑公園。

總統蔡英文設立「促進轉型正義委員會」，承諾就二二八事件的轉型正義問題交出調查報告。這確實是個令人讚賞的目標。蔡英文政府比較重視的不是日本殖民時期，而將絕大多數注意力放在時代更近的二二八事件與「白色恐怖」時期國民黨所作所為。[17]二二八事件紀念基金會由薛化元教授擔任董事長，該會目前經營「二二八國家紀念館」（原臺灣教育會館）以及基金會。

勝利的新用途

中共在大陸也照搬國民黨的在臺政策，將前敵人的紀念場所改為己用。

以中華人民共和國的例子而言，中共將國民黨在抗戰時期首都重慶所立的「抗戰勝利記功碑」，改造成紀念一九四九年共產黨勝利的「重慶人民解放紀念碑」。此碑位於鬧區中心一座大型公共廣場，現在稱為「解放碑廣場」。中國國民黨原本在此建起一座七層八角塔，塔身由上而下題字「抗戰勝利記功碑」，慶祝日本戰敗並彰顯國民黨的功績。一九五〇年十月一日（也就是中國即將決定加入韓戰的前夕），中共改掉塔面文字與圖案，將紀念碑名稱由「勝利紀念碑」改為「解放紀念碑」。[18]然而，談到保護國家文物，中國的中央政府未必與地方政府意見一致。比方說，在哈爾濱市附近的平房鎮（現為哈爾濱市平房區），由於不是利益所趨，當地也就無心建造日本皇軍陸軍七三一部隊戰罪博物館。事實上，「在一九五〇與一九六〇年代，哈爾濱地方政府當局想把整個平房遺址都拆掉，以便抹消當地的戰爭記憶。」[19]美國大使館從哈爾濱傳回的一份機密報告也證實此事。報告內容詳述一九八三年八月二十到二十六日美國參議員傑克遜訪中期間中方對戰罪紀念場所的態度。報告裡將平房遺址稱為「廢棄工廠」，表示建築物當時「與道路沒有明顯區別。完全是因傑克遜參議員要求才會來此參觀」。報告中還說，「廢置的主建築」上面「沒有標示，只有一個小型中文標牌」。[20]我在一九九六年首度造訪此地，遺址仍舊非常不起眼，只有一點點教育設施存在。二十年後，這個地點卻出現了一座大型博物館作為新的建築紀念物，館內展覽檔案資料極其詳盡，溢滿歷史意義。再到今天，這裡建築物與博物館的規模又更是不可同日而語。中國正在花大錢建設與歷史記憶相關的博物館與文化遺

圖 13.3　哈爾濱市郊的新七三一部隊戰罪博物館。

址，但矛盾錯亂的是，當一段歷史愈是隱沒於過去，相關建設就愈多。

我們從大眾文化的歷史表達裡，也可看見紀念物與英雄被重新編排。一九三七年，國軍將士在上海四行倉庫面對日軍英勇奮戰，被中國媒體歌頌為「八百壯士」，但他們其實只有四百二十三人。[21]臺灣在一九七五年拍了一部電影講這段歷史。到了二〇〇五年，中國大陸媒體開始躁動，重燃對四行倉庫之戰與國民黨在抗日戰爭中扮演角色的興趣；但話說回來，這場戰役其實標誌著國民黨政權終究不敵日本而讓上海淪陷的結局。習近平主席在二〇一四年公開讚美八百壯士。[22]中國大陸電影製片商在二〇一八年拍出一部新電影，背後預算奇高無比，用驚人特效講述這場倉庫防禦戰。然而，就在上檔前夕，影片卻突然退出上海電影節，數天後宣布取消上映，原因至今未明。[23]但總之，過了一年之後，電影又以轟動海內外之勢公開上演，還在倫敦的IMAX戲院短暫播映。[24]

日本對「罪人」的紀念

從「受害者」到「英雄」的轉變，呈現出日本戰罪審判的文化遺產是一幅變動的地景，尤其是東京審判的各種歷史詮釋。愛知縣的「殉國七士墓」是一座露天石造陵園，紀念被遠東特別軍事法庭最終判決死刑並執行的七名甲級戰犯。[25]這七名「殉國」戰犯並不只是偶然出現在佛教紀念場所，日本境內有三個地方都號稱是他們最終的埋骨之處。

當這七名戰犯在一九四八年十二月被美國行刑者處以絞刑後，遺體被運往橫濱的久保山火葬場處理。據說，前總理大臣小磯國昭（死者之一）的辯護律師三文字正平與另一名律師林逸郎合作，暗中竊走七人的一些骨灰。這兩名律師不想讓日本的領導者被同盟國當成無名屍一樣處置，他們雖然沒能拿到焚燒後的骨殖，但顯然有把一些殘餘骨灰掃起來並保存。[26]然而，美方極其詳盡的紀錄內容顯示骨灰不可能被盜；占領當局在過程中無所不用其極，確保能夠「駁斥任何可能出現的，主張這些戰犯其中一人或多人還活著或聲稱任何人擁有他們全部或任意部分骨灰的說法」。[27]不管怎樣，日本社會上形成了這麼一群人，決心用他們相信的手段維護這些被控告者的尊嚴，而大和尚市川伊雄將這個故事刻在石上，碑文可於橫濱久保山墓地附近興禪寺一側的一塊石刻上找到。[28]另外，某些中國作家還將此事描寫得更有邪惡與陰謀意味。[29]

後來，大家決定將遺骨（其實就是些灰燼，不知是否為骨灰）移往靜岡縣熱海市的興亞觀音院。這座廟的背景故事很重要，它是應日本陸軍大將松井石根的要求而建，紀念死在中國戰場上的皇軍官兵。松井在一九四〇年要求建廟紀念「支那事變」（即日本侵華戰爭），但諷刺的是，他自己在數年後也被送進這裡紀念。寺廟本身具有宣傳功用，宣稱日本在中國打的是一場正義之戰，目的是為了解放亞洲。田中正明寫說松井「愛中國勝過任何人」；這樣的話，松井示愛的方式也未免太獨特了。[30]田中正明在興亞觀音院建院六十周年時擔任「興亞觀音守護會」會長。[31]

德富太三郎新就任守護會會長時，在廟方的刊物上撰文討論興亞觀音院所立基的含義。德富太三郎的祖父是記者德富蘇峰（第二章曾提到過），明治時代的自由主義者，到戰時卻變成狂熱民族主義者。德富太三郎與田中正明是同學，在戰爭結束前夕，也就是一九四五年六月，畢業於陸軍第五十八期。該期畢業的人數有一千出頭，是日本帝國陸軍士官學校最後一屆授予少尉軍銜的畢業生（此處「士官」意為軍官），其中大多數人都在盟軍占領期間被逐出軍界。德富說，興亞觀音院的存在意義有三點：

第一、為戰死者（包含被處死者）鎮魂。

第二、為所謂「南京大屠殺」雪冤。

第三、糾正東京審判史觀。[32]

數年後，瀨島龍三也在興亞觀音院的廟方刊物上發表了許多好評。瀨島認為，這座寺廟是日本精神的化身，因為它讓戰死的日本軍人與敵人都能得到紀念。[33] 瀨島原本是高階陸軍軍官，在戰爭末尾被蘇聯俘虜，送去東京審判當證人，然後又在蘇聯境內被關押了十幾年。他在獲釋後努力重拾人生，成為一間很成功的日本大型企業集團負責人。說回興亞觀音院，一九五九年，由前首相吉田茂題字的「七士之碑」石碑在此地豎立起來。[34] 最後，在一九七八年，部分遺骸從這裡被移往熱海市三根山（現在的「殉國七士墓」）。[35]

一九七〇年代的日本重新又對東京審判和乙丙級戰罪審判燃起興趣，因為據某些知識分子的說法，正是在這段戰罪審判時期，戰後的日本才得以重啟。另一方面，這段時期也讓戰後日本社會滋生無數問題，因為日本人從不曾接受他們過去在殖民與帝國擴張時的軍事罪責。一九七〇年代日本經濟復甦的「奇蹟」，其實相當程度破壞了這些審判的作用。正如日本著名劇作家木下順二寫道：「戰爭與敗戰給日本社會留下『空洞』與『扭曲』，換言之就是『懸而未決之事』，或說『後遺症』。」木下這裡指的問題是：日本怎樣將他們戰後經濟上的成功，以及他們從戰後審判中獲得的對「正義」與「不義」的認知，這兩者擺在一起思考。日本確實犯下戰罪，毫無疑義，但必須說許多戰犯（特別是乙丙級）所受的審判都有各式各樣的缺陷，判決結果幾乎像是隨機給出的，正義也未必能由此彰顯。[36]木下在一九七〇年代早期寫出了舞臺劇《神與人之間》，他的創作用意並不是要激起觀眾討論東京審判二十八名被告的罪行，而是要告訴觀眾，你們身上都有責任。「罪惡在我們之間，罪惡就是我們自己。只有在我們之內，我們才能扛起這重擔並暴露它的本相。」[37]

一九七〇年代一天天過去，日本的戰爭紀念問題發展成更大的國際性課題：該怎樣處理巢鴨監獄這類長期關押過日本戰犯的歷史遺址。一九八〇年，日本共產黨代表上田耕一郎在參議院提出抗議，內容反映了我在本書開頭所呈現的背景。對於賀屋興宣這個前戰犯竟能當上法務大臣，且還讓內閣同意保護過去拘禁戰犯的地點，上田感到非常憤慨，他在國會裡表示「很難想像要去維護這些地方，不是嗎？」[38]

公共紀念物如何影響周遭環境，影響私人對過去的理解，這點我們可從七名甲級戰犯的紀念碑看出。從一九六五年以降，該地逐漸發展成一個紀念性的複合區域，成為另外一百二十八名戰犯的埋骨地。另外還有一九六八年建立的「六十烈士忠魂碑」，紀念在巢鴨監獄被處決的六十名甲乙丙級戰犯。此碑位於橫濱光明寺，就在興禪寺繼續往下走不遠處。「六十烈士忠魂碑」要強調東京審判是

「勝利者的正義」，碑石背面列出死者名姓，還有一段碑文：「下列諸人在大東亞戰爭中無私奉獻盡忠報國，卻受舊敵國單方面審判，在巢鴨監獄被處極刑。本會深表哀悼，將他們合祀此地，以慰忠靈，冀能傳其遺功於後世。」[39]但也不是所有人都支持給戰犯立碑紀念；此地曾被反對團體暴力破壞。

一九九六年，前拓殖大學校長小田村四郎宣布「我們應該為『戰爭』正名」。他公開表示，為了在日文中重新掌握這場戰爭與其意義，日本人民必須稱這場戰爭為「大東亞戰爭」，不可以有其他名稱。小田村字字句句都在痛斥東京審判扭曲了戰爭意義：「這場審判充滿偏見與虛構，事實上它不過是以審判之名上演的復仇劇，諸多有識者對此已有論證。更何況，我國朝野的心理都被它造成的傷痕深深啃噬。」[40]

歷史從未終結

為了迅速拋棄帝國工具，日本皇軍在中國「十八個省份或自治區、超過九十個地點」掩埋、留置或丟棄化學武器。中方估計日軍留下約有二百萬件化學武器，日方給出的數字則稍微少於一半：七十萬件。無論何者為實，都表示有大量的有害軍武正在洩漏進入周遭環境。[41]二〇〇三年夏末，黑龍江省建築工人在一處工地挖出好幾桶日本埋藏的化學武器，導致數十人受傷，一人死亡。[42]這些年來，此類意外不斷在中國各地發生，但日本政府卻遲遲沒有反應。距離日軍侵華已過八十年，但戰罪的魔爪竟一直伸長到當前，令外交關係降溫。[43]

正如日本知識界權威人士所強調的，日本在解決危機的短程與長程行動上始終缺乏政治引導。二次大戰期間，日本皇軍最後竟不得不讓只受過粗糙訓練的飛行員來當神風特攻隊執行自殺式攻擊，試圖以此掙扎求勝，這跟二〇一一年三月福島核災的情況有種詭異的類似。當時，東京電力公司炮製出所謂「福島五十英雄」的故事，但其實就是一群工人接下可能讓自己沒命的任務，去控制差點熔毀的反應爐。在戰爭與核災兩個例子裡，最初投入的人手都根本不足以達成目標；沒有人想到未雨綢繆，也沒有任何應對計畫。依據日本記者船橋洋一的說法，日本始終擺脫不了「人民之魂」能克服物質缺陷的信念，也始終缺乏危機處理對策。[44]不幸的是，這兩種情況的現實，確鑿地證明了日本思維中的這個錯誤。

二〇一四年八月，日本《朝日新聞》揭露首相安倍晉三寫給和歌山縣高野山上「奧之院」的支持信件，該寺的「昭和殉難者法務死追悼碑」是甲級與其他戰犯的紀念碑。安倍頌讚這些被盟國處死的人「造就祖國的基礎」。[45]他這些紀念文字的用語清楚呈現日本人的偏頗思維，也就是認定盟國是出於恨意與復仇才對日本進行戰罪審判。安倍之前曾在國會提出主張，說日本在國內法層面沒有戰犯，而他的立場在這些信件裡也始終一致。此外，日本很受歡迎的連鎖飯店ＡＰＡ的老闆也印發了一本歷史修正主義書籍，主張南京大屠殺並不存在，強調只有日本才被安上歷史罪名。[46]自民黨下屬的主要保守派政治遊說團體「日本會議」接受了APA集團高額捐贈。

或許，法律、戰爭與帝國之間那模稜兩可的界線當中，其中最最模糊之處就是「慰安婦」這個歷史課題。過去二十年來，東亞與北美有諸多壓力團體以各種方式推動各種政治議程，試圖證明各種不同答案：慰安婦都只是性工作者，慰安婦都是被日軍強迫成為軍妓，慰安婦兩種情況都有，慰安婦都是受國家迫害的年輕女性，諸如此類。這段歷史悲劇的真相存在於這所有例子之間某一處，沒有任何單一定義能讓任何一方滿意。以政治意見之姿進行的歷史調查，造成的情況已經惡化到讓南韓一名學者因為自己做的研究而被告上刑事與民事法庭，因為她在特定脈絡下質疑主流的政治正確智慧。與此同時，韓國與日本的雙邊關係也陷入停滯，呈現僵局。[47]為了解開這個存在多年的死結，日本高層突然在二〇一五年十二月宣布一個重大政治決定，日本首相安倍晉三與南韓總統朴槿惠就慰安婦問題達成協議。協議內容承認慰安婦問題「當時由日本軍方涉及」，並表示「日本政府對此『痛感責任』」。日本還承諾拿出一大筆錢交給南韓政府分配予受害者。但協議裡也包含一條非常值得玩味的內容：「日本政府確認這一問題已由此協議達成最終與不可逆的解決。」[48]

然而，問題在於歷史沒有終點，永遠都在演進；我們對過去的詮釋也是這樣。宣告歷史終結，宣告一個完全徹底的共識，這注定要以失敗告終。[49]不幸的是，《慰安婦問題日韓協議》的命運亦是如此。一旦我們宣布歷史走到最後結局，我們就是在邀請各方以更嚴格的態度審視這個據說已經達成的終極歷史解釋。真正的和解需要參與各方經常的互動，且正義與和解是兩個不同的過程。正義是終極的，以一份宣告定案；和解是不會結束的，是基於各方在當下與未來的表現而進行。歷史從不止步，我們無法給討論或辯論畫上句點。我們當然可以讚美日韓兩國政府至少試圖將殖民與帝國歷史去政治化，但這種做法不可能大功告成。協議才剛公布，兩邊的抗議聲浪就迅速沸騰。南韓有少數勇於發言的教育人士表示，這種什麼都不接受的「反日部落意識」正在損害南韓的國際地位。[50]

戰罪法庭背後的一個主要功能，就是在經歷過大災難後管控社會。在這個場合，個人可以呈上證據，可以講理，以此達成裁決。[51]然後，判決結果又被用作國內法律秩序的基礎，並施用於與其他國家的外交關係。東亞的戰爭現在被定義為中日對抗，但在某種程度上也是日韓的對抗，戰場則位於記憶與歷史之間的無人地帶。這個課題的根本問題在於「要去說『記憶的責任』是可以的，但『記憶』或許不是能被法律程序以權威加以固定的東西」。[52]法庭證言、檔案資料與紀錄都是證據，但不是記憶。一旦判決成立，法律角度的正義就已經完成了。審判落幕之後就由歷史學家接手，他們將審判所提供的材料組織起來加以詮釋，建構一套敘事，讓未來的人「前事不忘，後事之師」。這個過程涉及「選擇」與「刪除」，且經常是把一個非常複雜的歷史情況摘要簡化，以便讓大眾理解。這些流程的限制，以及其中造成的落差，讓許多人感到疑惑與不快。

結論 東亞政治野心的貧困

多年以前，我出席一場記者會，內容是關於中方要求日本政府就戰時事件進行賠償而提起訴訟。我坐在前排，然後被人吐口水。其實我並不是那點唾液彈的攻擊對象，只是不幸位在它的發射軌道上。發動攻擊的日本律師氣急敗壞，他控告日本犯下使用奴工的戰罪，而他正當的法律控訴卻又一次被東京某個高等法院駁回。他其實是在怒吼，而我們這群人聚在一間小小的側間裡，傾聽他所代表的團體怎樣一次又一次不停地在法律程序內受阻撓。我始終記得那一刻，因為我這本書雖然大部分都在講得不到的正義，或是各種原因造成的不平感受，但還有一件事：一方面主流日本社會對此有所反應且希望求得和解，但另一方面他們的領導者與保守派卻又時時出手妨礙，兩者之間的分歧也很值得觀察。那麼，這就引我走到「對不公不義的記憶」與「尋求正義」兩者衝突的一個關鍵點：我們對現代歷史其他戰罪審判還記得多少？

戰罪審判未必能達成目的，以塞爾維亞為例，該國追究正義的行動竟幫助了這個曾經的「賤民國家」（指在國際上被排斥的國家）忘記自己身為侵略者的過往。[1]這已經不是本書序言裡提到的「顛倒正義」而已，而根本是綁架正義；該國國內人士鸚鵡學舌講著所謂轉型正義，卻並不遵守國際規範。很多人都知道盧安達發生過什麼事：圖西族與胡圖族在數個月之間瘋狂屠殺對方，規模難以估量。[2]戰罪審判不斷在舉行，但它們獲得了什麼成果？二十一世紀早期的紅色高棉特別法庭讓許多人更加一頭霧水，它們在國際上的知名度不小，但真正受苦受難的柬埔寨人對這些審判的關注卻很少。如果把日本所犯戰罪放在國際的脈絡下比較，它沒有相形見絀，也沒有變得更可以理解；由此浮現的是兩件事，第一是這類暴行並非日本獨有，第二是戰罪審判未必導向戰後和解。

另外，我在本書中主張不要過度解釋德國與日本之間的比較，但我們確實能夠區分這兩國政治人物之論辯目標的不同。一個例證就是德國聯邦總統史坦邁爾愛國但具同理心的演講。二〇二〇年五月八日，史坦邁爾在柏林的二次大戰結束紀念典禮上呼籲同胞勿忘德國背負了數百萬人的死亡與痛苦。他還提醒德國國民不要與過去劃清界線，因為那會導致「否認那場戰爭與納粹獨裁造成的災難」。他說，德國「只能被用一顆破碎的心所愛」，我們必須要有這種態度，才不會讓任何人貶低「在那之後所達到的一切美好」。[3]這些話鏗鏘有力，只可嘆沒有一個日本政治人物能夠在公共場合清晰地表達出來。史坦邁爾演講的主旨是：道歉是一個永無止境的反省循環。這樣，當我們把史坦邁爾的莊重言辭與日本任期最長首相安倍晉三的發言相比，我們也只能感到失望。二〇一五年八月，安倍在演講中講到二次大戰終戰時脫口而出：「日本戰後世代已經超過人口百分之八十，我們絕不能讓我們的孩子、孫子，甚至更遙遠的後代生來就注定要道歉，他們跟那場戰爭完全無關。」[4]這精神與史坦邁爾簡直有天壤之別。就這樣，日本又再一次未能超越「日本受害中心論」的立場，未能開始去推動政府反省這個國家的過往歷史曾經如何影響他人。安倍只覺得日本「道歉夠了」，卻不去思考和解，這態度的意義相當明顯。此外，日本保守派也喜歡用「平行思維」來自欺欺人，他們動不動就要拿以下論點出來測驗一番：美國無權評判日本，因為美國在日本城市投下了原子彈。然而，在我看來，此事真正涵義正如美國國家青年桂冠詩人在二〇二一年一月二十日拜登總統就職典禮上所說的那樣。詩人戈爾曼譴責權欲薰心的川普對美國造成多少傷害，並闡述這個國家如何需要一段自省的時間來療癒偽善。我心想：真像啊，從某些方面來看，這真像是日本戰後所做的深度內省。在一首比較長的詩裡，戈爾曼是如此思忖：

因為，做為「美國人」不只是那份傳承的驕傲，
是我們踏足的過往
以及我們怎樣補償[5]

戈爾曼解釋說，過去不僅只是頌讚的對象，它常是一種負擔。一個國家的過去不能光被用來得意吹噓，它還承載著責任；我們需要去為它進行「補償」，才能繼續向前進。這般意識形態，放在美國以外的國家身上也是極其適當。

中國人想把紐倫堡審判奉為珍寶，想保留這套主敘事，用同樣的原則標準去解釋東京審判。然而，中國大陸研究這方面的學者並沒有跟上國際腳步，因為過去的國外研究者把這場審判視若聖典，現在卻轉而採取比較批判性的立場。這就是核心問題所在——我們不可能先接受關於這些戰罪審判的一套黃金定律，然後完全忽視一九四五年後國際上面對這段歷史的態度轉變。

由於德國與日本是結盟的軸心國成員，日本戰時的歷史常被拿來與納粹德國作比較，儘管未必得出多少成果；其實，更適切的做法是將日本與法國並列。[6]日本把朝鮮視為國際安全的關鍵前線，法國對阿爾及利亞的態度亦如是。日本和法國都覺得，在自己進行帝國擴張時幫助了殖民地開化。更重要的是，以歷史記憶來說，日本與法國都分別在失去朝鮮和阿爾及利亞後喪失帝國記憶長達數十年。德國至少時不時表現出承認自己過往野蠻表現，但法國跟日本一樣把過去拋諸腦後，一心一意只想在戰後維持與重建國家強權。當我們說到戰罪審判，這兩個國家的情況就更相像。日本未能用國法處置犯下戰罪的自己人，這看似是獨一無二的特例，但法國在阿爾及利亞與其他地方犯下的大屠殺也從未被追究，至今仍是法國社會一道不曾癒合的傷痕。[7]

中國怎樣看待歷史

大約五十年前，《中國青年報》旗下很受歡迎的週刊《冰點》刊載了袁偉時的一篇文章，讓中共高層大發雷霆。袁偉時竟敢冒大不韙寫出中國需要檢討自己的歷史，且有責任用真相來教育下一代。他的觀點激怒了中國官員，導致《冰點》很快被勒令停刊。袁偉時比較了中日兩國教科書處理現代史方法的異同，並揭露一個眾所周知的祕密，那就是中國大陸的愛國教育已經造成了問題。[8] 他認為，民族主義意識形態把中日兩國都推向一種好鬥的狀態，我們必須承認問題不只出在日本一方。[9] 在日本工作的知名中國史學家劉傑也表示這裡面有更深的病根。他說，中國領導人面對中國在二次大戰前近百年間遭受列強壓迫，被不平等條約束縛的歷史，他們的反應是將「對方法的信仰」置於法律之上與之外，而所謂「方法」其實就是指革命。這種思想導致一種認知，就是用「正義」這個價值觀來替代法律，認為正義凌駕於條約之上，反正法律與條約在現代早期都對中國無甚助益。於是，到了二十世紀中期，中國人就發展出一種特殊心態：既然中國因為其他人的所作所為而蒙受苦難，那麼中國人做出的任何反擊都是正確的、都是愛國的。[10] 劉傑問道：中國想成為一個什麼樣的國家？是要支持正義，強調革命成果，強調與這套敘事相應的歷史觀點？還是要以法治為基礎，於是無法把革命當成唯一的權威來源？這兩種歷史觀點相互衝突，同一時間只有一種能被採用。當前的北京政府想讓國際社群相信中國一向支持多邊主義（指在國際關係中願意與多個國家相配合並遵守共同原則）與法治，中國外交部長王毅在二〇二〇年二月表示：「身為最早簽署聯合國憲章的聯合國創始會員國，中國始終忠於聯合國的創立理念，堅定守護憲章宗旨與國際法。」[11]但王毅這話有一點不是事實：一九四五年簽署聯合國憲章的是中國國民黨政府，不是中國共產黨。[12]

審判是否帶來和平？

依據聯合國憲章，聯合國宗旨是依照國際法「構成一協調各國行動之中心，以達成……共同目的」。然而，以國際法為基礎的戰罪審判，其悖論就在於：儘管有超過七十年的經驗累積，但大多數人都會同意一件事，就是國際法並未實現它誕生時被賦予的所有目標。和平、安全與正義，這些目標很崇高，但它們對不同的人都有不同意義，且可能跟共同目標大相逕庭。[13]所有人都想要和平，但各方對於「和平」是什麼都有不同認知，導致大家討論的其實不是國際法，而比較是「和平」或「正義」究竟所指為何。只有當「某個系統內的成員都同意並理解」如「和平」與「正義」等詞彙的指涉內容，「國際法是為和平與正義而設」這句話才能在該系統裡具有意義。[14]與此成對比的是中國大陸的情況，這裡最新的書籍，包括上海交通大學東京審判研究中心的豐厚研究成果，都經常說到「和平」，說到戰罪審判是以建立和平為目的；但它們都沒有詳細指出戰罪審判怎樣讓這些重要概念化作實際。[15]英國作家威廉斯寫過一本長篇巨著，講述戰後盟軍對於發生在歐洲大陸暴行的調查與憤怒，而他得到的結論就與中國學者不同：「不論紐倫堡審判在對抗納粹包羅萬象的非人暴行上有多少價值，它只把受害者當成一個數字。法律與審判無可避免會變成這樣，它們面對人類殘酷行為與人類受苦受難時，只能作出非人性化、不完美的反應。」[16]歐美各國意識到，他們必須以某種標準去回應納粹造成的不公不義，否則將會貽害後世。但威廉斯也發現，這種審判形式達成的結果絕不可能十全十美。

諷刺的是，雖然東亞各國時有齟齬，但這地區自一九七九年以來竟是前所未有的一片和平。不過，這個重要轉變似乎是被有意無意忽視，因為看清這現象等於承認日本不再是東亞大患。這個和平究竟代表什麼？奇怪的是，各方對此幾乎沒有共識。

「紀念性歷史」只是片面的歷史

「國史」的架構創造出衝突地帶與紀念遺址，但這些東西仍不免被歷史詮釋所影響。這種型態的歷史就是「紀念性歷史」，被用來建構國內的民族主義意識。「紀念性歷史」通常與「批判性歷史」相對比，後者的歷史研究是以調查過往真相為目標，不管其結論對國家是褒是貶。[17]要看清兩種歷史類型之間的差距，一個例子就是中國政府近來透過網際網路與宣傳平台，更露骨地向全世界宣揚它的歷史版本。中國大陸歷史學者時常被迫在學術發表內容裡反映出國家要讓國民相信的東西。這不是歷史，這是製造樣板。[18]

不過，在「紀念性歷史」中擁抱國族榮耀的也不只有中國。一九九七年，「關懷日本前途與歷史教育年輕議員會」成立，成員共一百人，都是日本執政黨自民黨的國會議員。該會成立宗旨之一是反對那些據說由日本自由派媒體所宣揚的負面歷史觀點。[19]眾議員古屋圭司曾任該會副幹事長，他在部落格裡表示，日本應該避免培育出一套受虐式的國史。[20]該會共出版兩本書，內容水準都令人不敢置評，質疑日本戰罪，質疑某份針對南京大屠殺「問題」（這是他們的用詞）的「調查報告」。[21]癥結在於，「和解」這個課題在日本牽扯到個人看待帝國與二次大戰時採取的政治立場，以及不同立場間的爭論。「東京審判史觀」（主張日本帝國是侵略者，是有錯的一方）對抗的是保守派觀點：日本帝國的存在意義是解放亞洲，且日本是被逼無奈才對外開戰以保國家安全。

一國的歷史問題不能只留給國家自行解決，日本和中國應當客觀審視自身歷史，而非僅靠民族主義的詭辯與自我陶醉式的學術來支撐國家度過難關。一九八六年十二月十日，鮑德溫這位名聲響亮且善辯的美國作家在華盛頓特區國家記者俱樂部致詞，致詞的末尾就表達了類似意見。「只要你假裝不知道自己的歷史，你就是歷史的囚徒。」[22]鮑德溫說的並不是「歷史注定重演」這類的老生常談，反之，他要傳達的是：只有當我們充分認知一個國家的歷史，不論那歷史有多可鄙、多恐怖，我們才可能達成和解。他的發言是針對美國種族問題的不正義之處，但他也很明白，要一個社會的成員不顧自己身分或膚色來正視歷史或許困難至極；因為，個人必須先收起成見，願意去探索不熟悉且讓人不自在的知識邊境，才能做到這件事。鮑德溫沒能活著看到夢想實現，他在這場演說後不久就逝世了。亞洲的戰罪審判並沒有為東亞帶來和解，但至少是往前的第一步。這個時代的領導者與各國人民必須決定要走哪一條路來發揚判決背後的精神，又或者民眾只想繼續否定這些法律程序，以此強化他們在情感上「自我受害者化」所得到的一時滿足？選擇權在他們手中，也在我們手中。這世上沒有注定的結果。

致謝

行走世界各地研究歷史撰寫書籍，背後需要許多人的幫助。我想在此表達我對這個全球性社群的深摯謝意，因為這般範圍廣大且花費高昂的研究必須依靠團隊才能達成。歐洲研究理事會從二〇一三到二〇一九的六年經費贊助了無數小型討論會、大型國際會議，以及旅行補助，聚集一批才能卓著的學者來進行「日本帝國解體與戰後東亞追求『合法性』的奮鬥，一九四五年至一九六五年」這個計畫；而激發我興趣，引我深究這個主題的歷史問題核心就是從這裡出現。無奈的是，英國決定離開歐盟的溫暖懷抱，以及歐盟對學術界的慷慨資助，我在這段期間留下的美好記憶也因此蒙上陰影。這個合作計畫後續出產的論文合集，對於我和參與計畫的博士後研究員團體都非常重要；在他們協助之下，無數的想法被賦予血肉，且本書寫作的大工程賴以施力的大架構也因此得以成形。

布魯塞爾的歐洲研究理事會行政人員一向都很專業，凱瑟琳·赫斯特是本計畫的絕佳管理人。馬修·福納約爾在網站上做出巧妙創新。參與本計畫的博士後研究員包括崔德孝、阿瑙·多利亞、魏康序、雪佐德・穆米諾夫，以及安德魯・列維迪斯，另外還有八十五名學者加入我們在劍橋的討論會，多年來讓我們的研究更加進步。陳灝不斷做出切要提問來讓討論會的氣氛高昂，其他研究生米娜・馬科維奇、麗雅・羅伊、茱莉亞・加爾巴尼、芮涵・希林嘉、大塚愛子、拉沙德・艾夏克、廖克杭、鍾姍、蕾秋・威廉斯以及更多因數量太多而無法一一列舉的人也是如此。在我所開設關於東亞的正義與和解問題的高階課程上，我試用本書部分草稿作為教材，而聽課學生也反饋了很有批判性與助益的意見。陳冠任是個非常好的研究助理，也是馬爾貝克紅葡萄酒的熱愛者，他當時是我另一個數位人文計畫的博士後研究員。楊尚寯協助我找尋香港方面的關鍵史料。

在劍橋，娜迪雅・穆倫是協助我管理旁聽生的重要幫手，還有在這之後接手行政事務的珍恩・古德溫。米奇・阿道夫森成為劍橋大學日本研究主任之後新官上任三把火，建立起一個堅實的平臺讓我們以此為基礎進行工作，此事的貢獻不可計量。福雷迪・森波是日本研究主任身邊可靠受倚重的執行助理。麗雅・羅伊教我們韓文，幫了大忙；而薇琪・楊總為我們帶來歡笑與鼓勵，還有亞洲與中東研究院的行政人員與其他同僚。亞洲與中東研究院圖書館館員法蘭索瓦・西蒙斯，以及米契・雅各和圖書館的日本專家館員克利斯亭・威廉斯，都替我找到重要的文獻資料；查爾斯・艾爾默也為我找到重要的中文材料。圖書館新來的中國專家館員何妍與她先生范鑫都在資料上與精神上助我良多。基督聖體學院長克里斯多夫・凱利與他的伴侶肖恩在我升任正教授時大方為我慶祝，倉重義夫（Jeff）在學術休假期間與我共享研究室，給我許多啟發。約書亞．巴茨教我用一種全新方法來教授史料閱讀與翻譯課程，又讓我知道什麼叫做「學期奇妙日」——這個我會繼續沿用下去。

我家庭中來自日本的那部分，渡辺烈與水鳥路是維持我踏實生活的力量，更重要的是我的人生伴侶水鳥真美，她在世界各地到處跑，為聯合國事務奔走。在日本，和田英穗一直是我見賢思齊的對象。川島真、細谷雄一、淺野豐美和其他許多人展現出的積極活力讓我見識到何謂真正學者，擁有這風範的還有武田珂代子，也包括她在立教大學附近最喜歡那間酒吧的員工。早稻田大學的梅森直之、劉傑、土屋禮子等人在我開啟話題後願意與我暢談，並經常給予我反饋，還讓我有機會在他們文部科學省贊助的大型研究計畫中對於「和解」獲得更多了解。鈴木規夫是我用來檢驗我對日本與東亞史認知的談話對象，一橋大學研究團隊也給了我很多幫助。多年來，只要與才華煥發的大野博人談話，總能拓展我的眼界。我曾親自結識大沼保昭，不幸在那之後不久他就過世；如果我能早點開始翻譯他的著作就好了。長久以來，我從船橋洋一和京都大學的奈良岡聰智、貴志俊彥、佐藤卓己，以及大阪大學的蘭信三那裡受教匪淺。與羅特姆．龔納相交既有趣味又能求知，與高橋老師的來往也是如此；我還要感謝協調所有人的杉田米行。

藍適齊是我在臺灣最重要的依靠；我們在二〇一一年的談話推動了數個計畫的開展，後來的成果也匯聚進了這本書。蕭慧芬一直願意撥冗聽我用不太靈光的中文講話。我從薛化元、黃仁姿和黃自進的學術研究中不斷學到東西。逢甲大學工作人員何佳薇與她的團隊搭建相關網站，長期給予我協助。「mole」替我從圖書館複製許多資料。

在中國，與我一起拍攝《亞太戰爭審判》紀錄片其中三集的上海廣播電視臺的工作人員教我如何吸引觀眾的興趣。導演敖雪、戴誠娴、宣福榮，以及製作人陳亦楠剪輯出完美的影片鏡頭，並組織起一連串精采訪問。我在中國的這些互動時刻，刺激出更多關於中日歷史態度與記憶的深入討論。背後支持他們的可愛攝影團隊由沈佳俊率領，他是每頓飯選擇用餐地點的天才協調大師；另外還有他的同僚「功夫熊貓」張俊。寡言但可靠的燈光師黃善祥為我們驅走陰影。張志雲、侯彥伯、孫藝和嚴海建對我的數位人文網站與數據統計估算等提出深刻見解。上海交通大學東京審判研究中心的劉統與程兆奇慷慨貢獻他們的時間與支持。

這裡我要提一筆李海燕、馬修・紹爾斯、芮納・米德、古賀由起子，以及其他許多人，感謝他們給我的意見與支援。這裡面包括我的父親，他年過九十仍在筆耕不輟地寫童書，同時還專心致志寫自傳。老爸，你是我們所有人的模範，向我們展現一個人如何在退休數十年後仍找到新的事情全心投入。我早期無甚可觀的草稿獲得了幾個人的讀後反饋，他們也給了我絕佳的建議。朴裕河、珊德拉・威爾遜、詹姆・列維林、羅伯・克里布跟我分享他們的觀點，艾米・金恩、威爾遜國際學者中心的查克・克勞斯大方與我分享檔案資料。當我們從不同角度檢視這些課題，克斯廷・馮林根在討論中的發言特別一針見血。莎拉・柯福納與米奇・阿道夫森在草稿階段提供了批判性的深入見解。常成無數次拯救我免於史實上的尷尬錯誤。我曾受邀前往以色列發表專題演講，不勝榮幸，且米基・布爾、尼辛・奧瑪金和其他人的發問更為此增色。特拉維夫大學的魯特・哈拉里與希伯來大學的丹尼・奧爾巴哈提出很有洞察力的問題，啟發我的思考。

佛羅里達州立大學的塔希瑞・李和安妮卡・庫佛提供我探索中國法律的路徑。傑森・魏布和羅麗・米克斯在南加州大學主辦了一場美妙晚會。傑瑞米・葉倫邀請我去香港數日，期間我得以接觸香港中文大學中國研究中心並開一場討論會。凱林・米歐爾以研究為目的將喬治亞州亞特蘭大市埃默里大學圖書館的重要館藏檔案掃描出來。我曾受邀前往史丹佛大學參與討論卡特・埃克特那本關於朴正熙的名著，由此得以接觸到許多西岸學者。這本書開啟與連結戰前與戰後時期的方式雖由檔案研究結果決定，但也深受我參與胡佛研究所的上田薰「凱依」主持的研究計畫之經驗所影響。林孝庭善意邀我入群，只可惜活動因疫情受阻；我後來終於得以拜訪胡佛研究所檔案館，再度與他見面。

我在二〇一九到二〇二〇年曾是瑞典高級研究學院訪問學人，那裡的人員給予我極大支持，讓我有時間與空間可以動手開始寫這本書。院長克莉絲汀娜・加斯騰協助我參與互動，所做的已經超越盡責程度。哈澤姆・坎蒂爾想教會我怎樣寫一本普及讀物，可惜我沒能學會。伊旺・瓊斯依舊是「劍橋最有趣同僚」得主，我只是不會公開承認這件事。梅莉亞・波維南讓我們都愛上芬蘭文化，鮑里斯・

拉寧很會用自己的生平故事逗我們開心。不幸的是，這些正在開花結果的友誼因疫情而中斷，但至少我們有個很美好的開頭。

從二〇一六年初以來，我在無數場合發表的無數談話都發揮了建設性的作用，讓我針對我所挖掘的東西更能勾勒出心智地圖。我要感謝那許多邀請我、與我分享他們時間與餐桌的人。還有很多人也應該名列於此，但我總得開啟這本書的頭一章，不能再拖延下去。*這些人包括我那不斷擴大的侄兒、侄女、外甥、外甥女大家族，還有孫輩與姻親後輩，他們有的在以色列，有的在美國。我要對那些沒有被特別提及的人說，我知道他們都幫了我很大的忙；我們有一天還會再見面的，因為學術研究本無涯。我期望著，在我開啟另一個新研究計畫時，我還能尋求你們的支持鼓勵。

---

*編按：這篇致謝原本放在序言之前，臺灣版移到書末。

注釋

本書常引用的檔案出處英文縮寫：

AH　臺灣國史館
AWM　澳大利亞戰爭紀念館（Australia War Memorial）
CARMD　中國反右運動數據庫
CMOFA　中國外交部檔案館
CMPD　中國五十年代初中期的政治運動資料庫
FRUS　美國外交檔案（Foreign Relations of the United States）
HIA　美國加州史丹佛大學胡佛研究所圖書檔案館（Hoover Institute Archives）
IRCA　日內瓦國際紅十字會檔案館（International Red Cross Archives）
IRRC　香港中文大學中國研究服務中心館藏新華社《內部參考》
JPR　日本議會紀錄
KGNA　英國邱園國家檔案館（Kew Garden, National Archives）
MJPHMR　日本東京國立國會圖書館憲政資料室
MODA　日本東京市谷防衛省防衛研究所史料室
MOFAAJ　日本外務省外交史料館
MOFAT　臺灣中研院近代史研究所檔案館外交部檔案
NAA　澳大利亞國家檔案館（National Archives of Australia）

NAJ	日本國立公文書館
NARA	美國馬里蘭州大學學院公園國家檔案館二館（National Archives, College Park, Maryland）
RPP	美國哈佛大學法學圖書館龐德文件（Rosco Pound Papers at Havard University Law Library）
SLRA	美國佛羅里達州立大學拉齊諾維奇爵士檔案館（Sir Leon Radzinowicz Archive, Florida State University）
TBA	日本東洋文庫圖書館
YSA	日本靖國神社靖國偕行文庫

臺灣版序

1 龍應台，《大江大海一九四九》（臺北：天下雜誌，2009）; Dominic Meng-Hsuan Yang, *The great exodus from China: trauma, memory, and identity in modern Taiwan* (Cambridge: Cambridge University Press, 2021).

2 Hsiao-ting Lin, *Accidental state: Chiang Kai-shek, the United States, and the making of Taiwan* (Cambridge, Mass: Harvard University Press, 2016).

3 陳翠蓮，《重探：戰後臺灣政治史》（臺北：春山出版社，2021）。

4 Wang Tay-sheng, *Legal Reform in Taiwan under Japanese Colonial Rule, 1895-1945: the reception of Western law* (Seattle: University of Washington Press, 2000), p. 179.

5 John Cullen trans., Kamel Daoud, *The Meursault Investigation* (NY: The Other Press, 2013).

6 John Cullen trans., Kamel Daoud, *The Meursault Investigation* (NY: The Other Press, 2013), p.1-2.

7 Paul Barclay trans., *Kondo the Barbarian* (Manchester: Eastbridge Books, 2023), p. 32. 另見 Michael Berry ed., *The Musha Incident: A Reader on the Indigenous Uprising in Colonial Taiwan* (NY: Columbia University Press, 2022).

8 Seiji Shirane, *Imperial Gateway: Colonial Taiwan and Japan's Expansion in South China and Southeast Asia, 1895–1945* (Ithaca: Cornell University Press, 2022), p. 7.

9 Sarah Kovner, *Prisoners of the Empire: Inside Japanese POW Camps* (Cambridge: Harvard University Press, 2020).

10 田中隆〈日本軍の華北戦略と粛正掃蕩作戦〉，收入小野寺利孝等編集《中国河北省における三光作戦：虐殺の村・北疃村》（東京：大月書店，2003），p. 54-58。

11 《二戰未完成的正義》沒有花太多篇幅講臺灣的「白色恐怖」時期，因為本書講的是正義怎樣在中日關係裡成為競爭工具；「白色恐怖」的問題意識與此不同，所以較不屬於本書核心架構的一部分。另外，臺灣近年的學術研究已經開始呈現這段被忽視過的歷史之中大部分真相。見臺灣民間真相與和解促進會編，《記憶與遺忘的鬥爭：臺灣轉型正義階段報告（三冊套書）》（臺北：衛城出版，2015），以及其他許多著作。

12 Darryl Sterk trans., Wu Mingyi, *The Stolen Bicycle* (London: Text Publishing Company, 2017).

13 《歷史之終結與最後一人》是福山在一九九二年的著作，由他一九八九年的短篇文章〈歷史之終結？〉（發表於國際事務期刊《國家利益》）擴寫而來。

14 *The Economist*, May 21, 2021.

15 https://udn.com/news/story/124338/8500655#goog_rewarded.

16 内海愛子，《朝鮮人ＢＣ級戦犯の記録》（東京：岩波書店，2015）。

序言

1 這部紀錄片在二〇二〇年九月於中國播映，另有DVD《亞太戰爭審判》系列共八集可供觀覽（上海交通大學電子音像出版社，2021），並於稍後出版成書：上海廣播電視臺紀錄片中心陳亦楠工作室編著，《亞太戰爭審判》（上海：上海交通大學出版社，2021）。

2 北疃村屠殺案詳見於NHK對伊東利春的訪問內容。NHKアーカイブス戦争証言，資料取得於2011/11/04，https://www2.nhk.or.jp/archives/shogenarchives/shogen/movie.cgi?dasid=D0001100729000000.

3 李慶祥訪問內容，2019/05/30，《亞太戰爭審判》，180–181, 190–192。

4 Flora Sapio, Susan Trevaskes, Sarah Biddulph, and Elisa Nesossi, eds., *Justice: The China Experience* (Cambridge: Cambridge University Press, 2017); Barrie Sander, *Doing Justice to History: Confronting the Past in International Criminal Courts* (Oxford: Oxford University Press, 2021), 1–25.

5 Haiyan Lee, *A Certain Justice: Toward an Ecology of the Chinese Legal Imagination* (Chicago: University of Chicago Press, 2023).

6 Evelyn Goh, *The Struggle for Order: Hegemony, Hierarchy, and Transition in Post-Cold War East Asia* (Oxford: Oxford University Press, 2013), 159–201。關於和解的過程，更多請見浅野豊美編著，《和解学の試み：記憶・感情・価値》（明石書店，2021）（除了

另行標注者，所有日文書籍出版地皆為東京）。

第一章

1 藤原彰，《昭和の歴史（5）日中全面戦争》（小學館，1994），68–73。
2 鄭福來訪問內容，2019/05/29，《亞太戰爭審判》，150–151。
3 Masha Gessen, "What HBO's 'Chernobyl' Got Right, and What It Got Terribly Wrong," *New Yorker*, June 4, 2019, https://www.newyorker.com/news/our-columnists/what-hbos-chernobyl-got-right-and-what-it-got-terribly-wrong; Na Li, "History, Memory, and Identity: Oral History in China," *Oral History Review* 47, no. 1 (2020): 26–51.
4 "China's Best Ship Lost," *New York Times*, November 23, 1894; Hans van de Ven, *Breaking with the Past: The Maritime Customs Service and the Global Origins of Modernity in China* (New York: Columbia University Press, 2014), 111.
5 安岡昭男，〈明治十九年長崎清国水兵争闘事件〉《法政大学文学部紀要》36号（1990），50–51。
6 朝井佐智子，〈清国北洋艦隊来航とその影響〉《愛知淑徳大学現代社会研究科研究報告》4（2009），58。
7 Weipin Tsai, "The First Casualty: Truth, Lies and Commercial Opportunism in Chinese Newspapers during the First Sino-Japanese War," in *Print, Profit, and Perception: Ideas, Information and Knowledge in Chinese Societies, 1895–1949*, ed. Pei-yin Lin and Weipin Tsai (Leiden: Brill, 2014), 227–234.
8 "China's Best Ship Lost," *The North-China Herald and Supreme Court & Consular Gazette* (Shanghai), November 23, 1894; S. C. M. Paine, *The Sino-Japanese War of 1894–1895: Perceptions, Power, and Primacy* (Cambridge: Cambridge University Press, 2003), 229–230.
9 〈上野公園で開催する第一祝勝大会の順序〉，《読売新聞》朝刊，1894/12/08。
10 土田政次郎，《東京市祝捷大会》（秀英舍，1895）。
11 木下直之，《戦争という見世物　日清戦争祝捷大会潜入記》（京都：ミネルヴァ書房，2013），1–18。
12 土田政次郎，《東京市祝捷大会》，139。
13 *The North-China Herald and Supreme Court & Consular Gazette* (Shanghai), November 23, 1894.
14 〈清国軍艦鎮遠が長崎に到着〉，《読売新聞》朝刊，1895/07/12；*The North-China Herald and Supreme Court & Consular Gazette* (Shanghai), August 16, 1895.

15 鍾漢波，《駐外武官的使命——一位海軍軍官的回憶》（臺北：麥田，1998），53–54。

16 〈パノラマ館〉，《風俗画報》123 号（1896.09.25），26–28。

17 東京《朝日新聞》朝刊，1895/02/10。

18 〈鎮遠の錨建碑式〉，東京《朝日新聞》夕刊，1942/05/28。

19 Kari Shepherdson-Scott,"Entertaining War: Spectacle and the Great 'Capture of Wuhan' Battle Panorama of 1939," *Art Bulletin* 100, no. 4 (2018): 81–105.

20 鍾漢波，《駐外武官的使命》，3。

21 陸軍中將李立柏致盟總信件，1946/06/26，〈要求日本歸還古器物（一）〉，《外交部》，國史館藏，數位典藏號：020-010119-0013。我要感謝張力教授與我分享這段史事的相關檔案。

22 李立柏致盟總信件，1946/07/15，〈要求日本歸還古器物（一）〉，《外交部》，國史館藏，數位典藏號：020-010119-0013。

23 一九四八年二月，中國駐日代表團討論可否要求日本歸還汪精衛贈與裕仁天皇的禮物，並將其作為戰勝紀念品陳列於蔣中正南京寓所。見〈汪逆贈日天皇玉玩可否還京〉No. 002000000456A，《蔣中正總統文物》，國史館藏，數位典藏號：002-020400-00052-123。

24 Chang-tai Hung, *Mao's New World: Political Culture in the Early People's Republic* (Ithaca, NY: Cornell University Press, 2011), 112.

25 Barak Kushner, "Anchors of History: The Long Shadow of Imperial Japanese Propaganda," in *Fanning the Flames: Propaganda in Modern Japan*, ed. Kaoru Ueda (Stanford, CA: Hoover Institution Press, 2021), 29–41.

26 Florian Schneider, *China's Digital Nationalism* (New York: Oxford University Press, 2018), 141.

27 Tor Krever, "International Criminal Law: An Ideology Critique," *Leiden Journal of International Law* 26, no. 3 (September 2013): 708.

28 Kerstin Bree Carlson, *Model(ing) Justice: Perfecting the Promise of International Criminal Law* (Cambridge: Cambridge University Press, 2018), 127.

29 Dan Gretton, I *You We Them: Journeys beyond Evil: The Desk Killer in History and Today* (London: Penguin Random House, 2019), 30–31.

30 Urs Matthias Zachmann, "Yokota Kisaburō—Defending International Criminal Justice in Interwar and Early Post-war Japan," in *The Dawn of a Discipline: International Criminal Justice and Its Early Exponents*, ed. Frédéric Mégret and Immi Tallgren (Cambridge:

Cambridge University Press, 2020), 335–357; Matthias Zachman, "Loser's Justice: The Tokyo Trial from the Perspective of the Japanese Defense Counsels and the Legal Community," in *Transcultural Justice at the Tokyo Tribunal: The Allied Struggle for Justice, 1946–48*, ed. Kerstin von Lingen (Leiden: Brill, 2018), 284–306.

31 Kim Christian Priemel, *The Betrayal: The Nuremberg Trials and German Divergence* (Oxford: Oxford University Press, 2016), 6.

32 Yuma Totani, "International Military Tribunals at Tokyo, 1946–1949: Individual Responsibility for War Crimes," in *Historical Origins of International Criminal Law: Volume 2*, ed. Morten Bergsmo, Cheah Wui Ling, and Yi Ping (Brussels: Torkel Opsahl Academic EPublisher, 2014), 31–65.

33 日暮吉延，《東京裁判》（講談社，2008），27–28；Yuma Totani, *The Tokyo War Crimes Trial: The Pursuit of Justice in the Wake of World War II* (Cambridge, MA: Harvard University Press, 2008), 20–23.

34 林博史，《戦犯裁判の研究——戦犯裁判政策の形成から東京裁判・ＢＣ級裁判まで》（勉誠出版，2010）；最新的可靠數據與不一致之處請見Sandra Wilson, Robert Cribb, Beatrice Trefalt, and Dean Aszkielowicz, *Japanese War Criminals: The Politics of Justice after the Second World War* (New York: Columbia University Press, 2017), 77–78。

35 王國棟編，《日本細菌戰戰犯伯力審判實錄》（長沙：湖南人民出版社，2005）；Grégory Dufaud, "Khabarovsk, 1949 L'autre procès des criminels de guerre japonais," *20&21 Revue d'histoire*, no. 148 (April 2020): 51–64; Valentina Polunina, "The Khabarovsk Trial: The Soviet Riposte to the Tokyo Tribunal," in *Trials for International Crimes in Asia*, ed. Kirsten Sellars (Cambridge: Cambridge University Press, 2016), 121–144.

36 Yun Xia, *Down with Traitors: Justice and Nationalism in Wartime China* (Seattle: University of Washington Press, 2017).

37 Aiyaz Husain, *Mapping the End of Empire: American and British Strategic Visions in the Postwar World* (Cambridge, MA: Harvard University Press, 2014), 2.

38 Robert Gildea, *Empires of the Mind: The Colonial Past and the Politics of the Present* (Cambridge: Cambridge University Press, 2019), 64.

39 Robert Cribb, "The Burma Trials of Japanese War Criminals, 1946–1947," in *War Crimes Trials in the Wake of Decolonization and Cold War in Asia, 1945–1956: Justice in Time of Turmoil*, ed. Kerstin von Lingen (London: Palgrave Macmillan, 2017), 121. 克里伯申述戰罪審判意義時是專指緬甸情況，但我認為，解釋歐洲殖民強權與同盟國其他目的時，克里伯的說法也整體能夠成立。

40 Beatrice Trefalt, "The French Prosecution at the IMTFE: Robert Oneto, Indochina and the Rehabilitation of French Prestige," in von

Lingen, *Wake of Decolonization*, 51–67; Ann-Sophie Schoepfel, "Justice and Decolonization: War Crimes on Trial in Saigon, 1946–1950," in von Lingen, *Wake of Decolonization*, 168.

41 見 Rana Mitter, *China's Good War: How World War II Is Shaping a New Nationalism* (Cambridge, MA: Harvard University Press), 2020.

42 Kamila Szczepanska, *The Politics of War Memory in Japan: Progressive Civil Society Groups and Contestation over Memory of the Asia-Pacific War* (London: Routledge, 2014).

43 Martti Koskenniemi, "Between Impunity and Show Trials," in *Max Planck Yearbook of United Nations Law*, vol. 6, ed. J. A. Frowein and R. Wolfrum (Leiden: Brill, 2002), 11; Neil Boister, "The Tokyo Military Tribunal: A Show Trial?," in *Historical Origins of International Criminal Law: Volume 2*, ed. Morten Bergsmo, Cheah Wui Ling, and YI Ping, (Brussels: Torkel Opsahl Academic EPublisher, 2014), 3–29. 另見 Otto Kirchheimer, *Political Justice: The Use of Legal Procedure for Political Ends* (Princeton, NJ: Princeton University Press, 1962).

44 Koskenniemi, "Show Trials," 18.

45 Seumas Milne, "Hague Is Not the Place to Try Milosevic," *The Guardian*, August 2, 2001, https://www.theguardian.com/politics/2001/aug/02/warcrimes.serbia.

46 Koskenniemi, "Show Trials," 30; Jacques Vergès, *De La Stratégie Judiciaire* (Paris: Les edition de minuit, 1968), 104; Filip Strandberg Hassellind, "The International Criminal Trial as a Site for Contesting Historical and Political Narratives: The Case of Dominic Ongwen," *Social & Legal Studies* 20, no. 10 (2020): 1–20.

47 Koskenniemi, "Show Trials," 33.

48 Viet Thanh Nguyen, *Nothing Ever Dies: Vietnam and the Memory of War* (Cambridge, MA: Harvard University Press, 2016), 17；任佑卿，〈記憶之戰：全球化時代民族記憶的裂變，縫合及其性別〉，《臺灣社會研究季刊》70期（2008/06），245–271。

49 Masi Noor, Nurit Shnabel, Samer Halabi, and Arie Nadler, "When Suffering Begets Suffering: The Psychology of Competitive Victimhood between Adversarial Groups in Violent Conflicts," *Personality and Social Psychology Review* 16, no. 4 (2012): 362.

50 Mariska Kappmeier and Aurélie Mercy, "The Long Road from Cold War to Warm Peace: Building Shared Collective Memory through Trust," *Journal of Social and Political Psychology* 7, no. 1 (2019): 538.

51 Lord Sumption, "The Limits of the Law" (27th Sultan Azlan Shah Lecture, Kuala Lumpur, November 20, 2013), online publication of the speech. 此處可收聽他的課程「法律帝國之擴張」（Law's Expanding Empire）：The Reith Lectures, BBC, https://www.bbc.co.uk/

programmes/m00057m8; Jonathan Sumption, *Trials of the State: Law and the Decline of Politics* (London: Profile Books, 2019).

52 Yukiko Koga, "Between the Law: The Unmaking of Empire and Law's Imperial Amnesia," *Law and Social Inquiry* 41, no. 2 (Spring 2016): 404.

53 Madoka Futamura, *War Crimes Tribunals and Transitional Justice: The Tokyo Trial and the Nuremberg Legacy* (Abingdon: Routledge, 2008), 65.

54 見陸束屏（Suping Lu）在*China Review International* 21, no. 2 (2014): 149–179的書評。陸束屏的批判有其道理，但他忽略更重要的一點，就是追究正義並不容易，常淪為強者的工具。

55 鈴木千慧子，〈まぼろしではなかった「百人斬り競争」〉，《中帰連》27（2003冬），3–12。

56 Karl Gustafsson, "Memory Politics and Ontological Security in Sino-Japanese Relations," *Asian Studies Review* 38, no. 1 (2014): 71–86; Shogo Suzuki, "Japanese Revisionists and the 'Korea Threat': Insights from Ontological Security," *Cambridge Review of International Affairs* 32, no. 3 (2019): 303–321.

57 稲田朋美，《百人斬り裁判から南京へ》（文春新書，2007）。

58 「日本會議」表述自身對東京審判立場的文字大幅借鑑佐藤和男《世界がさばく東京裁判》一書內容（明成社，2005）。見https://www.nipponkaigi.org/opinion/archives/865（原文刊登於「日本會議」網站，2008/12/11）。菅野完，《日本会議の研究》（扶桑社，2016）‥Daiki Shibuichi, "The Japan Conference (Nippon Kaigi): An Elusive Conglomerate," *East Asia* 34 (2017): 179–196; Sachie Mizohata, "Nippon Kaigi: Empire, Contradiction, and Japan's Future," *Asia-Pacific Journal* 14, issue 21, no. 4 (November 1, 2016): 9.

59 Mary Fulbrook, *Reckonings: Legacies of Nazi Persecution and the Quest for Justice* (Oxford: Oxford University Press, 2018), 353. See also Tony Judt, "The Past Is Another Country: Myth and Memory in Postwar Europe," in *The Politics of Retribution in Europe: World War II and Its Aftermath*, ed. István Deák, Jan T. Gross, and Tony Judt (Princeton, NJ: Princeton University Press, 2000), 305.

60 David Cohen and Yuma Totani, *The Tokyo War Crimes Tribunal: Law, History, and Jurisprudence* (Cambridge: Cambridge University Press, 2019), 256

第二章

1 〈遠東國際法庭的怪劇〉，《解放日報》1946/07/30。

2 Ju-Ao Mei, "China and the Rule of Law," *Pacific Affairs* 5, no. 10 (October 1932): 863–872.

3 Xiaoqun Xu, *Trial of Modernity: Judicial Reform in Early Twentieth-Century China, 1901–1937* (Palo Alto, CA: Stanford University Press, 2008), 91.

4 范忠信、尤陳俊與龔先砦編，《為什麼要重建中國法系：居正法政文選》（北京：中國政法大學出版社，2009），24–26; Terada Hiroaki, "The Crowded Train Model: The Concept of Society and the Maintenance of Order in Ming and Qing Dynasty China," in *Law in a Changing World: Asian Alternatives*, ed. Morigawa Yasumoto (Stuttgart: Franz Steiner Verlag, 1998), 100–109.

5 范忠信等編，《為什麼要重建中國法系》，26。

6 范忠信等編，《為什麼要重建中國法系》，27–29。

7 范忠信等編，《為什麼要重建中國法系》，47。

8 楊兆龍，〈中國法律教育之弱點及其補救之方略〉，收入艾永明、陸錦璧編《楊兆龍法學文集》（北京：法律出版社，2005），229–243。

9 Glenn Douglas Tiffert, "Judging Revolution: Beijing and the Birth of the PRC Judicial System (1906–1958)" (PhD diss., University of California, Berkeley, 2015).

10 Tahirih Lee, "Orienting Lawyers in China's Tribunals before 1949," *Maryland Journal of International Law* 27, no. 129 (2012): 182. 另見Pasha L. Hsieh, "The Discipline of International Law in Republican China and Contemporary Taiwan," *Washington University Global Studies Law Review* 14, no. 1 (2015): 87–129.

11 Li Xiuqing, "John C. H. Wu at the University of Michigan School of Law," *Journal of Legal Education* 58, no. 4 (December 2008): 549; John C. H. Wu, *Beyond East and West* (New York: Sheed and Ward, 1951), 66–67; Sei Jeong Chin, "Autonomy through Social Networks: Law, Politics, and the News Media in Modern China, 1931–1957" (PhD diss., Harvard University, 2008), 52.

12 我要感謝加涅（Isaac Gagné）給我這個想法，用商品與交易角度來思考「正義」的說法是出自他。

13 人民法院報社編，《正義的審判：紀念中國人民抗日戰爭勝利70周年》（北京：人民法院出版社，2016），422。另見 *Review of the Records of Trials before United States of American Military Commissions*，這是美國官方對美國舉行的審判紀錄進行複審的檔案，共列出十一場審判，其中十場是審判日本戰犯，一場是審判擁有德國國籍者，資料可由ICC Legal Tools Database取得：https://www.legal-tools.org/doc/282e93/pdf/。茶園義男，《ＢＣ級戦犯米軍上海等裁判資料》（不二出版社，1989），132–135；

Timothy Brook，〈The Shanghai Trials, 1946: Conjuring Postwar Justice〉，收入呂芳上編《戰後變局與戰爭記憶》（臺北：國史館，2015），127–155。

14 〈提籃橋監獄——境內首次敲響審判日本戰犯法槌〉，2015/09/03，《人民法院報特刊》（可在人民法院報網站下載或線上閱讀：http://rmfyb.chinacourt.org/）。

15 RG 153, Records of the Office of the Judge Advocate General (Army), War Crimes Branch, China War Crimes File, 1945–1948, XIV-A thru XIV-F, box 12, War Crimes Files, Nanking, China, Master Index XIV-A Folder "War Crimes Summary," NARA.

16 Jonathan Mayhew Wainwright, *General Wainwright's Story: The Account of Four Years of Humiliating Defeat, Surrender, and Captivity* (Westport, CT: Greenwood Press, 1970; originally published in 1945), 245–246; *Prisoner of the Rising Sun: The Lost Diary of Brig. Gen. Lewis Beebe*, ed. John M. Beebe (College Station: Texas A&M University Press, 2006).

17 RG 153, Records of the Office of Judge Advocate General (Army), War Crimes Branch, Historian Background Files, box 2, Legal Section — SCAP, Shanghai, NARA.

18 加藤哲郎，《「飽食した悪魔」の戦後——731部隊と二木秀雄『政界ジープ』》（花伝社，2017），23。

19 William S. Hamilton, *Notes from Old Nanking, 1947–1949: The Great Transition* (Canberra: Pandanus Books, 2004), 30.

20 WO 32/15509, Confidential Memo, subj: War Crimes against British Subjects in the Far East, June 14, 1946, KGNA.

21 Guillaume Mouralis, "The Invention of 'Transitional Justice,' in the 1990s," in *Dealing with Wars and Dictatorships*, ed. Liora Israël and Guillaume Mouralis (The Hague: Asser Press, 2014), 83–100.

22 田中宏巳，《ＢＣ級戦犯》（筑摩書房，2002），21。

23 Jeanne Guillemin, *Hidden Atrocities: Japanese Germ Warfare and American Obstruction of Justice at the Tokyo Trial* (New York: Columbia University Press, 2017), 116.

24 見Amanda Weiss, "'A Continuous Retrial': Trans/national Memory in Chinese and Japanese Tribunal Films," *Arts* 9, no. 1:2 (2020): 1–16.

25 賀屋興宣，《戦前・戦後八十年》（経済往来社，1976），191。

26 賀屋興宣，《戦前・戦後八十年》，174。

27 宇田川幸大，〈戦犯の「戦後」——戦犯の戦争責任観・戦争観・戦後社会観〉，《戦争責任研究》78（2012），22–23。

28 Harold R. Isaacs, *No Peace for Asia*, 2nd ed. (Cambridge, MA: MIT Press, 1967; originally published in 1947), 195.

29 Isaacs, *No Peace for Asia*, 197.

30 "Japanese Appeal to U.S.," *Manchester Guardian*, September 15, 1945. 另見Barak Kushner, "Imperial Loss and Japan's Search for Postwar Legitimacy," in *The Dismantling of Japan's Empire in East Asia: De-imperialization, Postwar Legitimation and Imperial Afterlife*, ed. Barak Kushner and Sherzod Muminov (London: Routledge, 2017), 48–65.

31 《昭和天皇実録第三十四》，1945/12/10，岩波書店，176（數位版本）。我要感謝加藤陽子提供我這份史料。

32 John D. Pierson, *Tokutomi Soho, 1863–1957: A Journalist for Modern Japan* (Princeton, NJ: Princeton University Press, 1980), 381–397; 德富蘇峰，《徳富蘇峰 終戦後日記「頑蘇夢物語」》（講談社，2015）。另外，德富在一九四八年出版的《敗戦学校 國史の鍵》是面對日本大眾檢討日本戰敗性質的作品。

33 中曽根康弘，《自省録——歴史法廷の被告として》（新潮社，2004），33–34。

34 中曽根康弘，《自省録》，32。

35 保阪正康，《天皇が十九人いた——さまざまなる戦後》（角川文庫，2001），15。

36 John Dower, *Embracing Defeat: Japan in the Wake of World War II* (New York: W. W. Norton, 2000), 243–244.

37 有山輝雄，〈戦後日本における歴史・記憶・メディア〉，《メディア史研究》14（2003.04），7–9。

38 Narelle Morris, "Obscuring the Historical Origins of International Criminal Law in Australia: The Australian War Crimes Investigations and Prosecutions of Japanese, 1942–1951," in *Historical Origins of International Criminal Law: Volume 2*, ed. Morten Bergsmo, Wui Ling Cheah, and Ping Yi (Brussels: Torkel Opsahl Academic EPublisher, 2014), 388.

39 Andrew Levidis, "Politics in a Fallen Empire: Kishi Nobusuke and the Making of the Conservative Hegemony in Japan," in *In the Ruins of the Japanese Empire: Imperial Violence, State Destruction, and the Reordering of Modern East Asia*, ed. Barak Kushner and Andrew Levidis (Hong Kong: Hong Kong University Press, 2020), 161–184.

40 Ian Buruma, *Year Zero: A History of 1945* (London: Atlantic Books, 2013), 239.

41 Akira Iriye, "Historicizing the Cold War," in *The Oxford Handbook of the Cold War*, ed. Richard Immerman and Petra Goedde (Oxford: Oxford University Press, 2013), 16–17.

42 田中明彥，《アジアのなかの日本》（NTT出版，2007），3–4。

43 Kent Calder and Min Ye, *The Making of Northeast Asia* (Palo Alto, CA: Stanford University Press, 2010), 227.

44 見蘭信三、川喜田敦子、松浦雄介編，《引揚・追放・残留——戦後国際民族移動の比較研究》（名古屋：名古屋大學出版，2019）；蘭信三編，《帝国崩壊とひとの再移動——引揚げ、送還、そして残留》（勉誠出版，2011）。

45 Kawashima Shin, "'De-imperialization' in Early Postwar Japan: Adjusting and Transforming Institutions of Empire," in *Dismantling*, 30–47.

第三章

1 呂芳上，〈從日記及檔案中觀察蔣介石對日外交策略〉，收入《2003年度財團法人交流協會日臺交流センター歴史研究者交流事業報告書》（2004.03）。

2 Anja Bihler, "Late Republican China and the Development of International Criminal Law: China's Role in the United Nations War Crimes Commission in London and Chungking," in *Historical Origins of International Criminal Law*, vol. 1, ed. Morten Bergsmo, Wui Ling Cheah, and Ping Yi (Brussels: Torkel Opsahl Academic Publisher, 2014), 507–540.

3 Odd Arne Westad, *Decisive Encounters: The Chinese Civil War: 1946–1950* (Stanford, CA: Stanford University Press, 2003), 69–70.

4 下村海南，《終戦祕史》（講談社，1985），301–304。

5 Diane Lary, *China's Civil War: A Social History, 1945–1949* (Cambridge: Cambridge University Press, 2015), 45.

6 對龐德的批判請見Jedidiah J. Kroncke, "Roscoe Pound in China: A Lost Precedent for the Liabilities of American Legal Exceptionalism," *Brooklyn Journal of International Law* 38, no. 1 (2012): 2–67; Wen-Wei Lai, "Forgiven and Forgotten: The Republic of China in the United Nations War Crimes Commission," *Columbia Journal of Asian Law* 25, no. 2 (Summer 2012): 306–339.

7 *The Roscoe Pound Papers*, Part I: Correspondence, 1907–1964, reel 68 of 127, RPP.

8 *The Roscoe Pound Papers*, Part I: Correspondence, 1907–1964, reel 68 of 127, RPP.

9 Letter from November 7, 1946, *The Roscoe Pound Papers*, Part I: Correspondence, 1907–1964, reel 68 of 127, RPP.

10 Barak Kushner, *Men to Devils, Devils to Men: Japanese War Crimes and Chinese Justice* (Cambridge, MA: Harvard University Press, 2016), 80–82.

11 Xiang Longwan and Marquise Lee Houle, "In Search of Justice for China: The Contributions of Judge Hsiang Che-chun to the Prosecution of Japanese War Criminals at the Tokyo Trial," in *Historical Origins of International Criminal Law*, vol. 2, ed. Morten Bergsmo, Wui Ling

Cheah, and Ping Yi (Brussels: Torkel Opsahl Academic Publisher, 2014), 143–175. 另見秦德純，《秦德純回憶錄》（臺北：傳記文學出版社，1967）。

12 李伶伶，《法界巨擘——倪征日奥傳》（南京：江蘇人民出版社，2008），42–43。

13 李伶伶，《法界巨擘——倪征日奥傳》，44。

14 David Cohen and Yuma Totani, *The Tokyo War Crimes Tribunal: Law, History, and Jurisprudence* (Cambridge: Cambridge University Press, 2019), 213；孫安石，〈上海の『亜洲世紀』が見た戦後日本の政治〉，收入大里浩秋編，《戦後日本と中国・朝鮮：プランゲ文庫を一つの手がかりとして》（研文出版，2013），218–220。

15 李伶伶，《法界巨擘——倪征日奥傳》，44；Kayoko Takeda, *Interpreting the Tokyo War Crimes Trial: A Sociopolitical Analysis* (Ottawa: University of Ottawa Press, 2010); Kayoko Takeda, "The Visibility of Collaborators: Snapshots of Wartime and Post-war Interpreters," in *Framing the Interpreter: Towards a Visual Perspective*, ed. A. Fernández-Ocampo and M. Wolf (London: Routledge, 2014), 150–159.

16 李伶伶，《法界巨擘——倪征日奥傳》，45。向哲濬團隊成員包括他的妻弟周錫卿，以及高文彬、鄭魯達、劉繼盛，還有翻譯官劉子健。

17 黃自進，〈抗戰結束前後蔣介石的對日態度：「以德報怨」真相的探討〉，《近代史研究所集刊》第45期（2014），143–194。關於國民黨所設的日軍戰俘營，更全面的綜述請見貴志俊彥，《アジア太平洋戦争と収容所——重慶政権下の被収容者の証言と国際救済機関の記録から》（国際書院，2021）。

18 松本益雄、古沢敏雄，《迎春花：趙毓松の中国革命回顧錄》（明德出版社，1978），220–221。

19 Herbert P. Bix, *Hirohito and the Making of Modern Japan* (New York: Harper Collins, 2000, 360.

20 田中宏、松沢哲成編，《中国人強制連行資料——「外務省報告書」全5分冊他》（現代書館，1994）；NHK取材班，《幻の外務省報告書：中国人強制連行の記録》（NHK出版，1994）；Yukiko Koga, "Inverted Compensation: Wartime Forced Labor and Post-imperial Reckoning," in *Overcoming Empire in Post-imperial East Asia: Repatriation, Redress and Rebuilding*, ed. Barak Kushner and Sherzod Muminov (London: Bloomsbury Publishers, 2020), 183–197.

21 Barbara R. Ambros, *Bones of Contention: Animals and Religion in Contemporary Japan* (Honolulu: University of Hawaii Press, 2012), 208; Yuki Tanaka, *Hidden Horrors: Japanese War Crimes in World War Two*, updated ed. (New York: Routledge, 2018).

22 日本國立國會圖書館網站上有戰前與戰時內閣主要決議的數位複印本（https://rnavi.ndl.go.jp/politics/entry/bib00428.php）。

23 保阪正康，〈「戦争にまけると、ああなる」——山田風太郎と中国兵捕虜〉，《サンデー毎日》（2010.07.25），52–55；山田風太郎，《戦中派不戦日記》（講談社，2002），306–309。

24 Gavan McCormack, *The Emptiness of Japanese Influence*, rev. ed. (New York: Routledge, 2015), 253–255；日垣隆，《「松代大本営」の真実　隠された巨大地下壕》（講談社現代新書，1994）。

25 Yukiko Koga, "Accounting for Silence: Inheritance, Debt, and the Moral Economy of Legal Redress in China and Japan," *American Ethnologist* 40, no. 3 (2013): 494–507; Yukiko Koga, "Between the Law: The Unmaking of Empire and Law's Imperial Amnesia," *Law & Social Inquiry* 41, no. 2 (Spring 2016): 402–434.

26 田中宏，松沢哲成編，《中国人強制連行資料》，14–15。

27 田中宏、松沢哲成編，《中国人強制連行資料》，785。

28 NHK取材班，《幻の外務省報告書》；William Brand Simpson, *Special Agent in the Pacific, WWII: Counter-intelligence; Military, Political and Economic* (New York: Rivercross Publishing, 1995).

29 李恩民，〈日中間の歴史和解か——中国強制連行の歴史和解を事例に〉，《境界研究》1（2010.01），97–112；Richard Minear and Franziska Seraphim, "Hanaoka Monogatari: The Massacre of Chinese Forced Laborers, Summer 1945," *Asia-Pacific Journal: Japan Focus* 13, issue 26, no. 1 (2015): 1–46.

30 William Underwood, "NHK's Finest Hour: Japan's Official Record of Chinese Forced Labor," *Asia-Pacific Journal: Japan Focus* 4, no. 8 (2006): 6.

31 田中宏，〈解說〉，收入田中宏、松沢哲成編，《中国人強制連行資料》，802。

32 Koga, "Between the Law," 407.

33 石飛仁，《花岡事件「鹿島交渉」の軌跡》（彩流社，2010），38–39。〈昭和三十五年四月二十七日提出　質問第五号　中国人強制連行殉難者に関する質問主意書〉，1958/04/27，可從日本眾議院網站取得：http://www.shugiin.go.jp/internet/itdb_shitsumona.nsf/html/shitsumon/a034005.htm。

34 石飛仁，《花岡事件「鹿島交渉」の軌跡》。作者本名是「樋口仁一」。

35 野添憲治，《花岡事件を見た二〇人の証言》（御茶の水書房，1993），140–141。

36 野添憲治，《花岡事件を見た二〇人の証言》，25–27。

37 陸軍聲，曾曉雯，《南洋英烈：二戰期間巴布亞紐幾內亞境內國軍將士紀錄》（臺北：國防部史政編譯室，2009），25。

38 G. J. Douds, "The Men Who Never Were: Indian POWs in the Second World War, South Asia," *Journal of South Asian Studies* 27, no. 2 (2004): 183–216；上海廣播電視臺紀錄片中心陳亦楠工作室編著，《亞太戰爭審判》，92–96。

39 陸軍聲，曾曉雯，《南洋英烈》，36。

40 陸軍聲，曾曉雯，《南洋英烈》，43。David Sissons incorrectly states that these Chinese brought to Rabaul were all from puppet Chinese militaries. D. C. S. Sissons,"The Australian War Crimes Trials and Investigations (1942–51)," p. 38, accessed July 15, 2020, https://www.ocf.berkeley.edu/~changmin/documents/Sissons%20Final%20War%20Crimes%20Text%2018-3-06.pdf 說被帶到拉包爾的中國人都是偽軍出身，此說有誤。依據戰後中方口述歷史訪問，被帶去進行強迫勞動的中國人出自各種軍隊與軍隊外其他來源，見田際鈿，〈八百壯士倖存者的血淚回憶〉，收入何天義編《二戰擄日中國勞工口述史　第五卷　港灣當牛馬》（濟南：齊魯書社，2005），387–392。

41 陸軍聲，曾曉雯，《南洋英烈》，183。

42 陸軍聲，曾曉雯，《南洋英烈》，154–157。另見藍適齊，〈被殖民者的遭遇，帝國不負的責任：二戰後在海外被拘留遣返的臺灣人〉，收入呂芳上編，《戰爭的歷史與記憶》（臺北：國史館，2015），348–388。

43 Yuma Totani, "Crimes against Asians in Command Responsibility Trials," in *Australia's War Crimes Trials 1945–51*, ed. Georgina Fitzpatrick, Tim McCormack, and Narrelle Morris (Leiden, The Netherlands: Brill Nijhoff, 2016), 266–290。吳棪的名字在資料中有各種拼法：Woo Yin，Woo Yian，Woo Yien。另見 "Treatment of Chinese Prisoners of War," Series Number AWM54, 1010/4/153, AWM.

44 見 Peter Cahill, "Chinese in Rabaul — 1921 to 1942: Normal Practices, or Containing the Yellow Peril?," *Journal of Pacific History* 31, no. 1 (June 1996): 72–91.

45 "War Crimes — Military Tribunal — MATSUSHIMA Tozaburo (Sergeant)," NAA: A471, 80915, 60 of the digital archived trial record, NAA。臺灣島早期在英語資料中較常被稱為「福爾摩沙」。

46 "War Crimes — Military Tribunal — MATSUSHIMA Tozaburo (Sergeant)," 21–34 of the digital archived trial record, NAA.

47 "War Crimes — Military Tribunal — HIROTA Akira (Major-General)," NAA: A471, 81653 PART B, 4 of the digital archived trial record, NAA; Yuma Totani, *Justice in Asia and the Pacific Region, 1945–1952: Allied War Crimes Prosecutions* (New York: Cambridge University Press, 2015), 106–111.

48 "War Crimes—Military Tribunal—HIROTA Akira (Major-General)," 7 of the digital archived trial record, NAA.

49 "War Crimes—Military Tribunal—IMAMURA Hitoshi (General)," NAA: A471, 81635 PART A, 109 of the digital archived record of the trial, NAA。澳大利亞方面似乎也有人同意他的說法。Emmi Okada, "The Australian Trials of Class B and C Japanese War Crime Suspects, 1945–51," *Australian International Law Journal* 16 (2009): 65。這篇文章也有提到中國戰俘的法律地位，見頁67–68。

50 Georgina Fitzpatrick, "War Crimes Trials, 'Victor's Justice' and Australian Military Justice in the Aftermath of the Second World War," in *The Hidden Histories of War Crimes Trials*, ed. Kevin Jon Heller and Gerry Simpson (Oxford: Oxford University Press, 2013), 337. 戰爭結束後，今村先在一九四七年於拉包爾接受澳大利亞所設法庭審判，被判有罪，然後又在一九四九年被轉移到荷屬東印度（印尼），二度接受戰罪審判，審判其指揮責任。見Fred L. Borch, *Military Trials of War Criminals in the Netherlands East Indies, 1946–1949* (Oxford: Oxford University Press, 2017), 188–194.

51 「幡随院長兵衛」是江戶時代傳說人物，「鋤強扶弱，路見不平拔刀相助」，據說對抗過「魚肉江戶人民」的將軍護衛。Eiko Maruko Siniawer, *Ruffians, Yakuza, Nationalists: The Violent Politics of Modern Japan, 1860–1960* (Ithaca, NY: Cornell University Press, 2008), 114.

52 Giorgio Fabio Colombo, "Sakura Sōgōro: Law and Justice in Tokugawa Japan through the Mirror of a Ghost Story," *Law & Literature* 29, no. 2 (2017): 334–336. 佐倉違反江戶時代正規訴訟程序，越級跳過當地藩主上告將軍，最後被處磔刑。

53 〈あそぐにの英訳文〉(0295)。文件正式編號與標題是〈東南-ソロモン　ビズマルク-163、《今村均大将終戦祕録》〉，MODA。我要感謝大塚愛子幫我將這份手寫資料打字出來。這份文件不確定最後有沒有發給部隊。

54 Georgina Fitzpatrick, "The Trials in Rabaul," in *Australia's War Crimes Trials 1945–51*, ed. Georgina Fitzpatrick, Tim McCormack, and Narrelle Morris (Leiden, The Netherlands: Brill Nijhoff, 2016), 556.

55 Timothy Snyder, *Bloodlands: Europe between Hitler and Stalin* (London: Bodley Head, 2010).

56 Dipesh Chakrabarty, *Provincializing Europe: Postcolonial Thought and Historical Difference* (Princeton, NJ: Princeton University Press, 2000), 28.

57 〈守らなければならぬ平和 十五年間で社会主義仕上げ〉，東京《朝日新聞》朝刊，1955/12/07。

58 內山完造，《花甲録：日中友好の架け橋》（平凡社，2011），514–516。

59 Minji Jeong and Youseop Shin, "Post-war Korean Conservatism, Japanese Statism, and the Legacy of President Park Chung-hee in South

Korea," *Korean Journal of International Studies* 16, no. 1 (April 2018): 68.

60 Carter Eckert, *Park Chung Hee and Modern Korea: The Roots of Militarism, 1866–1945* (Cambridge, MA: Belknap Press of Harvard University Press, 2016), 4；三浦英之，《五色の虹：満州建国大学卒業生たちの戦後》（集英社，2015）；Barak Kushner, "Introduction: The Search for Meaning in Defeat and Victory," in *In the Ruins of the Japanese Empire: Imperial Violence, State Destruction, and the Reordering of Modern East Asia*, ed. Barak Kushner and Andrew Levidis (Hong Kong: Hong Kong University Press, 2020), 1–24；浜口裕子，《滿洲國留日學生の日中關係史：滿洲事變・日中戰爭から戰後民間外交へ》（勁草書房，2015）。

61 Barak Kushner, "Ghosts of the Japanese Imperial Army: The 'White Group' (Baituan) and Early Post-war Sino-Japanese Relations," in "Transnationalism and Contemporary Global History," supplement, *Past and Present* 218, no. S8 (2013): 117–150.

62 蔣介石，〈軍官訓練團畢業學員的任務〉，1950/06/27，《總統蔣公思想言論總集　卷二十三　演講》，312–313，http://www.ccfd.org.tw/ccef001/index.php。我要感謝黃自進教授允許我從他兩篇尚未發表的論文中改述使用部分內容。

63 蔣介石，〈十九世紀以來亞洲的形勢和我們復國建國的要道（上）〉，《總統蔣公思想言論總集　卷二十九　演講》，96–99，http://www.ccfd.org.tw/ccef001/index.php。我要感謝黃自進教授允許我從他兩篇尚未發表的論文中改述使用部分內容。

第四章

1 〈敵の非人道、断乎報復　新型爆弾に対策を確立〉，《朝日新聞》朝刊，1945/08/09。

2 下川正晴，〈終戦時の陸軍大臣・阿南惟幾、遺族が語る自決70年目の真実〉，《正論》（2015.11），312–325。

3 Georgina Fitzpatrick, "The Trials in Rabaul," in *Australia's War Crimes Trials, 1945–51*, ed. Georgina Fitzpatrick, Tim McCormack, and Narrelle Morris (Leiden, The Netherlands: Brill Nijhoff, 2016), 556–557；藤原彰，〈「天皇の軍隊」の歴史と本質〉，《季刊戦争責任研究》11（1996春），62。

4 法村香音子，《小さな長征：子供が見た中国の内戦》（社会思想社，1989），14。

5 城内康伸、藤川大樹，《朝鮮半島で迎えた敗戦：在留邦人がたどった苦難の軌跡》（大月書店，2015），41–42。

6 Marc Gallicchio, *The Scramble for Asia: US Military Power in the Aftermath of the Pacific War* (Lanham, MD: Rowman and Littlefield, 2008), 29.

7 Christopher Bayly and Tim Harper, *Forgotten Wars: Freedom and Revolution in Southeast Asia* (Cambridge, MA: Belknap Press of

Harvard University Press, 2007), 12.

8 〈勝利受降（一）〉，002000002120A，《蔣中正總統文物》，國史館藏，數位典藏號：002-090105-00012-272。

9 Stephen B. Connor, *Mountbatten's Samurai: Imperial Japanese Forces under British Control, 1945–1948* (Warrington: Seventh Citadel, 2015), 77–93.

10 Bayly and Harper, *Forgotten Wars*, 49.

11 Hayes report to UK Ambassador and Lt. General Sir Adrian Carton de Wiart, September 13, 1945, from Rupert Wingfield-Hayes,"Witnessing Japan's surrender in China," *BBC News Magazine*, September 2, 2015, http://www.bbc.co.uk/news/magazine-34126445.

12 Akiko Hashimoto, *The Long Defeat: Cultural Trauma, Memory, and Identity in Japan* (New York: Oxford University Press, 2015), 8.

13 小松真一，《虜人日記》（筑摩書房，1975），213。

14 *Asahi Shimbun Company, Media, Propaganda and Politics in 20th-Century Japan*, trans. Barak Kushner (London: Bloomsbury Academic, 2015), 62–69, 71–81.

15 Carol Gluck, "Sekinin/Responsibility in Modern Japan," in *Words in Motion: Toward a Global Lexicon*, ed. Carol Gluck and Anna Lowenhaupt Tsing (Durham, NC: Duke University Press, 2009), 94–97.

16 *Intermittent Diplomat: The Japan and Batavia Diaries of W. Macmahon Ball*, edited and with an introduction by Alan Rix (Melbourne: Melbourne University Press, 1988), 67, diary entry from June 6, 1946.

17 David Cohen and Yuma Totani, *The Tokyo War Crimes Tribunal: Law, History, and Jurisprudence* (Cambridge: Cambridge University Press, 2019), 144.

18 John Dower, *Japan in War and Peace: Selected Essays* (New York: New Press, 1993), 12.

19 石阪公成，〈終戦前後の東大と我々が受けた教育〉，收入立花隆編，《南原繁の言葉：8月15日・憲法・学問の自由》（東京大學出版会，2007），31–32。

20 永井均，《フィリピンと対日戦犯裁判：1945-1953年》（岩波書店，2010），62。另見Kerstin von Lingen, "Setting the Path for the UNWCC: The Representation of European Exile Governments on the London International Assembly and the Commission for Penal Reconstruction and Development, 1941–1944," *Criminal Law Forum* 25, no. 1 (2014): 45–76; Dan Plesch and Shanti Sattler, "Before

Nuremberg: Considering the Work of the United Nations War Crimes Commission of 1943–1948," in *Historical Origins of International Criminal Law: Volume 1*, ed. Morten Bergsmo, Wui Ling Cheah, and Ping Yi. (Brussels: Torkel Opsahl Academic EPublisher, 2014), 437–473.

21 第88回帝国議会，衆議院，本会議，第2号，1945/09/05，JPR。另見進藤榮一、下河辺元春編，《芦田均日記　第一巻》（岩波書店，1986），213。

22 Dai 88kai teikokukaigi, shūgiin, honkaigi, dai2gō, September 5, 1945, JPR.

23 Dai 88kai teikokukaigi, shūgiin, honkaigi, dai2gō, September 5, 1945, JPR.

24 東久邇稔彥，《東久邇日記》（德間書店，1968），204。

25 田中宏巳編，《ＢＣ級戦犯関係資料集》第三巻（緑蔭書房，2012），33–35。

26 永井均，《フィリピンと対日戦犯裁判》，68。

27 〈戦犯容疑者の取扱に関する日本政府当初の措置〉戦犯事務資料（昭和16-20年）その一，本館 4B-023-00，平11法務06335100，NAJ。

28 〈戦犯容疑者の取扱に関する日本政府当初の措置〉戦犯事務資料（昭和16-20年）その一，本館 4B-023-00，平11法務06335100，NAJ。另見〈戦犯問題に関する元陸相下村定氏の口述、昭和42年1月〉，《井上忠男資料》，YSA，393.4e；永井均，〈戦争犯罪人に関する政府声明案——東久邇宮内閣による閣議決定の脈絡〉，《年報日本現代史》第10号（2005），277–321；柴田紳一，〈日本側戦犯自主裁判構想の顛末〉，《軍事史学》31(1-2)（1995.09），338–349。

29 〈戦犯問題に関する元陸相下村定氏の口述〉。

30 東久邇稔彥，《東久邇日記》，239–240。

31 田中宏巳編，《ＢＣ級戦犯関係資料集》第一巻（緑蔭書房，2011），331。

32 鈴木九萬監修，《終戦から講和まで》，鹿島平和研究所編《日本外交史》第26巻（鹿島研究所出版会，1973），37。《鈴木九萬：内政史研究会談話速記録》，天川晃編《現代史を語る》巻次26（現代史料出版，2008），187–213。據豐田隈雄說，這份內閣決議從未正式公布。豐田隈雄，《戦争裁判余録》（泰生社，1986），51。

33 田中宏巳編，《ＢＣ級戦犯関係資料集》第一巻，330。

34 〈戦犯容疑者の取扱に関する日本政府当初の措置〉。一九四六年，美方在菲律賓處決本間雅晴。

35 杉田一次，〈戦争終結に伴う今後の退官について〉September 15，1945，《中央——戦後処理-80》，MODA。

36 沖野亦男，《生ける屍の記》（東方書房：1999，原版1946），204；戸高一成，《日本海軍史》（PHP研究所，2009），220–221。

37 中田整一，《トレイシー：日本兵捕虜祕密尋問所》（講談社，2010），182–205。日本戰俘通常是被送到另一個祕密基地「崔西營」接受偵訊，送到「杭特堡」的例子並不尋常。

38 山田朗，〈日本の敗戦と大本営命令〉《駿臺史學》94（1995 03），147–148。

39 〈新日本建設の道〉，東京《毎日新聞》朝刊，1945/08/28；C. Clinton Godart, "Nichirenism, Utopianism, and Modernity: Rethinking Ishiwara Kanji's East Asia League," *Japanese Journal of Religious Studies* 42, no. 2 (2015): 235–274.

40 Mark Gayn, *Japan Diary* (Rutland, VT: Tuttle Publishers, 1984; second printing), 68.

41 〈戦犯事務資料（昭和16–20年）その1〉本館4B-023-00，平11法務06335100，NAJ。

42 Dower, *Embracing Defeat*, 477.

43 Dower, *Embracing Defeat*, 480.

44 井上忠男資料，〈戦争裁判に対する日本の基本態度並びに方針〉61023, 393.4。這份摘要是寫在「第二復員局残務処理部」信紙上，無頁碼，YSA。另見豊田隈雄，《戦争裁判余録》，48–62；日暮吉延，《東京裁判》，147–150。宇田川幸大，《東京裁判研究——何が裁かれ、何が遺されたのか》（岩波書店，2022）一書中挖出更多日本面對東京審判如何準備、如何暗地操作的情況。

45 〈敗戦ノ原因及実相調査ノ件〉，1945/10/30，閣議決定。日本國立國會圖書館網站上有所有關鍵性內閣決議內容（https://rnavi.ndl.go.jp/politics/entry/bib00678.php）。

46 富田圭一郎，〈敗戦直後の戦争調査会について——政策を検証する試みとその挫折〉，《レファレンス》63，1号（2013.03），92–93。

47 吉田裕，《日本人の戦争観——戦後史のなかの変容》（岩波書店，2005），31。幣原的回憶錄裡說青木記得那天是十一月二十四日，見幣原平和財團編，《幣原喜重郎》（幣原平和財團，1955），590。

48 幣原平和財團編，《幣原喜重郎》，589。

49 幣原平和財團編，《幣原喜重郎》，592。

50 〈昭和20年12月2日付貴族院〔…〕松村義一君の質問〉，《戦争調査会資料》第一号，集1244，MJPHMR。松村後來被撤職。

51 富田圭一郎，〈敗戦直後の戦争調査会について〉，85–108。

52 「天声人語」コラム，東京《朝日新聞》朝刊，1946/01/09。本書使用的英文翻譯版本出自GHQ/SCAP RG 331, box 3462, folder 576 (8), Nov 1945–Sept 1948, MJPHMR。

53 〈戦争調査会第二回総会議　昭和21.4.4〉，《戦争調査会資料》第一号，集1244，MJPHMR。

54 〈戦争調査会第二回総会議 昭和21.4.4〉，MJPHMR。

55 井上寿一，《戦争調査会：幻の政府文書を読み解く》（講談社，2017）。另見広瀬順皓，《戦争調査会事務局書類》第1巻（ゆまに書房，2015）。

56 轉引自Jongsoo James Lee, *The Partition of Korea after World War II: A Global History* (New York: Palgrave, 2006), 51.

57 日ソ親善協会編，《ソ連は日本に何を望むか：對日理事會におけるソ連代表の發言，テレヴヤンコ，キスレンコ共述》（黄土社，1949），45–46。

58 日ソ親善協会編，《ソ連は日本に何を望むか》，50。

59 日暮吉延，《東京裁判》，149。

60 日暮吉延，《東京裁判》，151–152。

61 日暮吉延，《東京裁判》，153。

62 日暮吉延，《東京裁判》，154–155；Barak Kushner, "Imperial Loss and Japan's Search for Postwar Legitimacy," in *The Dismantling of Japan's Empire in East Asia: De-imperialization, Postwar Legitimation and Imperial Afterlife*, ed. Barak Kushner and Sherzod Muminov (London: Routledge, 2017), 48–65; Urs Matthias Zachmann, "Sublimating the Empire: How Japanese Experts of International Law Translated Greater East Asia into the Postwar Period," in *Dismantling*, 167–181.

63 小松真一，《虜人日記》，260–261。

64 小松真一，《虜人日記》，262。

65 Yuki Tanaka, "Last Words of the Tiger of Malaya, General Yamashita Tomoyuki," *Asia-Pacific Journal* 3, no. 9 (September 2005): 7。日文原文可見於森田正覚著，佐藤喜徳編，《ロスバニオス刑場の流星群：山下奉文・本間雅晴の最期》（芙蓉書房，1981），34–44頁是山下奉文個人完整的省思，39頁是這段遺言出處。森田在山下臨刑前四十分鐘為他記錄下這些話。

66 段瑞聰，〈戰後日本對二戰期間外交軍事的反省述評〉，《抗日戰爭研究》第二期（2020），67。

第五章

1 Daizaburo Yui, "Democracy from the Ruins: The First Seven Weeks of the Occupation in Japan," *Hitotsubashi Journal of Social Studies* 19, no. 1 (April 1987): 37–38.

2 〈左翼の動向〉，內務省警保局保安課，無日期，推測應為八月底，收入粟屋憲太郎編，《資料日本現代史2　敗戦直後の政治と社会1》（大月書店，1981）170–171。（檔案館資料編號第70）。

3 〈左翼の動向〉，內務省警保局保安課，171–172。（檔案館資料編號第71）。

4 吉蘭重述了全部過程，我只從他的長篇日文文章中節選少數片段。見ロベール・ギラン，〈徳球を釈放させたのは私だ〉，《文藝春秋》33（1955.10），110–116。另見吉田健二，〈証言：終戦の和平工作と政治犯釈放のころ——山崎早市氏に聞く(1)〉，《大原社会問題研究所雑誌》626（2010.12），51–64。

5 "Japan Wants to Swap Silk, Rayon for Food: Will Ask for Barter to Avert," *Chicago Daily Tribune*, October 4, 1945.

6 德田球一、志賀義雄，《獄中十八年》（講談社，2017），15–17。（此書初版於1947年。）

7 Rodger Swearingen and Paul Langer, *Red Flag in Japan: International Communism in Action, 1919–1951* (Cambridge, MA: Harvard University Press, 1952), 107.

8 Swearingen and Langer, *Red Flag in Japan*, 108.

9 德田球一，《德田球一全集》第五卷（五月書房，1986），386。

10 德田球一、志賀義雄，《獄中十八年》，74。另見兵本達吉，《日本共産党の戦後秘史》（新潮社，2005），26–30。

11 德田球一、志賀義雄，《獄中十八年》，74。

12 Mark Gayn, *Japan Diary* (Rutland, VT: Tuttle Publishers, 1984; second printing), 10.

13 John K. Emmerson, *The Japanese Thread: A Life in the U.S. Foreign Service* (New York: Holt, Rinehart, and Winston, 1978), 257；〈J.K.エマーソン氏談話速記録〉，《内政史研究資料》第170集（内政史研究会，1973）。

14 Swearingen and Langer, *Red Flag in Japan*, 111.

15 Emmerson, *Japanese Thread*, 258; Takemae Eiji, *Inside GHQ: The Allied Occupation of Japan and Its Legacy*, trans. Sebastian Swann and

Robert Ricketts (New York: Continuum, 2001), 239–240.

16 Emmerson, *Japanese Thread*, 259.

17 Yui, "Democracy from the Ruins," 41.

18 井上學，〈1945年10月10日「政治犯釈放」〉，《三田学会雑誌》105.4（2013.01），761–776。

19 Robert Scalapino, *The Japanese Communist Movement, 1920–1966* (Berkeley: University of California Press, 1967), 45, 72; Central Committee Japanese Communist Party, ed., *Sixty-Year History of Japanese Communist Party, 1922–1982* (Tokyo: Japan Press Service, 1984), 120–145；黑川伊織，《戦争・革命の東アジアと日本のコミュニスト：1920-1970年》（有志舎，2020）。

20 〈出獄者歓迎会　共産派の気勢〉，東京《朝日新聞》朝刊，1945/10/11。

21 布施辰治，《打倒？支持？天皇制の批判、憲法改正（私案）》（新生活運動社，1946）。

22 賀茂道子，《ウォー・ギルト・プログラム：GHQ情報教育政策の実像》（法政大学出版，2018），126。

23 〈天皇制支持は国民の一般感情〉，《読売新聞》朝刊，1945/12/09。

24 Young-hwan Chong, "The Tokyo Trial and the Question of Colonial Responsibility: Zainichi Korean Reactions to Allied Justice in Occupied Japan," *International Journal of Korean History* 22, no. 1 (February 2017): 77–105.

25 金太基，《戦後日本政治と在日朝鮮人問題：SCAPの対在日朝鮮人政策1945-1952年》（勁草書房，1997），164。

26 Apichai W. Shipper, "Nationalisms of and against Zainichi Koreans in Japan," *Asian Politics & Policy* 2, no. 1 (January 2010): 55–75; Deokhyo Choi, "The Empire Strikes Back from Within: Colonial Liberation and the Korean Minority Question at the Birth of Postwar Japan, 1945–47," *American Historical Review*, (June 2021): 1–30.

27 金贊汀，《朝鮮総連》（新潮新書，2004），27–28。

28 Deokhyo Choi, "Defining Colonial 'War Crimes': Korean Debates on Collaboration, War Reparations, and the International Military Tribunal for the Far East," in *Debating Collaboration and Complicity in War Crimes Trials in Asia, 1945–1956*, ed. Kerstin von Lingen (Cham: Palgrave Macmillan, 2017), 46.

29 John Lie, *Zainichi (Koreans in Japan): Diasporic Nationalism and Postcolonial Identity* (Berkeley: University of California Press, 2008), 39–41.

30 Mark E. Caprio and Yu Jia, "Occupations of Korea and Japan and the Origins of the Korean Diaspora in Japan," in *Diaspora without*

Homeland: Being Korean in Japan, ed. Sonia Ryang and John Lie (Berkeley: University of California Press, 2009), 31–32.

31 〈独立挺進誓う朴烈氏の歓迎会〉，《読売新聞》朝刊，1945/12/08；金太基，《戦後日本政治と在日朝鮮人問題》，209；〈朝鮮独立の一兵卒に釈放された朴烈〔…〕〉，東京《毎日新聞》朝刊，1945/12/08。

32 〈独立挺進誓う朴烈氏の歓迎会〉，《読売新聞》朝刊，1945/12/08；金太基，《戦後日本政治と在日朝鮮人問題》，210–211。

33 Lie, *Zainichi (Koreans in Japan)*, 42.

34 〈戦争責任に関する決定　幣原内閣議決定〉，1945/11/05，收入收入粟屋憲太郎編，《資料日本現代史2　敗戦直後の政治と社会1》（大月書店，1981），341-343；赤澤史朗，〈戦後日本の戦争責任論の動向〉，《立命館法学》（2000.06），2607–2633。

35 吉田健二，〈『民衆新聞』の主筆として（上）——砂間一良氏に聞く〉，《大原社会問題研究所雑誌》（2008.12），59。

36 吉田健二，〈『民衆新聞』の主筆として（下）——砂間一良氏に聞く〉，《大原社会問題研究所雑誌》（2009.01），48–60。

37 德田公開演講的場合是「解放運動出獄同士歓迎大会」。吉田健二，〈『民衆新聞』の主筆として（下）〉，50。

38 〈戦争責任追求人民大會〉，《朝日新聞》，1945/12/07。

39 Gayn, *Japan Diary*, 9.

40 Gayn, *Japan Diary*, 11.

41 Gayn, *Japan Diary*, 12.

42 《日本労働年鑑》戦後特集，第22集。可見於法政大學大原社會問題研究所網站（https://oisr-org.ws.hosei.ac.jp/images/research/dglb/rn/rnlist/rn1949-387.pdf）。

43 〈共産党戦犯名簿手稿〉，《朝日新聞》朝刊，1945/12/12。據某些資料顯示，日本共產黨這份名單還包括一些親日朝鮮叛徒的名字。

44 〈参集の大衆約三万　野坂参三氏帰国〉，東京《朝日新聞》朝刊，1946/01/27。

45 日本共産党出版部編，《人民の手で戦争犯罪人を》（人民社，1946），3。日本共產黨《赤旗報》戰後一九四五年十月二十日的復刊號也鼓吹推翻天皇制，建立民主制，數位檔案版本請見日本國立國會圖書館網站：https://www.ndl.go.jp/modern/imgr/100/100-001r.html。

46 日本共産党出版部，《人民の手で戦争犯罪人を》，23。

47 日本共産党出版部，《人民の手で戦争犯罪人を》，24。

48 〈世界に貸す歴史命題〉，東京《朝日新聞》朝刊，1946/05/02。

49 David Wolff, "Japan and Stalin's Policy toward Northeast Asia after World War II," *Journal of Cold War Studies* 15, no. 2 (Spring 2013): 4–29.

50 J. P. Napier, *A Survey of the Japanese Communist Party* (Tokyo: Nippon Times, 1952), 12.

51 Rodger Swearingen, "Japanese Communism and the Moscow-Peking Axis," *Annals of the American Academy of Political and Social Science* 308 (November 1956): 64.

52 Napier, *Survey of the Japanese Communist Party*, 40–41.

53 Napier, *Survey of the JapaneseCommunist Party*, 45.

54 Charles Willoughby, *Shanghai Conspiracy: The Sorge Spy Ring* (New York: EP Dutton, 1952), preface, p. 5.

55 Chelsea Szendi Schieder, "The Only Woman in the Room: Beate Sirota Gordon, 1923–2012," *Dissent*, January 15, 2013, https://www.dissentmagazine.org/blog/the-only-woman-in-the-room-beate-sirota-gordon-1923-2012.

56 Chalmers Johnson, *An Instance of Treason: Ozaki Hotsumi and the Sorge Spy Ring*, expanded ed. (Stanford, CA: Stanford University Press, 1990), 200–201.

57 Johnson, *Instance of Treason*, 208.

58 新聞報導引述日本共產黨主席宮本顯治的話表達此意，〈時代錯誤のひとつ〉，東京《朝日新聞》朝刊，1980/12/31。

59 Erik Esselstrom, "From Wartime Friend to Cold War Fiend: The Abduction of Kaji Wataru and U.S.-Japan Relations at Occupation's End," *Journal of Cold War Studies* 17, no. 3 (Summer 2015): 177.

60 Willoughby, *Shanghai Conspiracy*, 274。粗體字是我所加。

61 Willoughby, *Shanghai Conspiracy*, 314–315.

62 Institute of Pacific Relations, *Hearings before the Subcommittee to Investigate the Administration of the Internal Security Act and Other Internal Security Laws of the Committee on the Judiciary*, United States Senate, Eighty-second Congress, first[-second] session by United States. Congress. Senate. Committee on the Judiciary, 1951–1952, 748, https://archive.org/stream/instituteofpacif03unit#page /748/ mode/2up.

63 Reto Hoffman, "What's Left of the Right: Nabeyama Sadachika and Anti-communism in Transwar Japan, 1930–1960," *Journal of Asian

Studies 79, no. 2 (2020): 3.

64 Brian Tsui, *China's Conservative Revolution: The Quest for a New Order, 1927–1949* (Cambridge: Cambridge University Press, 2018); Hao Chen, "Resisting Bandung? Taiwan's Struggle for 'Representational Legitimacy' in the Rise of the Asian Peoples' Anti-Communist League, 1954–57," *International History Review*, (May 2020): 1–21.

65 陳固亭，《戰後日本共產黨的透視》（臺北：中日文化經濟協會研究所，1954），69。

66 見 "Schemes for Survival of the Imperial," in 秦郁彥, *Hirohito: The Showa Emperor in War and Peace*, ed. Marius B. Jansen (Leiden: Brill, 2007), 88–159.

67 見藤原彰、吉田裕、粟屋憲太郎編，《徹底検証　昭和天皇「独白録」》（大月書店，1991）。

68 「勅令第511号」大蔵省印刷局編，官報号外，1946/11/03，国立国会図書館デジタルコレクション，http://dl.ndl.go.jp/info:ndljp/pid/2962456?tocOpened=1。

69 「勅令第511号」。

70 〈三十三万人にお謝礼大赦等七種類の広範囲に亙る〉，《読売新聞》朝刊，1946/11/03。

71 加藤恭子，《昭和天皇「謝罪詔勅草稿」の発見》（文藝春秋，2003）；Peter Mauch, "Emperor Hirohito's Post-surrender Reflections," *Journal of American-East Asian Relations* 29, no. 2 (2022): 221–228.

72 大江洋代、金田敏昌，〈国立公文書館所蔵「戦争犯罪裁判関係資料」の形成過程とＢＣ級戦争裁判研究の可能性〉，《歴史学研究》930（2015.04），22。

73 《中央-終戦処理-546》，〈第23軍司令官陸軍中将（陸士22期）田中久一氏に関する中国裁判記録，其の4〉，MODA。

74 Alessio Patalano, *Post-war Japan as a Sea Power: Imperial Legacy, Wartime Experience and the Making of a Navy* (London: Bloomsbury Academic, 2015).

75 藤原彰，〈「天皇の軍隊」の歴史と本質〉，《季刊戦争責任研究》11（1996春），61；藤原彰，〈「英霊」は何のために死んだのか——犬死をめぐって〉，《中帰連》11号（1999.12），2–15；田中宏巳，《消されたマッカーサーの戦い：日本人に刷り込まれた〈太平洋戦争史〉》（吉川弘文館，2014），38–39。

76 〈戦争責任を問い直す夏〉，《日本経済新聞》夕刊，1994/08/01；藤原彰，〈「天皇の軍隊」の歴史と本質〉，67。

77 藤原彰，〈「英霊」は何のために死んだのか〉，2–15。

78 小田実，《難死の思想》（岩波書店，2008），5–6；吉田裕，《兵士たちの戦後史：戦後日本社会を支えた人びと》（岩波書店，2020）。

79 平井一臣，〈再考・小田実とベ平連：ベ平連への参加と「難死」の思想・「加害」の論理〉，《国立歴史民俗博物館研究報告》216（2019.03），19。

第六章

1 汪霖，〈我在上柏與日本戰俘一夕談〉，《德清文史資料》第二輯（1988.11），92–94。

2 Marc Gallichio, *The Scramble for Asia: US Military Power in the Aftermath of the Pacific War* (Lanham, MD: Rowman and Littlefield, 2008), 75.

3 沈志華，《最後の「天朝」（上）：毛沢東・金日成時代の中国と北朝鮮》（岩波書店，2016），75–103。一九四六年二月還發生一件中國人對日本人施暴的大型事件，稱為「通化事件」，見〈「通化事件」を発表　復員局吉田留守業務部長〔…〕〉，東京《朝日新聞》朝刊，1952/12/04；〈終戦後の悲劇忘れない：旧満州通化事件から70年　市民犠牲、真相求める〉，《日本経済新聞》，2016/02/03；呂明輝，《通化「二・三」事件》（北京：世界知識出版社，2006）。

4 Adam Cathcart, "Nationalism and Ethnic Identity in the Sino-Korean Border Region of Yanbian, 1945–1950," *Korean Studies* 34 (2010): 25–26.

5 Cathcart, "Nationalism and Ethnic Identity," 32.

6 Hirata Koji, "From the Ashes of Empire: The Reconstruction of Manchukuo's Enterprises and the Making of China's Northeastern Industrial Base, 1948–1952," in *Overcoming Empire in Post-imperial East Asia: Repatriation, Redress and Rebuilding*, ed. Barak Kushner and Sherzod Muminov (London: Bloomsbury Publishers, 2020), 147–162.

7 Amy King, *China-Japan Relations after World War II: Empire, Industry and War, 1949–1971* (Cambridge: Cambridge University Press, 2016), 61.

8 山口盈文，《僕は八路軍の少年兵だった》新版（草思社，2006），70–71。

9 山口盈文，《僕は八路軍の少年兵だった》，72–74。

10 佐藤卓己、孫安石編，《東アジアの終戦記念日——敗北と勝利のあいだ》（筑摩書房，2007）。

11 Lori Watt, "Embracing Defeat in Seoul: Rethinking Decolonization in Korea, 1945," *Journal of Asian Studies* 74 (2015): 153–174; Mark Caprio, "The Politics of Collaboration in Post-liberation Southern Korea," in *In the Ruins of the Japanese Empire: Imperial Violence, State Destruction, and the Reordering of Modern East Asia*, ed. Barak Kushner and Andrew Levidis (Hong Kong: Hong Kong University Press, 2020), 27–49.

12 劉熙明，《偽軍：強權競逐下的卒子（1937-1949）》（臺北：稻鄉出版社，2002）。

13 劉熙明，《偽軍》，374。

14 Wang Qisheng, "China's Response to Ichigo," in *Battle for China: Essays on the Military History of the Sino-Japanese War of 1937–1945*, ed. Mark Peattie, Edward Drea, and Hans van de Ven (Stanford, CA: Stanford University Press, 2011), 416–417.

15 劉熙明，《偽軍》，385–386。

16 Sebastian Conrad, "The Dialectics of Remembrance: Memories of Empire in Cold War Japan," *Comparative Studies in Society and History* 56, no. 1 (2014): 6.

17 Hans van de Ven, *China at War: Triumph and Tragedy in the Emergence of the New China, 1937–1952* (Cambridge, MA: Profile Books, 2018) | 書中對此有所討論。

18 吉見俊哉，〈1940年代——敗戦と戦後のあいだで〉，收入吉見俊哉、栗原彬編，《敗戦と占領——1940年代（ひとびとの精神史　第1巻）》（岩波書店，2015），1-15；Barak Kushner, "Introduction: The Search for Meaning in Defeat and Victory," in Kushner and Levidis, *Ruins*, 1–24.

19 粟屋憲太郎編，《資料日本現代史2　敗戦直後の政治と社会1》（大月書店，1980），42。

20 〈臺湾の現況〉，外務省管理局総務部南方課，昭和21.2.10，部外祕，Microfilm，K'0006，MOFAAJ。

21 Kan Lee, "The 'China Lobby' in Tokyo: The Struggle of China's Mission in Japan for General Douglas MacArthur's Military Assistance in the Chinese Civil War, 1946–1949," *Journal of Chinese Military History* 8 (2019): 29–51.

22 Adam Cathcart, "Bullets of a Defeated Nation: The 1946 Shibuya Incident," in Kushner and Levidis, *Ruins*, 111.

23 Cathcart, "Bullets of a Defeated Nation," 99; Barak Kushner, *Men to Devils, Devils to Men: Japanese War Crimes and Chinese Justice* (Cambridge, MA: Harvard University Press, 2016), 130–136.

24 楊子震，《帝國日本の崩壊と國民政府の臺灣接収——戰後初期日臺關係における脱植民地化の「代行」》，筑波大學大學院人

文社會科學研究科博士論文（2012.03），124–133。

25 Cathcart, "Bullets of a Defeated Nation," 112–113; 吉見義明，〈占領下日本人の中国観 1945-1949〉，收入斎藤道彥編，《近現代日中関係史論史の諸問題》（八王子：中央大学出版部，2009），191–221。

26 陳翠蓮，《重構二二八》（臺北：衛城出版，2017），48。

27 陳翠蓮，《重構二二八》，54–56；Steve Tsang, "From Japanese Colony to Sacred Chinese Territory: Taiwan's Geostrategic Significance to China," *Twentieth-Century China* 45, no. 3 (October 2020): 351–368.

28 Victor Louzon, "From Japanese Soldiers to Chinese Rebels: Colonial Hegemony, War Experience, and Spontaneous Remobilization during the 1947 Taiwanese Rebellion," *Journal of Asian Studies* 77, no. 1 (February 2018): 170.

29 上砂勝七，《憲兵三十一年》（東京選書，1955），18–19。

30 上砂勝七，《憲兵三十一年》，20。

31 Victor Louzon, "L'Incident du 28 février 1947, dernière bataille de la guerre sino-japonaise? Legs colonial, sortie de guerre et violence politique à Taiwan" (Programme doctoral histoire Centre d'histoire de Sciences Po, Doctorat en histoire, Institut d'études politiques de Paris, Ecole Doctorale De Sciences Po, France, December 2016).

32 〈〔臺湾からの報告〕臺湾軍管区参謀長（一九四五・一〇・一八—一一・三）〉，收入粟屋憲太郎編，《資料日本現代史3　敗戦直後の政治と社会2》（大月書店，1981），281–282。

33 Peng Ming-min, *A Taste of Freedom: Memoirs of a Formosan Independence Leader* (New York: Holt, Rinehart and Winston, 1972), 48.

34 Peng, *Taste of Freedom*, 63–73.

35 Peng, *Taste of Freedom*, 161.

36 若林正丈，《臺湾の政治——中華民国臺湾化の戦後史》（東京大学出版会，2008），43–44。

37 陳翠蓮，《重構二二八》，162；金以林，《國民黨高層的派系政治》（修訂本）（北京：社會科學文獻出版社，2016）。

38 陳翠蓮，《重構二二八》，76。

39 何義麟，《臺湾現代史：二・二八事件をめぐる歴史の再記憶》（平凡社，2014），85–86。

40 美國政府的事件紀錄可見於 *United States Relations with China: With Special Reference to the Period 1944-1949* (Washington, DC: Government Printing Office, 1949), 926.

41 *United States Relations with China*, 927.

42 *United States Relations with China*, 931.

43 陳翠蓮，《重構二二八》，333–335。

44 *United States Relations with China*, 936.

45 George Kerr, *Formosa Betrayed* (Boston: Houghton Mifflin, 1965), 97.

46 Victor Louzon, “From Japanese Soldiers to Chinese Rebels: Colonial Hegemony, War Experience, and Spontaneous Remobilization during the 1947 Taiwanese Rebellion,” *Journal of Asian Studies*. 77, no. 1 (February 2018): 173.

47 Takashi Fujitani, *Race for Empire: Koreans as Japanese and Japanese as Americans during World War II* (Berkeley: University of California Press, 2011).

48 Louzon, “From Japanese Soldiers to Chinese Rebels,” 175.

49 Jan Kiely, *The Compelling Ideal: Thought Reform and the Prison in China, 1901–1956* (New Haven, CT: Yale University Press, 2014), 257.

50 陳翠蓮，《重構二二八》，454–455。

51 許雪姬，〈滿洲國政府中的臺籍公務人員（1932-1945）〉，收入許雪姬編，《臺灣歷史的多元傳承與鑲嵌》（臺北：中央研究院臺灣史研究所，2014），19。

52 R. Ashton, Gill Bennett, and Keith Hamilton, eds., *Documents on British Policy Overseas,* series 1, vol. 8, *Britain and China, 1945–1950*, Great Britain, Foreign and Commonwealth Office (London: Routledge, 2002), 94–95 (“Note by A.L. Scott on Formosa,” [F 6408/2443/10] 7 May 1947).

53 Julia Strauss, *State Formation in China and Taiwan: Bureaucracy, Campaign, and Performance* (Cambridge: Cambridge University Press, 2020), 127–129; Stephan Feuchtwang, *After the Event: The Transmission of Grievous Loss in Germany, China and Taiwan* (Oxford: Berghahn Books, 2011), 113–135; Fang-Long Shih, “Memory, Partial Truth and Reconciliation without Justice: The White Terror Luku Incident in Taiwan,” *Taiwan in Comparative Perspective* 3 (March 2011): 140–151.

54 Fang-Long, “Memory, Partial Truth and Reconciliation without Justice,” 143.

55 這是勒托（L. K. Little）在一九五一年訪問孫立人時所引述，收入Chihyun Chang, ed., *The Chinese Journals of L. K. Little, 1943–*

1954: An Eyewitness Account of War and Revolution, vol. 3, The Financial Advisor, 1950–1954 (London: Routledge, 2018), 235.

56 Sayaka Chatani, *Nation-Empire: Ideology and Rural Youth Mobilization in Japan and Its Colonies on Taiwan* (Ithaca, NY: Cornell University Press, 2018)，臺灣相關請見257–263；關於朝鮮年輕人的部分則請見264–270。

57 林水木，《戦犯に囚われた植民地兵の叫び》（宮崎：小野高速印刷会社，1988），45。另見Shi-chi Mike Lan, "'Crime' of Interpreting Taiwanese Interpreters as War Criminals of World War II," in *New Insights in the History of Interpreting*, ed. Kayoko Takeda and Jesús Baigorri-Jalón (Amsterdam: John Benjamins, 2016), 193–223.

58 Barak Kushner, "Treacherous Allies: The Cold War in East Asia and American Postwar Anxiety," *Journal of Contemporary History* 45, no. 4 (October 2010), 1–34.

59 Michael Hoare, "Taiwan's Darker Past: Emerging Histories of the World-War II Prisoner of War Camps," European Association for Taiwan Studies, Paris, March 31, 2006 (a conference paper). 請見二次大戰戰俘惠勒（Ben Wheeler）之女在一九八一年製作的影片：https://www.nfb.ca/film/warstory/.

60 "Soldiering on to Seek War Crimes Justice," *South China Sunday Morning Post*, February 19, 1989; Daniel Schumacher, "Strategies of World War II Commemoration in Hong Kong and Singapore" (Dissertation zur Erlangung des akademischen, Grades eines Doktors der Philosophie vorgelegt von, Konstanz University, 2013), 261.

61 Suzannah Linton, "Rediscovering the War Crimes Trials in Hong Kong, 1946–48," Melbourne Journal of International Law 13, no. 1 (2012): 284–348；人民法院報社編，《正義的審判：紀念中國人民抗日戰爭勝利70周年》（北京：人民法院出版社，2016），264。

62 Jack Edwards, Banzai You Bastards (Hong Kong: Souvenir Press, 1990), 259–261. 完整審判紀錄請見英國國家檔案館WO 235/1028，艾華士在其中詳述他在金瓜石所見到的虐待與死亡。

63 Sarah Kovner, *Prisoners of the Empire: Inside Japanese POW Camps* (Cambridge, MA: Harvard University Press, 2020), 132–133；內海愛子，《日本軍の捕虜政策》（青木書店，2005）。

64 普里查德的主張，以及反對普里查德的批評皆可見於這個網站：https://www.fepow-community.org.uk/monthlyrevue/html/atrocities.htm (accessed June 15, 2020)。

65 李展平，〈廚師上戰場——北婆羅洲戰俘連阿木〉，《歷史月刊》246（2008），49–56。

66 蔡慧玉、吳玲青，《走過兩個時代的人——臺籍日本兵》（臺北：中央研究院臺灣史研究所，2008），287–304：https://www.

fepow-community.org.uk/monthlyrevue/html/atrocities.htm.

67 從這方面來說，Linda Holmes, *Unjust Enrichment: How Japan's Companies Built Postwar Fortunes Using American POWs* (Mechanicsburg, PA: Stackpole Books, 2001) 和 David Bergamini, *Japan's Imperial Conspiracy* (New York: William Morrow and Company, 1971) 的研究是有問題的。Charles D. Sheldon, "Japanese Aggression and the Emperor, 1931–1941, from Contemporary Diaries," *Modern Asian Studies* 10, no. 1 (1976): 1–40.

68 〈加強對日本宣傳〉，0200000014875A，外交部備忘錄，國史館藏。

69 平11-法務4A-18-1831，〈第三国人（韓国、臺湾）戦犯者釈放問題　戦犯者援護問題関係書類〉，寫於1953/07，NAJ。

70 巣鴨遺書編纂会編，《世紀の遺書》（講談社，1984），587。

71 巣鴨遺書編纂会編，《世紀の遺書》，32。

72 巣鴨遺書編纂会編，《世紀の遺書》，545。

73 巣鴨遺書編纂会編，《世紀の遺書》，437。

74 Barak Kushner，〈合法性と帝国——臺湾を事例とした日中関係における「正義」をめぐる戦い」〉，《中国21》45（2017.02），81–105。

75 金時鐘，《朝鮮と日本に生きる：済州島から猪飼野へ》（岩波書店，2015）。

76 Ja-hyun Chun, "Delayed Reconciliation and Transitional Justice in Korea: Three Levels of Conditions for National Reconciliation," *Asian Journal of Social Science* 45 (2017): 295.

77 John Merrill, "The Cheju-do Rebellion," *Journal of Korean Studies* 2 (1980): 139–197; Su-Kyoung Hwang, *Korea's Grievous War* (Philadelphia: University of Pennsylvania Press, 2016).

78 Hun Joon Kim, *The Massacres at Mt. Halla: Sixty Years of Truth Seeking in South Korea* (Ithaca, NY: Cornell University Press, 2014), 14–15.

79 Hun, *Massacres at Mt. Halla*, 24.

80 Hun, *Massacres at Mt. Halla*, 29–36.

81 Hun, *Massacres at Mt. Halla*, 44.

82 Carter J. Eckert, Park Chung Hee and Modern Korea: *The Roots of Militarism, 1866–1945* (Cambridge, MA: Harvard University Press,

2016), 87. 那些為日帝國作戰且留在日本的朝鮮人，戰後都成為日本社會歧視對象，見Maureen Cheryn Turim, *The Films of Oshima Nagisa: Images of a Japanese Iconoclast* (Berkeley: University of California Press, 1998), 219–222。電影導演大島渚有一部紀錄片《忘れられた皇軍》在講這些人的遭遇，一九六三年八月十六日於日本電視上播映。Ōshima Nagisa, "People of the Forgotten Army," in *Cinema, Censorship, and the State: The Writings of Nagisa Oshima, 1956–1978*, ed. and with an introduction by Annette Michelson, trans. Dawn Lawson (Cambridge, MA: MIT Press, 1992), 71;〈我々の保証誰が国籍ないが皇軍だった——在日韓国人の戦後補償訴訟〉，東京《毎日新聞》朝刊，1994/07/16；〈大島渚監督、幻の30分作品忘れられた皇軍、今夜半世紀ぶり放送〉，東京《朝日新聞》朝刊，2014/01/12。

83 見Su-kyoung Hwang, *Korea's Grievous War* (Philadelphia: University of Pennsylvania Press, 2016).

84 Wada Haruki, *The Korean War—an International History*, trans. Frank Baldwin, (Lanham, MD: Rowman & Littlefield, 2014), xv；和田春樹，〈朝鮮問題とわれわれの責任〉，《月刊社会党》（1985.01），46–55。

85 平野龍二，〈朝鮮戦争における対立構造の起源〉，收入赤木完爾、今野茂充編，《戦略史としてのアジア冷戦》（慶應義塾大学出版，2013），108。

86 Wada, *Korean War*, xxvii.

87 Tessa Morris-Suzuki,"Prisoner Number 600,001: Rethinking Japan, China, and the Korean War 1950–1953," *Journal of Asian Studies* 74, no. 2 (May 2015): 413.

88 David Cheng Chang, *The Hijacked War: The Story of Chinese POWs in the Korean War* (Palo Alto, CA: Stanford University Press, 2020), 60.

89 周琇環編，《戰後外交史料彙編：韓戰與反共義士篇（一）》（臺北：國史館，2005），14。

90 David Chang, *Hijacked War*, 14.

91 黃天才，《我在38度線的回憶》（臺北：INK印刻文學出版，2010），72–80；沈幸儀，《一萬四千個證人——韓戰時期「反共義士」之研究》（臺北：國史館，2013），212。

92 周琇環編，《戰後外交史料彙編：韓戰與反共義士篇（二）》（臺北：國史館，2006），303–304；周琇環，〈接運韓戰反共義士來臺之研究（1950-1954）〉，《國史館館刊》28期（2011.06），124；藍適齊，〈從「我們的」戰爭到「被遺忘的」戰爭：臺灣對「韓戰」的歷史記憶〉，《東亞觀念史集刊》第7期（2014.12），224。

93 〈美國的心理戰徹底失敗了〉，《人民日報》，1954/01/25。

94 David Chang, *Hijacked War*, 6.

95 Pingchao Zhu, "'Disgraced Soldiers': The Ordeal of the Repatriated POWs of the Chinese Volunteer Army from the Korean War," *Journal of Chinese Military History* 4 (2015): 163; Jin Daying, "Accounts of the Chinese People's Volunteers Prisoners of War: A Translation" (master's thesis, University of Montana, 1993).

96 Zhu, "'Disgraced Soldiers,'" 192.

97 鮑明榮，〈中國人民志願軍在抗美援朝戰爭中的戰俘政策〉，《軍事歷史》第6期（2011），11。

98 Zhu, "'Disgraced Soldiers,'" 168.

99 Zhu, "'Disgraced Soldiers,'" 174.

100 賀明，《忠誠：志願軍戰俘歸來人員的坎坷經歷》（北京：中國文史出版社，1998），128；張澤石，《我的朝鮮戰爭：一個志願軍戰俘的六十年回憶》（北京：金城出版社，2010），207–215。

第七章

1 從中國共產黨在原華德路監獄關押反革命分子開始，他們在兩年內處死的囚犯人數超過一九〇〇年以來中國其他政權在這裡處死的總人數。Frank Dikotter, *Crime, Punishment and the Prison in Modern China* (New York: Columbia University Press, 2002), 366.

2 *West Australian*, June 19, 1947.

3 As quoted in Kirsten Sellars, "Introduction," in *Trials for International Crimes in Asia*, ed. Kirsten Sellars (Cambridge: Cambridge University Press, 2016), 9.

4 William Sebald, *With MacArthur in Japan: A Personal History of the Occupation* (London: Cresset Press, 1967), 165.

5 Sebald, *With MacArthur in Japan*, 173.

6 花山信勝，《平和の発見：巣鴨の生と死の記録》（朝日新聞社，1949），309–310。

7 Sebald, *With MacArthur in Japan*, 174.

8 花山信勝，《平和の発見》，311。

9 Sebald, *With MacArthur in Japan*, 174.

10 〈日本重要戰犯十九名盟總竟全部釋放並宣布戰犯清算告結束〉，《申報》，1948/12/25。中共黨媒《人民日報》對麥克阿瑟的批評更直接：〈日本重要戰犯多人美帝竟違法釋放〉，1948/12/31。

11 清瀨一郎，《祕録東京裁判》（中央公論新社，2002），177–178。

12 《潜行三千里》（毎日ワンズ，2008；初版1950）；translated by Nigel Brailey, ed., *Masanobu Tsuji's 'Underground Escape' from Siam after the Japanese Surrender* (Global Oriental, 2009).

13 《読売新聞》廣告，1950/06/02。

14 "Reports on the Rearmament Activities of Tsuji Masanobu and Hattori Takushiro," declassified CIA memo, May 3, 1951, https://www.cia.gov/readingroom/docs/TSUJI%2C%20MASANOBU%20%20%20VOL.%2010016.pdf.

15 RG 263, Records of the Central Intelligence Agency, Second Release of Name Files, Tschoudnowsky, Leonid to Tymewycz, Roman, vol. 2, box 130, Tsuji Masanobu folder, vol. 1, NARA.

16 RG 263, Records of the Central Intelligence Agency, Second release of name files under the Nazi War crimes and Japanese imperial government disclosure acts, 1936–2002 (reference set), Tschoudnowsky, Leonid to Tymewycz, Roman, box 130, Tsuji Masanobu folder, vol. 1, confidential Department of State memo, February 24, 1956, NARA.

17 Mark Mazower, *No Enchanted Palace: The End of Empire and the Ideological Origins of the United Nations* (Princeton, NJ: Princeton University Press, 2009), 122–127; Donna-Lee Frieze, *Totally Unofficial: The Autobiography of Raphael Lemkin* (New Haven, CT: Yale University Press, 2013), 89–97; Philippe Sands, *East West Street* (London: W&N Publishers, 2016).

18 Kerstin von Lingen, "Setting the Path for the UNWCC: The Representation of European Exile Governments of the London International Assembly and the Commission for Penal Reconstruction and Development, 1941–1944," *Criminal Law Forum* 25 (2014): 48; Valentyna Polunina, "The Human Face of Soviet Justice? Aron Trainin and the Origins of the Soviet Doctrine of International Criminal Law," in *Stalin's Soviet Justice: "Show" Trials, War Crimes Trials, and Nuremberg*, ed. David M. Crowe (London: Bloomsbury Academic, 2019), 127–144.

19 Rebecca West, *A Train of Powder* (New York: Viking Press, 1955; originally published in 1946), 3.

20 〈青山斎場の回向式〉，《読売新聞》，1948/12/24。

21 平11法務4A-021-00，〈七戦犯回向式の思い出，長井津氏談　公文書〉，NAJ。受訪者長井是在一九六二年十二月二十二日接受井上忠男訪問，談論他那天的見聞。

22 嚴海建教授於南京接受作者訪問內容，2019/05/27。

23 〈戰爭罪犯處理委員會對日戰犯處理政策會議紀錄〉，《戰犯處理政策（二）》，國史館藏，020-010117-0039-0017a-0029a。

24 Bob Wakabayashi, "The Nanking 100-Man Killing Contest Debate: War Guilt amid Fabricated Illusions, 1971–75," *Journal of Japanese Studies* 26, no. 2 (Summer 2000): 307–340.

25 Benjamin Uchiyama, Japan's Carnival War: Mass Culture on the Home Front, 1937–1945 (Cambridge: Cambridge University Press, 2019), 47.

26 李東朗，〈國民黨政府對日本戰犯的審判〉，《百年潮》第6期（2005）27–35；羅軍生，〈石美瑜與戰後南京對日軍戰犯的審判〉，《黨史縱覽》第1期（2006），20–26。

27 本多勝一，《中国の旅》（朝日新聞社，1972）；Honda Katsuichi, *The Nanjing Massacre, a Journalist Confronts Japan's National Shame, trans. Karen Sandness* (London: M.E. Sharpe, 1991), 125–135。另見向井千惠子，〈「無実だ!」父の叫びが聞こえる〉，《正論》（2000.03），60–71。

28 笠原十九司，《「百人斬り競争」と南京事件：史実の解明から歴史対話へ》（大月書店，2008）201。

29 王俊彥，《日本戰犯審判祕聞》（北京：中國華僑出版社，1995），298。

30 上海市虹口區檔案館編，《東京審判》（上海：上海書店出版社，2007），高文彬序，3–4。

31 張林鳳，〈不能忘卻的歷史——訪東京審判親歷者高文彬〉，《聯合時報》，2014/02/28；〈口述：高文彬，我所經歷的東京大審判〉，《三聯生活周刊》，2014/08/15。

32 〈盟軍在華有關戰罪設施〉，《外交部》，國史館藏，020-010117-0005-146a-147a。

33 Greg Leck, *Captives of Empire: The Japanese Internment of Allied Civilians in China, 1941–1945* (Bangor, PA: Shandy Press, 2006); Henry Pringle, *Bridge House Survivor: Experiences of a Civilian Prisoner-of-War in Shanghai & Beijing, 1942–1945* (Hong Kong: Earnshaw Books, 2011).

34 〈日軍戰罪調查（一）〉，《外交部》，國史館藏，020-010117-0005-149a-151a。

35 李志群於上海接受作者訪問內容，2019/06/05。

36 〈「江陰之虎」「常熟之狼」昨日執行示眾槍決〉，《中華日報》，1947/06/18。

37 李業初，〈殺人魔王上海伏法紀實〉，《上海灘》224（2005），16–20。
38 李業初，〈「常熟狼」與「江陰虎」的末日〉，《上海灘》（1989.02），27。
39 李良，《國難記》（自行出版，2012）。我要感謝戴誠嫻幫我取得此書副本。
40 戴誠嫻導演製作紀錄片訪問內容，上海廣播電視臺紀錄片中心陳亦楠工作室編著，《亞太戰爭審判》（上海：上海交通大學出版社，2021），153–156。
41 劉林生訪問內容，山西太原，2019/05/30。劉林生，《中國的奧斯威辛：日軍「太原集中營」紀實》（太原：山西人民出版社，2012）。
42 另一個是「瀋陽二戰盟軍戰俘營舊址」。
43 Tom Phillips, "China Rebuilds Its Forgotten 'Auschwitz' to Remember Japan's Brutality," *The Guardian*, September 1, 2015.
44 李業初，〈「常熟狼」與「江陰虎」的末日〉，29。
45 中國第二歷史檔案館、上海交通大學東京審判研究中心編，《中國對日戰犯審判檔案集成　第一冊》（上海：上海交通大學出版社，2019），4。（這套書全系列共有一百〇二冊。）
46 該機構現已更名為「上海交通大學戰爭審判與世界和平研究院」。
47 統計表請見劉統，《大審判：國民政府處置日本戰犯實錄》（上海：上海人民出版社，2021），876。
48 劉統，《大審判》，875–887；嚴海建，〈犯罪屬地原則與證據中心主義：戰後北平對日審判的實態與特質〉，《民國檔案》（2018.01），135。另見嚴海建，《國民政府審判日本戰犯研究》（南京：江蘇人民出版社，2022）。
49 嚴海建，〈寬大抑或寬縱：戰後國民政府對日本戰犯處置論析〉，《南京社會科學》第7期（2014），146。
50 嚴海建，〈通向戰後審判之路：盟國對二戰戰罪懲處擬議述論〉，《南京社會科學》第2期（2016），154。

第八章

1 Alexander Pantsov and Steven Levine, *Mao: The Real Story* (London: Simon and Schuster, 2012), 368.
2 "First Conversation between N.S. Khrushchev and Mao Zedong, Hall of Huaizhentan [Beijing]," July 31, 1958, History and Public Policy Program Digital Archive, Archive of the President of the Russian Federation, APRF, fond 52, opis 1, delo 498, ll. 44–477; copy in Dmitry Volkogonov Collection, Manuscript Division, Library of Congress, Washington, DC, translated by Vladislav M. Zubok, http://

digitalarchive.wilsoncenter.org/document/112080.

3 Sandra Wilson, "The Sentence Is Only Half the Story: From Stern Justice to Clemency for Japanese War Criminals, 1945–1958," *Journal of International Criminal Justice* 13, no. 4 (September 2015): 749.

4 〈法學專家梅汝璈發表談話〔…〕〉，《人民日報》，1950/03/14。

5 Sherzod Muminov, *Eleven Winters of Discontent: The Siberian Internment and the Making of a New Japan* (Cambridge, MA: Harvard University Press, 2022); Amy King and Sherzod Muminov, "'Japan Still Has Cadres Remaining': Japanese in the USSR and Mainland China, 1945–1956," *Journal of Cold War Studies* 24, no. 3 (2022): 200–230.

6 "Conversation between A. Vyshinsky and Mao Zedong, Moscow," January 6, 1950, History and Public Policy Program Digital Archive, AVP RF, f. 0100, op. 43, d. 43, papka 302, ll. 1–5; provided by O. A. Westad; translation for CWIHP by Daniel Rozas, http://digitalarchive.wilsoncenter.org/document/112676。徐京利，〈蘇聯照會中國政府提議組特別國際法庭審判日皇等細菌戰犯〉，《國際問題研究》第6期（2005），63–67。

7 毛澤東，〈論人民民主專政〉，《人民日報》，1949/07/01。另見Wen-Shun Chi, ed., *Readings in Chinese Communist Documents: A Manual for Students of the Chinese Language* (Berkeley: University of California Press, 1966), 8.

8 Alison Adcock Kaufman, "In Pursuit of Equality and Respect: China's Diplomacy and the League of Nations," *Modern China* 40, no. 6 (2014): 605–638.

9 Shao-chuan Leng, *Justice in Communist China: A Survey of the Judicial System of the Chinese People's Republic* (New York: Oceana Publications, 1967), xi.

10 福島正夫，幼方直吉，長谷川良一，《中国の裁判》（東洋経済新報社，1957），63。

11 Shao-chuan, *Justice in Communist China*, xii.

12 Andrei Y. Vyshinsky, *Law of the Soviet State* (New York: Macmillan, 1948), 5.

13 "Lectures in the General Principals of Criminal Law in the People's Republic of China," series 1, box 75, folder 3, p. 18, SLRA. 這是美國商務部在一九六二年三月所翻譯的一九五七年中國政法幹部法律教科書內容。

14 〈新法學研究院成立，沈鈞儒院長致詞〔…〕〉，《人民日報》，1950/01/05。同一場董必武的演講〈舊司法工作人員的改造問題〉內容較長，收錄於《董必武法學文集》（北京：法律出版社，2001），26–37。

15 Henry Wei, *Courts and Police in Communist China to 1952*, series 1, no. 1, 1952,"Studies in Chinese Communism," research done for Maxwell Air Force Base, Alabama, published by Air Force Personnel and Training Research Center, Lackland Air Force Base Texas, December 1955, 8.

16 梅汝璈，〈日本の前途：日本の降伏五周年を記念して記す〉，收入張競、村田雄二郎編，《日中の120年文芸・評論作品選第4巻》（岩波書店，2016），115–123。（譯自梅汝璈，〈日本的前途——為今年日本投降五周年而作〉，《世界知識》（1950.05.16）。）

17 梅汝璈，〈全亞洲人民對於日本人民的期待〉，《世界知識》第39期（1952），5。

18 梅汝璈，〈全亞洲人民對於日本人民的期待〉，7。

19 梅汝璈的評論〈梅汝璈氏の日本戦犯処理評〉收入《RP資料解説版》（ラヂオプレス通信社），1956/06/23。

20 靳偉華，〈李放：出庭公訴日本戰犯〉，《檢察風雲》19（2009），64–68。這項最高機密訓練計畫是由最高人民檢察院副檢察長譚政文主導，與李甫山、權維才、白步洲、井助國等人合作。另見Edgar H. Schein, "Some Observations on Chinese Methods of Handling Prisoners of War," *Public Opinion Quarterly* 20, no. 1 (Spring 1956): 321–327.

21 這些資料最早是在二〇〇六年以另一個名稱出版，後來重編後被納入「文史資料百部經典文庫」系列。見全國政協文史和學習委員會編，《回憶改造戰犯》上下冊（北京：中國文史出版社，2013）；日文版本見新井利男資料保存会編，《中国撫順戦犯管理所職員の証言：写真家新井利男の遺した仕事》（梨の木舎，2003）。

22 王石麟在山西太原受訪問內容，2019/05/30。另見上海廣播電視臺紀錄片中心陳亦楠工作室編著，《亞太戰爭審判》（上海：上海交通大學出版社，2021），207–208。

23 〈董必武在第六次全國公安會議上關於政治法律思想工作方面幾個問題的報告〉，1954/06/02，CMPD。

24 Jeffrey Kinkley, *Chinese Justice, the Fiction: Law and Literature in Modern China* (Stanford, CA: Stanford University Press, 2000), 18.

25 〈董必武在第六次全國公安會議上關於政治法律思想工作方面幾個問題的報告〉，1954/06/02，CMPD。

26 Percy R. Luney Jr., "Traditions and Foreign Influences: Systems of Law in China and Japan," *Law and Contemporary Problems* 52, no. 2 (1989): 135–136.

27 唐仕春，〈建國初期來華蘇聯法學專家的群體考察〉，《環球法律評論》第5期（2010），135。

28 唐仕春，〈建國初期來華蘇聯法學專家的群體考察〉，140。唐此處是引用沈志華的著作。何勤華，〈關於新中國移植蘇聯司法制度的反思〉，《中外法學》第3期（2002.08），http://h286851.w276.mc-test.com/Item/Show.asp?m=1&d =544；余敏玲，〈學習蘇聯：中共宣傳與民間回應〉，《中央研究院近代史研究所集刊》第40期（2003.06），99–139。

29 Kinkley, *Chinese Justice, the Fiction*, 14.

30 史良，〈關於徹底改造和整頓各級人民法院的報告〉，《人民周報》第35期（1952），22–23。

31 孫慧敏，〈民國時期上海的女律師〉，《近代中國婦女史研究》14（2006），51–88。

32 Shi Liang, "Report on Reform and Reorganization of the People's Courts (extract), August 13, 1952," from http://www.commonprogram.science/documents/Report%20on%20Reform%20and%20Reorganization%20of%20the%20People' s%20Courts.pdf；史良，〈關於徹底改造和整頓各級人民法院的報告〉，《人民日報》，1952/08/23。

33 劉風景，〈司法理念的除舊與布新〉，《北方法學》第1期（2009），96–105。

34 周天度、孫彩霞，《史良：民盟歷史人物》（北京：群言出版社，2011），301–302。

35 唐仕春，〈1955年中国司法工作者访苏代表团与苏联法制形象的塑造〉，《中國社會科學院近代史所青年學術論壇》（2008），475–490。

36 史良，〈對蘇聯司法工作的幾點體會〉，《法學研究》（1955.06），13–15。

37 曾漢周、何蘭階、林亨元，〈訪問蘇維埃法院的幾點體會〉，《法學研究》（1955.06），16–19。

38 周天度、孫彩霞，《史良》，309。

39 王懷安，〈蘇聯司法幹部是優秀的，幹部工作的經驗是豐富的〉，《法學研究》（1955.06），22–24。

40 Jennifer Altehenger, "Simplified Legal Knowledge in the Early PRC: Explaining and Publishing the Marriage Law," in *Chinese Law: Knowledge, Practice, and Transformation, 1530s to 1950s*, ed. Madeleine Zelin and Li Chen (Leiden: Brill, 2015), 343.

41 王汝琪，〈新中國律師制度奠基〉，《法律說事論品》（JM Review）第1期，綜第14期（2014），6–7；何碧輝，〈王汝琪：新中國第一部《婚姻法》執筆人〉，《世紀》1期（2012），55–57。另外，Ōsawa Takeshi,"The People's Republic of China's 'Lenient Treatment' Policy towards Japanese War Criminals," in *Trials for International Crimes in Asia*, ed. Kirsten Sellars (Cambridge: Cambridge University Press, 2016), 160也有提到王汝琪。

42 〈關於釋放日本戰犯問題的請示件、報告、命令等〉，檔號：105-00220-06(1)，CMOFA。

43 〈董必武、沈鈞儒、張奚若在第一屆全國人民大表大會第二次會議上的發言　1955年7月23日〉，CMPD。

44 〈董必武、沈鈞儒、張奚若在第一屆全國人民大表大會第二次會議上的發言　1955年7月23日〉，CMPD。

45 George Ginsburgs, "Soviet Sources on the Law of the Chinese People's Republic," *University of Toronto Law Journal* 18, no. 2 (Spring 1968): 182.

46 該團隊獲得史良、鍾漢華、陳叔亮、李甫山、張志讓、潘震亞與周鯁生的協助。

47 隋淑英，〈20世紀五十年代中國對日本戰犯的審判與釋放〉，《煙臺大學學報（哲學社會科學版）》，19，第4期（2006.10），461。

48 "The Secret Speech That Changed World History," *The Observer*, February 26, 2006, https://www.theguardian.com/world/2006/feb/26/russia.theobserver.

49 Sergey Radchenko, "The Sino–Russian Relationship in the Mirror of the Cold War," *China International Strategy Review* 1 (2019): 273–274.

50 "From the Journal of Ambassador P. F. Yudin, Record of Conversation with Mao Zedong, 31 March 1956," April 5, 1956, History and Public Policy Program Digital Archive, AVPRF, fond 0100, opis 49, papka 410, delo 9, listy 87–98; also Center for Storage of Contemporary Documentation (TsKhSD), fond 5, opis 30, delo 163, listy 88–99; 另見Problemi Dalnego Vostok 5 (1994), 101–110. Translated by Mark Doctoroff, http://digitalarchive.wilsoncenter.org/document/116977.

51 〈關於偵查日本戰犯的主要情況和處理意見的報告等〉，檔號：105-00501-07(1)，CMOFA。

52 當代中國叢書編輯委員會編，《當代中國的公安工作》（北京：當代中國出版社，1992），98–99。張旭東與張坤統計出當時被囚的國民黨戰犯共有八百一十七名，但他們的資料來源卻模糊不清。張旭東、張坤，〈國民黨戰犯改造始末〉，《百年潮》第6期（2016），53。

53 新井利男資料保存会編，《中国撫順戦犯管理所職員の証言：写真家新井利男の遺した仕事》（梨の木舎，2003），407；靳偉華，〈李放：出庭公訴日本戰犯〉，《檢察風雲》19（2009），64–68。

54 羅瑞卿，〈關於戰爭罪犯問題的發言 1956年3月〉，CPMD。

55 羅瑞卿，〈關於戰爭罪犯問題的發言　1956年3月〉，CPMD。File FO 371/110212, "Arrests, Trials and Executions of Counter-revolutionaries in CPG: Conviction of Captured US airmen (Folder 4), 1954," KGNA. Nicholas Dujmovic, "Two CIA Prisoners in China, 1952–73 Extraordinary Fidelity," *Studies in Intelligence* 50, no. 4 (2006): 21–36. 另見John Delury, *Agents of Subversion: The Fate of*

John T. Downey and the CIA's Covert War in China (Ithaca: Cornell University Press, 2022); John T. Downey, *Thomas J. Christensen, and Jack Lee Downey Lost in the Cold War: The Story of Jack Downey, America's Longest-Held POW* (New York: Columbia University Press, 2022).

56 〈陳家康28/4，陳部長助理審批陳叔亮，3月27日，報告〉（最高機密），檔號：105-00502-04，CMOFA。

57 〈中共中央關於徵求對蔣、日、偽戰犯和其他反革命罪犯的處理意見的通知〉，總號 (56) 049，1956/04/11，CMPD。

58 〈中共中央關於徵求對蔣、日、偽戰犯和其他反革命罪犯的處理意見的通知〉，總號 (56) 049，1956/04/11，CMPD。王耀武是在一九四五年九月南京受降時為何應欽與日本岡村寧次將軍擔任翻譯者。

59 〈中共中央關於徵求對蔣、日、偽戰犯和其他反革命罪犯的處理意見的通知〉，總號 (56) 049，1956/04/11，CMPD。

60 Leif Dahlberg, *Spacing Law and Politics: The Constitution and Representation of the Juridical* (Oxon: Routledge, 2016), 2–5 解釋法庭空間在視覺上對人造成的影響。

61 我在 *Men to Devils* 書中第七章 "Socialist Magnanimity: The CCP Trials," 有對這些審判的細節加以探討。

62 〈日本戰犯曾在這裡痛徹悔過〉，2015/09/03，《正義的審判之新中國審判：瀋陽》，《人民法院報》特刊。

63 〈日本戰犯曾在這裡痛徹悔過〉，2015/09/03。

64 〈關於鎮壓反革命鬥爭問題和處理拘押在我國的日本戰爭犯罪分子問題：最高人民監察院張鼎丞監察長在第一屆全國人民代表大會第三次會議上的發言，1956年6月22日〉，CARMD。

65 〈讓法槌敲響歷史的警鐘〉，《人民法院報》，2014/09/03。該組織日文名稱為「中国帰還者連絡会／中帰連」。若要更深入了解該組織戰後活動，請見石田隆至、張宏波，《新中国の戦犯裁判と帰国後の平和実践》（社会評論社，2022）。

66 Kinkley, *Chinese Justice, the Fiction*, 24.

67 〈日本戰犯回國以後的反應，日本對我判處釋放日戰犯反應，有關審判戰犯的參考情況綱要〉，檔號：105-00503-11(1)，CMOFA。

68 〈日本戰犯回國以後的反應，日本對我判處釋放日戰犯反應，有關審判戰犯的參考情況綱要〉，檔號：105-00503-11(1)，CMOFA。

69 〈将官抑留過酷浮かぶ　旧ソ連登録カード　252人分開示＝特集〉，大阪《読売新聞》朝刊，2019/08/10。

70 〈被釋放的日本戰爭犯罪分子回國後一再表示反對戰爭和感謝中國的寬大〉，《人民日報》，1956/09/11。

71 王石麟受訪問內容。另見王石麟，〈參與偵訊日本戰犯工作的回顧〉，收入全國政協文史和學習委員會編，《回憶改造戰犯》上冊（北京：中國文史出版社，2013），170–178。

72 中央檔案館編，《日本侵華戰犯筆供》共十冊（北京：中國檔案出版社，2005）。

73 Xiaoyang Hao, "What Is Criminal and What Is Not: Prosecuting Wartime Japanese Sex Crimes in the People's Republic of China," *China Quarterly* 242 (June 2020): 529–549.

74 上坂勝口供，見中央檔案館編，《中央檔案館日本侵華戰犯筆供選編第一輯》第一冊（北京：中華書局，2015）前言。

75 上坂勝口供，見中央檔案館編，《中央檔案館日本侵華戰犯筆供選編第一輯》第一冊，299。

76 上坂勝口供，見中央檔案館編，《中央檔案館日本侵華戰犯筆供選編第一輯》第一冊，385。

77 〈律師：文明審判不可或缺的一員〉，收入《正義的審判之新中國審判：瀋陽》系列，《人民法院報特刊》，2015/09/03，網路雜誌，http://rmfyb.chinacourt.org/.

78 〈律師：文明審判不可或缺的一員〉。

79 〈律師：文明審判不可或缺的一員〉。

80 王戰平編，《正義的審判：最高人民法院特別軍事法庭審判日本戰犯紀實》（北京：人民法院出版社，1990），441。

81 王戰平編，《正義的審判》，441。

82 防衛庁防衛研修所戦史室編，《北支の治安戦2》，《戦史叢書》[50]（朝雲新聞社，1971），169。

83 防衛庁防衛研修所戦史室編，《北支の治安戦2》，《戦史叢書》[50]，170。

84 石切山英彰，《日本軍毒ガス作戦の村》（高文研，2003），35；Aiko Otsuka, "Narratives of a Fallen Army: Japanese Veterans' Concepts of Defeat and War Crimes Responsibility in World War Two" (PhD diss., University of Cambridge, 2019).

85 石切山英彰，〈日本軍毒ガス作戦の村〉，《週刊金曜日》（1995.06.23），48–50。

86 石切山英彰，《日本軍毒ガス作戦の村》，44–45。

87 石切山英彰，《日本軍毒ガス作戦の村》，50–53。

88 石切山英彰，《日本軍毒ガス作戦の村》，58；新井利男，〈供述書はこうして書かれた〉，《世界》（1998.05），68–136。新井在文章中引用鈴木啟久、藤田茂、上坂勝、長島勤與佐佐真之助的供詞。

89 見網路上某位日本研究者的部落格，他試圖取得這些紀錄時發現有問題：〈「公表をはばかる内容なので公表できません」〉，

《八路軍研究メモ》，2010/11/17，https://smtz8.hatenadiary.org/entry/20101117/1290269562。

90 Marcus K. Billson, "Inside Albert Speer: Secrets of Moral Evasion," *Antioch Review* 37, no. 4 (Autumn 1979): 460–474; Gitta Sereny, *Albert Speer: His Battle with Truth* (New York: Knopf, 1995).

91 松野誠也，《日本軍の毒ガス兵器》（凱風社，2005），302–310。

92 David Cohen and Yuma Totani, *The Tokyo War Crimes Tribunal: Law, History, and Jurisprudence* (Cambridge: Cambridge University Press, 2019), 201–202; Jeanne Guillemin, *Hidden Atrocities: Japanese Germ Warfare and American Obstruction of Justice at the Tokyo Trial* (New York: Columbia University Press, 2017), 201–204; Boris Yudin, "Research on Humans at the Khabarovsk War Crimes Trial: A Historical and Ethical Examination," in *Japan's Wartime Medical Atrocities: Comparative Inquiries in Science, History, and Ethics*, ed. Jing Bao Nie, Nanyan Guo, Mark Selden, and Arthur Kleinman (London: Routledge, 2010), 61.

93 中央檔案館編，《中央檔案館日本侵華戰犯筆供選編第一輯》第五冊，469；尾西康充，〈田村泰次郎研究(2)山西省戦犯の手記から〉，《三重大学日本語学文学》18（2007.06），75–85。

94 山西省人民監察院編，《偵訊日本戰犯紀實（太原）1952-1956》（北京：新華出版社，1995）300。

95 中央檔案館編，《中央檔案館日本侵華戰犯筆供選編第一輯》第五冊，470。

96 中央檔案館編，《中央檔案館日本侵華戰犯筆供選編第一輯》第五冊，471。

97 山西省人民監察院編，《偵訊日本戰犯紀實（太原）1952-1956》，301；張耀杰，〈活人靶赵培宪——日寇集中营真实故事〉，《炎黃春秋》7期（2005），55–56。使用戰俘當活靶的故事最早登載於〈晉迪殲害俘虜，人當「活肉靶子」供其刺殺〉，《解放日報》，1942/08/31。

98 山西省人民監察院編，《偵訊日本戰犯紀實（太原）1952-1956》，302。

99 山西省人民監察院編，《偵訊日本戰犯紀實（太原）1952-1956》，303。另見王戰平編，《正義的審判》，625–627。

100 〈中共抑留戦犯全部の釈放を〉，東京《朝日新聞》朝刊，1956/06/23。數月後，《朝日新聞》表示從中國獲釋歸國的數千戰犯是被「洗腦」了，因為他們全都用同一種方式在批評日本。「天声人語」，東京《朝日新聞》朝刊，1956/08/01。然而，《朝日新聞》在同一天也刊登一封讀者來信〈自主的に洗脳しましょう〉，內容說，比起那些獲釋甲級戰犯只會抱怨自己被關，別的什麼都沒學到，很多日本人還是比較認同中國回來這些前戰犯所表現出的個人反省。Petra Buchholz, "Confessions of Japanese POWs after Re-education in China," in *Broken Narratives Post-Cold War History and Identity in Europe and East Asia*, ed. Susanne

Weigelin-Schwiedrzik (Leiden: Brill, 2014), 229.

101 從《世界》（1998.05），88–101開始，連續幾期。新井利男、藤原彰編，《侵略の証言：中国における日本人戦犯自筆供述書》（岩波書店，1999）；岡部牧夫、荻野富士夫、吉田裕編，《中国侵略の証言者たち》（岩波書店，2010）。

102 〈有罪45人の供述書、報道写真家が入手56年中国での戦犯裁判〉，《朝日新聞》朝刊，1998/04/05。

103 〈戦争の姿　淡々と裁判前に「寛大な処分」中国の日本人戦犯供述書〉，東京《朝日新聞》朝刊，1998/04/05

104 田辺敏雄，〈中国戦犯・鈴木啓久中将の憂慮——鈴木中将が書き残した長文の「手記」二編は拘禁下の「供述書」の信頼性を否定する〉，《正論》（1999.10），274。

105 田辺敏雄，〈中国戦犯・鈴木啓久中将の憂慮〉，274–287。田邊整篇文章都在試圖證明這一點。

106 鈴木啓久供詞，收入新井利男、藤原彰編，《侵略の証言》，18–19。原供詞中提到毒氣的部分請見中央檔案館編，《中央檔案館日本侵華戰犯筆供選編第一輯》第一冊，57。

107 吉見義明，《毒ガス戦と日本軍》（岩波書店，2004），272。

108 石田隆至，〈寛大さへの応答から戦争責任へ——ある元兵士の『終わりなき認罪』をめぐって〉，《PRIME》31（2010.03），59–72。

109 中国帰還者連絡会編，《帰ってきた戦犯たちの後半生》（大阪：新風書房，1996），31–34。

110 中国帰還者連絡会編，《帰ってきた戦犯たちの後半生》，36–37。

111 中国帰還者連絡会編，《帰ってきた戦犯たちの後半生》，589–590。NHK特別節目日文名稱為《"戦犯"たちの告白～撫順・太原戦犯管理所1062人の手記》。

112 石田隆至，〈中国の戦犯処遇方針にみる「寛大さ」と「厳格さ」——初期の戦犯教育を中心に〉，《PRIME》32（2010.10），68。

113 石田隆至，〈中国の戦犯処遇方針にみる「寛大さ」と「厳格さ」〉，69。

114 Frederick C. Teiwes, *Politics and Purges in China* (New York: M.E. Sharpe, 1979), 275–329.

115 Kinkley, *Chinese Justice, the Fiction*, 24. 對於中國反右運動與濫用法律的詮釋請見Sebastian Veg, "Testimony, History and Ethics: From the Memory of Jiabiangou Prison Camp to a Reappraisal of the Anti-Rightist Movement in Present-Day China," *China Quarterly* 218 (June 2014): 514–539.

第九章

1 豐田的計畫某些部分與橫濱的乙丙級戰罪審判有關。見清永聡，《戦犯を救え：ＢＣ級「横浜裁判」秘録》（新潮社，2015），125–137。從全球角度考慮舊金山和約的問題，請見川島真、細谷雄一編，《サンフランシスコ講和と東アジア》（東京大学出版会，2022）。

2 平11年法務4B, 23, 6290,〈戦争裁判記録資料（戦争裁判の記録目次（案）、昭和27年度業務要旨，27・2・27戦争裁判の記録編集の方針（案）、昭和28年度業務打合せほか）· by 豊田隈雄〉，1952/01，NAJ。

3 平11年法務4B, 23, 6290,〈戦争裁判記録資料（戦争裁判の記録目次（案）、昭和27年度業務要旨，27・2・27戦争裁判の記録編集の方針（案）、昭和28年度業務打合せほか）· by 豊田隈雄〉，1952/01，NAJ。

4 平11年法務4B, 23, 6290，〈戦争裁判記録資料（戦争裁判の記録目次（案）、昭和27年度業務要旨，27・2・27戦争裁判の記録編集の方針（案）、昭和28年度業務打合せほか）· by 豊田隈雄〉，1952/01，NAJ。

5 平成11年4A-21-6340，〈戦争の裁判関係事務資料抜粋〉昭和16–20，NAJ。

6 Nariaki Nakazato, *Neonationalist Mythology in Postwar Japan: Pal's Dissenting Judgment at the Tokyo War Crimes Tribunal* (Lanham, MD: Lexington Books, 2016), 144–145.

7 〈ＢＣ級戦犯の赦免　木村法務総裁言明　裁判過酷に新制　戦争犯罪〉，東京《朝日新聞》夕刊，1952/04/30。

8 〈「戦犯」に対する認識と内閣総理大臣の靖国神社参拝に関する質問主意書〉（提出者野田佳彦，質問第21号　平成17年10月17日提出），日本眾議院第163回，2005/11/17，第21回質詢，JPR；內海愛子、宇田川幸大，〈戦争と裁き——オーストラリア裁判と被告人〉，《大阪経済法科大学アジア太平洋研究センター年報》（2016）2–8則說發布指令者是法務總裁大橋武夫。Sheila A. Smith, *Intimate Rivals: Japanese Domestic Politics and a Rising China* (New York: Columbia University Press, 2015), 99, 295.

9 〈戦犯釈放意見書　日本弁護士連が手交〉，読売新聞》朝刊，1952/06/22；Sandra Wilson, Dean Aszkielowicz, Beatrice Trefalt, and Robert Cribb., *Japanese War Criminals: The Politics of Justice after the Second World War* (New York: Columbia University Press, 2017), 164–195.

10 Eiko Maruko Siniawer, *Ruffians, Yakuza, Nationalists: The Violent Politics of Modern Japan, 1860–1960* (Ithaca, NY: Cornell University Press, 2008), 159.

11 〈大幅な恩赦綱領講和の発効しに　大橋総裁答弁各委員会〉，東京《朝日新聞》夕刊，1951/11/13。
12 第12回国会，衆議院，法務委員会，1951/11/14，JPR。
13 田中正明，《パール判事の日本無罪論》（小学館，2001）；吉松正勝，《戦史を破る——日本は無罪なり》（日本書籍印刷東京支社，1952）；鈴木千慧子〈まぼろしではなかった「百人斬り競争」〉，《中帰連》27（2003冬）：6。
14 Kei Ushimura, "Pal's 'Dissentient Judgment' Reconsidered: Some Notes on Postwar Japan's Responses to the Opinion," *Japan Review*, no. 19 (2007): 218.
15 Hiro Saito, *The History Problem: The Politics of War Commemoration in East Asia* (Honolulu: University of Hawaii Press, 2017), 27.
16 Sebastian Conrad, *The Quest for the Lost Nation: Writing History in Germany and Japan in the American Century* (Berkeley: University of California Press, 2010), 245.
17 王偉彬，〈在中国日本人の引き揚げに関する一考察〉，《修道法学》27巻2号（2005）：159。
18 Casper Wits, "Foreign Correspondents in the East Asian Cold War: The Sino-Japanese Journalist Exchange of 1964," *Modern Asian Studies* 54, no. 5 (2020): 1–37.
19 李豊，〈1950年代の日中貿易と日中関係：日中貿易促進団体の活動を中心に〉（神戸大學博士論文，2014）。
20 別枝行夫，〈戦後日中関係と非正式接触者：日本外交の非正式チャンネル〉，《国際政治》第75号（1983.10），99。
21 孫平化，《中国と日本に橋を架けた男》（日本経済新聞社，1998），77。
22 石川忠雄、中嶋嶺雄、池井優編，《戦後資料日中関係》（日本評論社，1970），23–24；Mayumi Itoh, *The Making of China's Peace with Japan: What Xi Jinping Should Learn from Zhou Enlai* (New York: Palgrave MacMillan, 2017), 14–21.
23 岡崎雄兒，〈池田正之輔と戦後初期日中貿易（下）：民間貿易協定に奔走——庄内出身政治家の足跡〉，《東北公益文科大学総合研究論集Forum 21》4（2002），117–138；Amy King, *China-Japan Relations after World War II: Empire, Industry and War, 1949–1971* (Cambridge: Cambridge University Press, 2016), 83–86.
24 高良とみ，《非戦を生きる：高良とみ自伝》（ドメス，1983），171；〈国交回復せば送還 ソ連の戦犯への態度〉，東京《朝日新聞》朝刊，1952/06/30。
25 〈デモ隊に警官発砲 名古屋で20余名負傷 90名検挙〔…〕〉，《読売新聞》朝刊，1952/07/08。
26 〈「死ぬ前に帰りたい」 ソ連で戦犯が訴う〉，東京《朝日新聞》朝刊，1952/07/16。

27 〈殘留者二万五千？〉，東京《朝日新聞》朝刊，1952/06/29。

28 〈苦しかった中共の生活　帰国看護婦ら語る「帆足の報告は誤まり」〉，東京《讀賣新聞》夕刊，1952/08/19。

29 別枝行夫，〈戦後日中関係と中国外交官（その1）〉，《北東アジア研究》第2号（2001.10），180。另見別枝行夫，〈戦後日中関係と非正式接触者：日本外交の非正式チャンネル〉，98–113。Rachel Leow, "A Missing Peace: The Asia-Pacific Peace Conference in Beijing, 1952 and the Emotional Making of Third World Internationalism," *Journal of World History* 30, nos. 1–2 (June 2019): 33還用盟軍在太平洋戰爭的「跳島戰術」來形容此時中日互動為「跳會戰術（conference hopping）」。

30 趙新利，〈日中戦争期における中国共産党の対日プロパガンダ戦術・戦略〉早稲田大學博士論文（早稲田大学出版部，2011）；毛里和子，《日中関係：戦後から新時代へ》（岩波新書，2006），22。

31 Itoh, *Making of China's Peace with Japan*, 18; 高良とみ，《非戦を生きる》，175–176.

32 別枝行夫，〈戦後日中関係と中国外交官（その1）〉，180。日本代表團會面對象包括趙安博、肖向前、楊振亞、吳學文與王效賢等人。

33 Saburō Ienaga, *Japan's Last War: World War II and the Japanese, 1931–1945* (Oxford: Basil Blackwell, 1979), 252；第15回国会，衆議院，予算委員会，第19号，1953/02/09，JPR。本書引用的英文二手研究中翻譯的引文，與岡野在議會中原本的日文發言，兩者稍有差異。Sebastian Conrad, *The Quest for the Lost Nation: Writing History in Germany and Japan in the American Century* (Berkeley: University of California Press, 2010), 112–119.

34 Lori Watt, *When Empire Comes Home: Repatriation and Reintegration in Postwar Japan* (Cambridge, MA: Harvard University East Asia Center, 2009), 9–10.

35 〈從上海回國日僑的主要思想情況〉，1953/03/28，IRRC。

36 〈從上海回國日僑的主要思想情況〉，1953/03/28，IRRC。

37 Rodger Swearingen and Paul Langer, *Red Flag in Japan: International Communism in Action, 1919–1951* (Cambridge, MA: Harvard University Press, 1952), 104.

38 Swearingen and Langer, *Red Flag in Japan*, 94–95.

39 The Japanese Communist Party, 1955–1963, declassified CIA report, March 1964, 10.

40 趙新利，〈日中戦争期における中国共産党内の「知日派」と敵軍工作〉，《早稲田政治公法研究》95号（2010），1–15。

41 和田春樹，《歴史としての野坂参三》（平凡社，1996），251–255。
42 伊藤律，《伊藤律回想録——北京幽閉二七年》（文藝春秋，1993），15–18。
43 楊明偉、陳揚勇，《周恩來外交風雲》（北京：解放軍文藝出版社，1995），237。兩人會面內容備忘錄可見於政策研究大學院大學（GRIPS）田中明彥教授負責經營的「世界と日本」網站，https://worldjpn.net/indexPC-ENG.html，〈日中関係に関する周恩来中国首相の大山郁夫教授に対する談話〉，1953/09/28。
44 別枝行夫，〈戦後日中関係と非正式接触者：日本外交の非正式チャンネル〉，102；菅栄一、山本剛士、白西紳一郎，《日中問題：現代中国と交流の視角》，15–16。
45 〈赦免元軍人の歓送、北京放送の座談会から中共引き上げ〉，東京《朝日新聞》夕刊，1954/09/05。
46 〈日本國會議員田中稔男回國〉，《人民日報》，1954/10/23。
47 其中包括《望郷：北京にありて一日本人の想える》（光文社，1956）。
48 〈獲得寬赦前日本軍人與日本左派社會黨議員等見面的情況〉，1954/09/28，IRRC。
49 〈獲得寬赦前日本軍人與日本左派社會黨議員等見面的情況〉，1954/09/28，IRRC。
50 〈「前進座事件（北海道赤平事件）」を伝える〉，美濃津辰巳於滋賀縣滋賀村家中受訪問內容，2002/12/07，http://www.mike-coalmine.org/data/koe/zenshinza.html; Samuel L. Leiter, *Kabuki at the Crossroads: Years of Crisis, 1952–1965*, (Leiden, Netherlands: Global Oriental, 2013), 140–141.
51 〈周恩来の日本国会議員訪中代表団学術視察団との会見における発言「日本友好の基礎について」〉，收入石川忠雄、中嶋嶺雄、池井優編，《戦後資料日中関係》，27–32。
52 〈周恩来の日本国会議員訪中代表団学術視察団との会見における発言「日本友好の基礎について」〉，32；"Record of Conversation from Premier Zhou's Reception of the Japanese Parliamentary Delegation in China and the Japanese Academic and Cultural Delegation in China," October 20, 1955, History and Public Policy Program Digital Archive, PRC FMA 105-00158-02, 6–27; obtained by Amy King and translated by Stephen Mercado, http://digitalarchive.wilsoncenter.org/document/165370.
53 〈対日共同宣言（中華人民共和国政府およびソヴィエト社会主義共和国連邦政府の日本に対する関係についての共同宣言）〉，整理於「世界と日本」網站（https://worldjpn.net/indexPC-ENG.html）；Park Jung Jin, "North Korean Nation Building and Japanese Imperialism," in *The Dismantling of Japan's Empire in East Asia: De-imperialization, Postwar Legitimation and Imperial*

Afterlife, ed. Barak Kushner and Sherzod Muminov (London: Routledge, 2017), 208.

54 廉舒，〈1950年代における中ソ関係と中国の対日政策〉，《論叢現代語・現代文化》20（2019.02）14。

55 〈日本眾議院議員田中稔男發表談話歡迎中蘇兩國〔…〕〉，《人民日報》，1954/10/24。

56 〈李徳全女史ら昨夕入境〉，東京《朝日新聞》朝刊，1954/10/31。

57 「天声人語」，東京《朝日新聞》朝刊，1954/10/31；程麻、林振江，《日本難忘李德全》（北京：中國社會科學出版社，2017），47。

58 Erik Esselstrom, *That Distant Country Next Door: Popular Japanese Perceptions of Mao's China* (Honolulu: University of Hawaii Press, 2019), 22.

59 〈周恩来の日本国会議員訪中代表団学術視察団との会見における発言「日本友好の基礎について」〉，33。

60 〈周恩来の日本国会議員訪中代表団学術視察団との会見における発言「日本友好の基礎について」〉，34。

61 〈日本記者來津探訪回國日僑情況〉，1954/12/04，IRRC。

62 福田熊次郎，〈私の見たままの中共〉，《大陸問題》3(11)（1954.11），28–45。

63 〈日僑福田熊次郎回國後對我國情況進行歪曲宣傳〉，1954/12/15，IRRC。

64 "Interview with Chou En-lai, Shozo Murata Talks about His Trip," translated in"Political Relations between China and Japan (1955)," FO 371-115005, published, KGNA.

第十章

1 〈日本對我態度〉，《中日間懸案》案卷第一冊，1955/11（11-EAP-02382），MOFAT。

2 伊藤律，《伊藤律回想録——北京幽閉二七年》（文藝春秋，1993），84。

3 伊藤律，《伊藤律回想録》，93–94。

4 水谷尚子，《「反日」以前——中国対日工作者たちの回想》（文藝春秋，2006），101。

5 〈「趙安博発言」と歴史の真実〉，《前衛》（1998.04），98–108；水谷尚子，《「反日」以前》，68。刪節過的文章發表於趙安博、姫田光義、水谷尚子，〈趙安博回想録——日中関係史の一断面〉，《世界》（1998.10），280–294。

6 水谷尚子，《「反日」以前》，98。

7 水谷尚子，《「反日」以前》，99–100。

8 增田周子，〈火野葦平「赤い国の旅人」の成立と新中国認識——「中国旅日記」との比較および、初出削除問題を中心として〉，《関西大学「東西学術研究所紀要」》44輯（2011.04），29–47。

9 火野葦平，〈撫順プリズンの戦犯たち〉，《赤い国の旅人》（朝日新聞社，1955），300–308。

10 Memo from Peking to Foreign Office, September 15, 1955, "Sino-Japanese Relations," in "Political relations between China and Japan (1955)," FO 371-115005, published, KGNA.〈中日兩國間僑民問題的真相〉一文原刊登於《人民日報》，1955/09/14。

11 Ran Zwigenberg, *Hiroshima: The Origins of Global Memory Culture* (Cambridge: Cambridge University Press, 2014), 103.

12 〈周恩来総理：日本新聞放送関係中国訪問代表と会見〉，收入石川忠雄、中嶋嶺雄、池井優編，《戦後資料日中関係》，52–54。

13 遠藤三郎，《日中十五年戦争と私——国賊・赤の将軍と人はいう》（日中書林，1974），328。

14 遠藤三郎，《日中十五年戦争と私》，343。

15 遠藤三郎等著，《元軍人の見た中共：新中国の政治・経済・文化・思想の実態》（文理書院，1956），22–23。

16 遠藤三郎等著，《元軍人の見た中共》，24。

17 小林一博，《「支那通」一軍人の光と影：磯谷廉介中将伝》（柏書房，2000），238；楊大慶，〈1950年代における戦争記憶と浅い和解——元日本軍人訪中団を中心に〉，收入劉傑、川島真編，《対立と共存の歴史認識——日中関係150年》（東京大学出版会，2013），191–222。

18 宮武剛，《将軍の遺言：遠藤三郎日記》（毎日新聞社，1986），216。

19 小林一博，《「支那通」一軍人の光と影》，239。

20 遠藤三郎等著，《元軍人の見た中共》，17。

21 〈1955.10.03，周恩來總理接見日本左派社會黨野溝勝談話記要〉，檔號：105-00210-07，CMOFA。

22 石川忠雄、中嶋嶺雄、池井優編，《戦後資料日中関係》，56–57。毛周兩人與上林山一行人在一九五五年十月十五日會面，〈毛澤東主席接見日本議員訪華團談話記錄〉，檔號：105-00210-01，CMOFA。

23 満洲国史編纂刊行会，《満洲国史　総論》（満蒙同胞援護会，1970），無頁碼。

24 遠藤三郎等著，《元軍人の見た中共》，48。

25 中國外交部某份資料將日期標為一九五五年十月二十八日，應當有誤。遠藤拿自己在巢鴨監獄的經歷與日本戰犯在撫順的處境相比，說撫順的戰犯受到「極其寬大」的待遇。〈毛澤東主席接見日本擁護憲法聯合會訪華團談話記要〉，檔號：105-00210-02 (1)，CMOFA。

26 城山英巳，〈「元軍人訪中団」と毛沢東外交の戦略性：中国外交档案から見る軍国主義の清算〉，《ソシオサイエンス》19（2013.03），78；遠藤三郎，《日中十五年戦争と私》，482。孫平化，《中国と日本に橋を架けた男》（日本経済新聞社，1998），92–95。

27 一九五五年十二月，周恩來與竹中勝男率領的日本民間團體「烈士遺骨護送團」會面。〈周恩來總理接見中國抗日烈士遺骨護送團談話紀錄〉，檔號：105-00210-10 (1)，CMOFA。另見王紅艷，〈中国人遺骨送還運動と戦後中日関係〉，《一橋論叢》119(2)（1998.02），267–283。

28 (Confidential) “Minutes of the Talk between Japanese and Chinese Red Cross Societies,” Peking, March 3, 1956, “Criminel de guerre japonais en Chine. Rapatriement, 08/10/1954-11/07/1958, BAG 219 048-001, IRCA.

29 Confidential British dispatch from the embassy in Tokyo on April 13, 1956, from Esler Denning, in “Political relations between China and Japan (1956),” FO 371-120888, published, KGNA.

30 〈周恩來總理接見日本和平代表團宮崎龍介等人談話記錄〉，檔號：105-00500-02，CMOFA。

31 〈太原在押日本戰犯的思想動態〉，1956/05/11，IRRC。

32 城山英巳，〈「元軍人訪中団」と毛沢東外交の戦略性〉，79。

33 廖承志在一九五六年九月四日寫信給毛澤東，盛讚撫順監獄對日本戰犯的改造功勞，並表示日本訪中的前軍官因為囚犯的再教育，也因為參訪中國各個重要地點，而對中國有正面觀感。廖承志認為，這些團體對新中國的觀感已經在改變，而毛澤東與他們會面就更有助於「大幅」強化此事。見廖承志文集編輯辦公室編，《廖承志文集（下）》（香港：三聯書店，1990），808–809。

34 城山英巳，〈「元軍人訪中団」と毛沢東外交の戦略性〉，80; 宮武剛，《将軍の遺言》，218；城山英巳，《中国共産党「天皇工作」秘録》（文藝春秋，2009），12–13。

35 “August 27, 1956, British embassy Tokyo dispatch, from RW Selby,” in “Political relations between China and Japan (1956),” FO 371-120888, KGNA.

36 張鴻鵬，《いま甦る遠藤三郎の人と思想：陸軍高級エリートから反戦平和主義者へ》（桜美林大学北東アジア総合研究所，2016），347。

37 王振東，〈回想 太原戦犯管理所長として〉，《中帰連》19号（2001冬），48。

38 公報原文可見於政策研究大學院大學（GRIPS）田中明彥教授負責經營的「世界と日本」網站，https://worldjpn.net/indexPC-ENG.html，〈社会党訪中団と中国人民外交学会の共同コミュニケ〉，1957/04/22。

39 "Confidential British embassy in Peking dispatch, May 9, 1957," in FO 371-127285 "Political relations between China and Japan (1957)," published United Kingdom archives.

40 公安調査庁，《思想改造と戦争犯罪：中共抑留記》，日本政府製作的軟書皮裝訂報告，1957/05，no. 3419, TBA。

41 第28回国会，衆議院，外務委員会，第20号，1958/04/09，JPR；松岡肇，《日中歴史和解への道》（高文研，2014），183–185。

42 Nick Kapur, *Japan at the Crossroads: Conflict and Compromise after Anpo* (Cambridge, MA: Harvard University Press, 2018), 7–8.

43 豊田的提案請見：平11年4A-21-6654，〈戦争犯罪法的研究関係綴〉，1964/03/19，NAJ。

44 日本国際政治学会太平洋戦争原因研究部編，《太平洋戦争への道》全八冊（朝日新聞社，1962-62）。

45 阪埜的女婿在個人部落格中談到他對岳父的一些想法：〈東京裁判について『自分史』からの抜粋〉。資料取得於2005/11/15，https://mikasa.exblog.jp/2198881/。

46 豬木武德，《経済成長の果実：1955-1972》（中央公論社，2000），129–131。

47 Helen Hardacre, *Shinto: A History* (Oxford University Press, 2016), 461; Franziska Seraphim, *War Memory and Social Politics in Japan, 1945–2005* (Cambridge, MA: Harvard University Asia Center, 2006).

48 東京裁判研究会編，《共同研究 パール判決書——太平洋戦争の考え方》共二冊（東京裁判刊行会，1966）。

49 平11年4A-21-6654，〈戦争犯罪法的研究関係綴〉，1964/03/19，NAJ。

50 早稲田大學名譽教授山本武利為一個二十一世紀大學研究會所做的開場演講內容也是類似立場。〈東京裁判と検閲体制〉，收入国士舘大学極東国際軍事裁判研究プロジェクト，《比較法制研究》第38号（2015），87–100。

51 福間良明，《「戦争体験」の戦後史——世代・教養・イデオロギ》（中公新書，2009），3–5。

52 東京有一座專題紀念館「わだつみのこえ記念館」http://www.wadatsuminokoe.org（資料取得於2022/07/30）。

53 保阪正康，《「きけわだつみのこえ」の戦後史》（文春文庫，2002）。

54 〈戦没学生に声あらば　社説〉，東京《朝日新聞》朝刊，1969/05/21。

55 Julia Strauss, *State Formation in China and Taiwan Bureaucracy, Campaign, and Performance* (Cambridge: Cambridge University Press, 2020), 98–99.

56 Brad R. Roth, "Human Rights and Transitional Justice: Taiwan's Adoption of the ICCPR and the Redress of 2/28 and Martial-Law-Era Injustices," in *Taiwan and International Human Rights: A Story of Transformation*, ed. Jerome A. Cohen, William P. Alford, and Chang-fa Lo (Singapore: Springer, 2019), 54.

57 Chihyun Chang, ed., *The Chinese Journals of L. L. Little, 1943–1954: An Eyewitness Account of War and Revolution, vol. 3, The Financial Advisor, 1950–1954* (London: Routledge, 2018), 237. 二〇〇一年，臺灣政府查明孫立人為無罪。

58 Jerome Cohen, "Taiwan's Political-Legal Progress: Memories of the K Dictatorship," in *Taiwan and International Human Rights: A Story of Transformation*, ed. Jerome A. Cohen, William P. Alford, and Chang-fa Lo (Singapore: Springer, 2019), 20.

59 陳翠蓮，〈歷史正義的困境——族群議題與二二八論述〉，《國使館學術集刊》16（2008.06），195。

60 何義麟，《臺湾現代史：二・二八事件をめぐる歴史の再記憶》（平凡社，2014），218–220；吳俊瑩，〈「拂塵專案」與國民黨當局對二二八事件詮釋的學術轉向〉，《臺灣史研究》第29卷第4期（2022.12），173–230。

61 蘇僧、郭建成，《拂去歷史明鏡中的塵埃》（美國加州：美國南華文化事業公司，1986）；陳翠蓮，〈歷史正義的困境〉，196；陳翠蓮，《重構二二八：戰後美中體制、中國統治模式與臺灣》（衛城出版，2017），13。

62 Michael Berry, *A History of Pain: Trauma in Modern Chinese Literature and Film* (New York: Columbia University Press, 2008), 218.

63 Chun-Hung Chen and Hung-Ling Yeh, "The Battlefield of Transitional Justice in Taiwan: A Relational View," in *Taiwan and International Human Rights: A Story of Transformation*, ed. Jerome A. Cohen, William P. Alford, and Chang-fa Lo (Singapore: Springer, 2019), 71; Thomas J. Shattuck, "Transitional Justice in Taiwan: A Belated Reckoning with the White Terror," Foreign Policy Research Institute, 2019, https://www.fpri.org/article/2019/11/transitional-justice-in-taiwan-a-belated-reckoning-with-the-white-terror/.

第十一章

1 〈上海司法界人士展開反右派鬥爭，要求法學會理事會表明態度，指出王造時楊兆龍問題嚴重必須認真搞清〉，1957/06/26，

CARMD。

2 「無法可依時壞人感到無所顧忌，好人感到缺乏保證」，出自〈楊兆龍「我國重要法典何以遲遲不頒布」〉，《新聞日報》，1957/05/07。這段話被列入〈右派分子楊兆龍的言論，復旦大學楊兆龍，復旦大學校刊編輯室，一九五七年八月〉（CARMD）裡面，作為清算他的證據。

3 〈全體司法幹部團結在黨的周圍，徹底打垮右派分子的猖狂進攻：史良在第一屆全國人民代表大會第四次會議上的發言〉，1957/07/12，CARMD。

4 〈讓法槌敲響歷史的警鐘〉，《人民法院報》，2014/09/03。

5 〈中共最高人民法院刑庭支部關於開除右派分子賈潛黨籍的決定（賈潛）〉，1958/02/15，CARMD。

6 〈中共最高人民法院刑庭支部關於開除右派分子朱耀堂黨籍的決定〉，1958/02/15，CARMD。

7 〈中共最高人民法院刑庭支部關於開除右派分子楊顯之黨籍的決定〉，1958/02/15，CARMD。

8 〈（郝劭安）中共最高人民法院刑庭支部關於開除右派分子郝劭安黨籍的決定〉，1958/02/15，CARMD。

9 袁光，《從紅軍戰士到軍法將軍》（江西人民出版社，1998），149–170。

10 〈中共最高人民法院刑庭支部關於開除右派分子張向前黨籍的決定（張向前）〉，1958/04/24，CARMD。

11 當代中國叢書編輯委員會編，《當代中國的公安工作》（北京：當代中國出版社，1992），126。關於戰後被中共追究「戰罪」的中國「戰犯」命運，更多請見Barak Kushner, "The Real Manchurian Candidates: Chinese War Criminals in the Postwar, Prisoners of History," *International Journal of Asian Studies* 20, no. 1 (January 2023): 19–37.

12 全國政協文史和學習委員會編，《回憶改造戰犯》全二冊（北京：中國文史出版社，2013）。另見當代中國叢書編輯委員會編，《當代中國的公安工作》，126–128。

13 夏繼誠，〈國民黨特務頭子康則從被俘到特赦〉，《炎黃春秋》（2018.06）（網路版請見http://www.yhcqw.com/30/12657.html）。

14 雷皓，〈進京前後參與管教國民黨戰犯紀實〉，收入全國政協文史和學習委員會編，《回憶改造戰犯》下冊（北京：中國文史出版社，2013），417。

15 毛澤東，〈論十大關係〉，1956/04/25。全文可見於「中文馬克思主義文庫」網站：https://www.marxists.org/chinese/maozedong/marxist.org-chinese-mao-19560425.htm。

16 「晉察冀軍區」包含山西、河北與察哈爾三省。察哈爾省在一九四八年與其他區域合併為內蒙古自治區。

17 雷皓，〈進京前後參與管教國民黨戰犯紀實〉，409。
18 〈処刑方針、元周恩来首相が撤回命令 旧日本軍戦犯管理所元幹部が語る〉，《朝日新聞》夕刊，1998/04/10。
19 劉家常、劉人源，《最後的選擇：國民黨名將黃維特赦前後》（北京：解放軍出版社，1999），205。
20 Jin Luxian, *The Memoirs of Jin Luxian, vol. 1, Learning and Relearning, 1916–1982*, trans. Willam Hanbury-Tenison (Hong Kong University Press, 2012), 245.
21 金源，〈有一次偉大的歷史事件〉，收入全國政協文史和學習委員會編，《回憶改造戰犯》，448。
22 J. A. Fyfield, *Re-educating Chinese Anti-Communists* (London: St. Martin's Press, 1982), 54.
23 段克文，《戰犯自述》第一部（臺北：世界日報社，1978），4。
24 段克文，《戰犯自述》第一部，19。
25 Fyfield, *Re-educating Chinese Anti-Communists*, 52; 段克文，《戰犯自述》第一部，26。
26 金源，〈有一次偉大的歷史事件〉，448。
27 金源，〈有一次偉大的歷史事件〉，449。
28 劉家常、劉人源，《最後的選擇》，57。
29 "The Ambassador in China (Stuart) to the Department of State," Nanking, December 30, 1948, FRUS, 1948, The Far East: China, Volume VII, Document 591.
30 Ryan Grauer, *Commanding Military Power: Organizing for Victory and Defeat on the Battlefield* (Cambridge: Cambridge University Press, 2016), 107.
31 黃維，〈我在功德林的改造生活〉，《文史精華》2期（1995），5。黃維對這段歲月回憶內容的更完整原始版本〈功德林改造生活紀實〉收入中國人民政治協商會議全國委員會文史資料研究委員會「從戰犯到公民」編輯，《從戰犯到公民：原國民黨將領改造生活的回憶》（北京：中國文史出版社，1987），113–136。
32 劉家常、劉人源，《最後的選擇》，65–66。
33 黃維，〈我在功德林的改造生活〉，8。
34 雷皓，〈進京前後參與管教國民黨戰犯紀實〉，415–416。
35 劉家常、劉人源，《最後的選擇》，131。

36 劉家常、劉人源，《最後的選擇》，189–190。

37 雷皓，〈進京前後參與管教國民黨戰犯紀實〉，416。

38 Fyfield, *Re-educating Chinese Anti-Communists*, 33. 另見黃維女兒的訪問內容：黃慧南、周海濱，〈一個國民黨中將的改造歷程〉，《江淮文史》（2014.09），75–87。

39 〈改惡從善前途光明〉，《人民日報》，1959/09/18。

40 紀敏，〈1959：共和國主席發出特赦令〉，《縱橫》10期（1998），39。

41 黃維，〈功德林改造生活紀實〉，131。

42 Frederick Wakeman, *Spymaster Dai Li and the Chinese Secret Service* (Berkeley: University of California Press, 2003), 4.

43 Fyfield, *Re-educating Chinese Anti-Communists*, 11.

44 沈醉，《戰犯改造所見聞（上）》（北京：群眾出版社，1990），39–40；Philip F. Williams and Yenna Wu, *The Great Wall of Confinement: The Chinese Prison Camp through Contemporary Fiction and Reportage* (Berkeley: University of California Press, 2004), 161.

45 Fyfield, *Re-educating Chinese Anti-Communists*, 31–33. 另見Julia Lovell, "The Uses of Foreigners in Mao-Era China: 'Techniques of Hospitality' and International Image-Building in the People's Republic, 1949–1976," Transactions of the RHS 25 (2015): 135–158.

46 Tom Buchanan, *East Wind: China and the British Left*, 1925–1976 (Oxford: Oxford University Press, 2012), 164.

47 R. K. S. Ghandhi, "Mao Tse-Tung: His Military Writings and Philosophy," *Naval War College Review* 17, no. 7 (March 1965): 19.

48 Felix Greene, *China: The Country Americans Are Not Allowed to Know* (New York: Ballantine Books, 1961). 另見 "[Mao Zedong's] Conversation with [Bernard] Montgomery, [British Viscount of Alamein]," May 27, 1960, History and Public Policy Program Digital Archive, Gang er si Wuhan daxue zongbu et al., eds., Mao Zedong sixiang wansui [Long live Mao Zedong thought], vol. 4 (1958–1960) (Wuhan, internal circulation, May 1968): 281–291, https://digitalarchive.wilsoncenter.org/document/230144

49 Buchanan, *East Wind*, 164.

50 當代中國叢書編輯委員會編，《當代中國的公安工作》，115–126。

51 張繼承編，《撫順戰犯管理所舊址陳列館故事》（南京：南京出版社，2014），143–146。

52 Fyfield, *Re-educating Chinese Anti-Communists*, 31.

53 Ning Wang, *Banished to the Great Northern Wilderness: Political Exile and Re-education in Mao's China* (Ithaca, NY: Cornell University Press, 2017), 82–83.

54 Liu Binyan, "Murder at Nenjiang Camp," in *Seeds of Fire: Chinese Voices of Conscience*, ed. Geremie Barmé and John Minford (New York: Noonday Press, 1989), 65–67.

55 Fyfield, *Re-educating Chinese Anti-Communists*, 75.

56 Robert Jay Lifton, *Thought Reform and the Psychology of Totalism: A Study of Brainwashing in China* (New York: W. W. Norton, 1963); Monica Kim, The Interrogation Rooms of the Korean War: The Untold History (Princeton, NJ: Princeton University Press, 2019).

57 Christian Sorace, "Extracting Affect: Televised Cadre Confessions in China," *Public Culture* 31, no. 1 (January 2019): 147–148.

58 紀敏，〈特赦戰犯申請去臺灣受阻內幕〉，收入紀敏編，《生死輪迴：改造戰犯密檔全公開》（北京：中國文史出版社，2011），56–57。

59 當代中國叢書編輯委員會編，《當代中國的公安工作》，132。有其他資料指出，中共是依鄧小平指示辦理此事。

60 紀敏，〈周恩來臨終對臺灣問題的批示〉，《炎黃春秋》（2002.06），7–14；李海文，〈1975年毛澤東主席釋放國民黨戰犯的內情〉，《晚霞》24（2011），42–46。

61 菅野敦志，《臺湾の国家と文化——「脱日本化」・「中国化」・「本土化」》（勁草書房，2011），289–292。

62 Jay Taylor, *The Generalissimo: Chiang Ching-kuo and the Revolutions in China and Taiwan* (Cambridge, MA: Harvard University Press, 2000), 320.

63 Denny Roy, *Taiwan: A Political History* (Ithaca, NY: Cornell University Press, 2003), 147; 李占恒，《特赦回臺北：從戰犯到作家》（北京：解放軍出版社，1999）。

64 〈元国民党戦犯に臺湾遠く〉，東京《朝日新聞》朝刊，1975/09/03。

65 任海生，《不必殺身成仁：國民黨重要將領改造紀實》（北京：解放軍出版社，1999），317–345。

66 Andrew Morris, " 'Praising Righteous Fan': PLA Air Force Commander Fan Yuanyan's 1977 Defection to Taiwan," *International Journal of Taiwan Studies* 2 (2019): 57–84; Andrew Morris, *Defectors from the PRC to Taiwan, 1960–1989: The Anti-communist Righteous Warriors* (London: Routledge, 2022).

67 Morris, " 'Praising Righteous Fan,' " 59; "Chinese Mig-19 Pilot Defects: Almost Draws Taiwan into Dogfight," Washington Post, July 8,

1977.

68 Mark Bowden, "The Dark Art of Interrogation," *Atlantic Monthly*, (October 2003): 56.

69 As quoted from the 1946 US Strategic Bombing Survey in Jeremy A. Yellen, "The Specter of Revolution: Reconsidering Japan's Decision to Surrender," International History Review 35, no. 1 (February 2013): 206.

70 Ali Soufan, *The Black Banners, Declassified, How Torture Derailed the War on Terror after 9/11* (New York: Norton, 2020), 424.

71 《紐約時報》設立一個互動網站The Guantanamo Docket，追蹤拘押在關達那摩的犯人情況。這裡引用的數據是該網站在二〇二一年年底所列，見https://www.nytimes.com/interactive/2021/us/guantanamo-bay-detainees.html。

第十二章

1 UN General Assembly Resolution No. 2758.

2 Asahi Shimbun Company, *Media, Propaganda and Politics in 20th-Century Japan*, trans. and abridged by Barak Kushner (London: Bloomsbury, 2015), 235–236.

3 〈周首相、二時間余りの熱弁　後藤編集局長との会見〉，《朝日新聞》朝刊，1971/11/06。

4 Kissinger's secret memo to the White House, November 1971, https://www.cia.gov/library/readingroom/docs/LOC-HAK-460-9-16-4.pdf.

5 Samuel S. Kim, "The People's Republic of China in the United Nations: A Preliminary Analysis," *World Politics* 26, no. 3 (April 1974): 307; Samuel S. Kim, *China, the United Nations and World Order* (Princeton, NJ: Princeton University Press, 1979), 106–107.

6 Margaret Macmillan, *Seize the Hour: When Nixon Met Mao* (London: John Murray Publishers, 2007), 146.

7 "Preface, and "Introduction," in Alexander C. Cook, ed., *Mao's Little Red Book: A Global History* (Cambridge: Cambridge University Press, 2014), xiii, 1.

8 Geremie Barmé, *Shades of Mao: The Posthumous Cult of the Great Leader* (London: M. E. Sharpe, 1996), 5–7.

9 Antony Best, "Japan and the Cold War: An Overview," in *The Oxford Handbook of the Cold War*, ed. Richard H. Immerman and Petra Goedde (Oxford: Oxford University Press, 2013), 293.

10 Takashi Shiraishi and Caroline Sy Hau, "Only Yesterday: China, Japan, and the Transformation of East Asia," in *The Cold War in Asia: The Battle for Hearts and Minds*, ed. Yangwen Zheng, Hong Liu, and Michael Szonyi (Leiden: Brill, 2010), 29.

11 〈第1回　竹入義勝・周恩来会談記錄〉，1972/07/27，資料取得於政策研究大學院大學（GRIPS）田中明彥教授負責經營的「世界と日本」網站，https://worldjpn.net/indexPC-ENG.html。另見中曾根康弘，《自省録——歴史法廷の被告として》（新潮社，2004），99–100。

12 H. H. King, "The Boxer Indemnity: 'Nothing but Bad,' " *Modern Asian Studies* 40, no. 3 (July 2006): 663–689.

13 "Record of the First Meeting between Takeiri Yoshikatsu and Zhou Enlai," July 27, 1972, History and Public Policy Program Digital Archive, 2001–298, Act on Access to Information Held by Administrative Organs. 另可見於Diplomatic Archives of the Ministry of Foreign Affairs of Japan. Obtained by Yutaka Kanda and translated by Ryo C. Kato. http://digitalarchive.wilsoncenter.org/document/118833.

14 "Record of the Second Meeting between Takeiri Yoshikatsu and Zhou Enlai," July 28, 1972, History and Public Policy Program Digital Archive, 2001–298, Act on Access to Information Held by Administrative Organs. 另可見於Diplomatic Archives of the Ministry of Foreign Affairs of Japan. Obtained by Yutaka Kanda and translated by Ryo C. Kato. http://digitalarchive.wilsoncenter.org/document/118834；翟新，〈周恩來和松村謙三的五次訪華〉，《中共黨史研究》第11期（2015），89–98。

15 Rana Mitter, "China and the Cold War," in *The Oxford Handbook of the Cold War*, ed. Richard Immerman and Petra Goedde (Oxford: Oxford University Press, 2013), 136.

16 井上正也，〈国交正常化　一九七二年〉，收入高原明生、服部龍二編，《日中関係史1972-2012　I　政治》（東京大学出版会，2012），41。

17 NHK取材班，《周恩来の決断：日中国交正常化はこうして実現した》（日本放送出版協会，1993），128–136；《建國以來毛澤東文稿》第13冊（北京：中央文獻出版社，1998），316。

18 Gao Wenqian, *Zhou Enlai: The Last Perfect Revolutionary* (New York: Public Affairs, 2007), 235–236.

19 Ezra Vogel, *Deng Xiaoping and the Transformation of China* (Cambridge, MA: Harvard University Press, 2011), 184; Robert Weatherley, *Mao's Forgotten Successor: The Political Career of Hua Guofeng* (Basingstoke: Palgrave Macmillan, 2010).

20 Robert Suettinger, *Negotiating History: The Chinese Communist Party's 1981* (Project 2049 Institute, July 2017)，可從該機構網站取得PDF文章（https://project2049.net）。

21 Suettinger, *Negotiating History*, 7. 另見戴煌，《胡耀邦與平反冤假錯案》（北京：新華出版社，1998）；Xu Lizhi, "Beyond

'Destruction' and 'Lawlessness': The Legal System during the Cultural Revolution," in *Victims, Perpetrators, and the Role of Law in Maoist China*, ed. Daniel Leese and Puck Engman (Berlin: Walter de Gruyter, 2018), 25–51.

22 Vogel, *Deng Xiaoping and the Transformation of China*, 189.

23 Vogel, *Deng Xiaoping and the Transformation of China*, 2.

24 Richard Baum, *Burying Mao: Chinese Politics in the Age of Deng Xiaoping*, updated ed. (Princeton, NJ: Princeton University Press, 1994), 76.

25 〈嚴正的審判——北京市中級人民法院審判魏京生反革命案旁聽記〉，《人民日報》，1979/10/17。

26 Excerpts from "Qincheng: A Twentieth Century Bastille," published in *Exploration* (March 1979), on the Wei Jingsheng Foundation website (http://www.weijingsheng.org/doc/en/Excerpts%20from%20Qincheng.htm).

27 穆欣，《辦光明日報十年自述，1957-1967》（北京：中共黨史出版社，1994），373; Roderick MacFarquhar and Michael Schoenhals, *Mao's Last Revolution* (Cambridge, MA: Belknap Press of Harvard University Press, 2006), 342.

28 伊藤律，《伊藤律回想録——北京幽閉二七年》（文藝春秋，1993），269–270。

29 伊藤律，《伊藤律回想録》，303。

30 兩人是透過中國駐東京大使館進行通信，由「日本中國友好協会」常務理事三好一居中協調。〈死ぬ前に証言決断、伊藤律氏〉，東京《朝日新聞》朝刊，1980/12/21。

31 伊藤律，《伊藤律回想録》，326。

32 第93回国会，衆議院，法務委員会，第7号，1980/11/26，JPR. 另外可參見一名日本間諜的故事，他在中國被關的時間比伊藤還長：深谷敏雄，《日本国最後の帰還兵：深谷義治とその家族》（集英社，2014）。

33 〈人大常委會著手研究健全法治〉，《人民日報》，1979/02/15。

34 黄家揚，〈鄧小平：「歷史決議」起草受時局所限〉，資料於2019/09/13取自「胡耀邦史料信息網」，http://www.hybsl.cn/beijingcankao/beijingfenxi/2012-03-15/28976.html。

35 Guoguang Wu, *The Anatomy of Political Power in China* (EAI, National University of Singapore, Marshall Cavendish Academic Press, 2005), 116–118.

36 Roderick MacFarquhar, "The Succession to Mao and the End of Maoism, 1969–1982," in *The Politics of China: Sixty Years of the People's*

Republic of China, 3rd ed., ed. Roderick MacFarquhar (Cambridge: Cambridge University Press, 2011), 330. 另見 Richard Baum, "Modernization and Legal Reform in Post-Mao China: The Rebirth of Socialist Legality," *Studies in Comparative Communism* 19, no. 2 (Summer 1986): 69–103.

37 Guoguang, *Anatomy of Political Power in China*, 147.

38 蕭東連，《歷史的轉軌：從撥亂反正到改革開放，1979-1981》，《中華人民共和國史》系列第10冊（香港：香港中文大學當代中國文化研究中心，2008），127；〈實事求是地解決好四類分子摘帽問題：公安部部長趙蒼璧同志答本報記者問〉，《人民日報》，1979/01/30。

39 蕭東連，《歷史的轉軌》，89。

40 蕭東連，《歷史的轉軌》，104。

41 Alexander C. Cook, *The Cultural Revolution on Trial: Mao and the Gang of Four* (Cambridge: Cambridge University Press, 2016), 2.

42 〈正義的判決《，《人民日報》，1981/01/26。

43 Cook, *Cultural Revolution on Trial*, 25.

44 費孝通，〈一個審判員的感受〉，《人民日報》，1981/01/30。

45 *A Great Trial in Chinese History: The Trial of Lin Biao and Jiang Qiang Counter-Revolutionary Cliques, Nov. 1980–Jan. 1981* (Honolulu: University Press of the Pacific, 2004; reprint of the 1981 version), 3.

46 *Great Trial in Chinese History*, 7.

47 Alexander Cook, " 'Settling Accounts': Law as History in the Trial of the Gang of Four," in Andrew Lewis and Michael Lobban, eds., *Law and History: Current Legal Issues* 6 (2003): 413.

48 Cook, *Cultural Revolution on Trial*, 8.

49 Cook, *Cultural Revolution on Trial*, 28.

50 Cook, *Cultural Revolution on Trial*, 113.

51 范忠信、尤陳俊與龔先砦編，《為什麼要重建中國法系：居正法政文選》（北京：中國政法大學出版社，2009），24–47。

52 顧念祖編，《東吳春秋：東吳大學建校百十周年紀念》（蘇州：蘇州大學出版社，2010），141–142。

53 Cook, *Cultural Revolution on Trial*, 68–69; 馬齡國，〈特別法庭的法律顧問裘紹恆〉，《世紀》5期（1995），18–21。

54 馬齡國，〈特別法庭的法律顧問裘紹恆〉，20。

55 鄭善龍，〈裘紹恆：從東京審判到審判四人幫〉，《世紀》3期（2007），56。

56 *Great Trial in Chinese History*, 147.

57 〈裘紹恆：如山鐵證鑒知日軍暴行〉，2015/09/03，收入《正義的審判之新中國審判：瀋陽》（北京：人民法院報特刊，2015）。

58 Guoguang, *Anatomy of Political Power in China*, 101.

59 Guoguang, *Anatomy of Political Power in China*, 102.

60 蕭東連，《歷史的轉軌》，267–270。

61 〈關於建國以來黨的若干歷史問題的決議〉（1987/06/27，中共第十一屆中央委員會第六次全體會議通過）。原文刊登於新華社網站，現已不存，但可用網路回溯工具Internet Archive Wayback Machine取得：https://web.archive.org/web/20151123222207/http://news.xinhuanet.com/ziliao/2002-03/04/content_2543544.htm。全文英譯可見於https://www.marxists.org/subject/china/documents/cpc/history/01.htm。中共第一個「歷史決議」是一九四五年的〈關於若干歷史問題的決議〉，全文可見於中國共產黨網站：https://xcb.cdtc.edu.cn/info/1089/2011.htm。

62 蕭東連，《歷史的轉軌》，272–275。

63 〈習近平談反對歷史虛無主義〉，上海中共黨史網站：http://www.ccphistory.org.cn/node2/shds/n218/n514/u1ai14999.html（資料取得於2019/10/06）。

64 李正聚，〈從歷史虛無主義的危害看蘇共垮臺的教訓〉，http://www.dswxyjy.org.cn/n1/2017/1219/c398751-29716651.html；穆迪翻譯的英語版本可見於他的網站：https://sites.nd.edu/peter-moody/2019/06/21/historical-nihilism/。另見Christopher Vassallo, "China Eyes the Soviet Demise: CCP Perspectives on the Collapse of the Soviet Union, 1989–2021" (master's dissertation at Schwarzman College, Tsinghua University, August 2021)；以及Jude Blanchette, *China's New Red Guards: The Return of Radicalism and the Rebirth of Mao Zedong* (Oxford: Oxford University Press, 2019), 127–147.

65 Gotelind Mueller, *Documentary, World History, and National Power in the PRC: Global Rise in Chinese Eyes* (London: Routledge, 2013), 133–165.

66 中共中央辦公廳、國務院辦公廳、中央軍委辦公廳印發，〈關於進一步加強烈士紀念工作的意見〉，可見於中華人民共和國中央人民政府網站，刊登日期2013/07/03，http://www.gov.cn/jrzg/2013-07/03/content2439984.htm。

67 全文至少在二〇一九年十月前可見於「北大法寶」網站：http://www.pkulaw.cn/fulltextform.aspx?Db=chl&Gid =313960#。

68 見http://www.pkulaw.cn/fulltextform.aspx?Db=chl&Gid =313960#。

69 Sebastian Veg, "The 'Restructuring' of Hong Kong and the Rise of Neostatism," June 2020, https://tocqueville21.com/le-club/the-restructuring-of-hong-kong-and-the-rise-of-neostatism/.

70 Sebastian Veg, "The Rise of China's Statist Intellectuals: Law, Sovereignty, and'Repoliticization,' " *China Journal* 82 (July 2019): 33–37.

71 Veg, "Rise of China's Statist Intellectuals," 37.

72 〈イペリットなどの毒ガス　日本軍が使っていた中国戦線で大量に56レイズ入りで記述　米港文書館に保存〉，東京《朝日新聞》朝刊，1984/06/14。

73 第101回国会，衆議院，外務委員会，第16号，1984/06/20，JPR。安倍晉太郎是日本在任時間最長首相安倍晉三之父。

74 松野誠也，《日本軍の毒ガス兵器》（凱風社，2005），311；第134回国会，参議院，外務委員会，第9号，1995/11/30，JPR；Yoshiko Nozaki, *War Memory, Nationalism and Education in Postwar Japan, 1945–2007* (London: Routledge, 2008), 94–105.

75 Michael J. Green and Igata Akira, "The Gulf War and Japan's National Security Identity," in *Examining Japan's Lost Decades*, ed. Funabashi Yoichi and Barak Kushner (London: Routledge, 2015), 158–175.

76 中曽根康弘，《自省録——歴史法廷の被告として》，32。

77 〈中曽根康弘、宮沢喜一氏（特別対談憲法50年：1）〉，《朝日新聞》，1997/04/22。

78 中曾根與宮澤的對談第五期，見《朝日新聞》，1997/04/26。

第十三章

1 撫順市政協文史委員會編，《偽滿皇帝溥儀及日本戰犯改造紀實》（中國文史出版社，1990），196。

2 撫順市政協文史委員會編，《偽滿皇帝溥儀及日本戰犯改造紀實》，199。

3 趙毓英，〈戦犯も変わり、私たちも変わった〉，收入新井利男資料保存会編，《中国撫順戦犯管理所職員の証言》（梨の木舎，2003），334–347；趙毓英，〈改造日本戰犯中的醫護工作〉，收入《回憶改造戰犯》上冊（北京：中國文史出版社，2013），122–134；趙毓英在撫順受訪問內容，2019/06/02上海廣播電視臺紀錄片中心陳亦楠工作室編著，《亞太戰爭審判》（上海：上海交通大學出版社，2021），223–225。

4 侯佳花在撫順受訪問內容，2019/06/02。

5 〈勿忘戰爭之痛，和平永在人心〉，《人民公安報》，2015/10/19。

6 Yoshihisa Amae, "Pro-colonial or Postcolonial? Appropriation of Japanese Colonial Heritage in Present-Day Taiwan," *Journal of Current Chinese Affairs* 40, no. 1 (2011): 19–62.

7 蔡錦堂，〈臺灣的忠烈祠與日本護國神社、靖國神社之比較研究〉，《師大臺灣史學報》3（2010），7。另見東年，〈桃園縣忠烈祠——中國文化源頭下的日本神社建築和思想〉，《歷史月刊》219（2006），10–14；Lu Pan, *Image, Imagination and Imaginarium: Remapping World War II Monuments in Greater China* (Singapore: Palgrave Macmillan, 2020), 190–201.

8 Paul Williams, *Memorial Museums: The Global Rush to Commemorate Atrocities* (New York: Berg Publishers, 2007), 5.

9 這個說法原本出自David Lowenthal，但Shu-Mei Huang and Hyun Kyung Lee, *Heritage, Memory, and Punishment: Remembering Colonial Prisons in East Asia* (London: Routledge, 2020), xiii的論證方式較有說服力。

10 Williams, *Memorial Museums*, 4.

11 此事發生於臺灣總統馬英九任期內，馬英九忠於國民黨，始終認同中華民國的立場。後來臺灣的蔡英文政府與民進黨立場與此不同。

12 陸軍聲，曾曉雯，《南洋英烈：二戰期間巴布亞紐幾內亞境內國軍將士紀錄》（臺北：國防部史政編譯室，2009），144–146。

13 Williams, *Memorial Museums*, 177.

14 Linh D. Vu, "Bones of Contention: China's World War II Military Graves in India, Burma, and Papua New Guinea," *Journal of Chinese Military History* 8 (2019): 96.

15 Joseph R. Allen, *Taipei: City of Displacements* (Seattle: University of Washington Press, 2012), 152.

16 Julia Ross, "Taiwan's Statue Wars," *Time*, May 24, 2007; Jeremy E. Taylor, "Qujianghua: Disposing of and Re-appraising the Remnants of Chiang Kai-shek's Reign on Taiwan," *Journal of Contemporary History* 45, no. 1 (2010): 181–196. 另見Kirk A. Denton, *The Landscape of Historical Memory: The Politics of Museums and Memorial Culture in Post-martial Law Taiwan* (Hong Kong: Hong Kong University Press, 2021), 153–161.

17 二二八基金會官方網站之一，https://www.228.org.tw（資料取得於2022/12/01）。

18 Eric N. Danielson, "Revisiting Chongqing: China's Second World War Temporary National Capital," *Journal of the Royal Asiatic*

Society Hong Kong Branch 45 (2005): 177; Lu, *Image, Imagination and Imaginarium*, 358–367; Kevin Paul Landdeck, "Under the Gun: Nationalist Military Service and Society in Wartime Sichuan, 1938–1945" (PhD diss., University of California, Berkeley, 2011), 431–432; Kirk A. Denton, *Exhibiting the Past: Historical Memory and the Politics of Museums in Postsocialist China* (Honolulu: University of Hawaii Press, 2013).

19 Tony Brooks, "Angry States: Chinese Views of Japan as Seen through the Unit 731 War Museum since 1949," in *Remembering Asia's World War Two*, ed. Mark R. Frost, Daniel Schumacher, and Edward Vickers (New York: Routledge, 2019), 27.

20 Sanitized Copy Approved for Release 2011/02/24: CIA-RDP91B00135R000500980010-0.

21 Robert Weatherley and Qiang Zhang, *History and Nationalist Legitimacy in Contemporary China* (London: Palgrave Macmillan, 2017), 127–128; Lu, *Image, Imagination and Imaginarium*, 35–37.

22 Weatherley and Qiang, *History and Nationalist Legitimacy in Contemporary China*, 141.

23 https://www.theguardian.com/world/2019/jun/27/chinese-war-film-the-eight-hundred-premiere-cancelled-in-apparent-censorship.

24 "Rana Mitter Reviews a Revisionist New Book and TV Series on China's WWII," November 4, 2020, https://chinachannel.org/author/rana-mitter/); Patrick Frater," 'The Eight Hundred' Controversial War Film Finally Given China Release Date," *Variety*, https://variety.com/2020/film/asia/eight-hundred-film-finally-given-china-release-date-1234723185/.

25 該陵園網站是http://ki43.on.coocan.jp。

26 〈観音のいわれ〉, http://www.koakannon.org/page03.html. 這是興亞觀音院住持伊丹忍礼所述回憶內容，8–10。

27 高澤弘明，〈アメリカ国立公文書館が所蔵する東京裁判被処刑者の遺体処遇関係資料〉，《日本大学生産工学部研究報告B，文系》55（2022.6），11。

28 〈極祕で行われたA級戦犯の遺骨奪還作戦！その全貌を調査したVol.2～横浜の久保山訪問〉，https://chinobouken.com/atypebone2/。

29 人民法院報社編，《正義的審判：紀念中國人民抗日戰爭勝利70周年》（北京：人民法院出版社，2016），404。

30 〈田中正明興亜観音を守る会会長　興亜観音を語る〉，《興亜観音の会報》（1994秋）。興亞觀音院網站上有該寺院所有內部冊子的數位存書目錄，見http://www.history.gr.jp/koakan_non/backnumber.html。伊丹忍礼，〈興亜観音のいわれ〉，http://www.koakannon.org/box4/a01.pdf。另見先代堂森伊丹忍礼（述）〈殉国七士の碑　興亜観音にその墓のあるわけ〉，第16号

（2002.10.18）。這是住持寫的解釋性文章，http://www.koakannon.org/box4/a01.pdf。

31 〈興亜観音開基六十年、興亜観音を守る会創立六周年の当たって〉，《興亜観音》第12号（2002.10.18）。Michael Lucken, *The Japanese and the War: From Expectation to Memory*, trans. Karen Grimwade (New York: Columbia University Press, 2017), 251–256.

32 德富太三郎，〈興亜観音を考える　興亜観音を守る会理事〉，《興亜観音の会報》（1994秋）。

33 瀨島龍三，〈私共の務め〉，《興亜観音》第3号（1996.04.18）。

34 興亞觀音堂網頁，http://www.asahi-net.or.jp/~un3k-mn/0815-3izuyama.htm（資料取得於2022/07/30）。

35 興亞觀音堂網頁，http://www.asahi-net.or.jp/~un3k-mn/0815-3izuyama.htm（資料取得於2022/07/30）。Michael Lucken, "Autour de quelques os: La mémorialisation des criminels de guerre de catégorie A," *Cipango* 15 (2008): 1–17, http://ki43.on.coocan.jp/junkoku/7.03.html.

36 〈私と戯曲「神と人とのあいだ」忘却について〉，東京《朝日新聞》朝刊，1970/10/12。Lucken, *Japanese and the War*, 219–228.

37 Eric J. Gangloff, introduction to *Between God and Man*, by Kinoshita Junji (London: University of Tokyo Press, 1979), 12.

38 第91回国会，参議院，建設委員会，第3号，1980/02/21，JPR。賀屋興宣，《戦前・戦後八十年》（経済往来社，1976），194。另見Barak Kushner, "Heroes, Victims, and the Quest for Peace: War Monuments and the Contradictions of Japan's Post-imperial Commemoration," in *Sites of Imperial Memory: Commemorating Colonial Rule in the Nineteenth and Twentieth Centuries*, ed. Dominik Geppert and Frank Mueller (Manchester: Manchester University Press, 2015), 70–91.

39 光明寺網站的「六十烈士忠魂碑」網頁，http://tokyowanyosai.com/sub/ibutu/sekihi/irei-232.html（資料取得於2021/08/23）。

40 小田村四郎，〈戦争の呼称を正そう〉，《興亜観音の会報》第4号（1996.10.18）。

41 Wanglai Gao, "Unearthing Poison: Disposal of Abandoned Chemical Weapons in China," *Bulletin of the Atomic Scientists* 73, no. 6 (2017): 404–410.

42 "Japan, China at Odds over Compensation Payments for Mustard Gas Incident," *BBC Monitoring Asia Pacific*, September 14, 2003; 吉見義明，《毒ガス戦と日本軍》（岩波書店，2004），284–290。

43 吉見義明，《毒ガス戦と日本軍》，280。

44 船橋洋一，《原発敗戦：危機のリーダーシップとは》（文藝春秋，2014），255。

45 〈安倍首相，A級戦犯ら法要に「祖国の礎」，4月自民総裁名で哀悼メッセージ〉，東京《朝日新聞》朝刊，20114/08/27。不

過，我們應該注意，不要過分在安倍身上套用「保守派」的標籤；安倍遇刺後，細谷雄一就在一篇文章中提出這個問題。見細谷雄一，〈宰相安倍晋三論〉，《中央公論》（2022.09），48–55。

46 藤誠志，《理論近現代史学：本当の日本の歴史》增補版（扶桑社，2017）。

47 朴裕河，《帝国の慰安婦：植民地支配と記憶の闘い》（朝日新聞社，2015）；Tomomi Yamaguchi, "Revisionism, Ultranationalism, Sexism: Relations between the Far Right and the Establishment over the 'Comfort Women' Issue," *Social Science Japan Journal* 21, no. 2 (2018): 193–212.

48 Ministry of Foreign Affairs of Japan website, "Announcement by Foreign Ministers of Japan and the Republic of Korea at the Joint Press Occasion," December 28, 2015, https://www.mofa.go.jp/ao/na/kr/page4e000364.html.

49 Todd Hall, "German Lessons for Sino-Japanese Relations?" (talk at East Asian Seminar Series, University of Cambridge, February 23, 2015).

50 李栄薫編，《反日種族主義——日韓危機の根源》（文藝春秋，2019）。

51 Lon L. Fuller and Kenneth I. Winston, "The Forms and Limits of Adjudication," *Harvard Law Review* 92, no. 2 (December 1978): 366.

52 Martti Koskenniemi, "Between Impunity and Show Trials," in *Max Planck Yearbook of United Nations Law*, vol. 6, ed. J. A. Frowein and R. Wolfrum (Leiden: Brill, 2002), 34.

結論

1 Jelena Subotic, *Hijacked Justice: Dealing with the Past in the Balkans* (Ithaca, NY: Cornell University Press, 2010), 5.

2 Philip Gourevitc, *We Wish to Inform You That Tomorrow We Will Be Killed with Our Families: Stories from Rwanda* (New York: Farrar, Straus and Giroux, 1998).

3 "75th anniversary of the end of the 2nd World War, May 8, 2020, Federal Germany presidential webpage: www .bundespraesident.de/SharedDocs/Reden/EN/Frank-Walter-Steinmeier/Reden/2020/05/200508-75th-anniversary-World-War-II.html.

4 "Statement by Prime Minister Shinzo Abe," 2015/08/14，日本首相官邸網站，https://japan.kantei.go.jp/97abe/statement/201508/0814statement.html. 我要感謝楊尚儒指出這兩份聲明之間差異。Lily Gardner Feldman, "Commemoration in Comparison Germany's Comprehensive and Complex Culture of Remembrance," in *Memory, Identity, and Commemorations of World War*

II: Anniversary Politics in Asia Pacific, ed. Daqing Yang and Mike M. Mochizuki (Lanham, MD: Lexington Books, 2018), 141–155.

5 她這首詩在總統就職典禮結束後全文刊登於CNN網站，見 “READ: Youth Poet Laureate Amanda Gorman's Inaugural Poem,” 2021/01/20，https://edition.cnn.com/2021/01/20/politics/amanda-gorman-inaugural-poem-transcript/index.html.

6 Lionel Babicz, “Japan–Korea, France–Algeria: Colonialism and Post-colonialism,” *Japanese Studies* 33, no. 2, (2013): 202.

7 Benjamin Stora, *Les Passions Douloureuses* (Paris: Albin Michel, 2021).

8 袁偉時這篇文章於二〇〇六年十二月全文重新刊登於「東南西北」網站，袁偉時，〈現代化與歷史教科書〉，http://www.zonaeuropa.com/200601262.htm。袁偉時，《中国の歴史教科書問題：「氷点」事件の記録と反省》（日本僑報社，2006）；李大同，《『氷点』停刊の舞臺裏》（日本僑報社，2006）。

9 Barak Kushner, “Nationality and Nostalgia: The Manipulation of Memory in Japan, Taiwan, and China since 1990,” *International History Review* 29, no. 4 (December 2007): 793–820.

10 劉傑，《中国の強国構想——日清戦争後から現代まで》（筑摩書房，2013），41–42；劉傑、中村元哉編，《超大国・中国のゆくえ　第一巻　文明観と歴史認識》（東京大学出版会，2022）。

11 王毅在第五十六屆慕尼黑安全會議上的演講〈跨越東西差異，踐行多邊主義〉，2020/02/15，https://www.fmprc.gov.cn/mfaeng/wjdt665385/zyjh665391/t1745384.shtml。

12 Rana Mitter, “The World China Wants,” *Foreign Affairs*, published online on December 8, 2020, https://www.foreignaffairs.com/articles/china/2020-12-08/world-china-wants?utmmedium=social&fbclid=IwAR3WCzHJw2UWrJOStbscWWH38GH04TZ6WRDJLy49zH74TGeMFGo9Cfst0.

13 Martti Koskenniemi, *The Politics of International Law* (Oxford: Hart Publishing, 2011), 242.

14 Koskenniemi, *Politics of International Law*, 243.

15 程兆奇，《東京審判：為了世界和平》（上海：上海交通大學出版社，2017）。

16 A. T. Williams, *A Passing Fury: Searching for Justice at the End of World War II* (London: Penguin, 2016), 432.

17 Karina Korostelina, “Understanding Values of Cultural Heritage within the Framework of Social Identity Conflicts,” in *Values in Heritage Management: Emerging Approaches and Research Directions*, ed. Erica Avrami, Susan Macdonald, Randall Mason, and David Myers, online publication of the Getty Foundation, 2019, https://www.getty.edu/publications/heritagemanagement/.

18 Renée Diresta, Carly Miller, Vanessa Molter, John Pomfret, and Glenn Tiffert, *Telling China's Story: The Chinese Communist Party's Campaign to Shape Global Narratives* (Hoover Institution: Stanford Internet Observatory, 2020), 9–11.

19 該團體日文名稱為「日本の前途と歴史教育を考える若手議員の会」。〈政治の現場　安定主義 5 文科省と一時の協調〉，東京《読売新聞》朝刊，2006/10/26。

20 他的部落格裡已經沒有這篇文章，但可經由網路工具Internet Archive Wayback Machine追溯取得。日本の前途と歴史教育を考える若手議員の会編，《歴史教科書への疑問：若手国会議員による歴史教科書問題の総括》（日本の前途と歴史教育を考える若手議員の会，2008）。

21 這本《南京の実相——国際連盟は「南京2万人虐殺」すら認めなかった》（日新報道，2008）原本是一份三十頁的調查報告〈南京問題小委員会の調査検証の総括〉，從二〇〇七年六月十九日起用於媒體宣傳。

22 鮑德溫的完整演說內容可見於網路：https://www.youtube.com/watch?v=71ZEYgtijk。

檔案來源

澳大利亞

Australia War Memorial
National Archives of Australia

中國

Beijing Municipal Archives (北京檔案館)
Chinese Ministry of Foreign Affairs Archives (外交部檔案館)

英國

Kew Garden, National Archives

香港

China's anti-rightist movement database (中國反右運動數據庫, 1957). This database is collated by Song Yongyi and housed at the University Services Center for China Studies Collection, Chinese University Hong Kong.
China's mid-1950s political movement database (中國五十年代初中期的政治運動數據庫：從土地改革到公私合營, 1949–1956). This database is collated by Song Yongyi and housed at the University Services Center for China Studies Collection, Chinese University Hong Kong.
Chinese Communist Party Internal Reference Reports Collection (內部參考資料), the University Services Center for China Studies Collection, Chinese University Hong Kong

以色列

Knesset Debates

日本

Japan's Parliamentary Record (国会会議録)
Ministry of Defense Archives (防衛研究所), Ichigaya, Tokyo. This archive used to be
Housed in Ebisu.
Ministry of Foreign Affairs Archives (外交資料館)
Modern Japanese Political History Materials Room (憲政資料室) in the National
Diet Library, Tokyo
National Archives of Japan (国立公文書館), Tokyo
Shōwa tennō jitsuroku (昭和天皇実録) (Actual Record of the Showa Emperor)
Tōyō Bunko Archives (東洋文庫), Tokyo

Yasukuni Shrine Archives (靖国偕行文庫), Tokyo

瑞士

International Red Cross Archives, Geneva

臺灣

Academia Historica (國史館)

KMT Archives (中國國民黨黨史館)

Ministry of Foreign Affairs Archives housed in Academia Sinica (外交部檔案, 中研院近史所檔案館)

National Archives Administration of Taiwan (國家發展委員會檔案管理局)

美國

Columbia University Oral History Archives

Columbia University papers of Qin Dehuai, Wellington Koo

Declassified CIA reports

Digital National Security Archive collection: China and U.S. Intelligence, 1945–2010 section

Foreign Relations of the United States

Hoover Institute Archives, Stanford, California

National Archives, College Park, Maryland

Philip J. Jaffe Papers at Stuart A. Rose Manuscript, Archives, and Rare Book Library,

Emory University

Roscoe Pound Papers at Harvard University Law Library, Cambridge, MA

Sir Leon Radzinowicz Archive, Florida State University, Tallahassee, FL

United States Relations with China: With Special Reference to the Period 1944-1949, published by Department of State, United States. Division of Publications, 1949

University of California at Los Angeles Archives

Wilson Center Cold War Archives, online

參觀的博物館

「九・一八」歷史博物館 (遼寧)

北疃村紀念碑

提籃橋監獄 (上海)

慈湖紀念雕塑公園 (臺灣)

撫順戰犯管理所 (遼寧)

南京的「利濟巷慰安所舊址陳列館」

南京民間抗日戰爭博物館 (江蘇)

南京大屠殺紀念館 (江蘇)

國家人權博物館 (臺灣)

審判日本戰犯法庭舊址陳列館 (遼寧)

太原戰俘營 (山西)

七三一部隊戰罪博物館 (黑龍江)

索引

人物

一至五畫

一又正雄 Ichimata Masao 324
三文字正平 Sanmonji Shōhei 394
上田耕一郎 Ueda Kōichirō 397
上坂勝 Uesaka Masaru 266-267, 270, 336, 459
上林山榮吉 Kanbayashiyama Eikichi 315
上砂勝七 Kamisago Shōshichi 197, 445
下田武三 Shimoda Takesō 156
下村定 Shimomura Sadamu 146, 435
下村海南 Shimomura Kainan（Shimomura Hiroshi） 428
土肥原賢二 Doihara Kenji 225
大山郁夫 Ōyama Ikuo 300, 465
大江芳若 Ōe Yoshiwaka 271, 358
大橋武夫 Ōhashi Takeo 289, 462
小可愛法西斯 lovable fascist 174
小田村四郎 Odamura Shirō 398, 483
小田實 Oda Makoto 182
小松真一 Komatsu Shinichi 157, 434, 437
小磯國昭 Koiso Kuniaki 394
山口盈文 Yamaguchi Mitsufumi 188, 443
山口喜久一郎 Yamaguchi Kikuichirō 303
山田風太郎 Yamada Fūtarō 116, 430
川西錦二 Kawanishi Kinji 265
中村翫右衛門 Nakamura Kan'emon 301
中村豐一 Nakamura Toyoichi 155-156
中曽根康弘 Nakasone Yasuhiro 480
丹尼・奧爾巴哈 Danny Orbach 415
丹寧 Esler Denning 318
井上忠男 Inoue Tadao 324, 435-436, 452
井助國 455
今村均 Imamura Hitoshi 122-123, 432
天羽英二 mō Eiji 221
孔傑榮 Jerome Cohen 330
尤金 P. F. Yudin 258
戈爾曼 Amanda Gorman 403-404
木下順二 Kinoshita Junji 15, 396
木戶幸一 Kido Kōichi 146
木村篤太郎 Kimura Tokutarō 288
火野葦平 Hino Ashihei 312, 467
片山哲 Katayama Tetsu 313-314, 317-318, 321

王石麟　247-249, 266, 282, 384, 387, 455, 459
王汝琪　254-255, 257, 263, 456
王洪文　347
王效賢　464
王敏求　268
王毅　406, 485
王造時　15, 333-334, 470
王稼祥　310
王懷安　254, 456
王耀武　261, 458
加藤錀平　Katō Rinpei　124
包爾　Macmahon Ball　119-124, 135, 141, 207, 390, 431-432
北昤吉　Kita Reikichi　294
卡特・埃克特　Carter Eckert　415
古屋圭司　Furuya Keiji　408
古賀由起子　Yukiko Koga　78, 414
古德哈特　Arthur Lehman Goodhart　111
史良　15, 251-252, 253-254, 263, 334, 349, 456-457, 471
史坦邁爾　Frank-Walter Steinmeier　402-403
史達林　Stalin　77, 171, 174, 223, 239-240, 257-258, 299-300, 356
尼辛・奧瑪金　Nissim Otmazgim　415
市川伊雄　Ichikawa Iyū　394
布施辰治　Fuse Tatsuji　165, 439
平野義太郎　Hirano Yoshitarō　293
平野龍二　Hirano Ryūji　213, 449
本多勝一　Honda Katsuichi　279, 452
本田雅和　Honda Masakazu　272
本間雅晴　Honma Masaharu　147, 435, 437
田中久一　Tanaka Hisakazu　181, 442
田中正明　Tanaka Masaaki　289, 395, 463, 482
田中稔男　Tanaka Toshio　301, 303, 465-466
田辺敏雄　Tanabe Toshio　461
田村浩　Tamura Hiroshi　70
白步洲　455
白思華　Arthur Percival　137
白崇禧　190, 227
矢部貞治　Yabe Teiji　178
石切山英彰　Ishikiriyama Hideaki　271, 459
石原莞爾　Ishiwara Kanji　149
立木洋　Tachiki Hiroshi　358
立石凱伊　Kay Tateishi　161

六至七畫

伊丹忍礼　Inami Ninrei　482
伊旺・瓊斯　Ewan Jones　415
伊羅生　Harold Isaacs　98, 163

伊藤利春 Itō Toshiharu 419
伊藤律 Itō Ritsu 173, 176, 246, 297, 300, 309-311, 341, 343, 345, 465-466, 477
吉田茂 Yoshida Shigeru 155-156, 288, 291, 396
吉見義明 Yoshimi Yoshiaki 278, 445, 461, 483
吉松正勝 Yoshimatsu Masakatsu 289, 463
吉蘭 Robert Guillain 160-161, 163, 438
向哲濬 96, 111, 113, 194, 230, 429
安田宗治 Yasuda Muneharu 207
安尾正綱 Yasuo Masatsuna 274
安妮卡・庫佛 Anika Culver 415
安倍晉三 Abe Shinzō 399-400, 403, 480, 484
安倍晉太郎 Abe Shintarō 378, 480
安達二十三 Adachi Hatazō 135
安德魯・列維迪斯 Andrew Levidis 412
帆足計 Hoashi Kei 247, 291
有馬虎雄 Arima Torao 265
朱德 310, 341
朱耀堂 335-336, 471
朴正熙 Park Chung-hee 130, 210-211, 415
朴烈 168-169, 440
朴槿惠 Park Geun-hye 400
次田大三郎 Tsugita Daizaburō 171
江青 347, 349-350
江華 350
池田勇人 Ikeda Hayato 325
竹入義勝 Takeiri Yoshikatsu 338, 476
竹中勝男 Takenaka Katsuo 468
米內光政 Yonai Mitsumasa 146
米奇・阿道夫森 Mickey Adolphson 412, 415
米契・雅各 Miki Jacobs 412
米娜・馬科維奇 Mina Markovic 412
米基・布爾 Miki Bul 415
艾米・金恩 Amy King 414
艾華士 Jack Edwards 203-204, 447
艾默森 John Emmerson 163-164
西井健一 Nishii Kenichi 301
西松組 Nishimatsu 117
西博德 William Sebald 219-220
西澤隆二 Nishizawa Takaji 299
辻政信 Tsuji Masanobu 221-223, 281, 314-315, 319, 321
住岡義一 Sumioka Giichi 273-274
佐爾格 Richard Sorge 175-176, 299-300
何應欽 110, 190, 458
克利斯亭・威廉斯 Kristin Williams 412
克里斯多夫・凱利 Christopher Kelly 412
克莉絲汀娜・加斯騰 Christina Garsten 415
克斯廷・馮林根 Kerstin von Lingen 414

八至九畫

岩田宙造 Iwata Chūzō 146
岸信介 Kishi Nobusuke 221, 315-316, 320-323, 325, 337, 339
拉沙德・艾夏克 Rashaad Eshack 412
東久邇稔彥 Higashikuni Naruhiko 99, 144-147, 151, 159, 171, 313, 435
東鄉茂德 Tōgō Shigenori 156
東鄉實 Tōgō Minoru 145
松井石根 Matsui Iwane 16, 220, 289, 395
松本治一郎 Matsumoto Jiichirō 303
松村義一 Matsumura Giichi 151, 437
板垣征四郎 Itagaki Seishirō 324
林水木 Hayashi Miki 202-203, 447
林江山 207
林金隆 206
林彪 336, 345, 347
林逸郎 Hayashi Itsurō 394
法村香音子 Norimura Kaneko 135, 433
法蘭索瓦・西蒙斯 Francoise Simmons 412
芮納・米德 Rana Mitter 414
芮涵・希林嘉 Reyhan Silingar 412
花山信勝 Hanayama Shinshō 220, 224, 450
近衛文麿 Konoe Fumimaro 146
金子文子 Kaneko Fumiko 168
金天海（金鶴儀） Kim Ch'on-hae 161, 164, 167
金源 340, 343, 345, 472
阿南惟幾 Anami Korechika 134, 433
阿瑙・多利亞 Arnaud Doglia 411
青木德藏 Aoki Tokuzō 151
亭格 G. R. Tingle 201
侯佳花 384-386, 481
南漢宸 Nan Hanchen 292
哈澤姆・坎蒂爾 Hazem Kandil 415
城野宏 Jōno Hiroshi 249, 273, 319
姚文元 347
威洛比 Charles Willoughby 164, 174-177
威廉斯 A. T. Williams 407, 412
施密特 Carl Schmitt 357
查克・克勞斯 Chuck Krauss 414
查爾斯・艾爾默 Charles Aylmer 412
柯景星 205
段克文 342-343, 472
津田守彌 Tsuda Moriya 275
珊德拉・威爾遜 Sandra Wilson 414
珍恩・古德溫 Jen Goodwin 412
砂間一良 Sunama Ichirō 169, 174, 440
秋山昌廣 Akiyama Masahiro 358
科瓦廖夫 Ivan Kovalev 239

十至十二畫

張鐵石　352
梅汝璈　86, 94, 96, 111, 221, 240, 245-248, 257, 262, 454-455
梅津美治郎　Umezu Yoshijirō　146
梅莉亞・波維南　Merja Bovinen　415
淺沼稻次郎　Asanuma Inejirō　321
清瀨一郎　Kiyose Ichirō　165, 451
莎拉・柯福納　Sarah Kovner　415
郭沫若　129-130, 309, 318
野溝勝　Nomizo Masaru　315, 467
陳叔亮　457-458
陳冠任　4, 20, 412
陳誠　190
陳瑾琨　245
雪佐德・穆米諾夫　Sherzod Muminov　412
麥克阿瑟　General Douglas MacArthur　154, 164, 174-176, 179, 194, 219, 221, 240-241, 360, 451
傑列維揚科　Kuzma Nikolaevich Derevyanko　154-155
傑克森　Robert Jackson　141
傑森・魏布　Jason Webb　415
傑瑞米・葉倫　Jeremy Yellen　415
凱林・米歇爾　Kelin Michael　415
凱瑟琳・赫斯特　Catherine Hirst　411
喬伊　C. Turner Joy　214
富永順太郎　Tominaga Juntarō　249
彭明敏　197-198, 330
彭真　315
彭德懷　Peng Dehuai　317
普里查德　John Pritchard　204, 447
森松俊夫　Morimatsu Toshio　272
華國鋒　341-342
萊特男爵　Lord Wright of DurleyRobert Wright　111, 141
袴田里見　Hakamada Satomi　311
費孝通　347-348, 478
費德林　Nicolai Fedorenko　239
賀明　216, 450
賀屋興宣　Kaya Okinori　97, 116, 325, 397, 426, 483
馮荊育　264
黃華　336-337
黃維　344-347, 472-473
黑木重德　Kuroki Shigenori　171

十三畫以上

塔希瑞・李　Tahirih Lee　415
塚本三郎　Tsukamoto Saburō　344
廉希聖　262, 268-269
新井利男　Arai Toshio　272, 278, 455, 457, 459, 461, 480
楊兆龍　15, 88, 113, 227, 333-334, 425, 470-471

楊光鈺 340
楊尚寯 Jonathan Yeung 412, 484
楊振亞 464
楊顯之 336, 471
溥儀 94, 259, 261, 347-348, 384, 480
溫菲爾德爵士 Sir Percy Henry Winfield 110-111
葉劍英 345
葛生能久 Kuzuu Yoshihisa 221
葛林 Felix Greene 347
葛登女士 Beate Sirota Gordon 175
董必武 245, 250, 255, 454-457
董益三 338
裘紹恒 194
詹姆・列維林 James Llewelyn 414
賈德森・倪 Judson Nyi 110
賈潛 13, 257, 263, 334-336, 471
鈴木茂三郎 Suzuki Mosaburō 303
鈴木啓久 Suzuki Hiraku 461
雷皓 Lei Hao 338, 345, 471-473
鳩山一郎 Hatoyama Ichirō 255, 301
幣原喜重郎 Shidehara Kijūrō 151, 436
廖承志 260, 294, 305, 312, 314, 320, 468
廖耀湘 259
徳田球一 Tokuda Kyūichi 438
徳富太三郎 Tokutomi Tasaburō 395, 483
徳富蘇峰 Tokutomi Sohō 427
漢彌頓 William Hamilton 93
福田熊次郎 Fukuda Kumajirō 306, 466
福雷迪・森波 Freddy Semple 412
維辛斯基 Andrey Vyshinsky 223, 241, 243
蓋恩 Mark Gayn 149, 170
赫魯雪夫 Nikita Khrushchev 257-258
趙安博 299, 310-311, 464, 466
趙培憲 275-276
趙毓英 383-385, 387, 480
遠藤三郎 Endō Saburō 313, 467-468, 469
劉子健 429
劉少奇 310, 336
劉林生 234-236, 385, 453
劉統 237, 278, 414, 453
劉連仁 322
劉傑 13, 30, 405, 413, 467, 485
劉寧一 313-314
劉繼盛 429
樋口仁一 Higuchi Jinichi 430
潘震亞 457
澄田睞四郎 Sumita Raishirō 274
稲田朋美 Inada Tomomi 80, 424

蔡英文 27, 391, 481
蔣介石 37, 43, 86, 109, 114, 130-131, 177, 190, 199, 202, 214, 225, 259, 329-330, 337-338, 344-346, 352, 335, 389-390, 428-429, 433
蔣經國 37, 43, 47, 352
鄧力群 352
鄭福來 58-60, 420
鄭魯達 429
魯特・哈拉里 Reut Harari 415
橫田喜三郎 Yokota Kisaburō 69
盧新芳 120
穆欣 343, 477
諾曼 E. H. Norman 163-164
閻錫山 273-274, 302-303
霍倫德 Henry Arthur Hollond 111
鮑里斯・拉寧 Boris Lanin 415-416
鮑德溫 James Baldwin 408-409, 486
龍應台 35, 418
龜田東伍 Kameda Tōgo 301
磯谷廉介 Isogai Rensuke 314, 467
蕾秋・威廉斯 Rachael Williams 412
薇斯特 Rebecca West 224
薇琪・楊 Vicky Young 412
薛化元 391, 413
鍋山貞親 Nabeyama Sadachika 177
鍾姍 Mariah Zhong 412
鍾漢波 65, 421
鍾漢華 457
藍公武 245
豐田副武 Toyoda Soemu 70, 146
豐田隈雄 Toyota Kumao 285-287, 323, 325, 435, 462, 469
魏京生 343, 345, 477
魏康序 Casper Wits 411-412
鵜野晉太郎 Uno Shintarō 267
瀬島龍三 Sejima Ryūzō 94, 396, 483
羅伯・克里布 Robert Cribb 414
羅特姆・龔納 Rotem Kowner 413
羅麗・米克斯 Lori Meeks 415
藤田茂 Fujita Shigeru 264, 336, 459
藤原彰 Fujiwara Akira 182, 278, 280, 353, 420, 433, 442, 461
譚政文 Tan Zhengwen 257, 455
麗雅・羅伊 Ria Roy 412
龐德 Roscoe Pound 110-111, 418, 428
嚴海建 238, 414, 452-453
蘆田均 Ashida Hitoshi 144, 435
權維才 455
權德源 268

文獻、法規

《人民日報》 215, 240, 252, 312-313, 345-347, 450-451, 454, 456, 458, 465-467, 473, 477-478

《民眾新聞》 *People's Newspaper* 169, 174

《三光》 *The Three Alls* 281

《大陸問題》 *Mainland Problems* 306, 466

《中日聯合聲明》 9-10, 339

《中國之旅》 *Journey to China* 279

《中國日報》 338

《中國的奧斯威辛：日軍「太原集中」紀實》 234, 453

《中國青年報》 405

《中華人民共和國英雄烈士保護法》 357

《中華日報》 232, 452

《公民自由令》 Civil Liberties Directive 174

幻之外務省報告書 phantom Ministry of Foreign Affairs reports 117

《日本通向太平洋戰爭之路》 *Japan's Road to the Pacific War* 324

《日本無罪論：裁決真理》 パール判事の日本無罪論 289

《毛澤東語錄》 337

《世界》 *Sekai* 279, 306, 459, 461, 466

《世紀遺書》 *Last Wills and Testaments of the Century* 206

《申報》 221, 233, 451

《光明日報》 343

《冰點》 406

《回憶改造戰犯》 248, 455, 459, 471-472, 480

《地道戰》 *Tunnel Warfare* 385

《西澳洲報》 *West Australian* 218

《佐爾格間諜組織：遠東國際諜報活動研究》 "The Sorge Spy Ring: A Case Study in International Espionage in the Far East." 176

《把戰犯交到人民手中》 *People's Court to Try War Criminals* 171

《每日新聞》 *Mainichi Newspaper* 80, 149, 436, 440, 449

《赤旗報》 *Red Flag* 169, 173, 297, 440

《亞太戰爭審判》 414, 419-420, 431, 453, 455, 480

《居安思危：蘇共亡黨的歷史教訓》 356

《拂去歷史明鏡中的塵埃》 *Brushing Away Dust from the Mirror of History* 331, 470

《治安維持法》 Peace Preservation Law 159, 172

《波茨坦宣言》 Potsdam Declaration 135

《前進報》 264

《宣傳畫參考資料》 241

《美帝扶日真相》 246

《香港特別行政區基本法》 371

〈為什麼中國要為英烈保護立一部法？〉 376

《海神》 *Listen to the Voices of the Sea* 327
《破除戰史：日本無罪論》 戦史を破る——日本は無罪なり 289
《神與人之間》 *Between God and Man* 397
《紐約時報》 *New York Times* 257, 475
《紐倫堡原則》 Nuremberg Principles 68, 82
《國際歌》 Internationale 161
《國難集》 233
《婚姻法》 254, 456
《曼徹斯特衛報》 *Manchester Guardian* 99
《異鄉人》 *L'Étranger* 37-38
《勝利之後對日本怎麼辦？》 "What shall be done about Japan after victory?" 138
《單車失竊記》 44
《悲情城市》 46, 331
《朝日新聞》 *Asahi Newspaper* 64, 134, 153, 170, 172, 179, 225, 272, 277-278, 301, 304, 327, 335-336, 359-360, 399, 421, 432-433, 437, 439-441, 443, 449, 460-466, 470, 472, 474-475, 477, 480, 483
《華盛頓郵報》 *Washington Post* 353
《意外的國度》 *Accidental State: Chiang Kai-shek, the United States, and the Making of Taiwan* 36
《愛馬進軍歌》 "March of the Beloved Horse" 116
《新聞報》 233
《新聞週刊》 *Newsweek* 160, 163
〈最高機密：關於中國與朝鮮勞務者的對策手段之委員會紀錄〉 118
《經濟學人》 *The Economist* 46
《解放日報》 *Liberation Daily* 86, 424
《解放前後大不同》 244
《臺灣自救運動宣言》 330
《潛行三千里》 *My Long Underground Escape* 222
《衛報》 *Guardian* 235
《「戰犯」的告白——撫順、太原管理所一〇六二人的手記》 "War Criminals' Confessions from Fushun and Taiyuan War Criminal Management Centers," 282
〈戰犯麥克阿瑟〉 241
《默爾索案調查》 *The Meursault Investigation* 37
《舊金山和約》 San Francisco Peace Treaty 12, 285-288, 291
《關於建國以來黨的若干歷史問題的決議》 354
《關於若干歷史問題的決議》 352
〈關於個人崇拜及其後果〉 "On the Cult of Personality and Its Consequences" 257
《關於進一步加強烈士紀念工作的意見》 356
《蘇維埃國家的法律》 *Law of the Soviet State* 243
《鐵面人》 *The Man in the Iron Mask* 300
《聽海湧》 46

《讀賣新聞》 *Yomiuri Newspaper* 62, 154, 224

其他

一至九畫

一億總懺悔 ichioku sō zange 147
七三一部隊戰罪博物館 392-393
二二八事件 19, 191, 195-196, 199-201, 209-210, 330-331, 391, 470
二二八國家紀念館 391
上海法科大學 252
中國人民抗日戰爭紀念館 58
中國人民革命軍事博物館 66
中歸聯 Chūkiren 265, 277, 279-282, 343, 386
內外法政研究會 Domestic and Foreign Legal and Political Study Group 157
天臺崗 233
太原 216, 234-236, 248-249, 257, 261-263, 273-277, 282, 319, 335, 385, 453, 455, 460-461, 468-469
太原戰俘營 234, 275, 385
日本會議 Nippon Kaigi 80, 400, 424
功德林監獄 338-340, 344
北陵電影院 262
北疃村 19, 40, 51, 53, 71, 82-83, 266-267, 269, 271, 279, 383, 385, 418-419
北疃村紀念碑 267
古晉（久鎮） 202
四川大學法律系 254
白色恐怖 17, 42-43, 328-329, 331, 391, 419
白河訓練所 202-203
光明寺 Kōmyō Temple 397, 483
同盟通信社 Domei 161
在日本大韓民國居留民團 Zainihon daikanminkoku kyoryū mindan 169
在日本朝鮮人總聯合會 Zainihon chōsenjin sōren gōkai 168
在日本朝鮮人聯盟 Zainihon chōsenjin renmei 167
江灣 217-218
百人斬比賽 hundred-man killing contest 79-80, 228-230
自省堂 273
伯力 71, 94, 241, 291, 422
作秀審判 show trail 75, 77
利濟巷慰安所舊址陳列館 230
投降人士 surrendered personnel 137
亞洲人民反共聯合陣線 sian People's Anti-Communist League 178
亞洲與中東研究院 Faculty of Asian and Middle Eastern Studies 412
受害者競爭 competitive victimhood 77

定遠艦　61-62, 66
宛平　58
拉包爾　Rabaul　119-124, 135, 209, 390, 431-432
長崎事件　61-62
延安　164, 171, 254, 297, 310
東京醫學專科學校（現東京醫科大學）　Tokyo Medical Higher School　116
松代大本營　Matsushiro Underground Imperial Headquarters（象山地下壕）　117
法務審查室　Judicial Affairs Deliberation Office　156
花岡暴動事件　Hanaoka Mine incident　113, 119
花岡礦山　Hanaoka Mine　119
金瓜石　203-204, 447
雨花臺　229-230
南京大屠殺紀念館（侵華日軍南京大屠殺遇難同胞紀念館）　66, 385
南京集中營　120
威海衛　Weihaiwei　62-63, 66
威爾遜國際學者中心　Wilson Center　414
昭和研究會　Showa Research Association　178
軍事圓桌　GI Roundtable　138
軍法處戰罪組中國戰場辦公室　War Crimes Branch Office for the China Theater　91

十畫以上

埃默里大學　Emory University　415
海參崴　291
破壞和平罪　crimes against peace　70, 78, 219, 223, 226
秦城監獄　343
馬爾貝克紅葡萄酒　Malbec　412
終戰連絡中央事務局戰犯事務室第一部　End of War Liaison Bureau War Crimes Office First Section　156
鹿島組　Kajima　117, 119
鹿窟事件　201
復旦大學法學系　254
復員局　demobilization bureau　142, 144, 285, 436, 443
惡魔代言人　devil's advocate　76
提籃橋監獄　91, 218
塔斯社　TASS　239
愛馬進軍歌　March of the Beloved Horse　116
慈湖紀念雕塑公園　390-391
瑞典高級研究學院　Swedish Collegium for Advanced Studies　415
盟軍東南亞司令部　SEAC　136
綏芬河　245, 384
罪案課責　criminal accountability　68
萬隆會議　Bandung Conference　255, 312
違反人道罪　crimes against humanity　70-71

遠東委員會　Far Eastern Commission　154-155
遠東國際軍事法庭　International Military Tribunal for the Far East　70
審判日本戰犯法庭舊址陳列館　229
廣島　104, 128, 134, 223, 313
撫順戰犯管理所　249, 281, 340-341, 343, 345, 384, 386, 473
駐日盟軍總司令部　Supreme Commander for the Allied Powers　65, 101, 164
戰爭犯罪　conventional war crimes　70
歷史虛無主義　historical nihilism　375-376, 479
興禪寺　Kōzen Temple　395, 397
戰爭犯罪　conventional war crimes　70
澀谷事件　Shibuya Incident　191, 193-194, 370
濟州事件　Jeju Island Incident　191, 207-209, 212
聯合國戰罪調查委員會　united nations war crimes commission　90, 109, 111, 141, 143, 223-224
瀋陽　13, 17, 23, 91, 94, 229, 234, 261-264, 268-269, 277, 310, 320, 335-336, 339, 383, 453, 458-459, 479
轉型正義　transitional justice　45, 93, 331, 391, 403, 419
鎮遠艦　60-63, 66, 420-421

不正義的地理學：二戰後東亞的記憶戰爭與歷史裂痕

作　　者　顧若鵬（Barak Kushner）
譯　　者　張毅瑄
選書責編　張瑞芳
協力編輯　曾時君
校　　對　童霈文
版面構成　張靜怡
封面設計　陳文德
版權專員　陳柏全
數位發展副總編輯　李季鴻
行銷總監兼副總編輯　張瑞芳
總 編 輯　謝宜英
出 版 者　貓頭鷹出版 OWL PUBLISHING HOUSE

事業群總經理　謝至平
發 行 人　何飛鵬
發　　行　英屬蓋曼群島商家庭傳媒股份有限公司城邦分公司
115 台北市南港區昆陽街 16 號 8 樓
劃撥帳號：19863813；戶名：書虫股份有限公司
城邦讀書花園：www.cite.com.tw ／購書服務信箱：service@readingclub.com.tw
購書服務專線：02-2500-7718~9 ／ 24 小時傳真專線：02-2500-1990~1
香港發行所　城邦（香港）出版集團有限公司／電話：852-2508-6231 ／ hkcite@biznetvigator.com
馬新發行所　城邦（馬新）出版集團／電話：603-9056-3833 ／傳真：603-9057-6622
印 製 廠　中原造像股份有限公司
初　　版　2025 年 8 月
定　　價　新台幣 760 元／港幣 253 元（紙本書）
新台幣 532 元（電子書）
總 字 數　20 萬字
I S B N　978-986-262-778-5（紙本平裝）／ 978-986-262-774-7（電子書 EPUB）

讀者意見信箱　owl@cph.com.tw
投稿信箱　owl.book@gmail.com
貓頭鷹臉書　facebook.com/owlpublishing

【大量採購，請洽專線】(02) 2500-1919

城邦讀書花園
www.cite.com.tw

國家圖書館出版品預行編目資料

不正義的地理學：二戰後東亞的記憶戰爭與歷史裂痕／顧若鵬（Barak Kushner）著；張毅瑄譯. -- 初版. -- 臺北市：貓頭鷹出版：英屬蓋曼群島商家庭傳媒股份有限公司城邦分公司發行, 2025.08
面；　公分.
譯自：The geography of injustice : East Asia's battle between memory and history.
ISBN 978-986-262-778-5（平裝）
1. CST：第二次世界大戰　2. CST：東亞史
730.28　　114007941

本書採用品質穩定的紙張與無毒環保油墨印刷，以利讀者閱讀與典藏。